KB140846

폴리매스

세상을 바꾼 천재 지식인의 역사

THE POLYMATH

© 2020 Peter Burke

Originally published by Yale University Press

Korean language edition © 2023 by YEAMOON ARCHIVE CO., LTD,

Korean translation rights arranged with Yale University Press

through EntersKorea Co., Ltd., Seoul, Korea.

이 책의 한국어판 저작권은 (주)엔터스코리아를 통한 저작권사와의

독점 계약으로 예문아카이브가 소유합니다.

저작권법에 의하여 한국 내에서 보호를 받는 저작물이므로 무단전재와 무단복제를 금합니다.

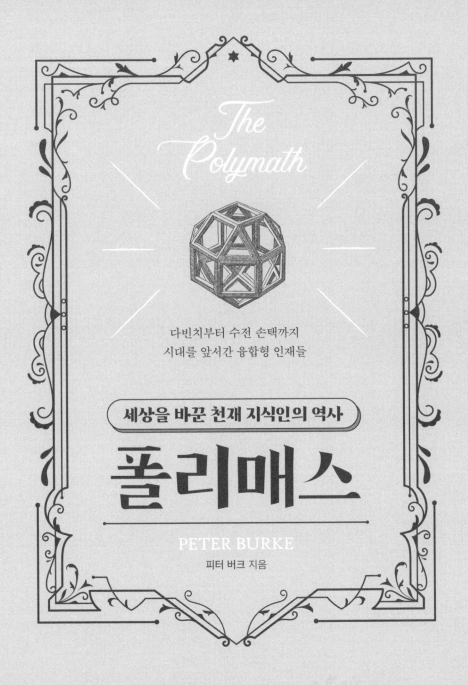

The
Polymath

다빈치부터 수전 손택까지
시대를 앞서간 융합형 인재들

세상을 바꾼 천재 지식인의 역사

폴리매스

PETER BURKE

피터 버크 지음

✦

모든 것을 아는 것보다 아름다운 것은 없다

플라톤, 그리스 철학자

아, 그러나 인간의 지각 범위는 이해력의 범위를 넘어야 한다
그렇지 않으면 천국이 왜 있겠는가?

로버트 브라우닝, 영국 시인, 〈안드레아 델 사르토〉 중에서

전문화는 벌레에게나 필요하다

로버트 하인라인, 미국 작가

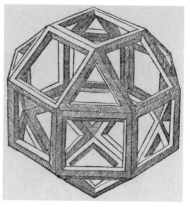

2. 이 그림은 레오나르도 다빈치의 친구이자 수사였던 루카 파치올리가 1509년에 출간한 《신성한 비례》에 다빈치가 그린 삽화 중 하나다. 이것은 법칙과 원근법, 이상적인 인체 비율 같은 르네상스 시대 예술가들에게 중요했던 학문인 수학에 다빈치가 매료되어 있었다는 것을 증명한다. 다빈치는 노트에 "수학을 모르는 사람에게 내 작품을 보여주지 말라"라고 썼다.

1. 빨간 분필로 그린 잘생긴 이 노인의 얼굴은 그림에도 적혀 있듯, 레오나르도 다빈치로 알려졌다. 확실히 그림 속 얼굴은 다빈치의 다른 초상화뿐만 아니라 그 시대 사람들의 묘사와도 일치한다. 다빈치는 인류 역사상 가장 널리 알려진 폴리매스다.

3. 오늘날 니콜라스 코페르니쿠스는 지구가 아닌 태양이 우주의 중심이라고 주장한 사람으로만 알려져 있다. 그러나 그는 의사로도 활약했고 법학을 공부했으며 지금은 경제학에 속하는 선구적인 이론도 제안했다. 이 16세기의 그림은 지구가 아닌 태양이 우주의 중심에 있는 모습을 보여준다. 코페르니쿠스는 "모든 것의 중심에 태양이 왕처럼 앉아 있고, 왕이 신하들을 거느리듯 태양도 자신을 둘러싸고 있는 행성들을 거느린다"라고 적었다.

4. 16~17세기에는 '경이로운 것들(예술이나 자연이 빚어낸 놀라운 작품들)'을 모아 놓은 개인 박물관이 유행했다. 그림 속 박물관의 주인은 덴마크의 의사 올레 보름이다. 그는 특히 무기부터 박제 동물·새·물고기까지 스칸디나비아의 '진기한 것들'에 관심이 많았던 폴리매스였다.

5. 비제바노에서 주교가 되기 전에 빈과 프라하에 살았던 스페인의 후안 카라무엘 이 롭코비츠 수사는 24개 언어를 알았다고 한다. 그는 신학에서 음악까지 다양한 주제로 60여 권의 책을 썼으며 외교관과 건축가로도 활동했다.

6. '스웨덴의 미네르바'로 유명했던 크리스티나 여왕은 모든 것을 알았다고 전해진다. 그녀는 언어·철학·천문학·연금술 등에 관심이 많았다. 자신의 궁정으로 수많은 학자를 불러들여 지식을 배우고, 개인 도서관 관리를 맡겼으며 자주 공개 토론을 벌였다.

7. 이 그림은 크리스티나 여왕의 궁정에서 가장 유명한 학자였던 르네 데카르트가 여왕 앞에 서서 자신의 주장을 펴고 이를 다른 궁정인들이 경청하는 듯한 모습을 담았다. 안타깝게도 데카르트는 스웨덴의 추운 겨울을 견디지 못하고 1650년 2월에 스톡홀름에서 사망했다.

8. 17세기에 활약했던 박학다식한 괴물들 중 가장 위대했던 이는 단연 고트프리트 빌헬름 라이프니츠였다. 오늘날 그는 주로 철학자 또는 미적분의 발견을 두고 뉴턴과 경쟁했던 수학자로 기억되지만, 역사학과 법학 및 여러 언어에 중요한 기여를 했다. 자연과학의 모든 하위 학문에 관심이 있었으며 당시 중국 전문가로도 이름을 날렸다.

9. 초상화 속 화려한 모습의 스탈 부인은 소설과 희곡은 물론 철학·열정·자살·번역·정치학·사회(여성의 지위 포함) 등을 주제로 다양하게 글을 썼던 스위스의 지식인이었다.

10. 이 그림은 18세기 중반 파리에서 월요일과 수요일마다 모임이 열렸던 조프랭 부인의 살롱을 그린 것이다. 몽테스키외와 루소의 모습이 보이며 볼테르의 흉상이 모임을 지켜보고 있다. 이렇게 남녀 지성인이 모여 자신의 지식을 우아하고 재치 있게 드러내는 방식은 이 시기 프랑스 지식인에게 특히 중요한 일이었다.

11. 볼테르는 과학을 대중화한 인물로 연인이었던 샤틀레 부인과 함께 뉴턴 이론을 소개하는 입문서를 썼다. 이 판화에서 월계관을 쓴 시인이 볼테르이고 샤틀레 부인의 모습은 보이지 않는다.

12. 오늘날 스웨덴의 에마누엘 스베덴보리는 초상화 속 그가 들고 있는 《계시록의 속뜻Apocalypse Revealed》을 포함해서 말년에 썼던 종교 저술들로만 거의 기억된다. 그가 젊었을 때 저명한 공학자였을 뿐만 아니라 금속학·화학·천문학·해부학·생리학·골상학 분야에도 업적을 남겼다는 사실은 상당히 놀랍다.

13. 케임브리지 대학 교수였던 토머스 영은 폭넓은 관심사 덕분에 '비범한 영Phenomenon Young'으로 알려졌다. 의학 교육을 받은 것 외에 광학과 음향학 실험, 생리학 강의를 했고 동양의 언어 여섯 가지를 배웠다. 이집트 상형문자를 해독하는 작업을 계속했지만 경쟁자였던 프랑스인 샹폴리옹이 먼저 완성했다.

14. 최후의 위대한 만능인 중 하나라는 평을 들었던 존 허셜은 천문학자로 가장 유명하지만, 수학·화학·자기학·식물학·지질학·음향학·광학·사진학에도 중요한 기여를 했다. 여가 시간에는 호메로스·단테·실러의 작품을 번역했다고 한다.

15. 박물학자이자 탐험가인 알렉산더 폰 훔볼트는 광범위한 자연과학 연구에 만족하지 못했는지 문학과 예술에도 정통했다. 그는 미술가의 시각으로 풍경을 바라봤을 뿐만 아니라 독학으로 드로잉도 연습했다.

16. 스코틀랜드 과학자 메리 서머빌은 당시 영국에서 여성이 대학에 입학할 수 없었기에 주로 혼자 공부했다. 아내와 어머니 역할을 하느라 체계적으로 연구할 시간이 부족해 아이디어들을 종합하는 연구에 집중할 수밖에 없었다. 1834년에는 《자연과학의 연결성에 관하여》라는 대표작을 출간했다. 서머빌 칼리지 옥스퍼드는 그녀의 이름을 딴 것이다.

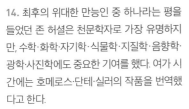

17. 그림에서 흰 사제복을 입고 있는 이가 동방 정교회 사제였던 파벨 플로렌스키이며, 그는 철학·신학·종교미술 등의 분야에서 글을 썼고 전기기사로도 일했다. 스탈린 시대에 소련 체제를 전복하려 했다는 혐의를 받아 추방되어 노동 수용소로 보내졌다가 총살당했다. 플로렌스키는 '러시아의 숨겨진 다빈치'라고 불린다.

18. 허버트 사이먼은 대학에서 정치학·컴퓨터과학·인지심리학을 공부했다. 그는 공식적으로 경제학과에 적을 둔 적이 없었지만 노벨경제학상을 받았다. 사이먼이 스스로 학문적 파벌이라 부른 것들 사이에서 차이를 별로 심각하게 생각하지 않았다는 사실이 놀랍지는 않다.

19. 벨기에의 책 애호가이자 서지학자인 폴 오틀레는 '세상을 분류하려 한 사람'
이라는 평을 듣는다. 그가 도서 분류 체계인 듀이의 십진법에 자극받아 만든 정보
검색 기능은 세계 평화와 세계 정부라는 원대한 비전의 일부였다. 오틀레는 모든
지식을 한곳에 모으기 위해 '문다네움'이라는 공간을 만들었다. 현재 이곳은 위치
만 브뤼셀에서 몽스로 바뀌었을 뿐 여전히 운영되고 있다.

20. 미국의 프린스턴 고등연구소는 뛰어난 학자들에게 연구하고 사유하며 저술
할 곳을 제공할 목적으로 1930년에 설립되었다. 첫 연구소장이었던 에이브러햄
플렉스너는 〈무용한 지식의 유용함〉이라는 논문으로 유명한 교육학자였다. 초
기 연구원 중에는 알베르트 아인슈타인과 폴리매스였던 존 폰 노이만이 있다.

목차

저자의 말

지난 20여 년 동안 지식의 역사를 연구하면서 개론서인 《지식의 사회사》(2000~2012)와 입문서에 해당하는 《지식은 어떻게 탄생하고 진화하는가》(2016)를 비롯해 근래에는 《지식의 역사 속 망명자와 추방자》(2017) 출간한 바 있다. 망명자들을 다룬 책처럼 이 책도 연구 자료들이 모여 책으로 발전한 경우였다. 오랫동안 나는 폴리매스라는 주제에 사로잡혀 있었다. 수학과 과학 지식이 부족한 나로서는 전혀 폴리매스가 될 수 없지만, 두 프랑스 역사가 뤼시엥 페브르Lucien Febvre와 페르낭 브로델Fernand Braudel이 했던 유명한 말처럼 적어도 가끔은 역사학의 틀에서 벗어나야 더 나은 역사서를 쓸 수 있다고 생각한다.

옥스퍼드 대학에서 3년 동안 역사학을 공부하면서 여러 다른 학과 강의를 듣게 되었다. 길버드 라일Gilbert Ryle의 철학; 로이 해로드Roy Harrod의 경제학, 톨킨J. R. R. Tolkien의 중세 문학, 마이클 아가일Michael Argyle의 심리학 강의 등을 들었고, 마침내 내 미래를 결정했던 에드가 빈트Edgar Wind의 미술사 강의를 들었다. 대학원에서는 사회학과 인류학 문헌들을 읽었으며 과학사를 비롯해 노먼 번바움Norman Birnbaum과 아이리스 머독Iris Murdoch이 조직했던 소외 개념을 주제로 한 세미나에 참여하기도 했다.

새로 만들어질 서식스 대학이 학제적 연구를 표방한다는 소식을 듣게 되었을 때부터 시작해 1962년부터 1979년까지 서식스 대학 유럽학부의 미술사·사회학·영문학·불문학 협동 과정에서 학생들을 가르쳤다. 강의를 하면서 학문의 큰 그림과 세부 사항을 비롯해 한 학문에서 익힌 사상과 경험을 해석하거나 다른 학문으로 전달하는 데 관심이 있는 개인과 집단에 관한 책이 필요하다는 걸 깨달았다. 바로 이 책이 그 결과물이라 생각한다. 그러면서 간접적으로나마 그런 재능 있는 사람들과 교류할 수 있어서 기뻤다. 이 책에 소개한 폴리매스 중에는 오랜 지인도 있고, 적은 수이긴 하나 친구도 있지만, 조사 중에 새로 알게 된 사람들도 있다.

책의 1장을 읽고 의견을 준 타리프 칼리디와 제프리 로이드에게 고마움을 전한다. 2013년에 폴리매스 관련 질문지와 자신의 책 초고를 보내준 와카스 아메드에게도 고맙다. 내 아이디어를 주제로 생산적인 토론을 나눴던 베를린 브란덴부르크 과학아카데미의 '두 문화' 연구 단체를 비롯해 여러 참고 자료와 정보를 제공하고 조언해준 이들에게도 감사하다는 말을 전하고 싶다.

➤ 폴리매스란 무엇인가 ➤

"역사는 폴리매스polymaths에게 불친절하다"라는 말이 있다. 어떤 이들은 잊힌 반면 많은 이들은 우리가 인식할 수 있는 범주로 뭉뚱그려져 있다.[1] 앞으로 계속 살펴보겠지만, 폴리매스는 그들이 이룬 많은 업적 중 단 한 가지 혹은 몇 가지 성과로만 기억된다. 이제는 오해를 바로잡을 때다.

실제로 최근에는 개별 폴리매스를 연구한 책이 늘어나고 있는데 이는 아마도 전문화되는 추세에 대한 반발일 것이다. 감사하게도 이 책을 쓰는 동안 수많은 논문의 도움을 받았다. 그중에는 레오나르도 다빈치Leonardo da Vinci와 라이프니츠Leibniz 같은 거인뿐만 아니라 뒤몽 뒤르빌Dumont Durville과 윌리엄 리스William Rees처럼 기의 알려지지 않은 인물을 다룬 것도 있었다.[2] 현재 잡지나 라디오 방송용으로 사용되는 짧은 글은 많아지는 반면 폴리매스를 종합적으로 연구한 자료는 찾아보기 어렵다.[3]

그런 자료를 만드는 과정에서 나오게 된 이 책은 지식의 사회사와 문화사도 함께 다룬다. 이론적이든 실용적이든 모든 지식에는 나름의 역사가 있다. 수렵채집인은 생존을 위해 폭넓은 지식이 필요했고, 농부는 지리학자였던 폴리매스 프리드리히 라첼Friedrich Ratzel에게서 다재다능했다는 찬사를 받았다.[4] 장인·산파·상인·통치자·음악가·축구 선수 등 어떤 집단이든 자기 분야에서 남보다 많은 지식을 갖고 있어야 한다. 과거에는 학자들에게만 이름 붙였던 '폴리매스'라는 말이 이제는 운동선수에서 정치인에 이르기까지 다양한 분야에 업적을 남긴 사람들에게까지 널리 사용되고 있다.

폴리매스의 정의

미국 폴리매스 연구회American Polymathic Institute라는 독립 연구자 모임에서는 폴리매스를 '많은 주제에 관심을 갖고 배우는 사람'이라고 정의한 바 있다.[5] 그러나 이 책에서는 과거에 학식learning으로 알려진 학문적 지식에 집중할 것이다. 즉, 지적 '과정'이나 '교육 과정' 전체 또는 적어도 주요 범위를 다룬다는 의미에서 '백과사전적' 관심을 가진 학자들에게 초점을 맞추고 있다.

이런 이유로 나는 다음 두 명의 사업가를 제외했다. 경제학과 물리학을 전공하고 테슬라를 비롯한 몇몇 회사를 세운 일론 머스크Elon Musk와 또 다른 컴퓨터 과학자 래리 페이지Larry Page와 함께 구글을 설립하기 전에 수학과 컴퓨터 공학을 공부한 세르게이 브린Sergei Brin이다. 또한 다재다능했던 존 메이너드 케인스John Maynard Keynes도 다룰지 말지 고민했는데, 그 이유는 그의 재능이 대부분 학문과 거리가 멀었기 때문이다. 케인스의 친구였던 레너드 울프Leonard Woolf는 그를 '우두머리·공무원·투기

꾼·기업가·언론인·작가·농부·서화상·정치인·극장 관리자·도서 수집
가 외에 여섯 가지'라고 불렀다. 반면에 케인스는 자기 자신을 이렇게 설명
했다. "위대한 경제학자는 드문 재능의 조합이 있어야 한다. 여러 방면에서
수준이 높아야 하고 흔히 함께 발견되지 않는 재능을 결합할 줄 알아야
한다. 어느 정도는 수학자·역사가·정치인·철학자가 되어야 한다." 이런
기준으로 보면 아이작 뉴턴만큼이나 케인스의 관심 분야가 다양했다는
사실을 언급할 필요도 없이 케인스도 확실히 폴리매스 자격이 있다.[6]

이 책에서는 유명 소설가들도 다룰 예정이다. 특히 요한 볼프강 폰 괴
테Johann Wolfgang von Goethe · 조지 엘리엇George Eliot · 올더스 헉슬리Aldous
Huxley · 호르헤 루이스 보르헤스Jorge Luis Borges 등은 에세이를 비롯한 비
소설 부문에도 많은 저술을 남긴 사람들이다. 이와 비슷하게 블라디미
르 나보코프Vladimir Nabokov는《롤리타Lolita》의 작가로서가 아니라 문학평
론가와 곤충학자, 체스에 관한 저술가로 다룬다. 그리고 아우구스트 스
트린드베리August Strindberg는 극작가가 아닌 문화사학자로 등장한다. 그러
나 움베르토 에코Umberto Eco는 소설도 쓴 학자로 등장할 예정이다.

학문의 역사와 폴리매스

여러 분야에 정통한 사람을 폴리매스라고 정의한다면 '학문이란 무엇인
가' 하는 의문이 제기된다. 학문의 역사는 지적 측면과 제도적 측면으로
나누어진다. '학문disciplines'이라는 용어의 단수형인 discipline은 '배우
다'라는 의미의 라틴어 discere에서 나온 것으로, 라틴어 disciplina는

그리스어 askesis를 번역한 것으로 '훈련' 혹은 '연습'이라는 뜻이다.

고대에 학문이라는 개념은 체육 이론·종교·전쟁·철학 등 네 가지 영역을 오가며 사용되었다. 학문은 스승의 가르침을 따르고 제자가 되어 가르침을 내면화하며, 몸과 마음을 다스리는 일종의 금욕주의를 실천하는 가운데 배우는 것이었다.

시간이 흘러 학문이라는 용어는 특정 지식 분야를 지칭하게 되었다. 고대 로마에서는 천둥과 번개를 연구하는 일을 '에트루리아의 학문'이라고 불렀는데, 그 이유는 그 분야의 전문가가 에트루리아인이었기 때문이다. 5세기에 마르티아누스 카펠라Martianus Capella는 일곱 가지 학문, 혹은 다른 말로 일곱 가지 자유과 학문인 문법·논리학·수사학·산술·기하학·음악·천문학에 대해 썼다.

복수형인 '학문'이라는 개념은 조직화와 제도화를 의미하며 실제로는 전문화로 가는 긴 여정의 시작을 의미했다.[7] 후대인의 시각으로 과거를 바라보지 않기 위해 16~17세기를 다룰 때는 마술도 학문에 포함시켰다. 그리고 생물학·인류학 같은 학문은 그 용어가 사용되기 전의 시대를 다룰 때는 가급적 언급하지 않으려 했다.

역사가로서 고충은 폴리매스의 지난 600년간 기준이 계속 변했다는 점이다. 전통 학문이 세분화되면서 학문이라는 기준에서 '많다'라는 개념이 모호해졌고 기준선도 낮아졌다. 최근 한 기사에서는 법학과 경제학이라는 두 가지 분야에 독창적인 기여를 한 사람도 폴리매스라고 설명한다. 두 가지를 '많은'이라고 부르는 것이 좀 이상할지도 모르지만, 동시에 두 가지 분야에서 활약했다는 사실을 중요한 성과로 인정받은 셈이다.[8]

폴리매스 인물 연구

이 책은 주로 인물 연구에 기반을 두었다. 15세기부터 21세기까지 서구 사회에서 활약했던 500명을 선정해 그 명단은 뒤에 따로 정리했다. 마침 17세기를 대표하는 폴리매스 피에르 벨Pierre Bayle은 그가 열정을 가진 대상의 일부가 '학자들에 관한 인물 연구'라고 밝혔다.[9] 이 책은 여러 사람의 일대기에 관심을 두되, 통계는 많이 사용하지 않는다. 전체 폴리매스 중 남녀의 숫자, 신도와 성직자의 숫자를 언급하기는 하지만 숫자로 답할 수 없는 질문들이 많았다.

심지어 가톨릭 신자인지 프로테스탄트인지와 같이 폴리매스를 종교로 구분하는 문제도 쉽지 않다. 세바스티안 뮌스터Sebastian Münster와 필리프 멜란히톤Philip Melanchthon은 가톨릭에서 프로테스탄트로 개종했다. 루카스 홀스테니우스Lucas Holstenius · 스웨덴의 크리스티나 여왕Christina of Sweden · 페터 람베크Peter Lambec · 니콜라스 스테노Nicholas Steno는 프로테스탄트에서 가톨릭으로 개종했고, 유스투스 립시우스Justus Lipsius는 두 종교 사이를 오갔다. 베니토 아리아스 몬타노Benito Arias Montano는 공식적으로 가톨릭 신자였으나 사실은 사랑의 가족Family of Love이라는 비밀 종파의 일원이었다. 장 보댕Jean Bodin은 유대교로 개종했을 것이다. 조르다노 브루노Giordano Bruno는 자신만의 종교를 발명한 듯하다. 아이작 뉴턴은 공식적으로 성공회 신자였으나 삼위일체를 믿지 않았다.

일반화 외에 사례 연구도 수행했다. 주된 관심 대상은 네덜란드인 헤르만 부르하버Herman Boerhaave가 '박학다식한 괴물들'이라 부른 거인들이다. 부르하버는 18세기 전환기에 활약했던 인물로, 의학·생리학·화학·식물학 발전에 기여했다. 이 책에서는 상대적으로 중요하지 않은 폴리매스에 대해서도 간략하게나마 그들의 지적 여정과 특이점을 언급하려 한다.

여기에 나오는 인물들이 대단히 매력적이기는 하나, 나는 이 책이 단지 초상화 전시회장에 머물지 않기를 바란다. 초상화를 걸려면 액자가 필요하듯 이 책에 등장하는 이들은 주로 전후 사정을 고려해 분석되거나 이따금 다른 인물과 비교되기도 했다. 이 책의 한 가지 주된 목표는 지적·사회적인 경향을 파악해 박학다식해지려는 노력에 호의적이거나 비우호적인 사회 조직의 형태와 여론이 무엇인지 일반적인 질문에 답하는 것이다. 이를 위해서는 호기심을 유발하거나 억압하는 장소와 시대를 구분할 필요가 있는데, 억제하는 요인은 성 아우구스티누스St Augustine의 유명한 예처럼 대개 종교와 관련된다. 아우구스티누스는 '알 필요가 없는 것과 아무 이유 없이 그냥 알고 싶은 것들'에 자연에 관한 연구를 포함시켰다. 그러나 아우구스티누스도 앎의 즐거움을 아는 사람이었다.[10]

그다음 이어지는 역사는 '전문화'와 '통합(융합)'이라는 서로 정반대지만 얽혀 있는 현상에 관한 이야기다. 흔히 역사가 한 방향으로만 진행한다고 오해하고 있지만, 대부분 중요한 추세는 반대 방향에서 일어난 운동을 수반한다. 체계적인 전문화 현상은 정반대인 학제간 융합 연구 운동과 상당 기간 공존했다. 지적 노동이 분업화될수록 폴리매스마저 한 분야의 전문성을 가진 일종의 스페셜리스트specialists(전문가)가 되어간다. 다양한 영역의 일을 두루 잘하는 사람, 보편적인 지식 혹은 적어도 다양한 학문의 지식이 전문 분야가 되는 사람들을 흔히 제너럴리스트generalists라고 부른다. 그들은 분리된 학문 사이에서 연결성을 파악하고 특정 학문의 전문가 혹은 내부자가 보지 못한 것을 발견함으로써 지식의 역사에 독보적인 기여를 했다. 이런 면에서 그들의 역할은 망명이든 추방이든, 모국을 떠나 다른 지식 문화권으로 간 학자들과 비슷했다.[11]

이 책의 주된 관심은 전문화가 확대되는 문화 속에서 폴리매스가 어떻게 살아남을 것인가다. 18~19세기에, 최근인 20세기에도 사람들은 폴리매스가 사라질 것이라 예상했지만 그들의 생명력은 놀랍다. 이런 생명력을 설명하기 위해 폴리매스를 둘러싼 환경과 그들에게 딱 맞는 문화가 무엇인지를 조사해보니, 그런 자리가 대학만은 아니었다. 어떤 폴리매스는 더 많은 자유를 누릴 수 있다는 이유로 학교 밖에서 활동하는 쪽을 선호했다. 또한 어떤 폴리매스는 특정 학문에만 얽매이기 싫어서 다른 분야나 학과로 옮겨가기도 했다. 앞으로 보게 되겠지만, 이런 폴리매스에게 장단을 맞춰줄 만큼 유연했던 대학은 매우 드물었다.

좀 더 개인적인 차원에서 폴리매스에 관한 질문에는 이런 것이 있다. 폴리매스를 앞으로 나아가게 하는 힘은 무엇일까? 그것은 아우구스티누스가 '아무 이유 없이 그냥 알고 싶은 것'이라고 말한 일종의 잡식성 호기심일까? 아니면 정치학자 해럴드 라스웰Harold Lasswell이 회고록에서 '전지omniscience를 향한 열정'이라 부른 걸까?[12] 무엇 때문에 학문을 이리저리 옮겨 다녔을까? 쉽게 싫증이 나는 성격이라서? 아니면 비정상적으로 개방적이라서 그랬을까? 또한 폴리매스는 다방면에 걸쳐 연구를 해낼 시간과 에너지를 어떻게 마련했을까? 그리고 무엇보다 먹고사는 문제, 즉 생계는 어떻게 유지했을까?

폴리매스의 유형

지금부터는 폴리매스를 특징에 따라 구별해 보겠다. 일단 소극적(적극적이지 않은) · 제한적(일반적이지 않은) · 순차적(동시적이지 않은) 집단으로 나누면 유용할 것 같다. '소극적' 폴리매스란 모든 걸 아는 것처럼 보이지만 아무것도 만들어내지 못한(또는 새로운 것은 전혀 생산하지 않은) 사람들이다. 소극적 폴리매스와 적극적 폴리매스 사이에는 프랜시스 베이컨Francis Bacon이나 오귀스트 콩트August Comte처럼 체계화하거나 통합하는 사람들이 있다. '제한적' 폴리매스란 말은 모순적인 표현이기는 하지만, 인문학이든 자연과학이든 사회과학이든 관련 학문에만 정통한 학자들을 지칭하기에는 적절하다. 그래서 이제부터는 제한적 폴리매스를 '군집적' 폴리매스로 바꿔 사용하기로 한다.

여러 주제를 어느 정도 동시에 다루는 학자들은 지적 여정에서 한 분야에서 다른 분야로 옮겨 다니는 소위 '순차적' 폴리매스(순차적으로 아내를 들이는 일부다처주의에서 착안한 것이다)와 대조되는 사람들이다. 그들 중 한 사람인 조지프 니덤Joseph Needham은 자전적 에세이를 이런 질문으로 시작했다. "생화학자가 역사가이자 중국학자로 변신하다니, 어떻게 그런 일이 일어났을까?"**13**

또 다른 분류법으로는 연결성을 고민하지 않고 지식을 축적하는 '분리형' 폴리매스와 지식 통합이라는 비전을 품고 서로 다른 지식들을 하나의 커다란 체계로 묶으려는 '통합형' 폴리매스로 나누는 방식이 있다. 분리형 집단은 잡식성 호기심을 만끽하거나 그것 때문에 곤란을 겪는다. 통합형 집단은 그중 하나였던 요한 하인리히 알슈테트Johann Heinrich Alsted가 '질서정연한 아름다움'이라 부른 것에 매료된 사람들이다.[14]

분리형과 통합형으로 구분하는 방식은 '소극적 자유'로 유명한 라트비아 출신의 사회철학자인 이사야 벌린Isaiah Berlin의 유명한 톨스토이Tolstoy 강연을 떠올리는데, 벌린은 《고슴도치와 여우》에서 '여우는 많은 것을 알고 있지만 고슴도치는 하나의 큰 것을 알고 있다'라는 고대 그리스 시인 아르킬로코스의 말을 인용해 인간을 많은 것을 안다고 해서 여우라 칭한 집단과 한 가지 중요한 것을 아는 고슴도치 집단으로 구분한다.[15] 그러나 이런 구분이 절대적이지는 않은데, 벌린 자신도 톨스토이를 두 가지 특징을 모두 가진 '고슴도치라 생각한 여우'라고 묘사했기 때문이다. 다는 아니지만 대부분의 폴리매스가 극단적인 여우형과 고슴도치형 사이에 위치하며, 상당수는 양끝에서 끌어당겼던 힘 덕분에 창조적 긴장 상태를 유지했다.

17세기 독일의 요한 요아힘 베허Johann Joachim Becher는 의사이자 수학자, 연금술사였고, 일종의 경제 정책을 신성 로마 제국의 황제 레오폴트 1세에게 조언하기도 했다. 당대의 표현으로 베허는 야심만만하나 간혹 비현실적인 계획을 세우는 일종의 기획자였으며 그의 원대한 계획은 모래나 납을 금으로 바꾸는 것이었다. 그는 화학·정치학·상업·보편 언어·설교법·의학·도덕철학·종교 분야에 저술을 남겼다. 베허의 관심 분야는 서로 별개로 보이지만 그것들을 하나로 꿰는 공통 사상은 자연과 사회가 순환한다는 생각이었다고 전해진다.[16]

폴리매스는 신화인가

폴리매스 개인에 관한 이야기는 과장된 경우가 많아서 마치 신화처럼 들리기도 한다. 흔히 폴리매스는 특정 학문에 정통한 사람보다 모든 것을 아는 사람으로 묘사된다. 그런 표현은 역사가 길다. 14세기 중세의 궁중 시인 존 가워John Gowe는 율리시스Ulyssess를 '모든 것을 아는 학자'로 묘사했다. 17세기 예수회 성직자 아타나시우스 키르허Athanasius Kircher는 '모든 것을 알았던 최후의 인간'이라는 평을 들었다.[17] 이런 평가를 받을 만한 후대 인물로는 케임브리지 대학 교수였던 토머스 영Thomas Young과 미국인 교수 조지프 라이디Joseph Leidy를 비롯해 가장 최근 인물로는 동시대인들에게 인정받았던 이탈리아 물리학자 엔리코 페르미Enrico Fermi가 있다. 페르미의 전기 작가는 이렇게 썼다. "그는 피상적이지만 물리학 외에도 다른 과학 지식을 갖추었고, 제한적이나마 역사·미술·음악 등에도 지식이 있었다는 사실은 전혀 과장이 아니다."[18] 최후라는 단어를 쉽게 붙였다는 사실이 장기적인 폴리매스 연구의 필요성을 뒷받침한다.

좀 더 겸손한 표현으로는 움베르토 에코에 관한 에세이집의 부제로 사용된 '너무 많이 알았던 사람'이라는 문구가 있다. 이것은 알프레드 히치콕Alfred Hitchcock의 숭배자인 에코에게 너무도 적절한 표현이었고, 컴퓨터 과학자이자 암호 해독자였던 앨런 튜링Alan Turing과 자연철학자 로버트 훅Robert Hooke에게도 적용할 수 있다.[19] 이와 유사하게 철학자 베네데토 크로체Benedetto Croce와 행동과학자 허버트 사이먼Herbert Simon은 '최후의 르네상스인'이라는 말을 들었다. 생화학자 겸 중국학자였던 조지프 니덤은 '20세기 르네상스인'으로, 비평가 조지 스타이너George Steiner는 '늦게, 늦게, 너무나 늦게 온 르네상스인'으로 불렸다. 혹은 런던의 레오나르도였고 파벨 플로렌스키Pavel Florensky는 러시아의 숨겨진 다빈치였으며, 해럴드 라스웰은 행동과학계의 레오나르도 다빈치이자 역대 모든 정치학자 중 가장 르네상스인에 가까운 사람으로 묘사되었다.[20] '르네상스 여성Renaissance Woman'이라는 용어도 음악학에서부터 성에 관한 연구에 이르기까지 널리 사용되었다.[21]

앞의 용어들은 책이나 교사의 도움 없이 기하학을 재발견했다는 블레즈 파스칼의 유년기에 관한 유명한 이야기에서처럼 '독학으로 모든 지식을 습득한 외로운 천재'라는 신화를 강화한다. 실제로 일부 폴리매스는 비교적 외롭게 지냈지만, 누구보다 고독했던 다빈치도 젊었을 때는 밀라노에서 유명한 궁중 음악사였다. 또한 외로운 사람으로 자주 묘사되는 이탈리아 철학자 잠바티스타 비코Giambattista Vico도 젊은 시절에는 나폴리에서 사교 생활을 즐겼다. 이따금 집단 활동이 구성원의 창의성을 자극하기도 했다. 8장에서 다루겠지만 집단 토론을 통해 얻은 아이디어를 발전시켜 유명해진 폴리매스도 있다.[22] 어쨌든 폴리매스들은 학문의 세계에 변화를 일으켰고, 그런 결과가 없었다면 이 책이 나오지 않았을 것이다.

이 책에서 소개한 수많은 업적에는 성공담만 있지는 않다. 박학다식해지려면 대가를 치러야 한다. 폴리매스는 사기꾼에다가 피상적이라며 공격받기도 했다. 폴리매스를 사기꾼으로 보는 시각은 심지어 고대 그리스 시대에도 있어서 피타고라스Pythagoras는 협잡꾼이라고 비난받았다. 7세기에 길버트 버넷Gilbert Burnet이라는 주교는 관심사가 폭넓었던 자신에 대해

"흔히 많은 것을 다루는 사람들은 모든 것을 가볍고 피상적으로 알고 있다"라고 썼다.[23] 다른 사례를 보면 레오나르도 증후군Leonardo syndrome이라 부를 만한 현상이 발견되는데, 이것은 에너지가 분산되어 매력있고 훌륭한 프로젝트를 중도 포기하거나 미완성으로 남게 되는 것을 가리킨다.

이 책은 15세기부터 21세기까지 유럽과 아메리카 대륙에 초점을 맞춘다. 르네상스 시대의 이상이었던 '만능인uomo universalle'의 이야기로 시작하지만 지식계에 닥친 두 번의 위기로 인한 장기적 결과에 집중한다. 첫 위기는 17세기 중반에, 다음 위기는 19세기 중반에 일어났는데 두 번 모두 서적이 폭발적으로 늘어난 것이 원인이었다(디지털 혁명에 따른 세 번째 위기의 장기적 결과는 아직 예측할 수 없다). 이 세 가지 위기는 정보량이 급증하고 지식이 파편화되는 과정에서 지식 폭발 현상을 일으켰다. 이 책은 적절한 자리에서 파편화 현상에 대한 대응책도 논한다.

폴리매스는 근대 서구 사회에서만 번성했던 것이 아니다. 이를 알리기 위해 고대 그리스 시대부터 중세 말까지 활약했던 일부 폴리매스를 두루 살펴보고, 중국과 이슬람 세계에 관해서 간단한 논평을 곁들였다. 그리 익숙한 지식은 아니었지만, 폴리매스에 관한 글을 쓰고 있으니 힘에 부치더라도 멀리 헤엄치려면 준비가 필요할 것이다.

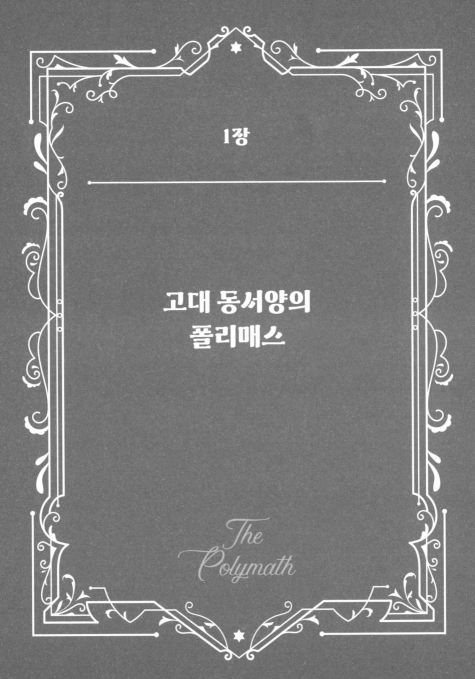

1장

고대 동서양의
폴리매스

The
Polymath

The
Polymath ——

THE POLYMATH

학문이 분과하기 전이나 소수의 학문만 존재했던 중세 시대에는 폴리매스와 같은 개념이 필요하지 않았을 것이다. 그 시대에는 광범위한 호기심을 보이는 태도가 일반적이었을 뿐만 아니라 심지어 기본 덕목으로 여겨지기까지 했다. 다양한 주제로 책을 쓰는 관행도 마찬가지였다. 르네상스 이전에는 당연한 사실 외에는 알아야 할 것이 별로 없었으므로, 적어도 주요 지식은 상당한 노력을 기울이기만 하면 완전히 습득할 수 있었다. 그럼에도 그리스와 로마를 아우르는 고대 서양 사회와 고대 중국, 이슬람 세계와 서구 중세 시대에는 많은 이들이 비범할 정도로 폭넓은 지식을 가졌다는 이유로 존경을 받았다. 그러나 일부는 지식의 깊이가 얕다고 비난받기도 했다.

✦ 고대 그리스에서 시작된 가치 논쟁 ✦

많은 논제가 그렇듯 지식의 가치에 관한 논쟁도 고대 그리스에서 최초로 시작됐다고 알려져 있다. 철학자 헤라클레이토스Heraclitus(기원전 35~475년경)는 다재다능한 사람들을 두루 언급하며 박학하다고 해서 지성이 생기는 것은 아니라고 주장했다(단편 40).[1] 그와 반대로 엠페도클레스Empedocles(기원전 495~435년경)는 배움이 지혜를 더해준다고 주장했는데 일부 그리스인이 폴리마테이아Polymatheia 여신을 숭배했다는 사실은 확실히 의미심장하다.

지식의 가치에 관한 논쟁은 다양한 형태로 수 세기에 걸쳐 반복되었으며 논쟁의 배경과 강조점은 달라져도 그 본질은 변하지 않았다. 갈등의 본질은 지식의 폭과 깊이에 관한 이견, 즉 이사야 벌린이 말한 '많은 것을 아는 여우'와 '큰 것 하나를 아는 고슴도치' 사이에 있었다. 그러나 이런 대립은 아마추어와 전문가, 이론과 실제, 순수 지식과 실용 지식, 세부사항과 큰 그림, 사실주의와 인상주의 등 다양한 시대와 장소와도 얽혀 있었다.[2]

특이할 정도로 다방면에 걸쳐 지적 욕구를 가졌던 사람들을 논하려면 아마도 사모스섬의 피타고라스와 소피스트 이야기부터 해야 할 것이다. 다만 이들에 관해서는 겨우 존재하는 저술 일부와 제자나 비평가의 증언을 통해서만 들을 수 있을 뿐이다.

영적 스승이나 구루로서 학파를 창시한 피타고라스(기원전 570~495년경)는 환생·운동·채식(그러나 자신의 추종자들에게 콩 섭취를 금지했다)에 관심이 많았다. 오늘날 그는 수학자로 기억되며, 논란의 여지는 있으나 특별히 유명한 정리를 증명한 사람으로 알려져 있다. 후대의 수많은 폴리매스와 마찬가지로 피타고라스에 대한 평가도 엇갈린다. 여기에서 한 번 더 엠페도클레스와 헤라클레이토스가 대립한다. 엠페도클레스는 어마어마한 지식을 가진 사람이라며 피타고라스를 찬양했지만, 헤라클레이토스는 최고의 사기꾼(혹은 쓸데없는 말을 하는 사람)이라고 비난했다.

피타고라스보다 좀 더 광범위한 지식을 자랑했던 사람들은 일명 소피스트로 이들은 걸어 다니는 백과사전이나 다름없었다. 소피스트는 폭넓은 주제를 다루고 전 과목을 가르쳤다(백과사전을 의미하는 영어단어 encyclopaedia는 일반 교양 교육을 가리키던 그리스어 enkyklios paideia에서 파생했다). 일부 소피스트는 자신이 모든 질문에 답을 말할 수 있다고 주장하며, 오늘날 우리가 종이책이나 온라인 백과사전을 찾아보듯 의견이 필요한 사람들이 자신을 찾아오게 했다.

유명한 소피스트인 엘리스의 히피아스Hippias of Elis(기원전 460~399년)는 천문학·수학·문법학·수사학·음악·역사·철학, 변론가에게 매우 유용한 기술인 기억술 등을 가르쳤다고 알려져 있다. 오늘날까지 그의 이름이 기억되고 있는 것은 플라톤이 쓴《소 히피아스Hippias Minor》덕분이다. 이 책 대화편에서 히피아스는 소크라테스에 의해 가식이 벗겨지는 오만한 사람으로 등장한다. 그러면서 어떤 주제든 연설할 준비가 되어 있으며, 어떤 질문에도 답할 수 있다고 자랑한다.[3]

광범위한 주제로 글을 쓴 사람으로 유명한 아리스토텔레스Aristotle(기원전 384~322년)는 긍정적인 평가를 받는 쪽이다. 그는 지식의 폭이 넓다고 해서 피상적이라는 비난을 받지는 않는 것 같다. 아리스토텔레스는 흔히 논리학·윤리학·형이상학을 연구한 철학자로 알려져 있지만 수학·수사학·시학·정치이론·자연과학·우주론·해부학·생리학·박물학·동물학 등에 관한 책도 썼다.[4]

로도스섬의 포시도니우스Posidonius of Rhodes(기원전 135~51년경)와 키레네의 에라토스테네스(기원전 245~194년경)라는 다재다능한 두 철학자는 운동선수에 비유되곤 한다. 운동선수라는 별명을 가진 포시도니우스는 철학·천문학·수학·지리학·역사 등에 관한 글을 썼다. 그가 왜 그런 별명으로 불리게 되었는지는 대단히 흥미롭다. 고대 그리스는 운동선수가 존경받던 사회였는데, 운동선수와 철학자에게 필요한 훈련이 서로 비슷하다는 점은 이미 언급한 바 있다. 올림픽에는 훗날 팔방미인이라 불리는 사람들을 위한 종목, 특히 하루에 5종 경기를 치르는 펜타슬론pentathlon이 있었다. 그러나 폴리매스와 운동선수의 유사성이 히피아스에 대한 소크라테스의 묘사를 떠올리게 한다면 별로 좋은 신호가 아니다.

에라토스테네스에 대한 평가도 비슷하게 모호하다. 그리스 로마 시대의 유명한 알렉산드리아 도서관에서 사서로 일했던 에라토스테네스는 다섯 가지 학문에 조예가 깊었다고 해서 '펜타틀로스Pentathlos'라는 별명을 얻었다. 오늘날로 치면 그는 문법학·문학·철학·기하학·지리학·수학·천문학 등 적어도 일곱 가지 분야를 연구했다. 또한 에라토스테네스는 '베타Beta'라는 별명으로도 불렸다. 이것은 영국의 어떤 역사가가 자신의 동료를 축구 2부 리그 감독으로 묘사한 것을 떠올리게 한다. 바꿔 말하면 펜타틀로스라는 별명은 찬사보다 비판에 가깝다.[5]

✛ 고대 로마의 박식가들 ✛

그리스 시대와 달리 로마 시대에는 뛰어난 박식가를 숭배했을 뿐만 아니라, 아마도 서서히 진행되고 있던 전문화 현상을 막으려는 방편이었겠지만 특정 분야를 공부하는 학생들에게 광범위한 지식을 습득하도록 권장하기까지 했다.

로마 시대 탁월한 웅변가였던 키케로Cicero(기원전 106~43년)는 《연설가에 대하여De oratore》의 서두에서 변론의 성공 조건으로 폭넓은 지식의 필요성을 강조했다. 이 책은 마르쿠스 크라수스Marcus Crassus(기원전 115~53년)와 마르쿠스 안토니우스Marcus Antonius(기원전 83~30년)가 대화를 나누는 형식으로 구성되어 있다. 여기에서 크라수스는 변론가란 어떤 주제든 특정 지식에 갇혀 있는 사람보다 훨씬 말을 잘하는 사람이라고 주장한다.[6]

수사학에 관한 또 다른 유명 저술인 마르쿠스 파비우스 퀸틸리아누스 Marcus Fabius Quintilianus(35~100년)의 《수사학 강론Institutes》도 연설가 지망생은 모든 주제에 관해 두루 알아야 한다고 주장한다. 여기에서 퀸틸리아누스는 폴리매스 8명, 히피아스를 포함해서 그리스인 5명, 키케로를 포함해서 로마인 3명의 이름을 언급하고 있다. 아이러니하게도 이 책이 등장하게 된 배경에는 문법학자, 법학자와 더불어 수사학자 같은 전문가가 증가하는 현상이 있었다.[7]

연설가에 관해 키케로와 퀸틸리아누스와 유사한 주장을 펼친 사람 중에 마르쿠스 비트루비우스 폴리오Marcus Vitruvius Pollio(15년 사망)라는 건축가가 있었다. 비트루비우스는 자신의 직업이 여러 학문에 걸쳐 있어 '다학적multidisciplinary'이라고 주장했다. 그에 따르면 이상적인 건축가는 문학·소묘 실력·기하학·역사·철학·음악·의학·법학·점성술(지금의 천문학도 포함)에 대한 지식을 갖추어야 한다.[8]

폴리매스의 대표적인 인물에는 그리스에서 추방된 밀레투스의 알렉산더Alexander of Miletus(루시우스 코르넬리우스 알렉산더, 기원전 36년 사망)도 있다. 그는 로마에 노예로 잡혀가서 가정 교사로 일했고, 많은 것을 캐묻는 사람이라는 의미로 박식가Polyhistor라는 별명을 얻었다. 고전 문헌에서 자주 언급되는 로마인 폴리매스는 카토Cato·바로Varro·대 플리니우스Pliny the Elder다.

퀸틸리아누스는 전쟁·철학·웅변술·역사·법학·건축학 등에 관한 저술에서 대 카토로 불리는 마르쿠스 포르키우스 카토Marcus Porcius Cato(기원전 234~149년)를 인용했으며, 키케로의 책에서 크라수스는 카토에 대해 당시 (100년 전) 알 수 있고 배울 수 있는 지식 중에 그가 조사하고 습득하고 더 나아가 기록하지 않은 것은 아무것도 없다고 했다.[9]

마르쿠스 테렌티우스 바로Marcus Terentius Varro(기원전 116~27년)는 긴 생애 동안 정치와 군대에서 직책을 맡아 일하면서, 풍자하는 글은 말할 것도 없고 골동품·언어·농업·역사·법학·철학·문학·항해술 등의 분야에서 70편이 넘는 글을 썼다. 키케로는 바로를 탁월한 지성과 일반 지식을 두루 갖춘 사람으로 묘사했고 퀸틸리아누스는 그가 거의 모든 종류의 수많은 지식에 관해 글을 썼다고 말했다.[10] 여러 학문을 다룬 바로의 책은 최초의 공인 백과사전이라 불렸다.[11] 이 책은 사라졌지만 건축과

의학을 포함해서 모두 7개의 교양 학문을 다뤘다고 전해진다.

　대 플리니우스(23~79년)는 법관, 해군 제독, 황제의 고문관을 지낸 인물로 소 플리니우스로 불리는 그의 조카에 따르면 공부하지 않는 시간은 낭비라 생각했다고 한다. 그는 사람들에게 명령을 내리는 동안에도 노예들에게 소리 내어 책을 읽게 했다.

　플리니우스는 문법·수사학·군대사·정치사·기마병술 등에 관한 글은 물론, 자신의 대표 저서이자 훗날 박물학으로 분류되는 내용보다 훨씬 많은 내용을 망라했던 《박물지Natural History》라는 백과사전을 집필했다. 서문에서 그는 2,000여 권의 책을 참고했으며, 어떤 그리스인도 자신처럼 그렇게 많은 주제를 다룬 책을 쓴 적이 없다고 자랑했다. 물론 플리니우스는 직접 관찰한 내용에 근거해서 책을 썼지만, 본질적으로 그는 편찬자였다. 한편 그는 《박물지》 서문에서 표절한 이들을 비난했다. 아마도 자신의 작품이 후대에 표절되리라는 것을 예상했던 모양이다.

✦ 고대 중국의 폴리매스 ✦

잡식성 호기심과 폭넓은 지식이 비서구권에서는 발견되지 않았다면 이상한 일일 것이다. 실제로 고전으로 잘 알려진 《중용中庸》에는 '널리 배우라'라는 유명한 말이 등장한다. 중국어에는 박학博學(널리 배움), 박물博物(두루 앎) 같은 단어뿐만 아니라 학문에 정통한 사람을 가리키는 박사博士(폭넓게 아는 학자)라는 표현도 있다. 이런 단어들은 기원전 5~2세기 사이에 등장했다.[12]

그리스 철학자들처럼 중국의 학자들도 학문의 종류를 두고 논쟁을 벌였다. 그 결과로 시험을 치러 관리를 선발하는 유명한 제도가 확립됐다.[13] 송나라 시대(960~1279년)에는 고전·시·역사·정치에 관한 지식을 평가하는 시험을 치렀다. 정치가인 왕안석王安石(1021~1086년)은 실패한 개혁에 관한 유명한 논문인 〈만언서萬言書〉에서 관리를 육성하는 교육이 너무 포괄적이라고 불평했다. 그는 통치 능력이란 전문 교육을 통해 가장 잘 길러지며, 지나치게 다양한 학문을 공부하면 그 능력이 망가진다고 주장했다.[14]

이후 수백 년간 전문 교육과 일반 교육 사이에서 무게추가 왔다갔다했다. 왕양명王陽明(1472~1529년)은 《전습록傳習錄》에서 광범위한 공부를 피상적이라고 일축했고, 외부 세계에 관한 지식보다 자기 자신을 잘 알고 수양하는 공부를 선호했다.[15] 그러나 1679년과 1736년에는 폭넓은 학식과 풍부한 어휘력을 평가하는 시험이 치러졌다.[16]

고대 중국과 고대 그리스는 사용하는 용어가 다르고(고대 중국 사상에는 그리스어 필로소피아philosophia에 상응하는 용어가 없다) 학문을 분류하는 기준도 달랐기 때문에 두 문화를 단순 비교하기는 어렵다. 중국에서 관련 학문을 묶는 방식은 순수 학문이든 실용·응용 학문이든 관계없이 그리스와 유럽의 방식과는 상당히 달랐다.[17] 중국과 그리스의 필수 학문의 종류가 달라서 서로 비교하기가 쉽지 않다. 중국학자들은 음악 이론·점술·회화와 서예 비평을 대단히 중시했다.

중국 폴리매스의 관심 범위가 어느 정도였는가를 파악하려면 다음 세 학자의 삶과 업적을 살펴봐야 한다. 전국 시대의 학자 혜시惠施(기원전

370~10년)는 폭넓은 관심사를 가진 인물로 알려져 있다. 그가 쓴 글들은 사라졌지만 그에 관한 생생한 이야기가 도가의 유명한 일화 모음집인《장자莊子》에 남아 있다. 이 문헌에 따르면 혜시는 다재다능한 사람이었으며 그의 책으로 다섯 수레를 채울 수 있을 정도였다. 그러나 폴리매스를 향해 늘 되풀이되는 비판처럼 혜시가 실질적으로 아무것도 이루지 못한 채 재능을 남용하고 낭비했다고도 주장했다.[18]

송 왕조 이후 뛰어난 인물로는 소송蘇頌(1020~1101년)과 심괄沈括(1031~1095년)이라는 학자 출신 고위 관료가 있다. 소송은 왕실 천문대를 짓고 물레바퀴로 작동되는 천문 시계를 그림으로 설명한 사람으로 유명하다. 그는 천체 지도를 포함해서 각종 지도를 제작했다. 또한 조수들의 도움을 받아 동식물과 광물을 의료용으로 활용하는 방법을 소개하는, 지금으로 치면 약리학 논문도 썼다.[19]

심괄은 역대 중국의 과학자 중 가장 흥미로운 인물로 자주 평가되곤 한다.[20] 그는 천문학과 점성술이 결합된 천문天文과 음악·수학·의학·행정·병법·미술·차·시 등 각종 의식을 다룬 글을 썼을 뿐만 아니라 초기 입체 지도를 포함해 여러 가지 지도를 제작했다. 요나라 사절로 파견되었을 때는 그곳 사람들의 풍습을 기록하기도 했다.

당대의 한 연대기 편찬자는 심괄이 방대한 지식을 가졌다고 평했지만, 21세기 학자들은 그를 중국의 라이프니츠로 칭했다.[21] 그러나 라이프니츠와 달리 심괄은 자신이 가진 다양한 지식을 통합하려는 시도는 하지 않았던 것 같다. 좌천된 후에 집필했던 그의 대표 저서《몽계필담夢溪筆談》은 오늘날로 치면 일종의 에세이 모음집인데, 이 책은 중국 백과사전의 분류 방식에 따라 고대 관습·문헌 비평·이상한 사건·서예와 회화 등의 항목으로 구성되어 있다.[22] 다양한 주제를 다루는 필담은 폴리매스에게 이상적인 장르였다.

고대 그리스와 고대 중국의 폴리매스의 유사점과 차이점을 분석하는 방식은 고전 문헌 속 자연론을 비교 분석하는 경우처럼 우리의 이해를 도울 수 있다.[23] 그리스 폴리매스가 지식에 공헌한 점은 피타고라스·소크라테스·플라톤·소피스트 등의 공통점이 가르치는 사람(교사)이었다는 것과 관련된다. 한나라 이후 중국 폴리매스가 지식에 기여한 것은 과거 시험 합격자들이 스페셜리스트가 아닌 제너럴리스트가 되기를 기대하는 문화를 가진 국가에서 관료로 일하면서 이룬 업적에서 발전했다. 영국 공무원(이들은 중국의 과거 제도에서 영감을 얻어 만든 채용 시험을 통과해야 한다)을 이따금 '만다린'이라고 표현하는 것은 제너럴리스트를 지향하는 문화를 공유한 결과다.

앞서 언급했던 폴리매스 가운데 소송은 과거 시험을 주관했던 관청의 장으로 일하다 나중에는 국가 재정을 총괄하는 자리에 올랐다. 심괄은 한때 천문대장으로 일했고, 재정 관리자와 군대 지휘자로 일하는 동안 강물의 배수 상황을 꼼꼼하게 감독하기도 했다. 심괄의 다양한 관심사는 관료로 일하면서 쌓은 경험으로 만들어진 것이었다.[24]

자신이 속한 파벌이 실각하는 바람에 관직에서 물러나야 했을 때 심괄은 에세이를 집필할 여유가 생겼다. 마키아벨리Machiavelli의《군주론Il principe》과 클래런던 경Lord Clarendon의《영국 반란사The History of the Rebellion》같은 유럽의 주요 작품도 비슷한 환경에서 탄생했다.

✦ 중세 초기 유럽, 지식 상실의 시대 ✦

다시 서양의 전통을 살펴보자면 고대 후기와 중세 초기에 세속 지식에 대한 비판과 상실이 동시에 일어났다는 사실을 알 수 있다. 주요 기독교 저술가들은 하나같이 학습에 반대했다. 그중 테르툴리아누스Tertullian(155~240년경)는 그리스도 이후 우리에게는 호기심이 불필요하다고 주장했다. 다른 하나는 앞서 만났던 성 아우구스티누스인데 그는 헛된 호기심이 지성과 지식이라는 이름으로 용서받았다고 비판했다.²⁵

더 이상 중세 초기를 암흑 시대Dark Ages나 무지의 시대로 보지는 않지만, 500~1000년 사이에 지식, 좀 더 정확하게는 특정 지식이 사라졌다는 사실을 부인하기는 어렵다. 식자율의 하락으로 도시는 쇠퇴하고 도서관의 규모는 축소되었다. 고대 인물 플리니우스는 2,000권의 책을 소장했지만, 9세기에 지식의 중심지였던 라이헤나우 수도원 도서관과 장크트갈렌 수도원 도서관은 각각 400여 권의 책을 소장하고 있었다.

후대의 폴리매스가 너무 많이 알아서 문제였다면 중세 초기 폴리매스는 너무 조금 알아서 문제였다. 유럽에서는 고대 그리스에 관한 지식이 사라졌고, 그와 함께 고전 문헌은 이교도의 지식이라고 비난받았다. 바로의 고대 지식 연구서를 포함해서 수많은 문헌이 필사되지 못하는 바람에 이제는 흔적조차 찾을 수 없게 되었다. 의학과 수학 지식도 대부분 사라졌다. 11세기에 독일 쾰른의 라긴볼트Raginbold of Cologne와 벨기에 리에주의 라돌프Radolf of Liège라는 두 학자가 주고받은 편지에는 삼각형의 '내각'이 무슨 의미인가를 두고 토론하는 내용이 나온다. 어느 저명한 중세학자가 말했듯이 이것은 그 시대가 직면한 과학적 무지를 여실히 드러내는 사례였다.[26] 이런 상황에서 학자의 주된 과업은 일종의 구조 활동의 성격을 띠었다. 즉 학자는 새로운 지식을 더하기보다 전통으로 남은 고대의 지식을 보존하고 한데 모으려고 노력해야 했다. 일명 야만인들이 로마 제국을 침략하면서 그들의 지식도 함께 가져왔지만 주로 구두로 전해지는 바람에 오래 살아남지 못했다.

이 시기 학자들은 고대 그리스와 로마 시대의 단편들을 한데 모아서 성당 부설 학교의 교과 과정과 백과사전의 항목을 분류하고 정리하는 데 활용했다. 7개의 교양 과목은 3학(문법·논리·수사학 등 언어를 다루는 세 과목)과 4과(산술·기하학·천문학·음악 이론 등 숫자를 다루는 네 과목)으로 나뉘었다. 이런 환경에서는 공부거리가 많지 않았으므로 이전 시대보다 폴리매스가 되는 것이 더 수월했을지 모르겠다. 그러나 다른 한편으로는 필요한 책을 찾기 어려웠을 것이다. 따라서 단편 지식들을 통합할 수 있는 관심 분야가 광범위한 학자가 전보다 훨씬 많이 필요했다. 그중 탁월했던 학자들로는 보에티우스Boethius·스페인 세비야의 이시도루스Isidore of Seville·프랑스 오리악의 제르베르Gerbert of Aurillac가 있었다.[27]

보에티우스(480?~524년)는 원로원과 집정관, 그리고 이탈리아의 라벤나 부근에 정착한 동고트족의 테오도리쿠스왕을 모시는 최고 공무원인 시종무장관을 지냈다. 《철학의 위안The Consolation of Philosophy》으로 널리 알려진 보에티우스는 논리학·수사학·대수학·음악·신학 등에 관한 글을 썼을 뿐만 아니라 피타고라스·아리스토텔레스·플라톤·아르키메데스Archimedes·유클리드Euclid·프톨레마이오스Ptolemy·키케로의 글을 번역하거나 주석을 달았다. 생전에 보에티우스는 '과하게 학식이 풍부한 사람'이란 말을 들었다.[28] 당대 지식이 처한 위험과 그 지식을 보호할 필요성을 인지하고 있던 그는 상당수의 그리스 문헌을 라틴어로 번역하고 구해냈다.[29]

세비야의 이시도루스(560~636년)가 자신의 백과사전을 《어원Etymologies》이라 부른 이유는 각 주제를 논하면서 관련 단어의 기원을 밝혔기 때문이며, 이 책은 7개 교양 학문을 먼저 다룬 후 의학·법학·신학·언어·동물·우주·건축물·배·음식·옷 등의 주제로 넘어갔다. 그가 전문 지식에도 관심이 있었다는 점을 주목해야 한다. '기독교의 바로'라고 불리는 이시도루스는 실제로 바로의 글을 스물여덟 번이나 인용했고, 중세 초기에는 이미 사라져버린 수많은 고대 문헌의 내용을 간접적으로나마 상기시켰다. 그는 여러 명의 조수를 거느렸던 것으로 보인다.[30]

오리악의 제르베르(946?~1003년)는 스페인에서 공부한 후 랭스의 가톨릭 학교에서 학생들을 가르쳤던 프랑스인 수사로, 이탈리아 북부의 유명한 보비오 수도원장을 거쳐 마침내 교황 실베스테르 2세Sylvester II가 된 인물이다. 그의 관심사는 라틴 문학, 특별히 베르길리우스Virgil의 시와 테렌티우스Terence의 희곡에서부터 음악·수학·천문학과 기술에 이르기까지 다양했다. 그는 천체 관측 기구인 아스트롤라베astrolabe와 주판을 사용할 줄 알았으며 오르간을 제작했다고 알려져 있다.

플리니우스처럼 제르베르도 깨어 있는 시간 내내 공부만 했다. 〈일할 때와 놀 때At work and at leisure〉라는 글에서 그는 자신에 대해 "내가 아는 것을 가르치고 모르는 것은 배운다"라고 썼다.[31] 그의 학습 방식은 전설이 되었다. 12세기에 영국인 수사이자 연대기 작가였던 맘즈버리의 윌리엄William of Malmesbury은 제르베르가 4학을 너무나 쉽게 익히는 바람에 그 과목들을 그의 지능보다 낮은 수준으로 만들었을 뿐만 아니라, 점성술 연구에서는 알렉산드리아 학자인 프톨레마이오스를 능가했다고 적었다. 또한 윌리엄 수사는 누구도 초자연적인 도움 없이는 그렇게 많은 것을 알 수 없다는 듯 제르베르를 주술사라고 불렀으며, 제르베르가 아마존의 인공지능 비서 알렉사Alexa의 10세기 버전인 모든 질문에 답할 수 있는 머리 조각상을 제작했다고 말했다.[32]

이 이야기는 제르베르에 대한 내용보다 10~11세기의 일반적인 지식 수준에 대해 더 많은 정보를 제공한다. 그러나 적어도 서유럽에서는 아무도 알지 못했던 것들을 제르베르가 알았다는 점보다 그가 여러 학문에 정통했다는 사실에 대한 놀라움의 표현으로 해석해야 할 것이다.

+ 고대 이슬람의 학자들 +

맘즈버리의 윌리엄이 제르베르를 의심했던 또 다른 이유는 그가 무슬림(사라센인)에게 배웠다는 점 때문이다. 제르베르가 카달루냐에서 공부할 때 그랬다고 한다. 그가 살던 시대에는 아랍·튀르키예·페르시아의 학자들이 서유럽에서보다 훨씬 많이 그리스 지식을 복원했다. 그리스 문헌들은 직간접적으로 아랍어와 페르시아어로 번역되었다.

10~12세기까지 이슬람 세계에서 학식이 높았던 학자 중 일부는 아리스토텔레스가 썼거나 그의 영향을 받았던 수많은 저술에 주석을 달았

는데, 아마도 이들은 아리스토텔레스의 광범위한 지식에 자극을 받았을 것이다.

아랍어에는 폴리매스와 비슷한 뜻을 가진 표현이 있었다. tafannun fi al-'ulum이라는 말은 다방면에 걸쳐 지식을 가진 학자를 의미했다. 그러나 학자들이 완벽하게 익혀야 할 과목 패키지는 서구의 것과 비슷할 지언정, 완전히 똑같지는 않았다. 아랍어의 팔사파Falsafa 는 철학으로 해석되지만, 피크흐Fikh 는 법으로, 아다브Adab 는 그리스어의 파이데이아 paideia 와 비슷한 의미를 가지되 교양을 갖춘 학자를 뜻하는 아디브Adib 배출을 목적으로 삼는다는 의미가 덧붙는다. 교양을 갖춘 학자의 지식 보따리에는 대개 당대의 예술과 학문에 대한 지식이 어마어마하게 많이 들어있을 것이다. 셈법부터 의학과 동물학 같은 자연과학에 대한 단단한 지식은 물론, 종교학·시학·문헌학·역사비평·문학비평 등에 관한 통찰도 한데 어우러져 있을 것이다.[33]

퀸틸리아누스의 연설가론과 비트루비우스의 건축론과 비슷한 방식으로, 대학자 이븐 할둔도 훌륭한 공직자는 주요 학문에 관심을 기울여야 한다고 썼는데, 그의 업적에 대해서는 나중에 논하기로 한다.[34] 이븐 할둔이 말한 주요 학문에는 서양과 달리 쿠란 해석과 무함마드 언행록 공부 그리고 약리학 지식이 포함된다. 또한 그것들을 합리적 지식과 고대 지식으로 나눴다.

이슬람 세계에서 학자들을 칭송하는 또 다른 방식은 '완전하다'라고 부르는 것이다. 그들은 다재다능함을 모든 학습자가 추구하는 자질이라고 주장했다.[35] 모스크 부설 학교인 마드라사madrasas에서는 학생들이 여러 선생님(샤이흐)을 쉽게 옮겨 다닐 수 있게 함으로써 다재다능한 사람이 되라고 격려했다. 중세 다마스쿠스를 연구한 어느 학자는 다양한 학문과 여러 샤이흐를 접하는 것이 한 분야에서 전문 교육을 받는 것보다 이상석으로 여겨졌다고 한다.[36]

이런 폴리매스 개인이 지식에 기여한 내용을 평가하기란 불가능하지는 않지만 어려운 일이다. 일반적으로 이슬람 세계와 중세 서양 모두 새로운 지식보다 전통 지식을 전수하는 것을 학자의 역할로 봤다. 경험적 연구를 수행하고 새로운 것을 발견한 학자도 더러 있었지만 여전히 많은 학술서가 이전 학자들의 저술에 대한 논평이었다. 어차피 필사 문화는 인쇄 문화에서보다 대체로 저자 개인에 덜 주목한다. 제자들이 필사한 글은 스승의 이름으로 유포되지만, 흔히 필사자는 자유롭게 자신이 옮겨 적는 원문의 일부를 생략하거나 심지어 새로운 내용을 더할 수 있었다. 어떤 논문은 이런 식으로 원문의 내용을 바꾸는 필사자를 저주하는 내용이 적혀있기도 했다.

서구 연대표의 9~14세기까지 이슬람 세계의 박식한 학자들 중 뛰어난 인물로 다음의 4명을 꼽을 수 있다. 알킨디Al-Kindi·이븐 시나Ibn Sina(혹은 아비센나)·이븐 루시드Ibn Rushd(혹은 아베로에스)·이븐 할둔이다.[37]

아랍 최초의 철학자로 알려진 알킨디(801~873년)는 바스라 출신으로 바그다드에서 수학했다. 그는 철학·수학·음악·천문학·의학·광학·암호 해독뿐만 아니라, 유리·보석·무기·향수 등의 제조법에 관한 글도 썼는데 이런 해박한 실용 지식은 앞에서 본 중국의 소송과 비슷하다. 한 14세기 작가는 알킨디를 모든 학문의 원리에 정통한 다재다능한 사람으로 묘사했다.[38] 최근에 한 연구도 알킨디의 방대한 관심 영역을 언급했다.[39] 당연히 그의 저술 중 일부는 레오나르도 다빈치도 포함된다.

이븐 시나(980~1037년)는 우즈베키스탄의 부하라 출신이다. 아직 십 대였을 때 만수르 2세로부터 그의 대형 도서관에 출입할 수 있는 권한을 받았다. '의학의 왕자'라는 별명으로 불리는 이븐 시나는 의학서와 아리스토텔레스에 관한 비판적 주석으로 유명하다. 그는 스무한 살에 《개론Kitab al-Majmu》이라는 백과사전을 집필했고 이후 그와 비슷한 책을 두 권 더 썼다. 그중 《전범Al-Qanun》은 의학서였다. 두 번째 책인 《치유Al-Shi-fa》는 논리학·물리학·형이상학·수학·음악·천문학 등을 상세히 설명해서 무지를 치유하겠다는 의미를 담고 있다. 이븐 시나는 지리서와 시도 썼다. 연금술을 공부한 동시에 비판했다. 그는 법학자이자 지금의 이란에 속하는 한 왕국의 고위 관료였다.[40]

이븐 루시드(1126~1198년)는 에스파냐 코르도바 출신으로 의사와 판사로 활약했다. 아리스토텔레스의 거의 모든 저서에 열심히 주석을 달아 '주해자'로 널리 알려져 있다. 또한 그는 수사학·시학·천문학·의학·철학·수학·음악에 관한 연구서도 냈다.[41]

이븐 루시드 이후 이븐 할둔(1332~1406년)이 등장하기까지 이슬람 폴리매스의 명단은 오랫동안 비어 있었다. 이븐 할둔은 튀니지에서 태어나 페즈와 그라나다에서 활동하다 카이로에서 사망했다. 그는 통치자의 외교 보좌관·재판관·교사 등 세 직업을 거치는 동안 틈틈이 글을 썼다. 은퇴 후 4년 동안 지금의 알제리에 있는 한 성에 머물면서 《역사서설Muqaddimah》라는 역작을 완성했다. 역사 전반에 관한 통찰을 제공하는 이 책은 그가 기록한 이슬람사, 즉 《이바르의 책Kitab al-ibar》의 서문에 해당하는 역사서다. 오늘날 《역사서설》은 사회학과 정치학 발전에 기여했다는 찬사를 받고 있지만 정작 이븐 할둔이 살았던 시대에는 그 두 학문이 존재하지 않았다. 당대 지식의 범주로 판단컨대 이븐 할둔이 《역사서설》을 쓸 수 있었던 것은 그가 가진 지리학·철학·신학·의학 분야의 지식과 역사에 대한 날카로운 통찰력 및 방대한 역사 지식을 종합하는 능력 덕분이었다고 말할 수 있다. 전 시대 학자들과 달리 이븐 할둔이 비교적 최근까지 이름이 알려지지 못했다는 사실은 서구 사회로서는 큰 손실이었다. 17세기에 네덜란드 레이던 대학이 그의 대표 저서를 필사한 원고를 입수했지만, 최초 유럽어 번역본은 19세기에나 등장했고 이름이 서구에 알려진 것은 20세기에 이르러서였다.[42]

+ 중세 후기의 폴리매스 +

12세기 학자인 프랑스 샤르트르의 베르나르Bernard of Chartres는 자신과 동료들을 가리켜 고대 그리스인과 로마인을 의미하는 '거인의 어깨 위에 서 있는 난쟁이들'이라고 말한 것으로 알려져 있다. 그러나 좀 더 정확하게 표현하면 고대인의 어깨 위에 이슬람 학자들이 서 있었고, 다시 그 어깨 위에 중세 유럽 학자들이 서 있다고 해야 할 것이다. 중세 초기 학자들의 난제는 고전 전통으로 남아 있는 지식을 살리고 보존하는 일이었다. 그러나 중세 후기 학자들은 사라져버린 고대 그리스 지식을 복원하는 일뿐만 아니라 이슬람 세계에서 새롭게 생산된 지식도 습득해야 했다.

11세기 이후의 주된 혁신은 다양한 학문을 종합적으로 가르치는 대학의 설립이라 할 수 있다. 특히 볼로냐와 파리에 설립된 대학이 대표적이다. 학생들은 앞서 설명한 3학 4과, 즉 7가지 교양 과목을 공부해야 했다. 대학원에서는 신학과 법학, 의학을 가르쳤으며 성직자·법률가·의사를 배출하는 전문 훈련 과정을 제공했다. 이처럼 전문화 현상의 조짐이 조금씩 나타나기 시작했음에도 일부 중세 학자는 박학다식을 선호하는 전통을 계속 이어갔다. 주요 인물은 성 빅토르의 휴Hugh of St Victor·보베의 뱅상Vincent of Beauvais·대★ 알베르투스Albert the Great·로버트 그로스테스트Robert Grosseteste·로저 베이컨Roger Bacon·라몬 룰Ramón Lull(혹은 륄) 등 6명이다.**43**

휴와 뱅상은 백과사전 편찬자로 유명하다. 성 빅토르의 휴(1096~1141년)는 작센 지방에서 태어났으나 주된 활동지는 파리였다. 그는 신학·음악·기하학·문법에 관한 글을 썼으며, 그의 저술 중 가장 널리 알려진 것은 《학습Didascalicon》이라는 백과사전이다. 이 책에서는 지식을 이론적 지식(철학), 실용적 지식(정치학), 기계적 지식(건축학과 항해술) 등 세 가지로 분류했다.**44** 도미니크회 수사였던 보베의 뱅상(1190~1264년)은 여러 조수의 도움을 받아 고대 그리스인과 로마인뿐만 아니라 이븐 시나 같은 무슬림 학자들의 저술을 참고해서 《거대한 거울Speculum Maius》이라는 백과사전을 편찬했다. 《학습》처럼 뱅상의 백과사전도 지식을 세 가지로 분류했는데 자연·이론·역사로 나누었다. 교양, 기계 지식, 법학과 의학 등은 모두 이론 항목으로 분류했다.**45**

이 시대에 활약한 두 폴리매스는 로버트 그로스테스트(1175~1253년)와 로저 베이컨(1214~1292년경)이라는 영국인이었다. 링컨셔 주교였던 그로스테스트는 다방면으로 학식을 갖추고 있어서 자연스럽게 '빅 헤드Big Head'라는 별명이 붙었다. 그는 옥스퍼드 대학에서 철학과 신학을 가르쳤고 최초로 아리스토텔레스 저술에 라틴어로 주석을 달았지만, 대표 저술은 자연(별·빛·색깔·소리의 근원·태양열, 그리고 조류)에 관한 글이다. 또한 그는 빛의 굴절로 무지개가 생성된다는 사실을 최초로 밝혀낸 사상가였다.[46] 말년에는 그리스어를 배웠는데 중세 서양에서 그리스어를 아는 학자는 소수에 불과했다.[47]

프란체스코회 수사 로저 베이컨은 그로스테스트의 제자였을 것이다. 그는 옥스퍼드 대학에서 철학과 신학을 공부하고 가르쳤지만, 그도 천문학부터 광학과 연금술에 이르기까지 자연에 관한 연구로 더 많이 알려져 있다. 훗날 다빈치처럼 그도 비행기를 만들려 노력했다.[48] 선교사였던 프란체스코회 동료 수사 세 명이 직접 기록한 글들 덕분에 베이컨은 몽골인에 관한 최신 지식을 습득했다. 당시 유럽인들은 몽골 제국의 급속한 팽창을 두려워하고 있었다.[49] 또한 그는 수학과 언어학에 관한 글도 썼다. 생전에 베이컨이 폴리매스라는 명성을 얻었다는 사실을 보여주는 근거는 앞서 봤던 오리악의 제르베르처럼 그가 서재에 모든 질문에 답을 말할 수 있는 놋쇠 머리를 만들어 두었다는 이야기에서 찾을 수 있다. 폴리매스에 관한 신화는 먼 과거에도 존재했다.

누가 뭐래도 중세에서 가장 야심만만했던 폴리매스는 대 알베르투스 마그누스(1200?~1280년)와 라몬 룰이다. 알베르투스는 논리학과 수학, 물리학 연구에 헌신했던 독일 작센의 알베르트Albert of Saxony(1316?~1390년)와 구별해야 한다. 알베르투스는 독일 출신의 도미니크회 수사로 광범위한 지식을 가졌다는 사실을 입증하듯 생전에 '만능 박사' 혹은 '전문 박사'로 불렸다. 그의 제자 중 하나는 알베르투스를 '마치 신처럼 모든 분야를 두루 알고 있어 우리 시대의 경이와 경탄의 대상으로 불리기에 합당한 사람'이라고 했다.⁵⁰ 알베르투스는 신학·철학·연금술·점성술·음악을 공부했고 아리스토텔레스의 모든 유명한 저술에 주석을 달았으며, 중요한 이슬람 학자들의 사상에 정통했다. 또한 식물과 광물을 직접 관찰하고 분류했다. 그는 오늘날 우리가 로봇이라고 부르는 조각상 같은 것을 가지고 있었다고 전해진다. 그 기계는 그의 동료였던 제르베르와 로저의 놋쇠 머리처럼 질문에 답을 하지는 못했지만 '안녕'이라고 말하고 움직일 수도 있었다고 한다.

카탈루냐 출신의 수사 라몬 룰(1232~1316년)은 사랑의 기술과 선악과를 다룬《학문의 나무Arbor Scientiae》라는 책과 소설 두 권에 더해 다양한 주제로 260권의 책을 써서 다재다능함을 증명했다. 또한 북아프리카에서 선교 활동을 하기 위해 아랍어를 배웠고, 무엇보다 중요한 업적은 움베르토 에코가 '이교도를 개종시키는 수단으로 완벽한 언어 체계'라 일컬은《위대한 기술Ars Magna》을 쓴 것이다. 이 책은 논리학·수사학·수학을 동원해서 다양한 아이디어를 조합해주는 바퀴를 돌려 필요한 답을 얻고(아랍의 점성술사들이 사용하던 '자이르자zairja'를 차용 혹은 개조한 것으로 보이는 바퀴를 이용한 '조합술'이라는 기법) 기억하는 방법을 독자들에게 가르쳐준다. 300년 후였다면 룰의 기술은 17세기 최고의 폴리매스인 라이프니츠Leibniz의 관심을 끌었을 것이다. 컴퓨터가 있는 시대였다면 룰의 조합술은 훨씬 더 많이 주목받았을 것이다.⁵¹

2장

르네상스인의 시대

1400~1600년대

The Polymath

The
Polymath —

15~16세기 유럽에서는 정보 유통량이 급증했다. 오늘날 르네상스 운동이 일어나면서 학자들은 중세 시대에 사라진 고대 그리스·로마 시대의 지식을 복원하려 했다.

유럽 일부 지역과 아시아·아메리카 대륙 탐험과 정복으로 새로운 지식이 유입되는 한편, 인쇄술의 발명 덕분에 기존 지식과 새로운 지식 모두 더 멀리, 더 빠르게 유포되었다. 그럼에도 불구하고 이 시대에는 적어도 몇몇 학자가 대학에서 가르치고 연구하는 지식의 종류를 지배했다. 1장에서 언급했던 중세 시대의 3학 4과뿐 아니라 인문학studia humanitatis, 즉 전인 교육에 필요한 다섯 과목(문법·수사학·시·역사·윤리학)까지 포함되어 있었다.

그러나 르네상스 시대라고 하면 우리는 대개 학자와 예술가들뿐만 아

니라 오랫동안 학술서 제목에 단골로 등장했던 르네상스인Renaissance Man
이라는 표현을 떠올리기 마련이다.[1] 나중에 보게 되겠지만 베네데토 크
로체·허버트 사이먼·조지프 니덤 등 20세기 폴리매스 다수가 그런 이
름으로 불렸다. 이렇게 다재다능한 사람들과 르네상스를 묶어서 생각하
게 된 것은 스위스의 위대한 문화역사학자인 야코프 부르크하르트Jacob
Burckhardt 덕분이다.

　1860년에 초판이 발행되어 오늘날까지도 간간이 재출간되는《이탈리
아 르네상스의 문화The Civilisation of the Renaissance in Italy》라는 유명한 책에
서 부르크하르트는 동시대 인물들이었던 프란체스코 페트라르카Frances-
co Petrarca · 레온 바티스타 알베르티Leon Battista Alberti · 조반니 피코 델라 미
란돌라Giovanni Pico della Mirandola · 레오나르도 다빈치 등을 모든 면에서 탁
월하거나 적어도 다재다능한 인간의 예로 들었다.[2] 부르크하르트는 그
가 거인이라고 칭한 사람 중에서 특별히 알베르티와 다빈치를 자세히 설
명했다.

　다른 19세기 저술가들이 르네상스 시대의 주요 인물을 묘사한 방식도
부르크하르트와 비슷했다. 부르크하르트 전에는 프랑스 역사학자 에드
가 퀴네Edgar Quinet가 다빈치를 '만국 시민… 해부학자·화학자·음악가·
지질학자·즉흥 창작자·시인·공학자·물리학자'라고 소개했다.[3] 부르크
하르트 이후에는 그리고 어쩌면 그를 뒤따라 조지 엘리엇이 소설《로몰
라Romola》에서 알베르티를 '이론과 실제 모두에서 탄탄한 만능인·예술
가·과학자·발명가·시인'이라고 찬미했다.[4]

+ 만능이라는 이상 그리고 신화 +

르네상스 시대에는 다재다능한 사람 혹은 만능인uomo universale을 이상적인 인간으로 여겼다. 15세기 이탈리아에서 훌륭한 교사로 이름 날리던 비토리노 다 펠트레Vittorino da Feltre는 그리스인들이 'encyclopaedia'라고 불렀던 포괄적 학습을 예찬하곤 했으며, 동료들을 이롭게 하는 완벽한 사람이 되려면 자연철학·윤리학·천문학·기하학·화성학·산술·측량법 등을 논할 수 있어야 한다고 말했다. 그의 이상은 여러 다양한 학문에 대한 지식을 갖춘 상태였다.[5] 또한 피렌체 출신의 마테오 팔미에리 Matteo Palmieri가 쓴 《시민의 삶lavita civile》 속 화자도 어떻게 하면 많은 것을 배우고 훌륭한 예술에 정통할 수 있는지를 묻는다.[6] 만능인의 화신으로 유명한 인물은 파우스트다. 1587년에 출판된 독일어 원전 《파우스트서Faustbuch》에 등장하는 이 영웅은 채울 수 없는 지식욕을 가졌다.[7]

만능이라는 이상은 이 책의 핵심 주제인 학문적 지식에 집중한다. 좀 더 야심적인 이상은 생각(관조적 삶)뿐만 아니라 행동(활동적 삶)에서도 어떤 능력을 요구했으며, 흔히 이 시대에는 '무기arms와 학식letters의 대립'이라는 생생한 비유를 사용해 둘의 관계를 설명했다.[8] 그리고 순수 예술 분야의 능력까지 요구하는 경우도 있었다. 발다사레 카스틸리오네Baldassare Castiglione가 1528년에 출간한 궁정인에 관한 책에서 어떤 화자는 완벽한 신하란 싸움에 능하고 인문학 분야에서 보통 이상의 소양을 갖춰야 할 뿐만 아니라 춤·그림·음악에도 정통해야 한다고 주장한다.[9]

또한 만능이라는 이상은 카스틸리오네의 책이 나오기 몇 년 전에 막시밀리안 1세가 쓴 《백왕Weisskunig》이라는 기사도 이야기에도 등장했다. 이야기 속 영웅은 명필가에 교양이 높고 마술·의학·점성술·음악·회화·건축·사냥·전쟁 외에도 심지어 목공에도 능할 뿐만 아니라, 11개 언어를 구사하는 사람으로 등장한다.[10] 프랑스에서는 프랑수아 라블레François Rabelais가 가르강튀아와 팡타그뤼엘이라는 가상의 두 거인에 관한 이야기를 통해 폭넓은 교육의 모습을 생생하게 보여주었다. 가르강튀아는 교양 교육을 받았고 의학과 병법을 공부했으며 비가 오는 날에는 공예가들의 작업장을 찾았다. 아들인 팡타그뤼엘에게는 자신처럼 교양 과목·법학·의학·박물학 등을 두루 공부하라고, 요약하면 '지식의 심연'에 빠져 있을 것을 권했다.[11]

영국에서 보편 지식을 강조하는 풍조는 16세기 초까지 거슬러 올라가는데, 당시 인쇄업자였던 윌리엄 캑스턴William Caxton은 '거의 모든 지식에 정통한 사람'이라는 표현을 사용했다.[12] 다재다능한 사람이라는 이상은 토머스 엘리엇 경이 상류층 남성의 교육을 주제로 쓴 《위정자론Book Named the Governor》(1531)에 구체화되어 있다. 엘리엇은 학생들이 마땅히 지켜야 할 원칙을 정리했을 뿐만 아니라 신사라면 학문 연구는 물론 작곡과 회화, 심지어 조각도 할 줄 알아야 한다고 주장했다.[13] 그러나 카스틸리오네가 보통 이상의 소양이라고 언급한 내용에서 이미 드러나는 고상한 아마추어는 알베르티가 말한 모든 분야에 정통하고 싶은 사람과 구분해야 한다.

앞의 사례들을 통해 일부 다재다능한 사람들의 탁월한 면이 확인되긴 했지만, 부르크하르트를 비롯한 일부는 만능인 혹은 르네상스인(르네상스 여성은 뒤에서 다룰 예정이다)으로 묘사한 지성인들의 특징을 과장했을지 모른다. 앞에서 인용한 증언 몇 가지는 뜯어보면 모호하다. 카스틸리오네는 다재다능해지도록 노력하라고 권하면서도 다빈치를 지칭하는 듯한 구절에서 늘 잘 모르는 일에 손대고 잘 아는 일은 뒷전으로 미루는 사람들을 비난했다.[14]

또한 라블레의 문자 그대로 '거대한gargantuan' 교육 프로그램은 흔히 르네상스 시대의 이상을 표현한 것으로 진지하게 여겨지지만 달리 보면 그 이상을 패러디했다고도 읽을 수 있다. 파우스트의 채울 수 없는 지식욕은 원작인 《파우스트서》에서 영적 자만심의 증거라며 비난받았다. 파우스트 박사는 영웅이 아닌 일종의 경고 신호라는 의미였다. 호기심에 대한 아우구스투스Augustine 같은 신학자들의 비판적 견해는 16세기에도 여전히 유효했다.

부르크하르트 자신도 역사와 미술사(당시에도 이미 독일어권에서는 두 학문이 분리되어 있었다)를 가르치고 관련 글을 쓸 뿐만 아니라 시를 짓고 그림을 그리며 피아노도 쳤던 다재다능한 사람이었다. 역사가로서도 특정 시대사만 고집하지 않았고 그리스 문화사와 콘스탄티누스 시대사를 포함, 사후 출판된 강의록에서 알 수 있듯 당시 직접 인식한 세계적 위기에 관한 글도 썼다. 따라서 그가 알베르티와 다빈치 같은 다재다능한 인물에 끌렸으며 그 두 사람을 시대를 대표하는 인물로 바라봤다는 사실이 놀랍지 않으며, 여기에서 시대란 지식과 문화가 전문화되는 최악의 시대가 닥치기 전인 황금기를 의미한다. 이처럼 부르크하르트는 폴리매스의 신화를 만드는 데 기여했다.[15]

신화를 정의하는 말은 아주 많다. 지금부터 이야기할 신화는 두 가지 주된 특징이 있다. 신화는 현재 상황을 정당화하거나 비판하기 위해 채택된 과거의 이야기이며 이야기 속 주인공들은 영웅이다. 줄거리는 터무니없을지 모르시만 늘 그렇지만은 않다. 과장을 걷어내면 그 안에 일말의 진실이 담길 때도 있다. 지금부터는 그 시대에 만능이라는 이상을 얼마나 중요하게 여겼는지 알아보겠다.

✤ 폴리매스는 어떻게 생각하고 행동할까 ✤

부르크하르트는 레온 바티스타 알베르티의 조합 능력에 주목했다. 거의 자서전으로 간주하는 작자 미상의 알베르티 전기는 그가 승마·비약 경기·투창 같은 육체 운동과 더불어 모든 예술에 정통했던 다재다능한 사람으로 묘사했다.[16] 이런 주장을 뒷받침할 증거는 없지만 일부 사람들은 알베르티의 광범위한 지식에 감명을 받았다. 인문주의자 크리스토포로 란디노Cristoforo Landino는 수사학적으로 이렇게 자문자답했다. "수학 관련 학문 중 그가 모르는 분야가 있을까? 기하학·산술·천문학·음악 그리고 원근법과 관련해서도 그는 놀라운 업적을 이루었다." 어쨌든 알베르티의 업적 일부가 아직 남아 있다. 그가 설계한 건축물, 회화와 건축 분야의 글, 가족에 관한 대화록, 수학 게임에 관한 소책자, 자화상을 새겨 넣은 청동 메달 등이다.[17]

15세기 네덜란드의 논리학자 루돌프 아그리콜라Rudolf Agricola는 그의 제자가 쓴 전기에 따르면 알베르티를 본 떠 회화·조각·음악·체육 교육

을 받았고 오르간도 제작했던 다재다능한 사람이었다.[18]

16세기에도 여전히 수많은 사람이 알베르티와 아그리콜라만큼 광범 위하지는 못하더라도 무기와 학식을 모두 갖춘 삶, 즉 활동적 삶과 관조적 삶을 동시에 추구했다. 스페인 귀족 출신인 가르실라소 데 라 베가 Garcilaso de la Vega와 알론소 데 에르시야Alonso de Ercilla는 군인과 시인으로 이중생활을 했다. 가르실라소는 유럽과 북아프리카 전투에 참여했고 서정시 시인으로 유명했으며, 에르시야는 지금의 칠레 땅에서 주둔군 생활을 하면서 원주민과 스페인 사람들의 갈등을 소재로 서사시를 썼다. 엘리자베스 여왕 시대의 인물인 필립 시드니Philip Sidney는 군인 출신으로 네덜란드 전쟁터에서 사망했으나 지금은 시와 《아르카디아Arcadia》라는 소설로 유명하다.

엘리자베스 여왕 시대에 무기와 학식을 모두 갖추었던 또 다른 인물 월터 롤리Walter Raleigh는 만능인이라는 이상에 좀 더 가까운 인물이었다. 그는 제임스 1세에 대한 반역 혐의로 교수대 위에 섰을 때 자신을 군인·지휘관·해군 제독·궁정인이라고 소개했다. 거기에 그가 시인이자 학자이며 세계사를 쓴 작가였다는 사실도 덧붙였는지는 모르겠다. 그는 버지니아 식민지와 지금의 베네수엘라 땅도 탐험했으며,《기아나 발견Discovery of Guiana》(1596)에서는 이국땅과 원주민에 관한 관심을 드러냈다. 당대인들은 롤리를 지치지 않는 독서가, 위대한 화학자(연금술사)라고 묘사했다.[19]

제임스 크라이튼James Crichton이라는 스코틀랜드 귀족 청년은 당시 누군가로부터 모든 학문에서 탁월한 사람이라는 말을 들었다. 전해지기로 이 탁월한 크라이튼은 열아홉 살이었던 1579년에 지적 모험을 찾아 이탈리아로 가서 대학 교수들에게 토론을 청했다고 한다. 크라이튼은 자신의 고용주였던 만토바 공작의 아들에게 이른 나이에 살해당하기 전까지, 적어도 몇몇 이탈리아인에게 큰 인상을 남겼는데 그들 중 하나가 그를 이렇게 묘사했다. '그는 10개 언어를 구사하고… 철학·신학·수학·짐성술 지식도 있다… 그는 유대인의 신비 철학인 카발라Cabala를 완벽하게 이해하고… 어떤 음보로든 즉흥적으로 시를 지으며… 정치 논평도 잘하는 데다, 군인·운동선수·무용수 그리고 훌륭한 궁정인으로서 탁월한 능력도 갖추었음은 말할 필요도 없다.'[20]

이 시대에 직업과 공부를 병행했던 인물 중에는 고위직 출신도 두 명 있었다. 영국에서 대법관을 역임한 토머스 모어Thomas More와 프랜시스 베이컨이다. 모어는 인문주의자이자 신학자였을 뿐만 아니라《유토피아Utopia》의 저자이며 베이컨은 다수의 에세이와 헨리 7세의 전기, 그리고 지식 확대의 방법을 고찰한《학문의 진보Advancement of Learning》를 썼다. 베이컨은 자연철학 실험들을 즐겼으며 냉동 닭 실험 중 폐렴에 걸려 사망했다고 전해진다.[21]

+ 다재다능한 폴리매스 학자들 +

엄격한 기준으로는 지금까지 언급한 르네상스인 중 아주 적은 수만 폴리매스에 속하지만, 스페인의 인문주의자 후안 루이스 비베스Juan Luis Vives가 사용한 '아는 것이 많은multiscius'이라는 표현이나 네덜란드 인문주의자이자 전기 작가인 루돌프 아그리콜라가 말한 '다재다능한 사람'이라는 잣대로 판단하면 이 시기 유럽에는 그런 학자가 적지 않았다. 앞에서 봤듯이 인문학을 가르치는 인문주의자가 되려면 다섯 학문에 정통해야 했다. 인문주의자 중 가장 유명한 데시데리위스 에라스뮈스Desiderius Erasmus 역시 문헌학과 신학의 대가였다. 그러나 그는 탐구 정신이 부족했고 독자들에게 소크라테스가 인간 연구의 중요성을 믿었으며 점성술과 기하학 같은 소위 '불필요한 학문'에 대한 관심을 비난했다는 점을 상기시켰다. 한 역사가의 말을 빌리면 에라스뮈스는 박학다식해지기를 열망만 했다.[22]

좀 더 모험적인 인문주의자들은 소크라테스보다 아리스토텔레스를 본받았다. 오늘날 비텐베르크에서 루터의 오른팔 역할을 한 신학자로 기억되는 필리프 멜란히톤은 수사학과 그리스어뿐만 아니라 수학·천문학·점성술·해부학·식물학도 연구하고 가르쳤다.[23]

특별히 조반니 피코 델라 미란돌라Giovanni Pico della Mirandola는 만능을 목표로 삼았다. 피코는 르네상스 인문주의 선언서에 해당하는 《인간 존엄성에 관한 연설Oration on the Dignity of Man》로 유명하지만 그의 관심 분야는 훨씬 다양했다. 1486년 불과 스물세 살의 나이에 변증법·도덕론·물리학·수학·형이상학·신학·마술·신비학 등을 주제로 논문 900편을 심사용으로 제출했으나 로마에서 심사로 이어지지는 못했다. 피코는 수학을 '알 수 있는 모든 것을 조사하는 방법론'이라고 주장했다. 그는 히브리어·아람어·아랍어를 배웠고, 특히 카발라에 매혹되어 그것을 기독교 세계로 들여왔다. 피코는 카발라뿐만 아니라 히브리어 문자와 단어를 주술용으로 사용하는 것에도 관심을 보여 이 기술을 라몬 룰의 조합술에 비유했다.[24]

에라스뮈스의 글에 등장하는 키케로니아누스라는 인물은 피코를 모든 면에 뛰어난 사람이라 묘사했고, 피코의 조카는 그를 모든 분야의 전문가라고 말했다. 나중에 보게 되겠지만 후대의 폴리매스와 그들의 숭배자들은 피코를 폴리매스의 대표 인물로 자수 거론했다.[25]

한편 피코는 전통 파괴자는 아니었다. 피코가 쓴 900편의 논문은 만능 박사로 불렸던 알베르투스가 정리한 16가지 결론에서 출발한다. 그는 논문들에서 이븐 루시드·이븐 시나·알파라비도 언급했다. 피코가 로마에서 제안한 지식 겨루기 대회는 프라하 대학 같은 곳에서 교수들이 아무 주제나 질문하고 토론을 진행하는 쿼들리벳quodlibet이라는 중세의 전례를 따랐다.[26]

르네상스 시대에는 폴리매스의 자격을 갖춘 사람이 상당히 많았다. 부록에 정리된 500명 중 50명이 여기에 해당하며 모두 1565년 이전에 태어났다. 그중 예로 들 다섯 명은 독일인 1명, 프랑스인 2명, 영국인과 스위스인 각각 1명이다. 이름은 하인리히 코르넬리우스 아그리파Heinrich Cornelius Agrippa·장 보댕·조제프 스칼리제르Joseph Scaliger·존 디John Dee·콘라트 게스너Conrad Gessner다.

아그리파는 박식함의 상징인 파우스트 박사의 모델로 지목받은 인물이다. 크리스토퍼 말로Christopher Marlowe의 희곡 속 포스터스 박사는 자신이 아그리파처럼 노련한cunning (당시 이 단어는 두루 지식을 갖췄다는 의미였다) 사람이 될 거라고 자랑한다. 아그리파는 학자가 되기 전에 군인이었으므로 무기와 학식을 모두 갖춘 인물이었으며 외교관과 의사로 일하기도 했다. 그의 관심 영역은 신학·철학·법학·의학·연금술·마술, 그리고 피코도 매력을 느꼈던 카발라까지 다양했다. 자칭 탐독가였던 아그리파는 대 플리니우스의 저술을 자주 이용했고 룰의 글을 논평했다. 그는 회의적 시각에서 지식을 개관한《지식의 허영The Vanity of the Sciences》(1527)과 자연·천체·종교를 이용하는 마술을 주제로《신비 철학Occult Philosophy》(1531~1533)을 썼으며, 여기에서 회의주의자들의 질문에 신비 철학이 답을 내놓을 수 있다고 주장했다. 당시 사람들은 아그리파의 검은 개가 사실은 악마라고 소문을 퍼뜨렸다. 제르베르·로저 베이컨·대 알베르투스처럼 아그리파도 경이로우면서 의심스러운 사람으로 여겨졌다.[27]

역사가 휴 트레버로퍼Hugn Trevor-Roper는 장 보댕을 모두가 인정하는 16세기 말 지적 거장으로 묘사했다.[28] 보댕이 쌓은 명성의 대부분은 국가에 관한 연구서인《국가론Six Livres de la République》(1576) 덕분이다. 이 책에서 그는 절대군주제를 옹호했다(제목의 république는 오늘날처럼 공화국republic이 아니라 국가commonwealth를 의미한다). 이 책은 정치 이론과 훗날 정치학으로 분류될 내용을 결합하고 여러 정치 체제를 비교 분석한 선구적인 연구서였다. 서지 형식의 학생용 안내서인《쉬운 역사 이해법Method for the Easy Comprehension of History》(1566)에서 보댕은 역사 연구와 법 연구를 서로 연결하고, 최선의 정치 체제를 선택하기 위해서 모든 국가 혹은 주요 국가들을 비교해 볼 것을 권했다. 그는 이상적인 법학자란 걸어 다니는 백과사전이라고 묘사했고 역사가는 지리학자와 철학자의 방식으로 기후학을 포함한 지리학과 철학을 공부해야 한다고 강조했다.[29]

보댕의 다른 책들은 전문가들에게만 알려져 있다. 그중《귀신망상Demonomania》(1580)은 마녀들의 활동과 그들이 악마와 맺은 약속 등을 서술한 책으로 보댕에 따르면 악마는 마녀 재판에서 판사들을 움직여 관대한 판결을 내리게 한다고 한다. 그는 신비 철학을 공부한 아그리파를 비난했다. 보댕의 다른 책인 《자연의 무대Theatre of Nature》(1596)는 대화 형식으로 이루어진 일종의 백과사전이다. 박물학·자연철학·자연신학을 결합하고 만물이 신의 계획 속에서 유용한 목적을 가진다는 사실을 증명하기 위해 천문학에서 동물학까지 구체적인 예를 든다. 또한 보댕은 오늘날 경제학으로 불리는 분야에도 기여했다. 그는 화폐수량설의 창시자로 불릴 만하다. 이 가설은 당시 물가 상승을 걱정한 어느 왕실 관리와 토론을 벌이다 나온 주장이었다.[30]

보댕은 작자 미상으로 알려진 〈7인의 회합Colloquium Heptaplomeres〉의 실제 저자로 여겨진다. 이 글 속 화자들은 가톨릭·칼뱅교·루터교·유대교·이슬람교·자연 종교의 다양한 미덕을 논한다. 어쨌든 그는 프랑스에서 신교도와 구교도의 갈등을 종식하기 위해 적극적으로 노력했다.[31]

이 시기 프랑스에서 '지식의 거장'이라는 호칭을 두고 보댕과 경쟁을 벌일 만한 인물은 아마 조제프 스칼리제르일 것이다. 생전에 '편지 공화국Republic of Letters의 헤라클레스'로 유명했던 스칼리제르는 이마누엘 칸트Immanuel Kant로부터 경이로운 기억의 소유자라는 말을 들었다. 최근에는 '학계의 거인'으로 불리지만 본래는 문헌학자로서 유일무이한 학자들의 학자로 인정받으며 17세기 폴리매스 존 셀던의 경쟁심을 자극하기도 했다.[32] 스칼리제르가 편찬한 로마 시대 폴리매스인 바로부터 카툴루스, 티불루스와 프로페르티우스 같은 시인들의 고전 문헌집은 잘 된 교정과 원전의 이야기를 재구성한 혁신적인 방법론이 특징이다.

스칼리제르는 고전 문헌학자들의 방법론과 자크 퀴자스Jacques Cujas 같은 변호사들의 방법론을 결합했고, 퀴자스와 함께 증거 조각을 맞추는 법을 연구했다. 또한 고대 로마의 마르쿠스 마닐리우스Marcus Manilius가 천체를 주제로 쓴 시집에 자극받아 천문학의 역사도 공부했다. 스칼리제르는 히브리어와 아람어, 아랍어를 배워서 동양학에도 정통했다. 이 모든 지식을 활용해서 그는 《연대표 정정De emendatio temporum》(1583)이라는 걸작을 완성한 뒤 나중에 보완해서 《연대표 보고Thesaurus temporum》(1606)를 썼다. 이 책들에서 스칼리제르는 다양한 고대 언어 자료를 체계적으로 비판했고, 백년 후 뉴턴처럼 천체 정보를 이용해서 그리스와 로마, 바빌로니아 등의 연대표 속 모순을 해결하려 했다.[33]

한편, 영국 학자 존 디는 독일어 원전 《파우스트서》와 아그리파의 관계처럼 크리스토퍼 말로의 희곡 《파우스투스 박사》 속 주인공의 실제 모델로 여겨졌다. 그도 비교적 최근까지 역사가들로부터 무시당했는데, 그 이유는 신비 철학 신봉자들이 아직 존재함에도 그가 공부한 점성술·고고학·주술·연금술이 지금은 주류 학문으로 인정받지 못하고 있기 때문이다. 디의 관심 분야는 수학·천문학·철학·법학·물리학·항해술·지리학 등 광범위했으며 네덜란드의 유명 지도 제작자였던 헤라르트 메르카토르Gerard Mercator와 함께 공부했다. 그는 대 알베르투스·로저 베이컨·라몬 룰·피코 델라 미란돌라 같은 선배 폴리매스들에게도 관심이 많았다. 당시 최대 규모를 자랑했던 그의 서재에는 앞서 언급한 학문 분야는 물론 건축·음악·골동품·문장학·계보학 관련 책들을 포함해서 4,000여 권의 인쇄본과 필사본이 있었다. 말하자면 그는 지식 전반을

두루 탐색했다는 점에서 완벽한 르네상스인이자 사실상 전全학문적인 사람이었다.[34]

49세를 일기로 비교적 짧은 인생을 살았던 콘라트 게스너는 인문주의자이자 백과사전 편찬자, 그리고 의사이자 박물학자였다. 그는 박식가, 독일의 플리니우스(나중에는 '박학다식한 괴물'이라고 불렸다. 이 표현은 뒤에서 다룬다) 등 다양하게 불렸다.[35] 게스너는 로잔 대학에서 그리스어를 가르쳤다. 그는 수많은 그리스 고전을 편찬했지만 방대한 서지 겸 인명사전인 《종합 도서관Universal Library》(1545)으로 널리 기억된다. 게스너는 3,000명의 저자가 라틴어나 그리스어로 쓴 1만 여 권의 도서 목록을 1,300쪽에 정리했다. 이 귀한 참고서를 제작한 목적은 일부나마 고전 문헌을 발견하고 보존하기 위해서였다.[36] 나중에는 약 130개 언어를 비교 분석해서 《미트리다테Mithridates》(1555)를 썼다. 이 정도로는 부족했는지 게스너는 취리히에서 의사로 활동하면서 다른 인문주의자들처럼 문화는 물론 동식물 연구에도 기여했다. 그는 동물·목욕·화석 등에 관한 책을 냈을 뿐만 아니라 좀 더 오래 살았다면 책으로 묶어서 냈을 식물학 논문들도 남겼다. 아리스토텔레스와 플리니우스 같은 고대인의 저술에 보인 관심으로 판단컨대 게스너에게도 르네상스 인문주의의 선통이 분명 남아 있었지만, 그는 동식물을 직접 관찰한 결과물도 신뢰했다. 꽃과 이끼의 속명屬名 중에는 그의 이름을 딴 것도 있다.

짧은 삶을 사는 동안 게스너가 어떻게 그토록 다양한 주제로 수많은 책을 출판할 수 있었는지 이해하기 위해 최근 학자들은 그의 작업 방식에 초점을 맞췄다. 게스너는 주로 편지를 주고받으며 정보를 얻었고 답장의 내용을 주제별로 분류했다. 또한 방문객과 나눈 대화와 폭넓은 독서를 통해서도 지식을 얻었다. 방대한 자료를 분류하는 작업은 조수와 비서에게 일부 맡겼지만 그래도 게스너의 업적은 놀라울 따름이다.[37]

✦ 통합과 조화를 위한 열정 ✦

사람들은 무엇 때문에 그렇게 광범위한 주제를 연구했을까? 게스너는 질서 유지를 향한 열정과 자신이 한때 '책들의 무질서'라 묘사했던 상황을 바로잡고 싶은 욕구에 당연히 이끌렸을 것이고, 그것 외에도 단순히 여우처럼 호기심이 발동했을지 모른다. 고슴도치형 폴리매스의 경우 주된 목표는 지식의 통합이었다. 피코는 모순되는 사상들, 예를 들어 플라톤과 아리스토텔레스처럼 충돌하는 문화들(기독교·유대교·이슬람교)을 조화시키고 싶은 욕망에 이끌려 행동한 폴리매스의 대표 사례다. 생전에 그가 '조화의 대가'라고 불렸다는 사실이 놀랍지 않다. 그런 명성은 그의 가문이 이탈리아 콩코르디아 지역을 소유했던 사실과도 잘 어울렸다. 또한 철학자·신학자·법률가·수학자·천문학자 외에도 외교관과 추기경으로도 활약했던 쿠사의 니콜라스 추기경은 갈등을 해결하고 싶다는 생각에 이끌렸다. 그의 책《가톨릭의 화합De Concordantia Catholica》은 분열된 교회를 치유하는 문제를 다뤘다.[38] 피코는 니콜라스에 관해 알고 있었고 독일에 있는 그의 서재를 방문하고 싶어 했다.[39] 또 다른 폴리매스인 프랑스의 기욤 포스텔Guillaume Postel도 조화를 추구했다. 그의 책《세상의 조화》는 세상에 있는 종교들의 공통점을 강조했다.[40]

보댕 역시 조화에 관심이 많았다. 이는 당시 프랑스에서 벌어지고 있던 종교 전쟁에 대한 당연한 반응이었다. 그는 자연을 조화로운 체계로 여겼고 조화로운 정의를 논한 정치서를 썼으며, 나중에 독일의 천문학자 요하네스 케플러Johannes Kepler는 《우주의 조화Harmonies of the World》(1619)에서 보댕의 책을 다뤘다. 전해지기로는 법학 분야에서 보댕이 이룬 모든 업적은 세계 통합이라는 목표에 자극받은 결과이고, 그는 체계에 집착했다. 또한 그가 쓴 〈7인의 회합〉의 핵심 주제는 조화이며 《자연의 무대》는 끊임없이 증가하는 지식에 질서와 일관성을 부여하려는 노력의 결과물이다. 뒤에서 만나겠지만 17세기부터는 세상의 조화를 꾀하기가 점점 어려워진다.[41]

흔히 완전체 구성이라는 비전은 백과사전 편찬의 동기가 되므로 인쇄본이 급증한 이 시기에도 학자들은 여전히 백과사전을 제작했다. 스페인의 인문주의자 후안 루이스 비베스는 교육 전반을 다룬 《교육에 관하여On Disciplines》(1531)라는 책을 썼다. 콘라트 게스너는 책과 동물에 관한 백과사전을 만들었다. 오늘날 수학적 업적으로 기억되는 이탈리아 출신의 의사 지롤라모 카르다노Girolamo Cardano도 《정교함에 관하여》(1550)와 《다양한 사물에 관하여》(1558)라는 백과사전적 책을 누 권 남겼다.

크로아티아의 학자 폴 스칼리치Paul Skalić는 1559년에 백과사전을 펴냈고, 스위스 출신으로 바젤 대학의 교수였던 테오도어 츠빙거Theodore Zwinger는 1565년에 《인생극장Theatre of Human Life》을 썼다. 이 책은 인간의 도덕적 행동의 예를 정리해 놓았다. 이 책의 제3권은 4,500쪽으로 이루어져 있고 600만 개 이상의 단어가 들어 있다.[42]

✦ 예술가와 기술자 폴리매스 ✦

흔히 르네상스 운동에 참여했던 사람들의 창의력을 설명할 때 '탈구획화'라는 개념을 사용한다. 바꿔 말하면 그들의 창의력이 집단 간 교류를 막는 장벽을 무너뜨리거나 최소한 약화해서 학자·사상가와 실천가 사이에 있던 틈을 메웠다는 것이다.[43]

알베르티 같은 몇몇 인문주의자는 화가나 조각가들과 친분이 두터웠는데 알베르티는 마사초, 도나텔로와 친했다. 알베르티는 화가들을 위한 일반 교육이 필요하다고 주장했고 고대 로마의 비트루비우스를 본받아 건축가에게도 그런 교육이 필요하다고 주장했다. 또 다른 인문주의자 게오르크 아그리콜라Georg Agricola는 요아힘스탈(오늘날 체코 영토인 야히모프)의 광산촌에서 일하던 의사였다. 아그리콜라는 대표작인《금속에 관하여De re metallica》(1556)에서, 독서와 관찰에서 얻은 지식뿐만 아니라 광부들이 가진 실용 정보도 활용했다.[44]

이 시대에는 다재다능함이 학자들의 전유물은 아니었다. 예술가나 기술자도 폴리매스가 될 수 있었다. 알베르티의 친구인 필리포 브루넬레스키Filippo Brunelleschi는 서로 다른 두 분야에서 업적을 남긴 사람으로 유명하다. 하나는 피렌체 성당의 돔을 설계하고 감독함으로써 남들이 불가능하게 여긴 건축 공법의 문제들을 해결했다는 점이다. 다른 업적은 선원근법의 재발견이었다. 브루넬레스키는 선원근법을 사용해서 일루저니즘의 걸작으로 알려진 피렌체 세례당의 그림을 그렸다. 거울이 보이는 작은 구멍을 통해 뒷면이 보이도록 의도된 이 그림은 지금은 사라졌다.

소문에 의하면 브루넬레스키가 로마의 고대 유적을 측량하면서 배운 기술을 회화에 적용했다고 한다. 만약 이것이 사실이라면 그는 폴리매스들이 지식에 기여하는 방식, 즉 한 분야에서 얻은 아이디어와 실용적 지식을 다른 분야에 활용한 대표 사례를 제공한 셈이다.

사실 브루넬레스키는 금세공 교육을 받은 덕분에 조각가가 되어 유명한 피렌체 세례당의 문 설계 공모에 참여할 수 있었다. 그러나 브루넬레스키는 더 전문적이었던 조각가 로렌초 기베르티에 밀려 2등이 되었다. 그는 크고 작은 훌륭한 기계들을 발명했으며 최초로 발명품 특허를 받았다. 그의 발명품은 초기 자명종부터 나중에 무거운 기둥을 들어 올리는 기계에 이르기까지 다양했는데, 이 기계는 돔 건축에 핵심 도구가 되었다. 브루넬레스키의 초기 전기에는 그가 수학자였고 성서에 정통했으며 단테의 작품을 공부했다고 나와 있다. 게다가 시도 썼고 소네트를 이용해서 자신의 경쟁자와 비판가들을 헐뜯었다고도 했다.[45]

브루넬레스키의 친구이자 '시에나의 아르키메데스'라고 불리는 마리아노 타콜라Mariano Taccola는 조각가였을 뿐만 아니라, 공증인 겸 도로 관리인이며 지기스문트 황제를 위해 일하는 군사 기술자이기도 했다. 그는 각종 기계를 다룬 논문 두 편으로 기억된다. 거기에는 기발한 선생 무기뿐만 아니라 브루넬레스키의 발명품을 논평한 내용도 들어있다.[46] 또 다른 시에나 사람, 프란체스코 디 조르조 마르티니Francesco di Giorgio Martini는 한때 타콜라의 제자였으며 화가 훈련을 받았으나 그 과정에서 여러 다른 재능을 발견했다. 그는 시에나에서 상수도 관리자로 일한 후에 우르비노 공작과 나폴리 왕국의 두 왕 밑에서 건축가와 군사 기술자로 일했다. 브루넬레스키와 타콜라의 전통을 이어 건축술과 방어 시설, 펌프나 톱 같은 기계, 경주용으로 예상되는 이륜 전차 등에 관한 글을 썼다.[47]

조르조 바사리Giorgio Vasari가 자신의 대표작인《르네상스 미술가 평전 Lives of the Artists》에서 줄리오 로마노Giulio Romano, 프리마티초Primaticcio 등 몇몇 미술가를 '만능인'으로 묘사했다면 우르비노 공작은 한 발 더 나아 가 건축가 바르톨로메오 젠가Bartolomeo Genga를 '전능인omniversale'이라는 신조어로 소개했다. 아마도 두 용어 모두 미술 분야에서의 다재다능함 을 가리킬 것이다.[48] 그러나 그 수준을 훨씬 뛰어넘은 이가 있었으니, 바 로 레오나르도 다빈치다.

+ 폴리매스의 대명사 레오나르도 다빈치 +

레오나르도 다빈치는 르네상스인의 대표 인물로 유명하지만 전형적인 르네상스인은 아니다.[49] 인문주의자도 아니었고 심지어 앞서 거론된 기술 자들과 달리 인문학 교육도 받지 못했다. 다빈치는 학교에 다닌 적이 없으 며 말년에도 라틴어를 겨우 읽을 정도였다. 그는 피렌체의 유명 장인인 안 드레아 베로키오의 공방에서 수련했다. 그곳에서 회화와 조각은 물론 브 루넬레스키부터 나중에 친구가 되는 마르티니에 이르는 토스카나의 전 통 공학 기술을 활용해서 전쟁 무기 제조법까지 배웠다.

다빈치는 15~16세기 피렌체의 대단히 혁신적인 전통을 대표하는 인 물이다. 당시 피렌체 장인들은 자신의 공방에서 견습생들에게 기술을 전수했다. 여기에서 사슬처럼 연결된 예술가들의 관계를 확인할 수 있다. 그들 모두 자신만의 스타일을 완성하기 전에는 다른 사람에게 기술과 지식을 배웠다. 가령 베로키오는 다빈치뿐 아니라 화가 기를란다요도 가르쳤으며 그는 나중에 미켈란젤로의 스승이 된다.

다빈치는 피렌체를 떠나 밀라노로 가서 루도비코 스포르자 공작의 관심을 얻어 다리·대포·투석기·갱도와 조각품 및 건축물(약속 목록의 10번째)도 제작하겠다고 약속했다. 공작의 전속 기술자가 된 다빈치는 운하와 요새뿐만 아니라 궁정 연회용 특수 효과를 제작하는 데도 관여했다. 그는 밀라노 공국 내에서 유명 음악가가 되어 리라를 연주하고 노래를 불렀는데 이런 재능은 카스틸리오네가 말한 궁정인의 사회에서 중요했다. 그뿐만 아니라 다빈치는 새로운 악기를 발명하고 소리 개발 연구도 했다.[50] 나중에는 베네치아 공국에서, 그리고 교황의 아들이었던 체사레 보르자Cesare Borgia가 로마냐 지역을 정복하려 했을 때는 군사 기술자로도 일했다. 또한 기계 사자·거대 석궁·바퀴식 방아쇠 총·비행기·잠수함 등 다양한 기계를 설계했다.[51]

다빈치는 화가와 조각가로서뿐만 아니라 앞에서 다뤘던 브루넬레스키·타콜라·프란체스코 디 조르조처럼 예술가와 기술자를 겸함으로써 토스카나 전통을 계승한 인물이었다. 실제로 그의 노트에 그려져 있던 기계들의 그림을 보면 그의 독창적인 발명품인지, 다른 사람들이 축적한 지식과 아이디어에서 도움을 받은 건지 구분하기 어렵다. 그렇다 하더라도 다빈치는 여러 면에서 선배들을 뛰어넘었다.

조각가 벤베누토 첼리니에 따르면 프랑스의 프랑수아 1세는 지금까지 다빈치만큼 많이 아는 사람을 본 적이 없는 것 같다고 말했다.[52] 사실 프랑수아 1세의 증언까지도 필요 없다. 방대한 양 때문에 '대서양 원고the Atlantic manuscript'라는 별명이 붙은 7,000쪽 남짓한 다빈치 노트가 광범위한 관심을 입증하며 여기에는 알베르티조차 무색해진다.

다빈치가 자신의 노트에 스스로를 '배우지 못한 사람'으로 표현했듯이 그는 대부분의 분야에서 독학자였고, 그 자신도 글보다 경험에서 지식을 얻었다는 사실을 자랑스러워했다.[53] 그러면서 다빈치는 점점 책을 모아 1504년이 되면 116권을 소장하게 된다. 그는 프톨레마이오스의 천문서·비트루비우스의 건축서·광학과 해부학에 관한 중세 문헌, 플리니우스·로저 베이컨·알킨디·이븐 시나 같은 초기 폴리매스들의 글 등을 공부했다.[54]

다빈치는 전문가들과 대화를 나누며 더욱 다양한 지식을 습득했던 것으로 보인다. 그는 노트에 이렇게 메모해 놓았다. '주판 선생님에게 삼각형 면적 구하는 법 물어보기… 안토니오 선생님께 밤과 낮에 대포를 어떻게 배치하는지 여쭤기. 베네데토 포르티나리에게 플랑드르 지역에서 빙판 위를 달리는 방법 물어보기.' 밀라노에 살 때는 인근 파비아 대학 의대 교수인 마르칸토니오 델라 토레와 친해져서 함께 해부 실습도 했다.

무엇보다 다빈치는 직접 조사하고 관찰하는 방식으로 지식을 습득했다. 그가 해부학을 공부하고 해부 실습을 한 것은 인간과 말을 좀 더 정확하게 표현하고 싶어서였지만 호기심 때문에도 연구를 계속했다. 해부는 그가 가장 중요한 발견을 한 분야로 알려져 있다. 그는 아마 동맥 경화증을 최초로 연구한 사람이었으며 심장 대동맥 판막의 기능도 발견했다.[55] 이와 비슷하게 다빈치는 예술 작업에 도움을 얻기 위해 광학을 공부해서 결국 눈의 동공은 보이는 사물의 밝기와 어둠에 따라 확대되고 수축된다는 사실을 발견했다.[56] 다빈치는 기하학 애호가로서 원과 면적이 같은 사각형을 그리는 법을 알아냈다고 주장하며 이렇게 썼다. "수학자가 아닌 사람에게 내 글을 보여주지 말라." 그는 오늘날 공학·수력학·화학·식물학·동물학·지질학·지도 제작 등으로 불리는 분야도 연구했다. 그런데 아이러니하게도 지금은 해당 분야 전문가가 다빈치의 업적을 평가하고 있다.

다빈치는 물속에 곡식이나 염료를 떨어뜨렸을 때 물이 움직이는 모습에 매료되었다.[57] 물감으로 화학 실험을 하고 그림의 표면 처리도 다양하게 시도했다.[58] 그의 노트를 보면 그가 세심하게 식물들을 관찰했다는 사실이 드러나는데, 이런 관찰 덕분에 다빈치는 〈암굴의 성모〉(루브르 박물관 소재)라는 유명한 그림을 그릴 때 습한 암굴에서 특정 계절에만 발견되는 꽃들을 그려 넣을 수 있었다. 식물 외에도 고산 지대 지질의 특징, 즉 표면의 갈라진 틈들은 암석 유형의 경도에 맞게 풍화되는 사실도 정확하게 표현해냈다.[59] 다빈치는 화석도 수집했으며 그것을 지구 역사의 증거로 여겼다. 또한 나이테를 조사해서 나무의 나이를 계산했다.[60] 밀과 새뿐만 아니라 박쥐·도마뱀·악어 등도 주의 깊게 관찰했다.[61] 그가 만든 지도를 보면 지리학에 대한 관심도 엿보인다.[62] 미술가 조르조 바사리가 다빈치 전기에서 언급했듯이 그는 마음이 끌리는 대상이 아무리 어려운 것이라도 쉽게 해결했다.

물론 바사리는 자신의 영웅이 세운 업적을 과장하고 있었다. 군이 말할 필요 없이 광범위한 관심을 보였던 다빈치의 삶에도 부정적인 각종 실패담이 있었다. 거대 석궁은 실제로 작동되지 않았고 원과 면적이 같은 사각형 작도도 실패했다. 〈최후의 만찬〉은 잘못된 화학 실험 탓에 완성되고 몇 년이 지나지 않은 시점에 이미 상태가 나빠지기 시작했다. 그에게 실망했든 환호했든 당대인들의 주장에 따르면 다빈치는 후원자와 약속한 마감 기한을 수없이 어겼고 실제로 많은 프로젝트를 완성하지 못했다. 그중에는 다빈치가 그냥 '말'이라 불렀던 루도비코 공작의 아버지인 프란체스코 스포르차의 거대 기마상도 있었다.

다빈치는 회화·물·해부학·광학·비행·역학 등에서 저술 계획을 세웠지만 그중 어느 것도 완성하지 못했으며 어떤 글은 시작조차 하지 못했다. 역대 최고는 아니라도 당대 위대한 예술가 중 하나였던 다빈치는 40대 후반에 '붓놀림을 참지 못하는 사람'이라는 말을 들었다.[63] 앞으로 보게 되겠지만 수많은 폴리매스가 분산된 관심과 에너지 때문에 작업을 마무리 짓지 못했다. 이것이 내가 레오나르도 증후군이라는 용어를 만들게 된 이유다.

언뜻 보면 다빈치는 대표적인 여우형 인물, 거의 모든 것에 관심이 있고 이것저것 건드려 보는 사람이다. 그러나 몇몇 학자가 지적했듯이 그의 관심이 분산되었다는 주장은 오해의 소지가 있다. 처음에는 순수한 호기심처럼 보이던 것이 대개는 나중에 그가 열중하던 작업과 연결되었다. 그는 빛과 소리·나뭇가지와 강줄기·비행과 헤엄·동물과 기계의 상호 유사성에 주목했고 나중에 새는 수학 법칙에 따라 작동하는 기계라고 썼다. 그의 발견 중 일부는 이런 유추에 근거했다. 그는 인체 내 혈액의 흐름을 물의 흐름에 비유해 심장 판막의 기능을 설명했다. 요약하면 다빈치는 자연계의 뚜렷한 다양성은 내적 통합의 징후라는 생각을 전제로 삼고 작업했다.[64] 이런 식으로 방대한 그의 노트에 흩어져 있던 조각들은 보이지 않는 실로 연결되었다.[65]

+ 르네상스 여성 폴리매스 +

오늘날 르네상스인Renaissance Man 이라고 말하면 자연스럽게 다음 질문이 떠오른다. 르네상스 여성Renaissance Woman 은 없는가? 이것은 다시 다른 질문으로 이어진다. 르네상스 이전에 살았던 뛰어난 학식을 갖춘 여성들을 뭐라고 부를 것인가? 실제로 철학·수학·천문학 분야에 저술을 남긴, 고대 이집트 알렉산드리아의 히파티아Hypatia of Alexandria라는 그리스계 여성 폴리매스가 있었다.[66]

12세기 독일에는 훗날 수녀원장이 되는 수녀 빙엔의 힐데가르트Hildegard of Bingen라는 여성이 있었다. 그녀는 다른 수녀들의 교사이자 학자였을 뿐만 아니라 선견지명을 갖춘 시인이자 극작가였다. 그녀는 수녀원 의무실에서 쌓은 경험을 바탕으로 《자연학Physica》이라는 약초 사용 설명서와 질병의 원인과 치료법에 관한 책 《원인과 치료Causae et curae》를 썼다. 또한 철학·신학·음악·천문학·점성술을 공부하고 저술도 남겼다.[67]

중세 후기에서 르네상스로 넘어가던 시점에 베네치아 출신으로 프랑스에 살았던 크리스틴 드 피장Christine de Pizan은 다른 사람들의 전기나 도덕 교육·전쟁·운세運·정치철학 등에 관한 책뿐만 아니라, 대표작인 《여성들의 도시Cité des Dames》(1405)를 썼다. 이 책에서는 과거 유명했던 여성

들을 소개해 여성의 능력을 강조했다.[68]

르네상스 시대에 유럽 여성들은 두 가지 불이익을 받았다. 하나는 학업 기회가 부족했다는 것이고 다른 하나는 군인이 될 수 없다는 것이었다. 여성이 공부를 하려면 수많은 장애물을 넘어야 했으며, 특히 학문은 여성의 일이 아니라는 통념 때문에 원칙까지는 아니더라도 현실적으로 여성이 대학에 진학하기 대단히 어려웠다. 여성은 가정주부, 어머니, 수녀로 역할이 제한되었다. 카스틸리오네의 유명한 책도 궁정 시녀와 시종편에서, 시녀의 지식을 문학·음악·회화·춤 그리고 남성들을 우아하게 접대하는 방법으로 제한했다.[69]

이와 비슷하게 부르크하르트를 비롯한 19~20세기 초 저술가들은 르네상스 시대의 다재다능한 사람들이 모두 남성이라고 가정했는데, 이는 나중에 페미니스트 역사가들의 비판을 받았다. 페미니스트 역사가들은 귀족 출신으로 가정교사에게 교육을 받은 소수의 여성이 앞에 놓인 장애물을 극복하고 인문학을 공부해서 편지·연설문·시 등을 짓고 이따금 라틴어나 지역 언어로 논문도 썼다고 지적했다. 이 여성들의 이야기는 거의 알려지지 않았지만 소수의 경우는 일부 전해진다.

한 역사가에 따르면 1350년부터 1530년까지 이탈리아에 대단히 명성이 높았던 여성이 3명 있었고, 조금 눈에 띄는 여성은 9명 있었다.[70] 높은 학식을 자랑했던 세 명은 이소타 노가롤라Isotta Nogarola·라우라 세레타Laura Cereta·카산드라 페델레Cassandra Fedele였다. 베로나 출신의 이소타 노가롤라는 베로나의 유명한 인문주의자 구아리노와 편지를 주고받는 사이였다. 그녀는 다수의 연설문과 아담과 이브를 주제로 한 글도 썼다.[71] 브레시아 출신의 라우라 세레타는 수녀원에서 라틴어·철학·수학·천문학을 공부했다. 남성 인문주의자들에게 여성 교육에 관한 내용의 편지를 보냈고, 그중 82통을 한 권의 필사본으로 묶었다.[72] 베네치아 출신인 카산드라 페델레는 고전 문헌과 철학을 공부하고 시를 썼다. 파도바와 베네치아에 교육을 찬미하는 연설문을 보냈고 유명한 남성 인문주의자들과 서신을 주고받은 한편, 지금은 사라졌지만 〈지식의 체계De scientiarum ordine〉라는 논문도 썼다.[73] 이들의 관심 범위는 그리 넓지 않았다. 세레타에 관한 한 연구서는 그녀가 사변 철학·변증법·신학·법학·의학에는 무관심했다고 지적한다.[74] 사람들은 이들을 포함해서 여성 인문주의자들에 대해 그들의 글은 대부분 평범하며 남성 인문주의자들의 글도 마찬가지라고 말한다.[75] 이 책은 평범한 인문주의자를 폴리매스에 포함하지 않으므로 이중 잣대를 피하려면 오직 카산드라 페델레만 폴리매스로서 자격이 있다고 할 수 있겠다.

이탈리아가 아닌 다른 지역에서 학식을 갖춘 여성 중에는 인문주의자였던 빌리발트 피르크하이머의 누나인 카리타스 피르크하이머Caritas Pirckheimer가 있었다. 카리타스는 집에서 교육을 받은 후 고향인 뉘른베르크의 성 클라라 수녀원에 학생으로 들어갔다가 수녀를 거쳐 수녀원장이 되었다. 그녀는 영향력 있는 인문주의자들에게 실력을 인정을 받았는데 그중에는 에라스뮈스도 있었다.[76] 카리타스와 동시대 인물이며 라틴어에 뛰어나 '라 라티나La Latina'라는 별명을 얻었던 스페인의 베아트리스 갈린도는 살라망카 대학에서 공부했고, 카스티야의 이사벨라 여왕의 요청으로 여왕과 공주들에게 라틴어를 가르쳤다. 또한 그녀는 아리

스토텔레스 저서를 논평하기도 했다.[77]

영국에서 학식이 높기로 유명했던 여성 중에는 마거릿 로퍼Margaret Loper 가 있다. 그녀의 아버지 토머스 모어는 딸에게 인문학과 일명 교양 학문을 공부해보라는 편지를 썼고 나중에는 의학과 종교 문학도 권했다. 로퍼는 그리스어와 라틴어도 공부했고 에라스뮈스의 글을 번역했다. 한편 프로테스탄트 인문주의자 앤서니 쿡Anthony Cooke의 다섯 딸도 모두 라틴어·그리스어·히브리어·이탈리아어·프랑스어를 배웠다. 그중 앤Anne은 라틴어 문헌을, 엘리자베스Elizabeth는 프랑스어 문헌을 번역했다.[78] 당시에는 직접 글을 짓기보다 번역이 여성에게 더 적합한 직업으로 여겨졌다.

비록 르네상스 시대가 지난 1645년에 사망한 인물일지라도 아마 가장 탁월했던 르네상스 여성은 프랑스의 마리 드 구르네Marie de Gournay일 것이다. 라틴어를 독학한 이 젊은 귀족 여성은 1584년에 프랑스에서 몽테뉴Montaigne의 에세이들을 발견했다. 구르네가 이 발견에 얼마나 흥분했던지 그녀의 어머니가 진정제를 건네줄 정도였다. 훗날 그녀는 감옥에서 몽테뉴를 만났으며, 그의 수양딸이 된 후 그의 에세이집을 편찬했다. 그녀는 시와 소설을 썼고 고전 문헌을 번역했다. 연금술 실험을 하고《그림자L'Ombre》(1626)라는 경수필과 남녀평등을 주제로 논쟁적인 논문을 발표했다.[79]

어쨌든 이 여성들은 실제로 학식이 높았음에도 그때의 기준으로 보면 박학다식했다고 보기는 어렵다. 중세 인물인 빙엔의 힐데가르트에 필적할 만한 여성을 만나려면 17세기까지 기다려야 한다.

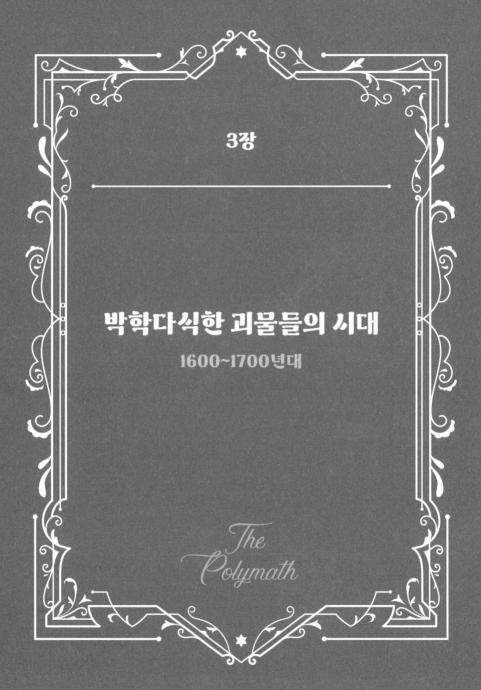

3장

박학다식한 괴물들의 시대

1600~1700년대

The
Polymath

The
Polymath —

THE POLYMATH

르네상스 시대가 행동과 생각의 세계 사이에 다리를 놓았던 '만능인'의 시대였다면 그다음 시대는 좀 더 학문적인 이상을 꿈꾸던 시대, 즉 만능학자들 혹은 네덜란드인 헤르만 부르하버가 '박학다식한 괴물들'로 표현한 폴리매스의 시대였다.[1]

✦17세기 폴리매스의 황금기✦

르네상스 시대 이후 학자들은 이전 시대 학자들보다 펜싱·노래·춤·승마·운동 경기 등에서는 탁월하지 못했지만 그래도 17세기는 다재다능한 학자들의 황금기처럼 보인다. 이 책의 부록에 정리된 폴리매스 중 1570~1669년 사이에 태어난 사람은 1470~1569년 사이에 태어난 39

명의 두 배가 넘는 92명이다.

　아우구스투스부터 칼뱅까지 신학자들이 자주 비난했던 지적 호기심은 프랜시스 베이컨 같은 몇몇 영향력 있는 철학자들 덕분에 명예를 회복했다. 앞에서 르네상스인의 하나로 언급되었던 베이컨은 17세기 학계에 크게 이바지했다. 그는 '모든 지식'을 자기 분야라고 주장하며 지식을 분류하고 인식론 문제들을 논했다. 그의 좌우명은 '더욱 더Plus Ultra'였다. 거기에는 지식 세계 끝에 박혀 있는 헤라클레스의 두 기둥 앞에서 멈추지 않고 이미 알려진 것의 한계를 넘는다는 의미가 담겨 있다. 그가 쓴 《대혁신Great Instauration》(1620)의 표지에는 헤라클레스의 두 기둥 사이를 항해하는 배 그림과 '많은 사람이 지나가면 지식이 증가할 것'이라는 글귀가 적혀 있었다.[2]

　오늘날에는 수많은 17세기 학자가 일부 업적으로만 주로 기억되기 때문에 지적 범위가 넓었다는 사실을 잊기 쉽다. 네덜란드 학자 휘호 흐로티위스Hugo Grotius는 법학자로 유명하지만 생전에 네덜란드 역사 연구자와 평신도 신학자로도 활약했다. 또한 독일의 사무엘 푸펜도르프Samuel Pufendorf는 오늘날 정치이론가로 기억되는데 생전에는 법률가·역사가·철학자·정치경제학자였고, 흐로티위스처럼 평신도 신학자로도 활약했다.

　자연과학 분야에서는 덴마크 귀족 출신인 튀코 브라헤Tycho Brahe와 그의 조수였던 요하네스 케플러가 오늘날은 천문학자로 분류되지만 사실 브라헤는 연금술과 의학 실험도 했다. 케플러는 오늘날 과학사와 과학철학 외에 심지어 공상 과학 소설(그는 달 여행에 관한 소설《꿈Somnium》을 썼다)로 불리는 분야뿐만 아니라 수학과 광학에서도 중요한 업적을 남겼다.[3] 갈릴레오Galileo로 말하자면 그의 관심 영역은 수학과 물리학, 그리고 오늘날 그에게 명성을 안겨준 천문학에만 국한되지 않았다. 의학도 공부했고 회화와 조각의 장단점과 아리오스토와 타소의 시를 비평했다.[4]

프랑스의 르네 데카르트René Descartes는 오늘날 철학자로 기억되지만, 수학에 중요한 기여를 했고 광학과 천문학 분야에 저술을 남겼다. 그의 《정념론Treatise on the Passions》은 나중에 심리학으로 불리게 될 내용을 다뤘다.[5] 프랑스 학자 피에르 가상디Pierre Gassendi도 철학자로 분류되지만, 생전에 천문학자와 수학자로 활약했을 뿐만 아니라 고대 유물 연구와 음악 이론 분야에도 기여했다. 실제로 가상디와 동시대를 살았던 한 영국인은 그를 근래 가장 탁월한 일반 학자라고 했다.[6] 블레즈 파스칼은 운 좋게도, 철학자뿐만 아니라 신학자와 수학자 그리고 기압에 관한 유명한 실험 덕분에 물리학자로도 기억되고 있다.

크리스토퍼 렌Christopher Wren은 가장 유용한 지식과 난해한 학문을 배우는 모든 과정에 업적을 남긴 사람이라는 존 에블린John Evelyn의 찬사에도 불구하고 오늘날은 주로 건축가로 기억된다.[7] 그러나 렌은 런던의 그레셤 대학과 옥스퍼드 대학에서 천문학을 가르쳤다. 망원경을 개선하고 혜성을 관찰했으며 토성의 고리를 새롭게 해석했다. 물고기와 개도 해부했다. 또한 동시에 같은 문서를 두 부 만들 수 있게 해주는 도구를 포함해서 여러 기발한 기계를 설계했다. 수학·자기학·역학·기상학 등의 연구에도 기여했다. 런던 대화재가 아니었다면 이 위대한 영국 건축가는 세인트 폴 대성당과 또 다른 폴리매스인 로버트 훅과 함께 다수의 렌 교회를 설계하는 대신 학자로 더 많은 시간을 보냈을 것이다. 렌은 켄싱턴

궁, 트리니티 칼리지와 케임브리지 대학 도서관, 이마누엘 칼리지와 펨브로크 칼리지의 예배당도 설계했다.[8]

비교적 최근까지 학자들은 아이작 뉴턴이 수학과 자연철학에서의 유명한 업적뿐만 아니라 신학·연금술·연대학 연구에도 많은 시간을 할애했다는 사실을 잊거나 좀 더 정확하게는 무시해 왔다.[9] 《고대 왕국의 연대기Chronology of Ancient Kingdoms Amended》(1728)에서 뉴턴은 서로 다른 연대 체계를 맞추기 위해 천문학 지식을 이용하면서, 마치 16세기에 조제프 스칼리제르가 그랬듯이 과거 시간을 가장 확실하게 정하는 방법은 천문학을 이용하는 것이라 주장했다.[10] 뉴턴은 성경에 기록된 예언을 해석하려 했고 유명한 신학자 몇몇과 교류했지만, 자신이 정통 기독교에서 벗어난 사상을 가졌다는 사실은 비밀에 부쳤다. 뉴턴은 뒤에서 다룰 경쟁자, 라이프니츠와 달리 박학다식한 괴물까지는 아니었더라도 확실히 폴리매스로서의 자격은 갖추고 있었다.

+ 8인의 여성 폴리매스 +

남성뿐만 아니라 여성도 폴리매스 황금기의 주인공이었다. 이 시대에 눈에 띄는 여성 폴리매스는 최소 여덟 명으로, 앞서 '르네상스 여성' 편에서 이미 다뤘던 마리 드 구르네·바슈아 메이킨Bathsua Makin·아나 마리아 판 스휘르만Anna Maria van Schurman·팔츠의 엘리자베스 공주Elisabeth, Princess Palatine·마거릿 캐번디시Margaret Cavendish·스웨덴의 크리스티나 여왕Elena Corner·엘레나 코너·후아나 이네스 데 라 크루스 수녀Sister Juana Inés de la

_{Cruz} 등이 있다.

영국 출신인 바슈아 메이킨은 코메니우스_{Comenius}의 친구인 새뮤얼 하틀리브_{Samuel Hartlib}가 운영하는 모임의 일원이었다. 누군가로부터 영국에서 가장 박식한 여성이라는 평을 들었던 메이킨은 언어·시·속기·의학·교육 등 관심 분야가 다양했다. 젊은 시절에는 그리스어·라틴어·히브리어·스페인어·독일어·프랑스어·이탈리어로 시집을 냈다. 말년에는 양질의 교양 교육을 받을 여성의 권리를 주장한《고대 여성 교육 부활론_{An Essay to Revive the Ancient Education of Gentlewomen}》(1673)을 발표했다.[11]

바슈아 메이킨은 '네덜란드의 미네르바'라고 불렸던 아나 마리아 판 스휘르만과 히브리어로 서신을 주고받았다. 위트레흐트 대학에서 입학 기회를 얻은 스휘르만은 네덜란드 대학에서 공부한 최초의 여성이 되었는데, 남학생들이 쳐다보지 못하도록 가림막 뒤에서 강의를 들었다. 그녀는 그리스어와 라틴어뿐만 아니라 히브리어·아랍어·아람어·시리아어도 배웠으며, 철학·신학·교육학 분야의 글을 썼고, 비록 출판되지는 못했지만 에티오피아어 문법책도 만들었다.[12] 구르네처럼 스휘르만도 인문학은 물론 회화·조각·자수 등에 업적을 남겼으므로 르네상스 여성으로 불릴 만하다.

팔츠의 엘리자베스 공주는 선제후 프리드리히 5세의 딸이다. 불운했던 이 왕은 짧은 재위 끝에 페르디난트 2세와의 전쟁에서 패해 쫓겨나는 바람에 보헤미아의 겨울 왕_{Wingter King}으로 불렸다. 엘리자베스 공주는 네덜란드에서 살다가 나중에 베스트팔렌에 있는 한 프로테스탄트 수녀원으로 가서 원장이 되었다. 그녀는 영어는 물론 라틴어·프랑스어·독일어·네덜란드어·이탈리아어를 구사했다. 또한 수학·천문학·역사학·철학·성경을 공부했고, 당대 학자들과 서신을 주고받았으며 스휘르만과 의견을 나누고 데카르트와 논쟁을 벌이기도 했다.[13]

마거릿 캐번디시 뉴캐슬 공작 부인은 정치철학과 자연철학 모두에 관심이 많았다. 그녀는 해부학을 공부했지만 스스로 '여성의 겸양'을 보이느라 직접 해부를 해보지는 못했다.[14] 1666년에 캐번디시는 유명한 《실험철학에 관한 논평Observations upon Experimental Philosophy》을 출간하면서 여성의 겸양 혹은 고상한 아마추어의 거짓 겸손함으로 무장한 채, 여기저기서 모은 부스러기 지식을 제공했다고 말했다. 또한 그녀는 남편의 전기와 다수의 희곡, 그리고 《불타는 세계》(1666)라는 유토피아 소설을 썼으며 이 소설은 케플러의 《꿈》처럼 공상 과학 소설의 효시로 여겨지고 있다. 기이한 복장과 태도 때문에 캐번디시는 '미친 매지Mad Madge'라는 별명을 얻었다. 존 에블린은 캐번디시를 '대단히 박식한 척하는 사람'이라고 불렀으나 몇몇 남성 학자는 그녀를 중요한 인물로 평가했다.[15]

스웨덴의 크리스티나 여왕은 1632년에 아버지 구스타프 아돌프가 전장에서 급서하는 바람에 어린 나이에 즉위했으나 1654년 퇴위를 전후해서는 공부로 대부분 시간을 보냈다.[16] 그녀는 '스웨덴의 미네르바'리고 불리기를 좋아했고, 자칭 다재다능한 사람이었다. 회고록에서는 열네 살에 모든 언어와 학문을 알았고, 교사들이 가르치기에 적합하거나 가르칠 수 있다고 생각한 분야에서 모두 업적을 이뤘다고 주장했다. 어느 당대인의 말마따나 그녀는 모든 것을 알았다. 여왕은 고대 로마의 역사가 타키투스를 포함해서 고대 문헌도 즐겨 읽었다. 철학 분야에서는 특별히 신플라톤주의와 스토아 철학에 관심이 많았고《영웅 의식Les sentiments heroïques》이라는 격언집을 집필했다. 처음에는 루터교 신자로 자랐지만 회의를 느껴 나중에는 가톨릭으로 개종했으며 스페인의 신비주의자 미구엘 데 몰리노스의 사상에 특별히 관심을 두었다. 독일어·네덜란드어·덴마크어·프랑스어·이탈리아어를 구사했고 구약 성서를 원어로 읽기 위해 히브리어를 배웠다.

다른 폴리매스들이 책과 물건을 수집했다면 크리스티나 여왕은 학자를 모았다. 짧게나마 그녀의 궁정을 출입했던 박식가들은 가브리엘 노데Gabriel Naudé·르네 데카르트·사무엘 보샤르Samuel Bochart·피에르다니엘 위에Pierre-Daniel Huet·히옵 루돌프Hiob Ludolf·클로드 소메즈Claude Saumaise·이삭 포시우스Isaac Vossius·헤르만 콘링Hermann Conring·마르쿠스 마이봄Marcus Meibom 등이었다. 여왕은 어려운 질문 던지기를 좋아해서 위에는 친구 가상디에게 여왕이 아나 마리아 판 스휘르만보다 훨씬 똑똑하다고 썼다. 그녀는 데카르트와 함께 수학과 철학을 공부할 생각이었으나 그가 궁에 도착했을 때는 그리스어를 배우느라 너무나 바빴다.[17]

여왕의 관심 분야는 천문학과 점성술 그리고 연금술까지 확장되었다. 특히 혜성에 관심이 많아서 관련 연구를 지원하기도 했다. 왕좌에서 내려온 후에는 로마에 있는 별궁에 실험실을 만들어서 직접 연금술 실험을 했다. 어쩌면 그녀가 소장한 그림 중에 피코 델라 미란돌라의 초상화도 있었을지 모른다.

엘레나 코너는 베네치아 귀족의 딸이었다. 어릴 때부터 영특했던 코너는 아버지가 선별한 가정교사에게 교육을 받았다. 그녀의 아버지는 딸의 학식이 한때는 베네치아에서 유력했으나 지금은 몰락한 가문의 위상을 회복해주리라 판단했다. 코너는 고전 문학·현대 언어들·수학·자연과학·신학을 공부했다. 주교의 반대로 신학 박사 학위를 딸 수 없었던 코너는 1678년에 파도바 대학에서 의학 박사 학위를 받았다. 그녀는 권위 있는 학술원의 회원이 되었으며 대중 강연 요청을 자주 받았다.[18]

뛰어난 학식으로 명성이 자자했던 멕시코 출신의 후아나 라미레스는 수녀원에 들어간 후에 얻은 이름인 후아나 이네스 데 라 크루스 혹은 후아나 수녀로 더 유명하다. 후아나 수녀는 생전에 멕시코의 불사조, 모든 학문에 정통한 불사조 등으로 불렸다. 그녀는 스스로에 대해 어렸을 때 학구열이 높았고 할아버지의 서재에서 공부했다고 썼다. 스휘르만처럼 그녀도 대학에서 공부하고 싶었지만(남성복을 입고 강의에 들어가고 싶었지만) 어머니의 허락을 받지 못했다.

후아나 수녀는 수업 스무 번에 완전히 익힌 라틴어에 능통했고, 그리스어는 물론 멕시코 중부 원주민의 언어인 나와틀어도 알았다. 오늘날 익히 알려진 시들을 썼을 뿐만 아니라 신학·철학(자연철학 포함)·법학·문학·음악 이론도 공부했다. 그녀는 다수의 청혼을 거절한 다음 자유롭게 공부하기 위해 수녀원으로 들어갔다.

후아나 수녀는 수녀원에 도서관을 만들었는데 소장된 책 일부는 그녀를 그린 초상화의 배경이 되었다. 그녀는 음악·철학·여성의 지위 등에 관한 저술에서 이전 시대의 폴리매스인 플리니우스와 키르허의 글을 자주 인용했다. 또한 키케로와 타키투스 같은 고대 시대의 저술가·제롬과 아우구스투스 같은 교부, 중세 철학자·르네상스 시대 고전 신화 저술가

·프란시스코 수아레스 같은 법학자 등도 참조했다. 그러나 푸에블라 주교는 학문에 헌신하는 그녀를 비판했다. 후아나 수녀는 자기 생각을 글로 출판할 수 없었고 소장한 책들은 나눠주라는 명령을 받았다.[19]

✦ 폴리매스와 관련된 말들 ✦

17세기에 이르러 폴리매스가 더욱 중요하고 눈에 띄는 존재가 되었다는 사실은 언어의 역사가 뒷받침한다. 16세기 말부터 몇몇 유럽 언어에서 지식인과 일반 상식을 연결하는 어휘가 등장하기 시작했다.

지식인과 관련해서 가장 많이 통용된 단어는 '박식가polyhistor'와 '폴리매스polymath'였다. 스위스의 백과사전 편찬자 테오도어 츠빙거는 고대 로마의 저술가 플리니우스를 박식가로 묘사했다(어쩌면 이것은 플리니우스의 글이 백과사전적이고 비체계적이었다는 암시일지 모르겠다).[20]

앞 장에서도 언급했지만 스위스의 또 다른 백과사전 편찬자 콘라트 게스너는 자칭 박식가였다.[21] 또한 그 단어는 학문의 세계를 소개하는 다니엘 모르호프Daniel Morhof의 책《박식가Polyhistor》(1688)처럼 간혹 광범위한 주제를 다룬 책의 제목으로도 쓰였다. 1632년에 레이던 대학의 한 특강에서 박식가의 개념을 다룬 후, 하이델베르크 대학(1660), 라이프치히 대학, 1718년 알트도르프 대학(1718), 예나 대학(1721)의 학위 논문들에도 박식가라는 표현이 등장했다.

엘리자베스 1세 시대의 학자인 가브리엘 하비Gabriel Harvey는 'omniscians'라는 용어를 만들었지만 통용되지 못했다. 그로부터 얼마 후 영어에서는 '폴리매스'라는 단어가 사용되기 시작했다. 옥스퍼드 대학 로버트 버턴 교수는 《우울의 해부-Anatomy of Melancholy》(1621)에서 Polumathes 와 Polihistors 를 언급했다.[22]

이 두 용어는 적어도 18세기 전까지는 대개 중립적이거나 긍정적인 의미를 내포했다. 그와 달리 이탈리아어의 poligrafo 와 프랑스어의 polygraphe 는 돈을 받고 온갖 주제로 글을 써내던 직업 저술가를 가리킬 때 사용하던 경멸적인 단어였다.[23] 이 시기에 새로 등장한 이탈리아어 단어 중에 비르투오소 virtuoso 가 있었다. 영어를 비롯한 다른 언어에까지 전파되었던 이 단어는 자신의 광범위한 관심사를 글쓰기가 아닌 동전·다른 나라의 무기류·조개껍질·박제 동물·물고기 등 다양한 물건을 수집해서 과시했던 아마추어 학자들을 지칭했다.[24] 그런 사람들의 광범위한 지식을 설명하는 어휘는 훨씬 풍부했다.

라틴어에는 'scientia · universalis · pansophia · polymathia' 등의 용어 뭉치가 있었다. 이것들은 주로 중립적으로 쓰였지만 간혹 polymathia 는 하나의 학문에서 벗어났다는 경멸적 의미로 사용되기도 해서 오늘날의 학제간 융합 연구를 비판하는 표현의 초기 버전이라 할 수 있다.[25]

이탈리아인들은 다재다능한 예술가와 저술가를 높이 평가했다. 프랑스인들은 polymathie 혹은 science universelle 를 말과 글에서 사용했다. 학자들에 대한 우호적인 영어 형용사는 '호기심이 많은'과 '기발한'이었다. 영어 명사로는 이따금 '전지 omniscience'가 사용되었지만 그보다는 2세대 학자인 메릭 카소봉 Meric Casaubon 의 논문 제목이었던 '일반 지식'이 선호되었다.[26]

polymathia에 대한 전반적인 논의 내용은 함부르크 출신의 학자로 독서와 여행을 좋아했던 요하네스 보버Johannes Wower의 논문(1603)에서 찾을 수 있다. 그는 이렇게 썼다. "나는 각종 학문에서 얻은 광범위하고 다양한 지식을 완벽하게 이해한다." 폴리매스는 모든 학문 분야를 구속받지 않고 자유롭게 돌아다니는 것이라고 설명했다.[27]

네덜란드 학자인 헤라르트 포시우스Gerard Vossius와 마르퀴스 복스혼 Marcus Boxhorn도 논문에서 그 주제를 다뤘다. 포시우스는 예술과 학문을 다룬 책에서 철학·수학·논리학이 백과사전적 성격을 지녔으므로 polymatheia 학문이라고 설명했고, 그의 학생이었던 복스혼은 레이던 대학 수사학과의 교수로 취임하는 날 첫 강의에서 폴리매스를 다뤘다. 복스혼 자신도 수사학 외에 타키투스 총서·정치서·전쟁서·꿈에 관한 연설문·세계사 책·언어사 비교 연구서 등 폭넓은 관심사를 자랑했다.[28]

판소피아pansophia는 말 그대로 '범지universal wisdom'를 의미한다. 그 의미를 아는 사람들은 이 숭고한 꿈이 기독교를 재통합하고 학문을 개혁하며, 철학을 조화시키고 보편 언어를 창조해 세상의 불일치를 해소하고 보이지 않는 현실을 발견하는 일과 관련된다고 생각했다. 또한 판소피아는 갈등(30년 전쟁) 종식, 세상의 모든 잘못을 총체적으로 개혁하려는 움직임, 아담이 타락하기 전 시대로 돌아가고 싶다는 희망까지 포함하는 원대한 비전과도 연결되었다.[29]

판소피아와 폴리매스의 연관성은 특별히 중부 유럽 출신의 독일인 알슈테트와 그의 학생이자 체코 출신인 코메니우스의 사례에서 명확히 드러난다.

+ 여우형 폴리매스 알슈테트 +

요한 하인리히 알슈테트는 헤센주에 있는 헤어본 대학에서 철학과 신학을 가르쳤다. 나작 학사였던 그는 1630년에 출간한 백과사전으로 유명해졌다. 앞선 시대에 활약한 프로테스탄트 학자 페트뤼 라무스가 보급한 이항 대립 개념을 이용해서 알슈테트는 일곱 권의 백과사전에 당대 모든 학문 분야뿐만 아니라 기계적 기술·마술·연금술·기억술 등 다양한 분야의 지식까지 설명하고 분류했다.

겉보기에 알슈테트는 칼뱅이 호기심을 비난했었다는 사실을 분명히 알았던 정통 칼뱅주의자였다. 그러나 그의 편지들이 보여주듯 사적으로는 다수의 비정통 지식에 매혹되었으며 그중에는 중세 카탈루냐 출신의 수사 라몬 룰의 조합술도 있었다.[30]

이 조합술을 이용해서 알슈테트는 백과사전을 편찬했고 이것은 단독 작업으로 제작된 마지막 백과사전이었다. 한 권짜리 백과사전은 1655년에 헝가리에서 야노시 아파차이 체레János Apáczai Csere가 제작했다. 그도 알슈테트처럼 자료를 정리할 때 라무스의 이분법을 사용했다.[31]

알슈테트의 작업 덕분에 백과사전은 교육 과정, 즉 학생들이 밟아야 할 지식 습득 과정이라는 본래의 의미에서 다양한 지식을 한데 모아 놓은 책이라는 개념으로 바뀌게 되었다. 적어도 이론적으로 백과사전은 보편 지식의 산물이면서 동시에 지식을 얻는 수단이었다. 알슈테트는 책 서문에서 오직 신만 지혜로우나 '모든 분야의 학문'을 받아들이는 사람에게는 완벽하다는 이미지가 각인된다고 주장했다.[32]

✦ 고슴도치형 폴리매스 코메니우스 ✦

알슈테트가 여우형 폴리매스라면 코메니우스라는 이름으로 더 유명한 얀 아모스 코멘스키Jan Amos Komenský는 확실히 고슴도치형이다. 코메니우스는 현재 체코 영토인 모라비아 출신으로 헤어보른에서 알슈테트와 함께 공부한 후 보헤미아 형제단 교회에서 주교가 되었다. 자신의 교회가 보헤미아에서 박해를 받아 문을 닫은 1621년 이후에는 폴란드·스웨덴·영국·트란실바니아·네덜란드 등지를 떠돌며 유랑했다. 그는 단어의 의미는 고정되어야 하며 사물마다 하나의 이름만 있어야 한다고 주장했고 교육 개혁 운동과 자연 언어 비판에 헌신했다.[33] 그의 개혁 운동의 목적은 여러 당대인처럼 그도 임박했다고 믿은 세상의 마지막 날에 세상의 조화와 더불어 달성될 판소피아를 향해 단계를 밟아가는 것이었다.[34]

판소피아라는 용어를 처음 사용한 학자는 코메니우스가 아니었다. 이미 선배 폴리매스였던 페터 로렘베르크Peter Lauremberg가 《판소피아Pansophia》(1633)라는 책을 발표하면서, 그렇게 고상한 제목을 달 자격이 없는 책이라고 겸손하게 말한 적이 있다.[35] 코메니우스는 《범지학의 서설Pansophiae Prodromus》(1639)에서 판소피아를 '보편 지식'이라 정의했다.

그의 추종자였던 새뮤얼 하틀리브는 그것을 '일반 상식' 혹은 '지식'으로 번역했으며 다른 곳에서는 '보통 지식'으로 번역했다. 코메니우스의 다른 번역서에는 《보편 지식의 패턴A Patterne of Universall Knowledge》(1651)이라는 제목을 달았다.[36] 같은 주제로 쓴 세 번째 소논문에서 코메니우스는 다음과 같이 아리스토텔레스를 인용했다. "현명한 사람이라면 가능한 한 '모든 것'을 알아야 한다."**37** 코메니우스 사상에서 판소피아는 보편적 깨달음 혹은 자각, 보편 교육), 보편 언어, 보편 개혁 혹은 세상 개혁 등과 연결되었다.**38**

+ 박학다식한 7인의 괴물들 +

17세기를 폴리매스의 황금기로 부르는 가장 주요한 이유는 그 자신도 학문에 정통했던 헤르만 부르하버가 '박학다식한 괴물들'로 표현한 사람들이 대거 등장했기 때문이다. 이들은 여러 학문을 두루 섭렵하고 많은 책을 썼다. 촛불 밑에서 독서하고 깃펜으로 책을 쓰던 시절이었다는 사실을 떠올린다면 인상적인 업적이 아닐 수 없다.

확실히 알슈테트는 그런 이름으로 불릴 자격이 있다. 그런 괴물을 여섯 명 더 소개하자면 니콜라클로드 파브리 드 페이레스크Nicolas-Claude Fabri de Peiresc · 후안 카라무엘 이 롭코비츠Juan Caramuel y Lobkowitz · 대 올로프 루드베크Olof Rudbeck the Elder · 아타나시우스 키르허 · 피에르 벨 · 고트프리트 빌헬름 라이프니츠다.

+ 수집가 페이레스크 +

프로방스 고등법원 판사를 지낸 니콜라클로드 파브리 드 페이레스크는 근대 초기 학자 중 가장 유명한 인물이다. 그는 비르투오소라는 말을 자주 들었으며, 취미로 다양한 공부를 할 수 있을 만큼 돈과 시간에 여유가 있었다.

수집은 비르투오소의 주요 활동 가운데 하나였다. 이들은 호기심의 방cabinets of curiosities 혹은 독일어로 '분더캄머Wunderkammer'라는 장소에 수집품들을 전시했다. 방에는 자연물과 인공물이 모두 들어있었다. 수집하려는 이유는 희귀하거나 이국적이거나 특별해 보이기 때문이었다. 물건의 주인은 대개 다방면에 관심이 많은 사람이었다. 그 중 올레 보름 Ole Worm과 한스 슬론Hans Sloane은 틈틈이 모은 수집품 덕분에 더 유명해 진 학자이자 의사였다.

덴마크 크리스티안 4세의 주치의였던 보름은 거석묘·유골 단지·시신을 넣어 매장했던 배 같은 스칸디나비아 골동품에 특별히 관심을 보였다. 그의 수집품은 〈보름 박물관〉이라는 판화로 불후의 명성을 얻었다. 이 판화에는 박제 물고기·동물의 두개골·작살과 뿔로 만든 술잔 등의 인공물이 찍혀 있다.[39] 앤 여왕과 그 뒤를 이은 두 국왕의 주치의였던 슬론은 귀족 환자들을 치료하면서 받은 보수와 자메이카의 농장에서 벌어들인 수입 덕분에 방대하고 다양한 수집품을 모을 수 있었다. 그는 '세계를 수집한 사람'으로 불렸다.[40]

그런데 보름과 슬론을 능가하는 사람이 있었으니 수집가이자 폴리매스였던 페이레스크였다. 그의 편지들에 적혀있던 수집품 목록을 보면 소위 물질문화에 얼마나 열광했는지 드러난다. 목록에는 여러 지역의 알파벳으로 쓰인 필사본·동전·작은 조각상·꽃병·부족·중세 인장·고대 후기 보석, 그리고 심지어 이집트 미라도 있었다. 그는 문화뿐만 아니라 자연에도 관심이 많아서 악어가죽과 야생 동물들을 수집하고, 외부에는 식물원을 만들어 파피루스 같은 외래 식물도 키웠다.

페이레스크의 친구였던 화가 루벤스는 그를 '모든 분야에서 전문가만큼 많은 지식을 가진' 사람이라고 불렀다.[41] 페이레스크는 법학을 공부한 후 이탈리아·네덜란드·영국을 방문했다. 고등법원장의 비서로 파리에서 몇 년을 보낸 후에 프로방스에 정착해서 마지막 14년을 그곳에서 지냈다. 그의 비서에 따르면 페이레스크는 자주 아파서 서재에 틀어박혀 있는 때가 많았지만 장서들과 수집품, 편지 덕분에 상상 여행을 할 수 있었다.[42]

오늘날 페이레스크는 골동품 애호가로 기억된다. 고전학자 아르날도 모밀리아노도 그를 골동품 애호가의 전형이라 불렀을 정도였다.[43] 그는 고대 사회와 중세 유럽, 가령 샤를마뉴 시대나 음유시인이 활약하던 시대뿐만 아니라 중국·아프리카 베닌 왕국·캐나다, 그리고 특히 지중해 세계의 과거와 현재, 에트루리아인·페니키아인·이집트인·유대인·아랍인 등 다양한 민족에도 관심이 있었다. 북아프리카의 과거와 현재에 대한 지식은 당시 유럽인으로서는 이례적이었다.[44] 페이레스크는 다양한 민족의 관습과 풍습, 예를 들면 말 타고 활쏘기, 적의 두개골에 술 따라 마시기 등에 마음을 빼앗겼다.

페이레스크는 여우형 지식인처럼 보이지만 그의 다양한 관심사 중 일부는 그 배경에 종교가 있었다. 그는 초기 혹은 원시 기독교와 그것이 유대교나 이교와 어떤 관계가 있는지 연구했고, 더 나아가 고대 후기에 등장했던 그노시스주의, 미트라교 같은 신흥 종교까지 조사했다. 그리고 성가와 악기에 대한 호기심은 동방 기독교에 대한 관심으로 이어졌다.[45]

그는 성서의 역사에 매료되어 그것이 히브리어·콥트어·사마리아어 (아람어의 방언)·에티오피아어 공부로 이어져 그 언어를 사용하는 문화까지 조사하게 했다. 다양한 언어에 대한 공부는 언어들 사이의 관계에도 관심을 갖게 했다. 페이레스크는 언어의 전파와 섞임이 민족 이동의 증거로 사용될 수 있다는 사실을 알게 되었다.

페이레스크는 인간과학scienze humane(그는 아마 이 용어의 최초 사용자일 것이다)뿐만 아니라 자연과학에도 관심이 있었다. 그는 지중해의 조석과 조류에 마음을 사로잡혔다. 일식과 월식 관찰하거나 목성의 위성들을 조사하고 오리온 성운을 관측하는 등 천문학 연구에 적극적이었고, 친구인 피에르 가상디와 함께 달 지도도 제작했다. 또한 지중해 지도를 바로잡기 위해서 각기 다른 장소에 친구들을 보내 같은 시간에 목성을 관찰하게 했다.[46] 그는 해부학에도 열중했다. 윌리엄 하비William Harvey가 쓴 혈액순환에 관한 책이 1628년에 출간되자마자 그것을 읽었고, 새와 물고기, 동물의 눈 등을 직접 해부하기도 했다. 그는 화석과 화산에도 관심이 있었다.

페이레스크는 시간도 부족했거니와 귀족이 판매를 위한 책을 쓰는 것에 부담도 느껴서 연구 결과물을 출판하지 않았다. 대신에 일종의 지식 중개자로 자주 서신을 교환하며 필요한 정보를 요청하고 제공하는 역할을 했다. 편지 수신인에는 로마·파리·레이던 같은 학문의 중심지에 있는 동료 학자들도 있었다. 그리고 새로운 지식을 얻기 위해 유럽 밖에 있는 사람들에게도 편지를 보냈다. 페이레스크는 다양한 중개인과 정보 제공자와도 교류했는데 그중에는 카이로 상인, 시돈과 이스탄불에 있던 수사들도 있었다. 중개인들에게는 수집하고 싶은 물건의 상세 내용을 적어 보냈으며 정보 제공자들에게는 꼼꼼하게 작성한 질문지를 보냈다.[47]

+ 학구파 카라무엘 +

스페인 출신의 후안 카라무엘 이 롭코비츠는 평생 떠돌며 살았던 시토회 수사로 스페인령 네덜란드에서 10년, 프라하에서 10년을 산 후 이탈리아 캄파니아주와 롬바르디아주 비제바노에서 주교를 지냈다. 카라무엘은 한 18세기 전기 작가로부터 전지한 사람이라는 평을 들었으나 당대에는 '유럽의 불사조'로 유명했다.[48]

불사조라는 비유는 시인 존 던의 〈세계의 해부Anatomy of the World〉라는 시의 한 구절처럼 고유성을 암시하기 위해 사용한 것이었다. 시의 내용은 이렇다. 모든 인간은 생각한다 / 자신만이 불사조가 되어야 한다고, 그래서 / 자신 외에는 누구도 자신과 같은 불사조가 될 수 없다고. 어쨌든 불사조라는 별명은 에라스뮈스와 베니토 페이주Benito Feijoo 등 여러 학자에게 붙여졌다.[49]

수학 신동이었던 카라무엘은 히브리어와 아랍어는 물론 1654년에는 빈에서 만난 원어민을 통해 중국어까지 배워서 무려 24개 언어를 알았다고 전해진다. 말년에는 설교자로 이름을 날렸지만 외교관과 아마추어 건축가로도 활약했다.

그는 프라하에서 이탈리아인 발레리오 마그니와 체코인 얀 마르쿠스 마르시Jan Marcus Marci를 사귀었다. 데카르트를 비판했고 키르허와 편지를 주고받았으며 가상디와는 절친한 사이였다.

카라무엘은 성 베네딕트의 삶을 그린 책을 포함해서 그레고리안 성가의 역사서·미출간 음악 백과사전·건축학 논문뿐만 아니라 문법·시·웅변술·수학·천문학·물리학·정치학·교회법·논리학·신학·철학(스콜라 철학의 전통을 계승하면서 동시에 현대화하는 작업)에 관한 연구서 등 60편 이상의 글을 썼다. 그의《철학 장치Apparatus Philosophicus》(1665)는 일명 모든 학문과 예술을 개관한 책이다.

카라무엘은 스페인의 펠리페 4세의 의뢰를 받아 계보학·역사·법적 증거를 들어 펠리페 4세에게 포르투갈의 왕위 계승권이 있음을 증명했고, 페르디난트 3세와 신교도파가 30년 전쟁을 종식시킨 협상을 정당화했다. 말년에는 비제바노 주교로 살면서 종교와 정치 분야의 저술뿐만 아니라 포강의 둑을 사례로 택해서 하천 관리에 관한 논문도 썼다.[50]

카라무엘은《이성적 신학Theologia rationalis》(1654)에서 토마스 아퀴나스처럼 신학과 이성의 조화를 꾀했다. 도덕철학에 수학 법칙을 적용하려 했으며, 확률론, 즉 확실성은 도달 불가능하므로 확률이 높은 의견을 따라야 한다는 생각(그는 확률을 연구한 최초의 수학자 중 하나이기도 했다)도 지지했다.[51]

그도 알슈테트처럼 라몬 룰에 관심이 많았고 룰의 기억술을 설교 지망자에게 추천했다. 그러나 룰이 실현 불가능한 것을 자주 약속했다고도 지적했다. 룰과 노이라트Neurath 같은 다른 폴리매스처럼 카라무엘도 지식 통합이라는 비전에 끌렸다. 그가 논리학과 음악, 건축을 연결하려고 애쓴 이유는 수학을 세계를 통합하는 보편 언어로 삼고 싶은 꿈 때문이었다. '보편 수학mathesis universalis'이라는 꿈은 데카르트와 라이프니츠 같은 다른 17세기 폴리매스도 공유했다.**52**

✦ 애국자 루드베크 ✦

스웨덴 웁살라 대학 총장을 역임한 올로프 루드베크는 비범한 사람이었다. 목소리가 크고 자신감도 넘쳤던 유력자답게 계획도 웅장했다. 그는 해부학·언어·음악·식물·골동품(오늘날의 고고학 포함) 연구에 기여했다. 시작은 해부학이었다. 그는 개와 고양이 등 동물 400여 마리를 해부했고 그 덕분에 림프계를 발견했으나, 덴마크 출신의 폴리매스 토머스 바르톨린Thomas Bartholin과 우선권 분쟁을 벌였다.

레이던 대학에서 의학을 공부할 때는 식물학을 발견했다. 웁살라 대학에서 이론 의학과 교수로 재직하는 동안에는 해부학·식물학·화학은 물론, 음악·수학·물리학·천문학도 가르쳤다. 그는 웁살라 대학에 해부학 극장을 만들고 웁살라 시내의 수로를 설계했으며, 음악을 작곡하고 지도도 제작했다. 팀을 꾸려 알려진 모든 식물을 그림으로 설명하는 작업을 이끈 덕분에 웁살라 대학에서는 린네Linnaeus보다 거의 백 년 먼저 식물학이 발전할 수 있었다. 실제로 린네는 루드베크 아들의 학생이었고 이소 올로프 루드베크Olof Rudbeck the Younger도 식물학·의학·조류학·언어학에 두루 관심이 많았다.**53**

좋든 나쁘든 오늘날 아버지 루드베크를 가장 널리 알린 것은 북부 지역의 유물을 다룬 미완성 대작 논문인 〈대서양 세계Atlantica〉였다.**54** 경력

후반에 착수한 이 프로젝트 덕분에 루드베크는 종종 기인 취급을 받았지만, 아득한 북유럽 문명에 대한 그의 관심은 문명이 스웨덴에서 시작되었고 스웨덴인이 고스족의 후예라는 믿음 때문에 고딕주의Gothicism로 불리는 스웨덴의 전설에서 영향을 받았을 것이다.[55] 젊은 구스타프 아돌프 왕의 스승이었던 요하네스 부레우스는 고스족의 잃어버린 지혜를 좇았다.[56] 루드베크의 동료 교수로 스웨덴 고대사를 가르쳤던 올라우스 베렐리우스Olaus Verelius는 웁살라 구시가지에서 '북방의 평화스러운 땅에 사는 사람들'의 신전 터를 확인했는데, 헤로도토스를 비롯한 고대 그리스인들에 따르면 그들은 북풍 너머에 살았던 사람들인 보라족이라고 한다.

거기에서 한 걸음 더 나아가 루드베크는 스웨덴인을 고스족뿐만 아니라 스키타이인 및 트로이 사람과 동일시했다. 그는 문명(글·달력·천문학 등)이 북유럽에서 발생했고 플라톤이 말한 아틀란티스가 스웨덴에 있다고 주장했으며, 웁살라 대학에서 가까운 옛 웁살라 마을에 아틀란티스의 수도가 있다고도 했다. 북유럽과 스웨덴 그리고 심지어 웁살라에 대한 이런 원대한 주장들은 그의 강박적이고 자민족 중심적인 모습을 드러낸다.

루드베크는 자신의 주장을 뒷받침하기 위해 서로 다른 시대인 고대와 근대에서 동시성을 찾으려 했다. 고대 민족의 신화와 관습을 당대 스칸디나비아 사람들의 관습과 비교하면서 태양 숭배가 북유럽에서 시작되었다고 주장했다. 독창적이게도 그는 가장 현명하고 확실한 참고서라 할 수 있는 자연에서 얻은 증거를 활용했다. 그는 부엽토를 세밀하게 연구한 끝에 그것을 가지고 연대를 측정했고, 이 방식은 몇백 년 후 고고학자들에게까지 영향을 주었다. 그는 옛 웁살라 지역에 있는 고분들을 파헤쳐 수직 단면을 살피고 각 층의 특징을 기록한 다음 층별 연대를 측정했다.[57]

심지어 루드베크는 고고학 실험도 했다. 이는 후대 스칸디나비아 학자인 토르 헤위에르달Thor Heyerdahl을 연상시킨다. 이 노르웨이 학자는 남아메리카에서 온 이주자들이 폴리네시아에 정착했다는 주장을 입증하기위해 1947년에 콘티키Kon-Tiki라는 뗏목을 타고 페루에서 투아모투 제도까지 항해했다. 이와 비슷하게 이아손의 유명한 아르고호를 흑해에서 발트해까지 운송했다는 그리스 신화를 입증하기 위해 루드베크는 육로로 배를 운송하는 실험을 직접 감독했다. 루드베크는 광범위한 학문과 여러 독창적인 아이디어를 결합했지만, 특별히 스웨덴과 관련된 문제에서는 주로 자신이 발견하고 싶은 것만 발견했다. 그의 업적에 대한 비판은 뒤에서 논하기로 한다.

+ 백과사전적 폴리매스 키르허 +

루드베크보다 훨씬 폭넓은 지식을 자랑했던 인물은 독일 작가 필리프 폰 치즌Philipp von Zesen이 금세기 최고의 불사조 지식인이라 부른 독일 예수회 수사 아타나시우스 키르허였다. 키르허는 서른두 권의 책을 썼으며, 앞에서 봤듯이 '모든 것을 알았던 최후의 인간' 혹은 조금 겸손하게 '르네상스인'과 '마지막 폴리매스'로 불린다.[58] 그의 저술 목록에는 중국·이집트 연구서·토스카나와 고대 국가 라티움의 지리서·자기학·수학·광물학·음악 연구서 등이 포함된다. 음향학과 광학 연구서에서는 광파와 음파의 유사성을 밝혔다. 그는 '보편 지식'을 주제로 책을 썼고 라몬 룰을 기리기 위해 그 책에《위대한 지식의 기술Ars Magna Sciendi》이라는 제목을 붙였다.

키르허는 12개의 언어를 알았고 의화학을 공부했다. 일식과 월식도 관찰했고 각종 암호와 이집트 상형문자를 해독하기 위해 노력했다. 상형문자 연구 결과는 황제의 지원 덕분에《이집트의 오이디푸스Oedipus Aegyptiacus》(1652~1654)라는 제목을 달고 호사스러운 대형 2절판 책으로 출판되었다.[59] 그는 해바라기 시계·수력을 이용하는 워터오르간·영구운동 기관·환등기·자동 작곡 기계 등을 발명했다. 또한 달 여행을 소재로《황홀한 천국 여행Ecstatic Heavenly Journey》을 썼는데 이는 비슷하지만 좀 더 짧았던 케플러의 소설을 뛰어넘으려는 의도가 분명했다.

어마어마한 양의 정보를 수집해서 대형 2절판 책에 담아냈다는 사실과 라틴어·이탈리아어·스페인어·독일어·네덜란드어·그리스어·히브리어·아르메니아어·아랍어·콥트어로 글을 쓰고 그보다 더 많은 언어로 글을 읽어서 얻은 자료를 활용했다는 사실에는 감탄하지 않을 수 없다.[60] 키르허는 지식 발전에 크게 이바지했으며 그의 저술 중 중국 연구서 같은 일부 작품은 가치가 크다.

그러나 이런 놀라운 성취 이면에는 단점도 존재했다. 그의 글에는 오류가 많았기 때문에 각 분야의 전문가들, 음악사는 마르쿠스 마이봄, 자기학磁氣學은 마랭 메르센Marin Mersenne, 언어는 히옵 루돌프 등으로부터 자주 비판을 받았다. 소위 비교 언어학 분야의 핵심 인물이었던 루돌프는 동료에게 이렇게 경고했다. "키르허와 거리를 두게. 그의 학술 용어 구사력은 그의 주장만큼 뛰어나지 않더군."[61]

이따금 키르허는 능력 밖의 약속을 했다. 악명 높았던 사례로 원과 면적이 같은 사각형을 만들었다는 주장과 이집트 상형문자를 해석했다는 주장이 있었는데, 르네상스 인문주의자들처럼 그도 이집트 상형문자를 문자가 아닌 의미가 숨겨진 상징으로 봤다.[62] 설상가상으로 키르허는 성공을 자신하며 점점 오만해졌다. 폴리매스 중에는 그런 사람이 드물지 않았지만, 어쨌든 키르허가 사기꾼이라고 비난받은 데에는 예수회 신자에 대한 고정관념과 더불어 그런 오만한 태도가 영향을 미쳤을 것이다. 당대 유명 학자들과 비교해 보면 키르허는 호기심과 열정, 활력과 당대의 미덕이었던 창의력이 과했고 당대인들도 일부 알았듯이 비판력은 다소 약했다.[63] 이 시대에 박학다식해지려는 노력이 얼마나 위험했는가를 키르허의 이력으로 잘 알 수 있다.

피코 델라 미란돌라와 특히 라몬 룰에 대한 키르허의 관심은 폴리매스의 전통과 닿아 있다. 앞 장에서 언급했던 지식 통합에 대한 그의 믿음도 마찬가지다. 그 믿음이 키르허에게 다양한 현상(빛과 소리) 사이에서 유사성을 찾게 했다. 또한 각종 지식(기독교와 다른 종교, 동양과 서양)을 통합하겠다고 마음먹게 했다. 만약 코메니우스가 프로테스탄트가 아니었다면 키르허는 분명히 그를 숭배했을 것이다. 비록 판소피아가 세상을 개혁하는 계획으로 이어지지는 못했지만 어쨌든 그는 그것을 실천한 사람이었다.[64]

✦ 비평가 폴리매스 벨 ✦

1680년대에 프랑스에서 네덜란드 공화국으로 망명한 프로테스탄트 목사, 피에르 벨은 키르허보다는 덜 하지만 여전히 광범위한 학식을 자랑하는 사람이었다. 언젠가 벨은 모든 것을 알고 싶은 갈증을 느낀다고 고백했다.[65] 그는 프랑스의 스당과 로테르담의 프로테스탄트 학교에서 가르쳤으나,《편지 공화국 소식지Nouvelles de la République des Lettres》라는 잡지의 편집자 자리를 제안받고는 학교를 그만두었으며 이 잡지는 3년간 (1684~1687) 매월 발간되었다. 그는 대부분의 기사, 주로 서평을 직접 썼다. 이런 문화 잡지를 제작한 프로테스탄트 망명자가 벨만 있었던 것은 아니며 그의 동료 중에는 폴리매스로 불릴 만한 사람도 있었을 것이다. 예를 들어 앙리 바스나지는 역사학·신학·언어뿐만 아니라 심지어 역학에 관한 글도 썼다. 그러나 벨의 관심 범위는 바스나지보다 훨씬 넓었다. 그의 유명한《역사비평사전Dictionnaire Historique et Critique》(1697)을 보면 확인할 수 있다. 이 사전은 1674년에 가톨릭 사제인 루이 모레리Louis Moréri 가 출간한《역사대사전Le Grand Dictionnaire Historique》이라는 참고 도서를 대체하기 위해 만든 역사 백과사전인데, 벨은 모레리 사전의 내용이 불충분하다고 생각했다. 벨의 사전은 모레리의 사전보다 훨씬 두꺼웠으며 본문보다 더 많은 지면을 차지했던 주석 혹은 논평 때문에 유명해졌다. 이런 논평을 쓰면서 벨은 자기 생각을 표현하고 다른 사람들이 제공한 정보의 신뢰성에 의문을 제기할 수 있었다. 벨이 편집했던 잡지처럼 이 사전도 역사학·철학·신학·문학 외에 자연에 관한 내용도 다루었다. 벨은 박물학이라는 학문의 최신 경향을 꿰고 있었던 것 같다. 그는《편지 공화국 소식지》에서 의학·해부학·물리학·화학·박물학을 논했고,《역사대사전》에서는 동물의 합리적 행동에 관한 글〈로라리우스Rorarius〉와 갈릴레오 및 뉴턴의 사상을 소개한 글〈레우키포스Leucippus〉에 유명한 논평을 달았다.[66]

벨의 방대한 편지들(페이레스크와 키르허의 편지처럼 현재 온라인에서 볼 수 있다)은 그의 관심사와 정보 제공자에 관해 많은 단서를 제공한다.[67] 편지 공화국 영국 지사의 소식은 친구인 다니엘 드 라로크·의사인 폴 뷔시에르·사서이자 왕립 학회의 출판물을 번역했던 앙리 쥐스텔 등 영국에 있던 프랑스 망명자들의 도움을 받았다. 독일 소식은 성직자 겸 학자였던 친구인 자크 랑팡에게 정보를 받았다. 자연철학에 관한 글을 쓸 때는 물리학계의 주요 인물인 크리스티안 하위헌스와 지금은 미생물학이라 불리는 분야에서 수준 높은 현미경을 제작하고 사용했던 안토니 레이우엔훅Antonie Leeuwenhoek의 도움을 받았다. 인맥 쌓는 능력이 뛰어났던 벨은 당연히 선배인 페이레스크를 존경했고《역사대사전》에서 페이레스크를 편지 공화국의 검찰 총장으로 묘사했는데, 이는 아마도 페이레스크의 법학 지식과 정보 입수 능력의 탁월함을 암시하는 표현이었을 것이다.[68]

+ 지식을 종합한 라이프니츠 +

누가 뭐래도 17세기를 대표하는 폴리매스는 고트프리트 빌헬름 라이프니츠다. 오늘날 그는 아리스토텔레스처럼 주로 철학자로 기억된다.[69] 한 번 더 말하지만 그런 꼬리표는 학자들을 하나의 학문 분야에만 가둬두고 싶어 하는 우리의 성향만 드러낼 뿐이다. 라이프니츠는 생전에 철학자뿐만 아니라 수학자와 신학자로도 활약했다. 또한 어족語族에 관심이 많았던 언어학자로서 일찍이 핀란드어와 헝가리어의 문법이 유사하다는 사실을 밝혀냈다.[70] 그뿐만 아니라 역사학자이자 법학자였고 정치학에 관한 글도 썼으며, 한때 자신을 '1인 중국 정보 제공소'라고 표현할 정도로 중국 전문가였다.[71]

라이프니츠는 페이레스크의 연구가 중요하다는 사실을 알았기에 그의 수많은 편지가 출판되기를 바랐다.[72] 그러나 라이프니츠 자신도 편지 출판에 소극적이었는데 언젠가 친구에게 썼듯이 출판물만으로는 페이레스크의 진면목을 알 수 없다는 이유에서였다. 라이프니츠의 논문들에는 식물학·심리학·의학·박물학뿐만 아니라 천문학·물리학·화학·지질학에 대한 관심도 드러난다.[73]

그러나 이것만으로는 충분하지 않다는 듯 라이프니츠는 외교·법 개혁·학술원 설립(1700년에 베를린 학술원, 1725년에 상트페테르부르크 과학 아카데미)·도서관 운영 등 현실 문제에도 활발하게 참여했다.[74] 기술에 대한 관심은 계산기와 암호 장비 발명, 렌즈·펌프·시계의 개선으로 이어졌다. 광산을 방문한 이유는 지질학 연구뿐만 아니라 효율적 생산에 대한 관심 때문이기도 했다. 또한 화폐 개혁·염료 공장 설립·기록 보관소 조직 등에 관한 아이디어도 있었다.

그의 후원자 중 하나가 반쯤 짜증 섞인 말로 표현했듯이 라이프니츠는 채워지지 않는 호기심을 가진 사람이었으며, 그것은 라이프니츠를 공부한 학생들도 자주 반복하는 표현이다.[75] 한 사람은 그를 모든 학문에 깊이 통달한 사람으로 묘사했으며, 또 다른 이는 포괄적이고 보편적인 지식을 갖춘 천재라고 표현했다.[76] 후대인들도 비슷하다. 프랑스 출신의 폴리매스 베르나르 드 퐁트넬Bernard de Fontenelle은 라이프니츠를 여덟 말이 끄는 마차를 모는 사람에 비유했다. 그 이유는 라이프니츠가 모든 학문을 동시에 다룰 수 있었기 때문이다.[77] 1733년에 출판된 학자 인명사전은 라이프니츠를 '유명한 폴리매스'라고 소개했고 19세기의 저명한 독일 과학자 에밀 뒤부아레몽Emil Dubois-Reymond은 그를 모든 지식을 가진 학자라고 불렀다.[78]

왕성한 호기심과 정리 욕구를 모두 가진 라이프니츠에게 적합한 직업은 사서였다. 실제로 그는 보이네부르크 남작의 서재를 채울 장서 목록을 만들었고, 그다음에는 하노버 브룬스비크 공작의 서재를 관리했으며 이후 25년간 볼펜뷔텔의 도서관에서 일했다. 그는 바티칸과 파리로부터 도서관장 자리를 제안받았고 빈의 황실 도서관장직에는 직접 지원했다. 플라톤은 이상적인 국가를 만들려면 철학자가 왕이 되거나 왕이 철학자가 되어야 한다고 주장했다. 이를 흉내 내어 혹자는 이상적인 도서관을 설립하려면 철학자가 사서가 되거나 사서가 철학자가 되어야 한다고 말할지 모르겠다. 실제로 라이프니츠의 이론 연구와 실제 활동에는 도서 분류와 지식 분류의 관련성이 분명히 드러난다.[79]

라이프니츠에게는 호기심 말고도 채워지기 어려운 다른 욕망도 있었다. 룰과 알슈테트, 그리고 과거에 그가 시를 보냈던 코메니우스의 전통을 이어받아 라이프니츠도 모든 학문을 증진하겠다는 꿈을 품었다. 이 과업은 너무나 원대해서 혼자서는 불가능하다는 사실을 알았던 라이프니츠는 협업의 필요성을 설파함과 동시에 직접 실천에 옮겼다. 동료 학자들에게 자문을 구했고 학술원을 설립해서 학술지를 발간했으며 유의어 사전이나 백과사전을 제작하기 위해 집필진을 구성했다. 언어가 다른 학자들 사이에 오해를 없애줄 보편 언어와 복잡한 주장을 단순화하는 논리 연산, 그리고 모든 학문의 원리가 들어있는 이른바 보편학scientia generalis을 확립하는 프로젝트는 밑바탕에 학문 증진의 꿈이 자리하고 있었다.[80]

✦ 비주류 폴리매스 ✦

이탈리아 르네상스 예술에서 다빈치·라파엘로·미켈란젤로가 이룬 눈부신 업적 뒤에는 수많은 비주류 예술가들의 노고가 숨어 있었다. 이와 마찬가지로 7인의 '괴물' 시대를 비주류 폴리매스(그중 몇몇 이름은 부록에 수록되어 있다)의 시대였다고도 말할 수 있으며, 이 시기를 황금기로 부를 만하다.

비주류 폴리매스의 다수는 교수였다. 그중 사무엘 푸펜도르프는 룬드 대학에서 법학을 가르쳤고, 역사학과 철학 그리고 그가 독립된 학문으로 여겼던 자연법 분야에 저술을 남겼다. 케임브리지 대학에서 뉴턴의 동료였던 아이작 배로Isaac Barrow는 르네상스 시대의 마지막 박식가 중 한 명이라는 평을 들었고, 킬 대학 교수였던 다니엘 모르호프가 쓴 《박식가》(1688)는 오랫동안 학자 입문서로 사용되었다.[81] 그러나 이 시기에 가장 눈에 띄는 네 명의 비주류(7인의 괴물과 비교할 때 비주류라는 의미) 폴리매스는 학계 밖에서 경력을 쌓았다. 그들의 이름은 피에르다니엘 위에, 존 셸던, 루이지 마르실리Luigi Marsili, 니콜라스 빗선Nicholaes Witsen이었고 직업은 각각 주교, 법조인, 군인, 행정가였다.

공부할 시간을 마련하기 위해서 노르망디 아브랑슈 교구의 주교직을 사임했던 피에르다니엘 위에는 관심 분야가 넓고 업적도 다양했으므로 대표적인 여우형 지식인이라 할 수 있다. 노년에 밝혔듯이 그는 이 학문 저 학문을 전전했고 지나치게 많은 글을 읽었다. 후배 폴리매스인 샤를 생트뵈브Charles Sainte-Beuve는 위에를 가리켜 '현존하는 최고의 다독가'라고 불렀다.[82] 예상대로 위에는 8,000권이 넘는 장서를 소장했다. 위에는 앞서 다룬 7인의 '괴물'과 비슷한 수준으로 다양한 분야에 업적을 남겼으나 오늘날 이름이 널리 알려지지 못했으며 이따금 이류 학자로 취급받기도 한다.[83]

위에는 마흔여섯 살에야 성직자가 되었지만 훨씬 전부터 신학에 관심을 품었다. 그는 성서학자이자 폴리매스였던 사무엘 보샤르 밑에서 공부했는데, 보샤르는 크리스티나 여왕의 초대로 스톡홀름에 가게 되었을 때 위에도 데려갔다. 위에는 여왕의 도서관에서 그리스어 주석이 달린 마태오 복음서 필사본을 발견해 라틴어로 번역했다. 그는 성서를 연구하기 위해 히브리어와 시리아어도 배웠다.

그 덕분에 위에는 스승인 보샤르처럼 여러 신화를 비교 분석할 수 있었다. 보샤르는 노아의 방주 이야기가 후대 신화들의 원형이라고 주장했다. 위에도 캐나다·페루·일본에서 활동하는 선교사들이 들려준 지역 신화를 이용해서 모세 이야기에 대해 같은 주장을 펼쳤다. 또한 위에는 지상 낙원과 솔로몬 왕의 원정 같은 성서의 이야기를 연구하는 과정에서 지리학에 대한 관심도 키웠다. 철학 분야에도 저술을 남겼다. 데카르트 비평(1689)과 유작〈인간 오성의 약점The Weakness of Human Understanding〉(1723)이라는 논문이 대표적이다.[84] 문학의 역사를 최초로 다룬〈소설의 기원Origin of Romances〉(1670)을 발표했고 직접《카스트로의 다이앤Diane de Castro》이라는 소설도 썼다.[85] 나중에는 역사가로 활약하며, 자기 고향의 역사를 다룬《캉이라는 도시의 기원Les origines de la ville de Caen》(1702)과 경제사 분야의 선구적인 연구서에 해당하는〈고대 상업과 항해의 역사Histoire du commerce et de la navigation des anciens〉(1716)를 발표했다.

다른 비르투오소처럼 위에도 수학과 자연과학에도 관심이 많았다. 연역법으로 기독교의 진실성을 증명하는《복음의 증거Demonstratio Evangelica》(1679)에는 기하학에 대한 그의 열정이 드러난다. 위에는 캉에 물리 아카데미를 공동 설립했고(1662) 자연 전반에 관한 연구와 해부학에도 관심을 두었다. 특히 그는 각종 물고기를 해부했다. 그 밖에도 천문학·박물학·화학에도 관심을 보였다. 그의 독창적인 과학적 업적 중에는 음파에 관한 논문과 달팽이·거머리·도롱뇽에 관한 상세한 설명서도 있다. 습도계와 풍속계도 발명했다.[86]

베이컨 이후 17세기에 박학다식했던 법률가로는 또 다른 영국인인 존 셀던을 꼽을 수 있다. 그는 네덜란드인인 휘호 흐로티위스와 경쟁 관계였다. 셀던과 흐로티위스는 공해公海 자유권을 두고 대립하는 사이였지만 학자로서는 서로를 존경했다.

그들과 동시대 인물인 클래런던 경은 셀던이 가진 모든 학문과 언어에서의 놀라운 능력에 주목했다.[87] 셀던의 관심 영역에는 중세 영어사와 동양학도 있었다. 법(관습법·민법·교회법·해양법·자연법)의 역사에 대한 관심은 중세 영국과 고대 이스라엘 등 그를 다양한 연구 분야로 안내했다. 말년에 그는 대부분의 시간을 탈무드 공부와 유대법 관련 집필로 보냈다. 호기심이 왕성했던 셀던은 한발 더 나아가 고대 종교까지 연구했고 《시리아의 신들에 관하여On the Syrian Gods》(1617)라는 책을 발표했다. 이 책에서 셀던은 16세기 학자인 조제프 스칼리제르의 유명한 연대표를 본보기로 삼았는데 그는 스칼리제를 학문 공동체의 황태자라고 묘사한 적이 있다.

셀던은 8,000여 권의 책과 필사본을 수용할 수 있는 서재를 만들었다. 각종 법체계와 다양한 신들을 비교 연구(가나안 지역의 토속신인 바알신과 그리스 신화의 제우스, 셈족의 풍요와 다산의 여신인 아스타르테와 그리스 신화의 아프로디테)한 저술들에서는 그의 분석력이 드러난다. 또한 유작인《잡담Tabletalk》에서는 재치와 더불어 통찰력도 엿보인다.

관심 분야가 광범위했음에도 셀던은 원래 자료를 찾아서 살펴야 한다고 주장했다. 그는 〈명예 작위Titles of Honour〉(1614)라는 논문에서 "여기에 간접 인용한 내용은 전혀 없으며 나는 늘 원천 자료가 좋다"라며 자신감을 드러냈다. 셀던은 동양학을 공부하기 위해 히브리어·아람어·아랍어를 배웠다. 중세 영국을 연구할 때는 고대 영어를 배우고 런던 탑에 보관되어 있던 공식 기록들을 조사했다. 또한 비문과 동전들을 증거로 활용했다. 시대 착오성에 대한 예민함과 연대학에 대한 관심 덕분에 그는 텍스트를 비판적으로 바라볼 수 있었다. 이따금 직접 시를 짓기도 했던 셸던은 존 던·마이클 드레이튼·벤 존슨 같은 시인들과 친하게 지냈다. 존슨은 광범위한 관심사와 전문 지식을 가진 셸던을 컴퍼스에 비유해서 이렇게 요약했다. "… 한 발은 중심에 두고 다른 발로 원을 그렸을 때, 그 원 안에 일반 지식으로 가득 차 있다."[88]

앞에서 봤듯이 르네상스 시대 저술가들은 흔히 무기와 학식을 결합했다. 그와 달리 17세기 인물인 루이지 마르실리는 드물게도 군인 출신의 폴리매스였다. 마르실리는 황실 군대에서의 경험과 다양한 학문 연구 활동을 결합해서 당대에 영향력 있는 비르투오소가 되었다. 그는 호기심이 왕성한 사람이었다. 1683년에 오스만 튀르크가 빈을 포위했을 때 포로로 잡혀 커피 하우스에서 일해야 했지만, 석방 후에 그 기간에 얻은 지식을 활용해서 〈아시아 음료Bevanda Asiatica〉(1685)라는 제목으로 커피에 관한 논문을 발표했다.

마르실리는 1703년에 브라이자흐 요새 전투에서 패한 후 불명예스럽게 은퇴한 후 독서와 저술, 그리고 나중에 볼로냐 대학에 기증될 광범위한 장서를 수집하는 일로 시간을 보냈다. 그는 오스만 제국군에 관한 이야기와 비금속 원소 인·산호·버섯·바다 등에 관한 연구서들을 발표했다. 역작 《다뉴브강Danubius》(1726)은 지리학·천문학·수로학·역사학·물리학 등의 관점에서 다뉴브강을 관찰한 설명서다.[89]

니콜라스 빗선은 수차례 암스테르담 시장과 네덜란드 동인도회사의 운영진을 맡았던 활동가였다. 그러나 다재다능했던 빗선은 학자가 되어 이중생활을 했다.[90] 틈틈이 골동품을 수집하고 박물학을 공부했으며,

고대와 근대의 조선업을 다룬 책과 그가 북동 타타르 지방(특히 시베리아)이라 부른 곳에 관한 설명서를 지역 지도와 곁들여 출판했다.[91] 그는 지리학에 대한 관심을 남아프리카·오스트레일리아·뉴질랜드까지 확대했다. 다른 폴리매스 이삭 포시우스와 니콜라스 스테노와 친구 사이였고 라이프니츠와는 편지를 주고받았다. 이 폭넓은 인간관계 덕분에 친구이자 같은 폴리매스였던 히옵 루돌프로부터 남아프리카 호텐토트족의 언어인 코이코이어로 쓰인 문헌들을 입수할 수 있었다.

빗선의 광범위한 골동품 목록에는 조가비(일부는 오스트레일리아산)·식물·박제 동물·고대 시대의 동전과 조각상·시베리아에서 온 스키타이인의 장신구·자바에서 온 크리스 단도·고대 중국 거울·중국 풍경화 여러 점·인도 케랄라에서 온 다수의 힌두신 조각상 등이 포함되어 있었다. 이런 물건들을 수집할 때 폭넓은 인맥이 대단히 유용했다. 케랄라 조각상들은 당시 네덜란드령이었던 실론섬의 총독을 통해 들여왔다.[92]

✛ 폴리매스가 바랐던 조화 ✛

앞 장에서는 피코부터 보댕까지 르네상스 시대 폴리매스를 움직였던 동기 중 하나로 지식의 조화와 특히 종교적 조화를 이루고 싶은 욕망을 이야기했다. 이런 욕망은 그것을 자극했던 갈등처럼 17세기에도 여전히 강한 영향력을 행사했다.

코메니우스는 세상의 조화를 바라고 이루기 위해 노력했다. 카라무엘은 신앙과 이성을 화해시키려 했다. 키르허는 겉보기에 대립하는 전통들

속에 숨겨진 조화를 저술을 통해 알려주고 싶어 했으며, 이것을 '불화의 조화discors concordia'라 불렀다. 위에는 신앙과 이성의 화합을 다룬 책을 썼다. 사무엘 푸펜도르프는 당시 독일 사회를 양분했던 가톨릭과 프로테스탄트의 교리를 일치시키는 데 관심을 두었다.

30년 전쟁이 끝나기 직전에 태어난 라이프니츠도 종교 갈등을 종식하는 문제에 사로잡혔다. 영국의 폴리매스였던 존 윌킨스John Wilkins 같은 학자들이 고안했던 보편 언어처럼 라이프니츠가 만든 논리 연산의 핵심은 철학자들의 견해차를 없애는 것이었다. 피코처럼 그도 철학계의 갈등을, 특히 데카르트 철학과 스콜라 철학의 갈등을 해소하려 노력했다. 또한 그는 자연신학(믿음의 최소 공통분모 같은 것)을 이용해서 종교(프로테스탄트와 가톨릭)뿐만 아니라 문화(중국과 서양) 간 갈등도 해결하려 했다. 이런 의미에서 그는 최후의 백과사전적 폴리매스라 할 수 있겠다.

✦ 독창성 vs 표절 ✦

17세기는 폴리매스가 넘어야 할 기준선이 높았다는 사실을 기억할 때 그들이 왕성하게 활약했다는 사실은 크게 주목할 만하다. 중세와 르네상스 시대에는 학자들이 대단한 발견을 하거나 독창적인 아이디어를 제공하지 못하더라도 광범위한 지식을 가졌다면 명성을 얻을 수 있었다. 그와 달리 17세기에는 지식 발전을 위해 학자들에게 거는 기대치가 점점 높아졌다.

그 증거로 16세기 말부터 급증했던 우선권 다툼과 표절 시비가 있다.

이것이 새삼스러운 논란은 아니었다. 이미 1421년에 필리포 브루넬레스키가 자신의 천재성의 결실을 다른 사람이 수확하지 못하도록 새로운 선박 디자인에 대해 특허권을 취득함으로써 자신의 지적 재산권을 보호한 최초의 인물이 되었다. 그는 친구였던 타콜라에게 경쟁자들이 그들의 발명품을 몰래 갖다 쓰지 못하도록 발명품을 여러 사람과 공유하지 말 것을 경고했다.[93] 17세기에 달라진 점은 표절 시비가 증가했다는 것이었다.

튀코 브라헤와 요하네스 케플러는 자신들의 정보와 아이디어를 훔쳤다며 존 디를 고발했고, 존 디는 다른 사람들을 절도 혐의로 고발했다. 올로프 루드베크와 토머스 바르톨린은 서로 자신이 림프계의 최초 발견자라고 주장했다. 뉴턴의 추종자들은 라이프니츠가 뉴턴의 미적분학을 훔쳤다고 비난했으며 뉴턴도 로버트 훅으로부터 빛의 굴절에 관한 아이디어와 중력의 역제곱 법칙을 훔쳤다고 비난받았다.[94]

자신의 우선권을 보호하기 위해서 일부 자연철학자는 당시에 흔했던 문학적 장치, 즉 철자의 순서를 바꿔서 원래 의미를 파악하기 어렵게 하는 애너그램 방식으로 발견한 내용을 발표했다. 갈릴레오는 새 망원경으로 천체를 관측하다 토성이 세 개의 다른 천체로부터 형성되었다는 것을 발견했고 그 사실을 이런 메시지로 사람들에게 전했다. 'SMAISM-RMILMEPOETALEUMIBUNENUGTTAUIRAS.'[95] 크리스티안 하위헌스는 토성의 고리를 관찰한 다음 결과를 라틴어 애너그램으로 발표했다. 'AAAAAA CCCCC D EEEEE G H IIIIIII LLLL MM NNNNNN-NNN OOOOPP Q RR S TTTTT UUUUU.'[96] 로버트 훅도 고체의 장력이 가해진 힘에 정비례한다는 법칙을 애너그램으로 이렇게 발표했다. 'CEIIINOSSSSTTUV.'[97]

고전 라틴어에서 '플라기아리우스plagiarius'라는 단어는 본래 노예를 납치한 사람이라는 뜻이다. 시인 마르티알이 호라티우스와 베르길리우스처럼 자신도 문학적 절도 행위의 피해자라고 호소할 때 이 단어를 사용했다. 르네상스 시대에는 '절도' 같은 용어들이 문학계에서 통용되었었다. 17세기 들어 다소 달라진 점은 학문의 개념이 확장되었다는 것이다. 1673년과 1693년 사이에 적어도 네 편의 논문이 문학적 절도 문제를 다루었다.[98] 한 번 더 말하지만, 언어의 역사는 의식의 역사에 대한 중요한 증거 자료다. 프랑스어 plagiaires(표절자)는 17세기에 등장했다. 영단어 plagiary가 사용되었다는 첫 기록은 1601년이다. 오늘날 통용되는 plagiarism은 1621년, plagiarist는 1674년, plagiarize는 1716년부터 사용되었다.

＋ 무엇이 폴리매스의 황금기를 만들었나 ＋

무엇이 17세기를 폴리매스의 황금기로 만들었을까? 이런 큰 질문에 대한 답은 필연적으로 추측에 기댈 수밖에 없지만 몇 가지 쟁점은 짚어볼 만하다. 혹자는 앞에서 다룬 업적들이 기적적으로 태어난 거인들, 혹은 괴물들이 아닌 사회·문화적 변화의 결과물이라고 주장한다. 우선 17세기 유럽에서는 호기심을 경계하는 전통이 유지되고 있었고 지적 노동의 분업화로 다재다능함에 대한 부정적인 기류가 형성되고 지속됨에 따라 사람들이 더 많은 자유를 누렸다.

두 번째로 탐험에 따른 신세계 발견과 무역·선교·정복 등을 통한 아시아 및 아프리카인과의 접촉 증가는 유럽인들의 호기심을 강하게 자극했다. 이 사실은 이국적인 물건들을 전시해 놓은 '호기심의 방'으로 증명된다. 일부 유럽인은 새로운 동식물과 민족 그리고 그들의 언어와 관습에 익숙해졌다. 새로운 지식은 학자들을 압도할 만한 수준이 아니더라도 그들의 호기심을 만족시키는 정도면 쉽게 받아들여졌다. 고대 그리스 시대에 디오스코리데스Dioscorides라는 의사가 500종의 식물을 정리했다면 1623년에 카스파 바우힌이 설명해 놓은 식물은 6,000종에 달했다.

17세기에 과학 혁명이 진행되는 과정에서 또 하나의 신세계가 모습을 드러냈다. 이 세계에서는 망원경과 현미경 같은 새로운 도구를 사용해서 행성처럼 아주 멀리 떨어져 있는 물체부터 로버트 훅이 《마이크로그라피아Micrographia》(1665)에 그림으로 그려 넣어 유명해진 곤충 이louse 처럼 주변의 아주 작은 생물까지 관찰할 수 있었다. 훅과 동시대를 살았던 네덜란드의 안토니 레이우엔훅은 성능이 강화된 현미경 덕분에 박테리아를 관찰하고 설명한 최초의 인물이 되었다.

다른 분야에서도 새로운 방법, 특히 체계적 실험을 통해 새로운 지식이 탐구되었다. 새로운 발견 내용이 일상 언어 수준으로 쉽게 설명되고 다수의 실험이 집에서도 시도할 수 있을 정도로 간단해지자 아마추어들이 문화뿐만 아니라 자연 연구에서도 독창적인 기여를 할 수 있게 되었다. 이 시대에는 개인이 비교적 간단한 도구를 사용해서 발견할 수 있는 것들이 곳곳에 있었다. 이런 식으로 축적된 정보는 확인하고 분류해서 지식으로 바꾸도록 학자들을 자극했다.

세 번째로 짚을 점은 당대에 학문 공동체 혹은 '편지 공화국Respublica litterarum'이라 불린 단체가 재결성되었다는 사실이다. 여기에서 편지 공화국이란 국적과 간혹 종교도 다른 학자들이 편지로 의견을 나누던 상상의 공동체. 유럽에서 17세기는 우편 통신망이 크게 확대되던 시기였다.[99] 이런 통신 혁명이 개별 학자들 사이에 사적 네트워크가 확대되는 기초를 마련했다. 7명의 괴물 중 4명(페이레스크·벨·라이프니츠·키르허)은 주로 편지로 교류했으며, 액상프로방스·로테르담·볼펜뷔텔 그리고 심지어 로마에서도 찾기 어려웠을 정보들을 서로 주고받았다.

페이레스크는 셸던·가상디·흐로티위스·키르허 같은 동료 폴리매스에게 보낸 편지들을 포함해서 생전에 만여 통에 이르는 편지를 주고받았다.[100] 벨이 쓴 편지들은 최근에 14권의 책으로 묶여 나왔다.[101] 라이프니츠도 정기적으로 다른 학자들과 편지로 교류했으며 오늘날 1만 5,000통 이상의 편지가 전해진다. 키르허의 인맥도 넓기로 유명한데, 그는 동료 폴리매스였던 페이레스크·가상디·카라무엘은 물론 예수회 선교사들에게까지 편지를 보내 자료를 받았다. 심지어 그는 세계 여러 지역의 자기 편차를 관측하기 위해 예수회 성직자들로 관측팀을 꾸릴 수 있을 정도였다.[102] 로저 베이컨이 세 명의 프란체스코회 수사로부터 몽골인에 관한 정보를 얻었듯이 키르허도 예수회 성직자들과의 친분 덕분에 생생한 중국의 정보를 입수할 수 있었다.

몇몇 폴리매스는 지식 중개자로 이름을 높였다. 폴란드 출신으로 독일에서 공부하고 영국에 살았던 새뮤얼 하틀리브는 평생 생각과 정보를 퍼뜨리는 데 헌신했던 베이컨과 코메니우스의 제자였다. 그는 넓은 인맥을 이용해서 동료였던 존 듀리John Dury가 '지식이라는 차축의 중심부'라 부른 것을 만들었다. 생전에 하틀리브는 수집한 정보를 소식지에 실어 퍼뜨린다고 해서 성보 전달자로 불렸다.

이와 비슷하게 독일 출신으로 영국에 살면서 하틀리브의 서클에 참여했던 헨리 올덴부르크Henry Oldenburg도 왕립 학회 간사로 활동하면서 광범위한 지식을 얻었다.[103] 피렌체 도서관의 사서로 서신 교류가 활발했던 안토니오 말리아베치Antonio Magliabechi는 학문적으로 독창적인 기여는 전혀 하지 않은 소극적 폴리매스였으나 다양한 주제에 관해 다른 학자들과 널리 의견을 나눴다. 지금까지 남아 있는 그의 편지 2만 통이 그것을 증명한다.[104] 우편제도의 확대도 17세기에 신문과 잡지가 증가한 현상의 배경이 된다. 17세기 후반에 런던 왕립 학회에서는 올덴부르크가 편집한 《철학회보》(1665), 파리에서는 《학술지》(1665), 로마에서는 《문학지》(1668), 라이프치히에서는 《학술기요》(1682), 암스테르담에서는 《편지 공화국 소식지》(1684)가 발간되었다. 이 새로운 매체에는 학술 논문·학자들의 부고·실험 설명·서평(새로운 문학 장르) 등이 실렸고, 덕분에 독자들은 학계의 동향을 파악할 수 있었다.

요약하면 17세기는 광범위한 지식과 독창적 기여라는 상반된 요구가 비교적 힘의 균형을 이룬 시기였다. 출판되는 책이 늘어나고 새로운 것을 발견해야 한다는 압박도 커짐에 따라, 1700년 이후에는 폴리매스가 되기 점점 어려워졌다. 이미 몇몇은 힘의 균형이 조금씩 깨지면서 지식의 위기가 다가오고 있음을 감지했다.

+ 지식의 위기와 정보 과부하 +

이번 장에서 소개한 학자들의 부지런한 생활은 17세기가 일반 학자들의 전성기였음을 암시한다.[105] 그러나 이 시기 지식의 역사에는 어두운 면도 있었다. 17세기도 의심의 시대였다. 1650년 전후로 유럽 사회에는 의식의 위기 혹은 유럽 정신의 위기라 불리는 현상이 일어났는데 일부 역사가는 이를 17세기 전반의 위기로 규정했다.[106]

이 '위기'라는 용어는 그동안 남용되면서 의미가 많이 달라졌다. 따라서 여기에서는 단어의 기원에 가까운, 좀 더 정확한 의미로 사용하려고 한다. 본래 위기는 고대 그리스에서 환자가 생사의 기로에 있을 때를 가리키는 의학 용어였다. 그럼 이제 구조적 변화로 이어지는 격동의 순간을 위기라고 생각해보자. 바꿔 말하면 그것은 일종의 임계점 혹은 한계인데, 대개 그런 지점은 오랜 시간 점진적으로 변화하다 도달하게 된다.[107]

17세기 지식의 위기는 여러 측면에서 설명할 수 있다. 첫 번째로 세상을 살아 있는 유기체로 보던 관점이 거대한 기계로 보는 관점으로 전환되었다.[108] 두 번째 위기는 회의주의 혹은 당시의 용어인 피론주의Pyr-rhonism의 확대인데 피론주의는 고대 회의파 철학자였던 엘리스의 피론Pyrrho of Elis의 이름을 딴 것이다. 이 시대에는 자연과 과거에 관한 지식을 모두 의심하는 분위기가 만연했다.[109] 어떤 사상가는 문화 상대주의를 지지한다고 밝혔는데 특히 피에르 벨은 이런 유명한 글을 썼다. "역사는 마치 접시에 담긴 고기와 같다… 모든 국가와 종교가 같은 사실을 듣고도 자신들의 입맛에 맞게 내용을 고치며, 독자들은 편견에 사로잡혀 사실의 진위를 판단한다."[110]

폴리매스라는 주제와 밀접한 세 번째 위기는 이용 가능한 지식이 증가되었다는 것이다. 이는 집단에게는 유익했으나 알아야 할 것이 너무 많았기 내문에 개인에는 불안감을 유발했다.[111] 15세기 중반에 인쇄술 (유럽의 활판 인쇄술)이 발명되면서 책이 증가했는데 처음에는 비교적 서서히 증가하다 나중에는 폭증했다. 최근 추산에 따르면 17세기 초에 약 34만 5,000권이 인쇄되었다고 한다.[112]

점점 많은 사람이 이런 지식 폭발에 불만을 표출하기 시작했다. 책이 너무 많다는 불평이 늘어갔고, 책의 홍수에 휩쓸릴까 두렵다거나 책의 숲에서 길을 잃는 기분이라는 독자들의 비유적 표현들도 쌓여 갔다.[113]

영국의 폴리매스 로버트 버턴은 책이 유발한 대혼돈과 당혹감의 의미를 다음과 같이 생생하게 설명했다. "우리는 책의 압박을 받고 있는데 책을 읽느라 눈이 아프고 책장을 넘기느라 손가락도 아프다." 널리 알려진 또 다른 불평은 프랑스인 사서 아드리앙 바예Adrien Baillet에게서 나왔다. 그는 날마다 엄청나게 증가하는 책 때문에 읽을 가치가 있는 책을 식별하기가 점점 어려워져서 다시 야만인으로 돌아가게 될까봐 두려워했다.[114] 다독기였던 리이프니츠조치 '무서우리만치 계속 쌓여가는 책더미'라고 썼다. 한때 정보 부족 문제의 해법이던 인쇄술이 이제는 문제 자체가 되어 버렸다.[115]

이런 과부하를 해소하기 위해 학자들은 지식의 체계화에 관심을 두고 필요하거나 필요할 것 같은 정보를 쪽지에 적어 책에 붙여 놓거나 별도의 상자에 넣어 정리하기 시작했다. 빈첸트 플라키우스Vincent Placcius는《메모하는 법De arte excerpendi》(1689)이라는 책에서 주제별로 나눈 고리 위에 쪽지들을 꽂고 그 고리를 옷장 안의 쇠막대에 걸어 두는 방법을 추천했다.[116]

학자들이 알아야 할 지식이 너무 많다고 느끼게 된 이유에는 책의 폭증만 있지 않았다. 앞에서 봤듯이 신대륙 발견으로 유입된 새로운 지식이 연구를 자극했다는 이유도 있었다. 매력적인 새로운 지식이 학자들의 관심 범위는 넓혀주었을지 모르지만 프랜시스 베이컨의 인상적인 표현처럼 학문의 진보에는 어두운 면이 숨어 있었고 지금 그 어두운 면이란 이른바 정보 불안이 증가했다. 새로운 지식의 발견 속도는 개인이 소화하기에 버거울 정도로 너무나 빨랐다. 1623년에 카스파 바우힌이 소개한 식물은 6,000종이었는데 1682년에 존 레이John Ray가 설명한 식물은 무려 1만 8,000종이었다.[117] 17세기는 후대인들이 보편 지식이라는 이상을 실현하기 더욱 어려워졌다는 그 점 때문에 폴리매스의 황금기로 기억되는지도 모른다.

관건은 옛것이든 새것이든 모든 지식 체계를 무너뜨리지 않고 그 위에 새로운 정보를 통합하는 일이었다.[118] 17세기 중반에 이미 일부 학자는 지식의 파편화의 심각성을 인지하고 있었다.

+ 지식의 파편화 +

17세기에는 폴리매스 같은 새로운 단어의 유행이 그리 좋은 신호가 아니었다. 사실 특정 용어가 자주 사용된다는 의미는 그 용어와 관련된 문제를 의식하는 사람의 수가 늘어나고 있다는 표시일 수 있다. 희곡

《사이비 철학자Philosophaster》에서 로버트 버턴은 진짜 학자를 의미하는 Polumathes를 고대 그리스 시대의 소피스트처럼 '모든 것을 안다'라고 주장하는 오만한 'Polupragmaticus'와 구분했다.

이 문제를 다룬 논문으로 가장 유명한 것은 앞에서 언급했던 요하네스 보버의 〈폴리마티아Polymathia〉(1603)와 다니엘 모르호프의 〈박식가〉(1688)다.[119] 보버와 모르호프는 폴리마티아를 학문들 사이의 연관성에 대한 관심이라고 설명했다.[120] 17세기에 일부 폴리매스는 그런 관심이 줄어들고 있는 것 같다고 생각했다. 어쩌면 알슈테트의 백과사전은 지식 통합이 위협받는 시대에 통합한 내용을 보여주기보다 통합을 회복하려는 시도로 봐야 할 것이다. 알슈테트의 제자였던 코메니우스는 학문 해체 현상을 걱정했다.[121] 그는 "형이상학자들은 혼자 노래하고 자연철학자들은 자화자찬하며, 천문학자들은 홀로 춤을 추고 윤리 사상가들은 자신들을 위한 규칙을 만들고, 정치학자들은 제 기반을 마련하고 수학자들은 승리를 자축하며 신학자들은 제 이익을 위해 교리를 만든다"라고 불평했다.[122]

"그 모든 것이 산산조각 났고 결합이 완전히 끊어졌다." 이렇게 존 던은 〈세계의 해부〉라는 시에서 지식 파편화에 대한 인식과 두려움을 인상적으로 표현했다.[123] 학자들도 비슷한 우려를 표했다. 존 셀던은 그 자신의 지적 여정이 그러했듯 모든 사람이 서로 밀접한 관계를 맺었으므로 가까이에 있는 사람뿐만 아니라 멀리 있는 사람에게도 자주 도움을 받을 수 있었지만 이제는 학문들이 서로 단절됐다고 지적했다.[124] 또한 리처드 백스터Richard Baxter라는 청교도 성직자는 우리는 능력이 부족해서 예술과 학문을 조각조각 나누는 바람에 한눈에 전체를 파악할 수 있는 박식가가 되지 못한다고 불평했다.[125] 물론 이런 논평은 맥락이 다른 주장일 수 있다. 백스터는 인간의 조건에 관해 말하고 있고 '우리'를 하느님과, 아마도 천사들과 비교하고 있기 때문이다. 그렇다 하더라도 그가 의견을 냈던 시대가 17세기 중반이라는 점과 무엇보다 판소피아를 파편화에 대한 반응으로서 해석하는 대목은 의미심장하다.

총체적 안목의 필요성은 아이작 배로 같은 학자들과 영국인 성직자 토머스 풀러Thomas Fuller도 강조했다. 풀러는 학문이란 하나의 균질체이므로 각 부분은 서로 도와가며 서로에게 힘과 빛이 되어준다고 선언했다.[126] 배로는 〈업業에 관하여Of Industry〉라는 논문에서 일반 지식이 없는 사람은 결코 좋은 학자가 될 수 없다고 했다. 일반 지식은 필연적으로, 배로가 '사물의 연결성'과 '관념들의 상관성'이라 부른 것들을 파악함으로써 얻어지며, 그렇게 해서 학문의 한 부분이 다른 부분에 빛을 밝히기 때문이다.[127]

코메니우스는 이 문제에 대한 해법으로 '판소피아'를 제시했다. 그와 달리 모르호프는 판소피아 자체가 문제이거나 적어도 다른 큰 문제의 일부가 된다고 생각했다. 그의 해법은 판소피아와 박학다식을 모두 거부하는 것이었는데, 그가 생각하기에 그것들은 인간 정신의 한계를 고려할 때 지나치게 야심만만하고 모호한 개념이기 때문이다. 특히 그는 모든 곳에 살고 싶어 하는 사람은 어디에도 살지 못하는 사람이고 아무것도 지배하지 못할 것이며, 기껏해야 여러 장소를 수박 겉핥기식으로 방문할 뿐이라며 동시에 모든 학문에 정통하려 애쓰는 학자들을 비판했고 독자들에게 지나친 야심을 조심하라고 경고했다. 모르호프의 이상은 좀 더 범위가 좁았다. 그의 목표는 '학문의 역사'를 연구하는 것, 좀 더 정확하게는 학문을 역사적으로 접근하는 연구였다.[128]

영국 성공회 성직자 메릭 카소봉은 저명한 학자였던 이작 카소봉Isaac Casaubon의 아들이었다. 그 역시 신학과 자연철학에 관한 글을 쓰고 고전 문헌을 편찬했으며 골동품과 의학을 공부했던 폴리매스였다. 1668년에 발표한 '일반 지식'을 다룬 에세이에서 그는 '학문의 쇠퇴라는… 서글픈 우려와 커다랗게 다가오는 야만의 위협'을 인정했다. 메릭은 17세기 초에, 바꿔 말하면 아버지 시대에 이미 학문의 쇠퇴가 일어나기 시작했다고 봤으며 그 이유는 선배 학자들보다 더 좋은 학자가 되기 훨씬 어려워졌기 때문이었다. 그는 "중요한 사람이 되려면… 대단히 많이 노력하고 근면해야 하므로 하느님에게서 특별한 용기와 체력을 받지 못한 사람은 두려워할 만도 하다."라고 했다.[129] 어쩌면 아들은 아버지에 대한 열등감을 시대 상황에 투사했었는지도 모르겠다. 어쨌거나 그런 걱정을 한 사람은 메릭 카소봉만이 아니었다.

+ 폴리매스는 왜 비난받았나 +

이쯤해서 이번 장을 시작할 때 논했던 폴리매스들에게로 돌아가 그들의 업적뿐만 아니라 약점도 살펴보려 한다. 폴리매스에 대한 비판은 고대 그리스 시대부터 있었지만, 17세기 말과 18세기 초에는 비판이 거세짐에 따라 곳곳에서 폴리매스들이 위기에 빠졌다.

길버트 버넷은 라이프니츠에게 많은 것을 다루는 사람들은 그 모든 것을 가볍고 피상적으로 다루기 십상이라고 했으나 이런 일반화에서 라이프니츠는 제외했다. 버넷도 같은 이유로 비난받았다. 그는 한 학문을 어느 정도 이해하고 나면 더는 그것을 거들떠보지 않았고, 하나를 완벽하게 알기보다 많은 것을 아는 것처럼 보이기를 선호했다.[130] 또한 뉴턴도 훅이 자신의 가설을 증명하기보다 모든 것을 이해하는 척만 한다고 비판했다.[131]

비르투오소는 마치 골동품 전문가처럼 간혹 세부 사항에만 집착하다 정작 중요한 내용을 놓친다는 비난을 받았다. 런던의 성공한 의사로 3만 2,000점의 메달과 5만 권의 장서를 포함해 무수히 많은 각양각색의 소장품을 자랑했던 한스 슬론은 이 책 저 책에서 이것저것 조각들을 주워 모으는 달인이며, 그 때문에 그의 머릿속은 뒤죽박죽일 거라는 말을 들었다.[132] 슬론은 물건을 수집하듯 온갖 지식 부스러기를 모았다.

+ 폴리매스와 레오나르도 증후군 +

수많은 폴리매스가 아마도 레오나르도 증후군을 앓았을 것이다. 앞서 언급했듯이 예나 지금이나 레오나르도 다빈치는 착수한 프로젝트는 많지만 완성한 것은 별로 없는 사람으로 악명이 높다. 이론적으로는 각종 지식을 연결할 줄 아는 혜안을 지닌 고슴도치형 지식인이나 현실에서는 에너지가 사방으로 분산된 여우형 지식인이었다. 페이레스크도 비슷했다. 가상디는 친구인 페이레스크가 광범위한 관심사와 지나친 학구열 때문에 프로젝트를 마무리 짓지도, 심지어 글쓰기를 시작하지도 못했다고 말했다. 라이프니츠는 요한 요아힘 베허를 '너무 많은 것에 관심을 보이는 사람'이라고 비판했다.[133] 키르허도 지나치게 많은 일을 시도했는데, 언젠가 그는 너무 바빠서 어느 길로 꺾어야 할지 모르겠다고 불평하기도 했다.[134]

심지어 라이프니츠조차 다양한 지식을 계속 축적해야 한다는 부담을 느꼈던 것 같다. 다양한 프로젝트 대한 열정은 관리할 수 없을 정도로 할 일이 눈덩이처럼 불어나는 단점이 있었다.[135] 일례로 그가 교황파의 역사를 연구할 때 처음에는 연구 범위를 중세로 한정했으나 나중에는 선사 시대까지 거슬러 올라갔다. 라이프니츠는 자신의 프로젝트를 궁금해하던 플라키우스에게 지친 듯 이런 답장을 보냈다. "나는 많은 일을 추진했지만 아무것도 완벽하게 마무리한 것이 없다." 그리고 20여 년 후에 다시 플라키우스에게 보낸 편지에서는 "다음에 뭘 해야 할지 모를 때가 많다"라고 썼다. 또 다른 사람에게 보낸 편지에서는 "내 관심이 지나치게 분산됐다"라며 불평했다.[136]

인지도가 높지 않았던 인물들도 같은 문제를 겪었다. 비르투오소에 해당하는 존 에블린은 무역의 역사를 나룬 책과 정원 가꾸기 백과사전을 계획했지만 완성하지 못했다. 로버트 훅은 긍정적인 의미에서 '런던의 레오나르도'라 불렸지만 아마 그도 레오나르도 증후군을 앓았을 것이다. 심지어 호의적인 전기 작가조차도 훅을 습관으로 너무 많은 일에 착수하고, 다재다능함 때문에 아슬아슬하게 과녁을 빗맞히는 사람으로 묘사했다.[137]

혹의 친구였던 크리스토퍼 렌은 런던 세인트 폴 대성당을 포함해 확고한 업적을 남긴 사람이었지만, 건축 논문을 포함해서 시작만 하고 끝을 맺지 못한 프로젝트가 많았다. 그의 수학적 업적을 다룬 한 논문에서는 그를 '관심 분야가 다양해서 하나에 최선을 다하지 못하는 일종의 애호가'라고 불렀다.[138] 멕시코의 폴리매스 카를로스 시구엔사 이 공고라Carlos Sigüenza y Góngora는 지식욕에도 불구하고 혹은 그 지식욕 때문에 이따금 소책자 외에는 아무것도 출판하지 못했다. 루이지 마르실리의 전기 작가는 마르실리를 관심 범위가 경이로울 정도로 광범위했다고 평하면서도 간혹 마르실리가 하던 일에 갑자기 흥미를 잃고 다른 것에 눈을 돌렸다고 지적했다.[139]

17세기 학계의 거인들은 그들이 남긴 눈부신 업적에도 불구하고 시간이 지나면서 문제가 선명해지는 변화를 보여주는 일종의 인간 리트머스 시험지였던 것 같다. 17세기의 문제들을 해결하기 위해 18~19세기 전반부까지는 두루 알려는 태도를 덜 이상화하게 되었다. 이제 이상적인 인간은 '지식인man of letters'이었다.

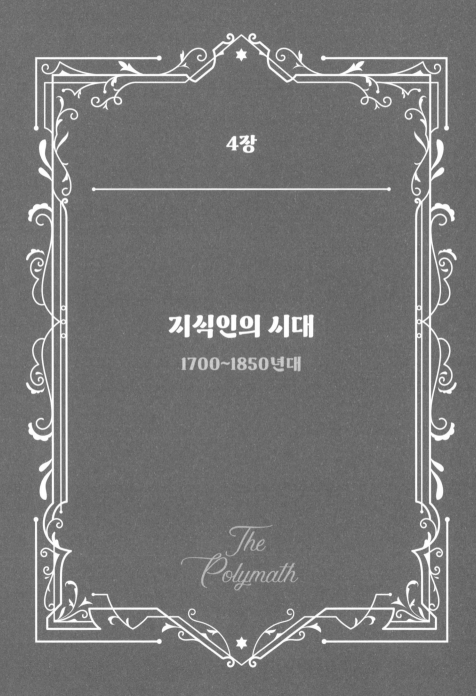

4장

지식인의 시대

1700~1850년대

The
Polymath

The
Polymath ——

THE POLYMATH

3장에서 중요한 학자로 다뤘던 피에르다니엘 위에는 말년에 학문 쇠퇴 현상에 대해 오늘날은 진정한 학자라 할 만한 사람이 거의 없다고 소회를 밝혔다. 그리고 이렇게 덧붙였다. "어떤 사람들은 무지를 자랑스러워하고 학식을 비웃으며 학문 연구를 현학적이라 부른다."[1] 이와 비슷하게 후대 학자로 뒤에서 다룰 잠바티스타 비코도 1726년에 모든 학문 분야에서 유럽 학자가 고갈됐다고 불평하는 편지를 썼다. 그 근거로 당시에 자신의 고향 나폴리에서 라틴어 책값이 반값 아래로 떨어졌다는 점을 들었다.[2]

학자들이 학문의 쇠퇴를 불평하는 일은 흔했지만 18세기 초에는 지적 환경에 큰 변화가 생겼다는 점이 달랐다. 지적 환경이 폴리매스에게 불리하게 변하고 있었다.

✦ 두 지식인의 추락 ✦

한 가지 징후는 앞 장에서 다룬 두 '괴물', 즉 올로프 루드베크와 아타나시우스 키르허의 명성이 추락한 것이다. 그 이유는 마치 구약 성서의 〈다니엘서〉에 묘사된 신상의 '점토발'처럼 그들의 지적 체계에 있던 심각한 결함이 밝혀졌기 때문이다. 루드베크의 지성과 학식을 존경했던 라이프니츠도 그의 견해 중 상당수를 인정할 수 없다고 말했다. 그는 어원에 근거한 루드베크의 추측이 종종 근거가 없었다고 주장했고, 켈트족의 기원에 관해 썼던 프랑스 학자 폴이브 페즈롱Paul-Yves Pezron이 루드베크와 비슷해질까 두렵다고 농담했다.[3] 또한 루드베크는 이미 생전에 스웨덴의 동료 학자들로부터 《대서양 세계》의 내용을 비판받았으며, 사후에 그의 명성은 더욱 하락했다. 스웨덴에 아틀란티스가 있었다는 말은 풍자의 대상이 되었다.[4]

키르허의 경우 같은 동료이자 괴물이었던 페이레스크와 라이프니츠를 포함해서 지지자들이 점점 그의 학식을 의심하기 시작했다. 처음에는 키르허의 고대 이집트 연구서에 열광했던 페이레스크는 내용의 사실 여부를 의심했을 뿐만 아니라 그의 해석 중 일부는 마치 성령을 통해 받은 것처럼 직관에만 의존했다고 불평했다.[5] 키르허가 1670년에 쓴 중국에 관한 책에 감탄했다고 밝힌 라이프니츠는 1680년에 나온 《위대한 지식의 기술》에는 의구심이 든다고 고백했고, 1716년에는 키르허의 이집트 연구서들을 논평하면서 그가 아무것도 이해하지 못했다고 결론 맺었다.[6] 그리고 이삭 포시우스에 따르면 키르허의 친구들조차 그가 알아냈

다고 주장하는 이집트 상형문자 해독 기술로 《이집트의 오이디푸스》를 쓰지 않았기를 바랐다.[7]

키르허의 평판이 추락한 것은 부분적으로 18세기 초 즈음 교육 수준이 높아진 사람들의 세계관에 중대한 변화가 생겼기 때문인데, 말하자면 그도 공유했던 우주생명체론이 기계론적 세계관으로 대체되었기 때문이다. 또한 사람들은 점점 객관적 일치보다 주관적 유사성을 중시하기 시작했다. 미국 역사가 마저리 니컬슨의 말처럼 우리 조상들은 지금 우리가 '유사성'이라 부르는 것을 하나님이 사물의 본성에 새겨 넣은 진리라고 믿었다.[8] 키르허도 그렇게 믿다 유행에 뒤처지고 말았다.

✦ 현학자와 박식가 ✦

18세기에 적어도 독일어권에서는 박식가라는 용어가 찬사에서 비판의 대상으로 바뀌었다. 칸트에게 박식가란 '기억력이 뛰어난 사람'에 불과했다. 그들의 업적은 단순히 철학자들에게 연구할 거리를 제공한 것이다.[9] 심지어 박식가를 겨냥한 비판은 백과사전에 대한 비판으로까지 확대되었다.

요한 하인리히 체들러Johann Heinrich Zedler의 《보편 사전Universal-Lexikon》 (1731~1754)에서 '박식Polyhistorie' 편을 보면 위대한 폴리매스가 세상에 크게 이바지하지 못했던 이유가 그들이 그저 폴리매스라서 사소한 일들에만 몰두했기 때문이라고 적혀있다. 유명한 《백과전서》(1751~1772)에도 비슷한 설명이 나온다. 흔히 박식함이란 쓸모없는 지식이 마구 뒤섞여 있는 것에 불과하며 과시용이라는 것이다.[10] 박식가의 개념은 사소한 정보라도 그것 자체를 얻는 행위와 연결되기 시작했으며, 그런 정보는 처세에 능한 신사 계급의 지식을 일컫는 정략적 지식과 대비되는 지식이었다.[11]

법학자 울리히 휘버르Ulrich Huber는 1678년에 현학성을 비판하는 연설을 했고, 그로부터 10년 후에 그 연설문을 크리스티안 토마지우스Christian Thomasius가 출판했는데 토마지우스 자신도 '편협한 현학성'이라는 것을 신랄하게 비판한 철학자였다. 18세기 전반에 나온 희곡 두 편이 한 현학자의 모습을 생생하게 재현했다. 공교롭게도 두 희곡 모두 폴리매스가 썼다. 하나는 루드비그 홀베르Ludvig Holberg의 《에라스뮈스 몬타누스》(1723)였고, 다른 하나는 고트홀트 에프라임 레싱Gotthold Ephraim Lessing의 《젊은 학자Der Junge Gelehrte》(1748)였다.

훗날 극작가로 유명해지는 레싱은 자신은 학자가 아니며 교수직은 내 자리가 아니라고 선언했다. 실제로 그는 학식을 자랑하지 않으려 노력한 지식인이었다. 어릴 때 그는 방대한 양의 책과 함께 있는 자신의 초상화를 원했다. 지식을 쌓고 싶었던 그는 당시 유행하던 학문의 역사를 연구하는 일에 헌신하겠다고 마음먹고 전임자 라이프니츠를 이어 유명한 볼펜뷔텔 도서관의 관장이 되었으며, 복음서 저자들을 단순한 인류사 연구가라고 주장하는 대담한 연구서를 썼다.[12]

또한 사기꾼과 그 동의어들의 사용이 증가한 현상에서도 다재다능함을 의심하는 분위기가 감지됐다. 이미 고대 그리스에서도 플라톤이 《파이드로스Phaedrus》를 통해 겉으로 지혜로워 보일 뿐인 소피스트들을 비난했었다. 17세기가 되면서 불가능한 일을 약속하는 학자들을 베네치아

산마르코 광장 같은 공공장소에서 가짜 약을 파는 악덕 장사꾼에 비유하는 일이 흔해졌다. 키르허는 데카르트에 의해 사기꾼으로, 학자 출신의 대주교였던 제임스 어셔James Ussher에 의해 엉터리 약장수로, 크리스토퍼 렌에 의해 곡예사(아마도 협잡꾼이라는 의미)로 묘사되었다.[13]

18세기에 데카르트의 경멸적 용어가 라이프치히 대학의 교수 요한 부르크하르트 멩케Johann Burckhardt Mencke에 의해 널리 알려졌다. 그는 《사기꾼 지식인에 관하여De charlataneria eruditorum》(1715)에서 당시 학자들의 자기 홍보 기술을 우스꽝스럽게 기술해 놓았다(다는 아니라도 그런 홍보 기술 중 상당수가 오늘날에도 여전히 사용되고 있을 것이다).[14]

사이비 학자 혹은 사기꾼이라는 개념은 18세기 편지 공화국의 사교 활동에서 핵심 주제였다.[15] 심지어 박물학이라는 광범위한 학문 분야를 지배했던 뷔퐁 백작Comte de Buffon조차도 동료 폴리매스였던 콩도르세 후작Marquis de Condorce에게 사기꾼이라는 말을 들었다.[16]

점점 폴리매스 지망자들은 자만심에 빠지는 사람으로 간주되었다. 그 자신도 관심 범위가 광범위했던 새뮤얼 존슨Samuel Johnson은 독자들에게 지식의 범위는 대단히 적극적이고 근면한 지식인에게조차 너무나 넓다고 말했다. 그러므로 신이 내린 뛰어난 이해력의 소유자라도 오직 하나의 학문만 증진할 수 있고, 다른 학문을 고찰할 수 없으니 그 분야를 연구하는 다른 사람의 견해를 따라야 한다고도 했다.[17] 이와 유사하게 전기 작가로 《브리태니커 백과사전》의 증보판을 편집했던 제임스 타이틀러James Tytler는 1805년에 당연하게도 아무리 재능이 탁월하고 전력을 다할 수 있다 해도 걸어 다니는 백과사전이 되기는 어렵다고 말했다.[18]

+ 새로운 이상, 실천하는 지식인 +

이 시대에도 다재다능함이라는 이상은 사라지지 않았지만 다재다능한 사람으로 불릴 수 있는 기준점이 하향 조정되었다. 《백과전서》에 적힌 대로 인간은 더 이상 보편 지식에 닿을 수 없기에 이를 대체할 새로운 이상이 등장해 18세기와 19세기 초를 지배했다. 이 새로운 이상의 실천자는 '지식인들'로, 이들은 현학적인 태도를 버리고 살롱에 모여 재기 넘치는 대화를 나누거나 교양을 갖춘 일반 독자가 대상인 지역 언어로 에세이를 써서 지식을 드러냈다.

18세기와 19세기 초에는 유명했던 파리는 물론 밀라노·베를린·런던 등지에서 오랫동안 살롱 문화가 중요하게 여겨졌다. 남녀 모두가 참여했던 제도화된 사교 문화는 화법뿐만 아니라 문체를 형성하는 데도 유익했다. 몇몇 문화 잡지는 살롱의 화법을 그대로 사용했다. 앞에서 소개했던 벨의 《편지 공화국 소식지》는 그가 사교계 인사라고 표현한 상류층을 겨냥했다. 벨과 그의 산뜻한 필치를 존경했던 레싱은 《편지 공화국 소식지》를 모방해서 그와 유사한 이름인 《편지 공화국 비평지》라는 정기 간행물을 1751년에 발간했다.

18세기에는 문화 잡지들이 번성했는데, 그 가운데 《스펙테이터》(1711년 창간), 《젠틀맨스 매거진》(1731), 《알게마이네 도이체 비블리오테크》(1765) 등은 나중에 중간 정도의 지식을 가진 독자로 불리는 사람들에게 쉽게 다가가려 노력했다. 조지프 애디슨Joseph Addison은 《스펙테이터》 창간호에서 "제 야망을 말씀드리자면 옷장과 서재, 학교와 대학에서 철학을 꺼내 클럽과 모임 장소, 차 탁자와 커피 하우스로 가져오는 것입니다"라고 말했다. 이와 비슷하게 어떤 문화 잡지는 서문에서 대중은 적합한 교육을 받고 싶어 하지, 무미건조한 분석은 지루하게 생각한다고 밝혔다.[19] 볼테르는 그런 '적합한 방식'의 대가 중 하나였다. 이런 정기 간행물들은 대중의 창조에 일조했고 그 결과 지식인들에게 일자리가 생겼다.

이 시대에는 지식인man of letters이라는 용어의 의미가 모호했는데, 그 이유는 흔히 지식letters은 '편지 공화국Republic of Letters'에서 연상되듯 학식을 의미했기 때문이다. 그러나 서서히 그 의미는 오늘날의 문학belles-lettres과 비슷한 의미로 바뀌었고, 점점 학자들도 명쾌하고 고상한 문체로 쓴 자신의 글이 교양을 갖춘 일반 대중에게 전해지기를 기대했다.

이미 1645년에 이탈리아에서는 지식인uomo di lettere이라는 표현이 예수회 신자였던 다니엘레 바르톨리의 책 제목으로 사용된 적이 있다. 17세기에 이탈리아의 두 폴리매스, 프렌체스코 레디Francesco Redi와 로렌초 마갈로티Lorenzo Magalotti는 지식인의 자격을 갖춘 사람들이었다. 레디의 명성은 부분적으로 기생충 연구와 토스카나 와인을 예찬한 〈토스카나의 바쿠스〉라는 시 덕분이다. 마갈로티도 시와 소설을 썼을 뿐만 아니라 과학적이고 학술적인 실험 결과와 관련된 편지들을 출간했다.[20]

이와 같이 17세기에도 지식인들이 존재하긴 했지만 시·희곡·소설을 쓰는 것 외에 인문학 발전에 기여하고 자연과학에 관심을 보였던 지식인들이 본격적으로 활약한 시대는 다름 아닌 18세기 초부터 19세기 말까지였다.[21]

✤ 18세기 여성 지식인 ✤

성 평등적인 느낌을 주는 지식인이라는 용어가 시사하듯 새롭게 교육 기회를 얻은 여성들은 이전보다 더 중요한 활력소이사 학사라는 두 가지 역할을 맡게 되었다.

18세기 중반 파리는 위대한 살롱 시대를 맞았다. 이런 살롱의 운영자는 뒤팽 부인Madame Dupin · 조프랭 부인Madame Geoffrin · 데팡 후작 부인Marquise du Deffand · 데팡 부인의 조카딸이자 비서였으며 《백과전서》의 뮤즈로 유명했던 레스피나스 양Mademoiselle de Lespinasse 등 교양을 갖춘 여성들이었다. 이들의 살롱에서는 몽테스키외·볼테르·뷔퐁·디드로·달랑베르 같은 폴리매스들을 만나 그들의 이야기도 들을 수 있었다. 살롱 운영자의 핵심 자질은 폭넓은 관심사였지만 살롱 자체가 그곳을 출입하는 남녀 모두에게 교육 효과가 있었다.[22]

이런 형태의 살롱은 프랑스 외 다른 나라들에서도 운영되었으며 수십 년간 지식계에서 중요한 역할을 했다. 1760년대 런던에서는 살롱 출입자들을 '청탑파bluestockings'라 불렀는데 처음에는 남녀 모두를, 나중에는 지적인 여성들에게민 그렇게 불렀다. 런던에서 가장 유명했던 살롱은 청탑파의 여왕이라 불리던 엘리자베스 몬터규Elizabeth Montagu의 살롱이었다. 그곳의 단골 방문객은 조슈아 레이놀즈·데이비드 개릭·에드먼드 버크·호레이스 월폴 등과 폴리매스였던 새뮤얼 존슨이었다.[23] 1780년대 베를린에서는 아직 폴리매스가 되기 전이었던 훔볼트Humboldt 형제가 헨리에테 허츠Henriette Herz와 라헬 레빈Rahel Levin의 살롱에 데뷔했다.

어떤 여성은 폭넓은 지식을 자랑했다. 메리 워틀리 몬터규 부인Lady Mary Wortley Montagu은 말년인 1750년대에 베니스에 살롱을 열었다. 그녀는 현대어 몇 개와 라틴어를 알았으며 시와 소설·문학 비평문을 썼다. 서유럽에 종두법을 소개하는 한편, 여성의 교육과 지위 향상을 논했고 1716~1718년까지 살았던 오스만 제국에 관한 편지들을 모아 책으로 낼 계획까지 세웠다.[24]

이 시대에는 자신의 권리를 주장했던 학자들처럼 여성들도 점점 적극적으로 활동하기 시작했다. 대표 인물로는 프랑스의 샤틀레 후작 부인 Émilie du Châtelet·이탈리아의 마리아 가에타나 아녜시Maria Gaetana Agnesi·세계주의자였던 스위스인 제르맨 드 스탈Germaine de Staël·독일의 도로테아 슐뢰처Dorothea Schlözer·스코틀랜드의 메리 서머빌Mary Somerville·영국의 해리엇 마티노Harriet Martineau와 조지 엘리엇으로 더 유명한 메리 앤 에번스Mary Ann Evans 등이 있으며, 특히 다재다능했던 엘리엇은 소설가가 되기 전에 에세이스트로도 활약했다.

✦ 프랑스의 계몽주의자들 ✦

계몽주의 시대에 다방면에 뛰어난 지식인을 찾을 수 있는 확실한 장소는 프랑스다. 그 이유는 프랑스인들이 예술계와 패션계뿐만 아니라 유럽의 지성계에서도 유행을 선도했기 때문이다. 이 시기 영향력 있는 프랑스인 폴리매스로는 몽테스키외·볼테르·샤틀레 후작 부인·달랑베르·디드로·콩도르세 등이 있다.

어느 몽테스키외 전기 작가는 관심사가 광범위한 사람에 관한 글을 쓰려면 과학·철학·법학·역사학·문학 등 다양한 지식을 갖추어야 한다며 어려움을 토로했다.[25] 몽테스키외의 대표 소설인《페르시아인의 편지 Persian Letters》(1721)에는 다른 문화권 사람들에게 프랑스가 어떻게 보일 것인지 상상한 내용뿐만 아니라 동양에 대한 그의 관심도 드러난다. 법을 사회적·역사적으로 비교 분석한 걸작인《법의 정신》(1748) 외에도 정치경제와 고대 역사에 관한 글도 썼다.

비록 몽테스키외는 수학과 물리학을 싫어했고 관련 지식도 전혀 없었지만 그의 해부학 노트, 지질학의 역사를 예측한 논문, 1721년에 보르도 아카데미에 제출한 동식물 실험 결과서 등에는 자연과학에 대한 관심이 드러난다. 그의 관심 범위는 그가 소장했던 4,000권에 육박하는 장서로 모두 알 수 있다. 현재 보르도 지역 도서관이 소장한 몽테스키외의 책 중에는 그가 이탈리아·영국·중부 유럽 등을 다닐 때 들고 다녔던 여러 권의 여행서가 들어있었다. 그는 여행을 통해 다양한 지역 풍습의 차이를 배웠다. 특히 중국에 관심이 많아 관련 글들을 읽었을 뿐만 아니라 기독교로 개종한 중국인 아르카디우스 황Arcadius Huang과 예수회 선교사 장프랑수아 푸케Jean-François Fouquet에게 중국에 관해 묻기도 했다.[26]

볼테르의 전기 작가는 볼테르의 광범위한 관심사를 언급하며 그를 모든 것을 아는 폴리매스로 묘사했다.[27] 순수하게 학문적 기여도로만 따지면 볼테르를 폴리매스로 분류하기 어려울지 모르지만 그가 다재다능한 사람이었다는 사실은 부인할 수 없다. 볼테르는 자칭 지식인이자 계몽사상가였다. 계몽사상가라는 말은 오늘날의 공공 지식인과 비슷하게 시사 토론과 논쟁에 적극 참여하는 사람을 의미하며, 그런 논쟁거리 중에는 장 칼라스라는 프로테스탄트가 가톨릭으로 개종하려는 아들을 살해했다는 혐의를 받고 고문당한 후 처형된 사건이 있었다. 풍자 소설인《캉디드Candide》(1759)를 포함해서 볼테르의 시·희곡·소설의 대부분은 체제 전복적 사상을 전달하기 위한 수단이었다. 그가 쓴《철학 서한 Letters on the English》(1734)은 영국에 대한 찬사를 통해 프랑스 사회를 비판했다는 점에서 단순한 영국 여행기나 영국 문화 소개서가 아니었다. 특히 볼테르는 역사가로서도 많은 저술을 남겼다. 스웨덴의 카를 12세·러시아의 표트르 대제·프랑스의 루이 14세 등을 다룬 책뿐만 아니라 오늘날 사회사와 문화사로 알려진 분야를 개척한《풍속시론Essay on Manners》(1756)도 썼다.[28] 또한 철학 논문을 써서 데카르트와 라이프니츠를 비판했다. 그는 과학, 특히 뉴턴 역학을 대중화한 인물로서 뉴턴이 왕립 학회 회원이 될 수 있도록 힘썼다. 지질학 논문을 출판했고 달팽이의 머리를 잘라 재생 여부를 확인하는 실험을 비롯해서 물리학과 생물학 관련 실험도 했다.[29]

볼테르는 자신의 연인이자 독학 지식인이었던 샤틀레 후작 부인을 위해《풍속시론》을 썼다. 샤틀레 부인은 특별히 수학자와 자연철학자로 유명하며 프랑스 과학 아카데미 주관 대회에 불에 관한 논문을 제출했다. 피에르 모페르튀이Pierre Maupertuis 같은 유명한 자연철학자들과 함께 운동 에너지와 역학 같은 주제로 토론을 벌였다. 그녀의《물리학 체계Insti-tutions de Physique》는 뉴턴과 라이프니츠의 사상을 집대성한 책이다. 또한 행복론과 성서 해설서를 썼으며 뉴턴의《프린키피아》와 버나드 맨더빌

의 《꿀벌의 우화》를 번역했다. 《학술지》에 글도 기고했고 볼로냐 아카데미 회원에 뽑히기도 했다.[30]

《백과전서》를 편찬한 장 달랑베르와 드니 디드로는 말 그대로 백과사전적 관심사를 가진 사람들이었다. 달랑베르는 수학자로 가장 유명하지만 물리학(특히 고체와 유체의 운동에 관한 연구)과 음악 이론에도 중요한 기여를 했다. 예수회 탄압을 다룬 역사서를 썼고 다섯 권의 문학 및 철학 논문을 출간했다. 달랑베르가 《백과전서》에 쓴 글의 주제는 종교부터 수학에 이르기까지 다양했다. 또한 유명한 《백과전서》의 '서설'을 쓸 때는 예술과 과학을 철저하게 조사했다[31]

디드로의 관심 분야는 《맹인에 관한 서한Letter on the Blind》(1749)과 사후 출판된 《라모의 조카Rameau's Nephew》같은 작품에서 드러나듯 철학·심리학·박물학·화학·음악 등을 아우른다. 그는 또 다른 계몽사상가, 기욤토마 레날Guillaume-Thomas Raynal이 썼다고 알려진 《두 인도의 역사Histoire des deux Indes》(1770)에서 중요한 익명 기여자였다. 볼테르처럼 디드로도 종종 소설을 통해 자신의 사상을 드러냈으며, 특히 《운명론자 자크와 그의 주인》에서는 결정론의 문제점을 논했다.

편집자 역할 외에도 디드로는 《백과전서》에서 철학·문학·음향학·생물학·미술·음악·공예 등에 관한 글을 수백 개나 썼다. 도공의 아들이었던 디드로는 기술 지식을 존경했다. 디드로 덕분에 《백과전서》에서 노하우는 본문뿐만 아니라 기술 과정을 설명한 수많은 삽화에서도 중요한 자리를 차지했다.[32] 달랑베르와 디드로를 제외하고 나머지 137명의 《백과전서》 집필자 중 대단히 박식했던 한 사람은 루이 드 조쿠르Louis de

Jaucourt였다. 그는 제네바 대학에서 신학을, 케임브리지 대학에서 자연과학을, 레이던 대학에서 의학을 공부했고 역사·식물학·화학·생리학·병리학 등을 주제로 1만 8,000개의 글을 썼다.

지금까지 언급한 계몽사상가 중 일부는 살롱에서 정기적으로 다른 사람들과 교류했다. 그중에서 특히 뷔퐁과 콩도르세는 폭넓은 관심사를 가지고 있었다. 뷔퐁 백작은 과학적 업적으로 유명하지만 그는 자신의 문체를 자랑스러워했고 교양을 갖춘 일반인을 위한 글을 썼다. 1749년부터 1788년까지 총 36권의 책으로 묶어 출간한 그의 《박물지Histoire Naturelle》는 지질학·식물학·동물학·고생물학과 인류의 자연사라 불리는 민족학 등을 다뤘다. 몽테스키외의 숭배자였던 뷔퐁은 이 책에서 기후의 영향과 '자연의 시대'를 강조했고 지구의 나이를 10만 년으로 계산했다. 또한 그는 확률론을 연구한 수학자와 생리학자로도 활약했을 뿐만 아니라 배를 만드는 목재 개선에 대한 국가적 관심에 부응하고자 자신의 숲에 있는 나무들을 가지고 실험도 했다.[33]

콩도르세 후작은 백과전서의 시대였다는 점을 고려해도 관심사와 활동 분야가 놀랄 정도로 광범위했다는 평을 듣는 인물이다.[34] 그는 장 달랑베르와 함께 수학을 공부했고 미적분학 논문을 발표했으며, 레스피나스 양이 운영하던 살롱의 단골 방문객이었다. 그녀는 콩도르세가 철학·순문학·과학·미술·통치론·법학에 관심이 많았다고 언급했다. 콩도르세는 정치인이자 정치경제학자였던 안 로베르 자크 튀르고와의 친분 덕분에 조폐국장이 되었다. 그는 수학의 확률을 이용해서 투표 행태를 분석했는데 그가 생각하기에 투표 행태는 자신이 '사회 수학'이라 부른 인간 행동 과학의 한 요소였다.

콩도르세는 과학 아카데미 간사로 있으면서 회원들의 부고를 알리는 글을 썼다. 이것은 망자의 다양한 연구 분야에 대해 두루 알고 있어야 하는 직무였다. 문명사에 관심이 있었던 볼테르처럼 콩도르세도 역사에 관심이 많았으며, 이런 태도는 그의 대표작이자 유작인《인간 정신의 진보에 관한 역사적 개관》(1795)에서 뚜렷하게 드러난다. 이 책은 정치나 전쟁이 아닌 농업·저술·인쇄 등 기술 발전을 기준으로 삼아 인류의 역사를 아홉 시대로 구분했다.

지금까지 다룬 탁월한 인물들은 당대에 활약했던 작가와 사상가 집단의 일부였으며, 이 집단에는 온도계로 잘 알려진 르네 드 레오뮈르René de Réaumur·화학적 업적으로 유명한 앙투안 라부아지에Antoine Lavoisier·뛰어난 정치인이자 정치경제학 저술로 기억되는 튀르고 등이 속해 있었다. 이들 세 명의 관심사도 대단히 넓었다. 실제로 라부아지에 가족의 친구였던 어떤 이는 젊은 라부아지에를 하나에 집중하기보다 모든 분야를 알고 싶어 하는 학문적 취향을 타고난 사람으로 묘사했다.³⁵

+ 스코틀랜드의 박식가들 +

18세기 스코틀랜드에도 프랑스처럼 박식한 지식인 집단이 있었다. 프랑스 지식인들이 남녀를 불문하고 살롱에서 함께 어울렸다면 스코틀랜드의 사교 문화는 1754년에 창립된 에든버러 상류 사회 같은 남성 클럽에 집중됐다. 에든버러 상류 사회의 초창기 회원 열다섯 명 중에는 데이

비드 흄·애덤 스미스Adam Smith·애덤 퍼거슨Adam Ferguson·윌리엄 로버트
슨William Robertson·케임스 경Lord Kames·몬보도 경Lord Monboddo 등이 포함
된다. 이들 여섯 명 모두 광범위한 관심 분야와 업적을 자랑하며, 혁신의
역사에서처럼 학문의 역사에서도 소집단이 중요하다는 생각을 뒷받침
하는 예가 된다.[36]

　데이비드 흄은 파리에서 지내는 동안 조프랭 부인·데팡 부인·레스피
나스 양이 운영했던 살롱을 드나들면서 튀르고와 우정을 쌓았다. 그는
주로 영국의 대표 철학자로 기억되지만 영국 국립 도서관의 소장 목록
에는 '데이비드 흄, 역사가'라고 적혀있다. 이는 흄의 업적이 철학에 국한
되지 않았으며, 그의《영국사History of England》(1754~1761)가 그에게 명성
과 4,000파운드의 부富를 안겨주었다는 사실을 떠올리게 한다. 자서전
에서 '일반 지식'을 향한 열정을 고백했던 흄은《도덕론, 정치론, 문학론
Essays Moral, Political and Literary》(1741~1742)에서 폭넓은 관심사를 분명히 드
러내며 무례함·사랑·탐욕 같은 가벼운 내용부터 취향·미신·인구통계
학·당파 연합·완벽한 공동체·역사 연구·예술과 과학의 발전 같은 무거
운 내용까지 두루 다뤘다. 또한 그의 노트들은 자연철학에 대한 관심도
입증한다. 흄의 전기 작가 중 하나가 흄을 전문가가 아닌, 남녀를 불문하
고 교양을 갖춘 일반 대중이 이해할 수 있는 일상어로 글을 쓰는 지식인
이라고 강조한 이유를 금방 이해할 수 있다.[37]

　흄이 철학자로 기억되듯 그의 친구였던 애덤 스미스도 대표작인《국
부론The Wealth of Nations》(1776) 덕분에 경제학자로 기억된다. 그러나 유명
한 이 책은 오늘날 전문 학문으로 자리 잡은 경제학보다 훨씬 많은 내용

을 담아 도덕철학·법학·정치학과 경제학의 관계도 다뤘다. 스미스는 친구였던 윌리엄 로버트슨에게 이런 편지를 받은 적이 있다. "자네는 정치학의 핵심 중 하나인 규칙적이고 일관된 체계를 세웠군."[38] 또한 책에는 역사를 다룬 부분도 많았다. '로마 제국 멸망 후 도시의 발생과 발전'이라는 장이 대표적이다.

어쨌든 스미스는 학자로서의 경력을 정치경제학자로 시작하지 않았다. 그는 글래스고 대학에서 논리학과 도덕철학을 차례로 가르쳤고《도덕감정론Theory of Moral Sentiments》(1759)을 출간했다. 또한 수사학·신학·법학도 강의했다. 정치경제학에 관심이 생긴 후에도 폭넓은 관심사를 포기하지 않았다. 그가 논문으로 쓴 언어의 기원은 18세기 말에 주목받던 주제였다.

《국부론》을 집필하는 동안 한 편지에서 스미스는 식물학과 전에는 별 관심이 없었던 과학 분야를 공부하고 있다고 고백했다.[39] 이런 다양한 공부의 결과물 중 하나가 그의 사후에 출간된《철학논집Essays on Philosophical Subjects》(1795)이며 이 책은 천문학·고대 물리학·논리학·형이상학의 역사, 음악·춤·시 사이의 관련성·영시와 이탈리아 시 사이의 유사성 등을 다뤘다.

에든버러 상류 사회의 다른 회원들도 관심 분야가 좁지 않았다. 로버트슨은 스코틀랜드 교회의 목사이자 에든버러 대학 총장이었고, 고대사와 현대사를 모두 다룬 역사가로도 유명했다. 법학 분야에서 서로 경쟁관계였던 케임스 경과 몬보도 경 모두 관심 분야를 처음 공부했던 법학으로 한정하지 않았다.

케임스 경은 교육·역사·농업·종교·도덕성 등을 주제로 글을 썼고, 몬보도 경은 언어와 형이상학에 관해 다수의 논문을 발표했다.[40] 에든버러 대학에서 자연철학을 가르치다 나중에 도덕철학도 가르쳤던 애덤 퍼거슨은《로마 공화정의 역사History of the Roman Republic》와 대표작인《시민사회사론Essay on the History of Civil Society》을 썼다. 사회학자들은 여전히 그를 뛰어난 사회학자로 생각한다.[41]

다재다능했던 또 다른 스코틀랜드인 집단은 1802년에 창간된《에든버러 리뷰Edinburgh Review》가 중심이 되었다. 이 집단에는 실제로 에든버러에 거주했던 편집자 겸 폴리매스 프랜시스 제프리Francis Jeffrey 외에 다른 지역 거주자들도 참여했다. 그중 토머스 칼라일Thomas Carlyle은 철학·문학·역사학·수학에 관심을 두었다. 토머스 매콜리Thomas Macaulay는 시인이자 정치인이었으며 역사를 비롯한 여러 주제로 글을 썼다. 법률가였던 헨리 브로엄Henry Brougham은 물리학·화석·자연신학에 관한 글과 전기를 썼고 일반 교육을 권장했다.

✦ 영국의 지식인 폴리매스 ✦

18세기 영국에서 지식인이자 폴리매스의 대표 인물은 새뮤얼 존슨과 조지프 프리스틀리Joseph Priestley다. 리치필드 서적상의 아들로 태어나 어릴 때부터 다방면의 책에 익숙했던 존슨은 영어와 라틴어로 시를 쓴 시인이자 희곡《아이린Irene》과 소설《라셀라스Rasselas》를 쓴 작가였다. 또한 문학평론가 겸 셰익스피어 모음집의 편저자였다. 그러나 그의 관심

범위는 훨씬 넓었다. 그는 더블린의 트리니티 칼리지와 옥스퍼드 대학에서 모두 법학 박사 학위를 받아서 '존슨 박사'라 불린다. 《젠틀맨스 매거진》에 여러 학자의 전기를 썼으며 유럽 학문의 부흥사를 쓸 계획을 세웠다.[42] 존슨은 자신의 전기 작가였던 제임스 보스웰James Boswell에게 자신은 닥치는 대로 이것저것 건드리는 사람이며 대학들도 잘 모르는 훌륭한 책들을 수없이 들여다봤다고 고백했다. 그는 사촌에게 받은 다음의 조언을 가슴에 새겼다. "무엇보다 핵심이 되는 '서론'을 공부해라. 잎을 한 장 한 장 뒤집어 볼 필요 없이 줄기만 세게 움켜쥐면 전체 가지를 흔들 수 있다."[43] 그는 모든 지식은 그 자체로 가치가 있다. 사소하거나 중요하지 않은 것은 없으니 모르는 것보다 아는 게 낫다고 주장했다.[44]

존슨과 동시대를 살았던 어떤 이는 존슨이 자신의 지식 저장고에 방대한 지식을 쌓아 둔 것에 존경심을 표했다.[45] 좋게 말해서 이런 지식 저장고는 존슨이 중요한 프로젝트였던 영어사전(1755)을 편찬했을 때 유용했다. 비록 그는 이 프로젝트를 '지식의 빛'이 불필요한 지루하고 고된 일로 표현했지만, 그것은 폭넓은 독서뿐만 아니라 영어가 빌려 온 다양한 언어에 대한 지식이 바탕이 되어야 하는 작업이었다. 또한 교회·의학·법학·육해군 등 특정 분야의 전문 용어와 양조·주조·무두질 등 실용 기술 용어도 두루 알아야 했다(비록 책의 서문에서 특정 직업군에서 사용하는 많은 용어가 누락되었음을 밝혔지만).[46]

조지프 프리스틀리는 특이하게도 전문화 확대에 반감을 품었던 독학자였다.[47] 그는 물리학과 화학 분야에 독창적으로 기여했다. 산소와 여섯 가지 기체를 발견했고 《전기학의 역사와 현상History and Present State of

Electricity 》(1767)과 《다양한 기체 실험 및 관찰Experiments and Observations on Different Kinds of Air 》(1774~1786)을 발표했다. 그는 인문학적 재능을 발휘해서 다각도로 인문학을 대중화했다. 영국 국교회 신자가 아니어서 옥스퍼드와 케임브리지 대학에 입학하지 못했으나 워링턴 아카데미에서 현대 언어와 수사학을 가르쳤다. 프리스틀리의 전기 작가는 그가 언어 연구·영문법·교육 철학·수사학·정치학·역사학·종교학·성서 비평뿐만 아니라 그가 가장 잘 아는 과학 분야에서 저술을 남겼다고 썼다.[48]《역사 강의Lectures on History 》(1788)는 인상적인 역사 서술과 연대표 덕분에 교재로 널리 사용되었다.[49]

프랑스와 스코틀랜드의 폴리매스들처럼 영국의 폴리매스도 토론 그룹에서 활동했다. 새뮤얼 존슨은 친구이자 화가였던 조슈아 레이놀즈와 함께 문학 클럽으로 유명한 '더 클럽The Club'(1764)을 조직했다. 이들은 일주일에 한 번씩 런던에 있는 선술집 터크스 헤드에 모여서 다양한 주제로 토론했다. 프리스틀리는 또 다른 폴리매스였던 이래즈머스 다윈Erasmus Darwin처럼 버밍엄의 '루나 소사이어티Lunar Society'의 핵심 회원이었는데, 이곳은 회원들이 안전하게 모임 장소를 왕래할 수 있도록 한 달에 한 번 보름달이 뜨는 날 모임을 한다고 해서 이 이름이 붙여졌다. 회원들은 전기의 성질 같은 자연과학 분야의 새로운 발견이나 치료와 제조 같은 실용 분야에 과학을 적용하는 방법 등을 토론했다.[50]

이런 영국 폴리매스들의 성취는 겉보기에 훌륭했지만 '동양의 존스'라고 알려진 웨일스 출신의 윌리엄 존스 경Sir William Jones의 업적으로 빛을 잃었다. 존스는 자신의 관심 분야를 인문학으로 한정하긴 했으나 연구

범위를 유럽은 물론 아시아까지 확대했다. 또한 영국의 기본법인 관습법 뿐만 아니라 로마법과 고대 그리스의 법률까지 정통했으며, 벵골 대법원 장에 임명된 후에는 힌두법과 이슬람법도 공부했다. 또한 30개 언어를 구사했다고 한다. 그는 직접 시를 썼을 뿐만 아니라 아랍·페르시아·산 스크리트 문학 작품을 비평하고 번역했으며, 그중 산스크리트어로 쓰인 희곡《샤쿤탈라Shakuntala》는 낭만주의 시대 유럽에서 인기를 끌었다. 존 스는 그리스어·페르시아어·로망어·게르만어·켈트어 사이의 유사성을 밝힘으로써 오늘날의 인도·유럽어족이 확인되는 데 중요한 역할을 했 다. 그뿐만 아니라 인도 연대표를 연구하고 체스의 역사에 관한 글도 썼 다. 조금 과장한다면 그를 역대 가장 위대한 폴리매스 중 하나라 불러도 손색이 없을 것이다.[51]

+ 스페인에서 러시아까지 +

이 시대에는 스페인·이탈리아·스웨덴·러시아 등에서도 관심 분야가 다 양한 지식인이라는 이상이 구현되었다. 스페인에는 다소 특이했던 세 명 의 인물이 떠오른다. 바로 로렌초 헤르바스 이 판두로Lorenzo Hervás y Pan- duro·가스파르 멜초르 데 호베야노스Gaspar Melchor de Jovellanos·베니토 헤 로니모 페이주다.

한 전기 작가가 스페인 계몽주의 시대에 위대했지만 잊힌 인물로 묘사 했던 헤르바스는 예수회 신자였다. 그는 마드리드 대학에서 철학·신학· 수학·천문학을 공부했다. 1767년에 스페인 제국이 예수회 신자들을 추방했을 때 그는 이탈리아로 가서 1778년과 1787년 사이에《우주의 원리Idea del Universo》라는 21권짜리 백과사전을 제작했다. 헤르바스는 당대 유명한 언어학자였고 지금도 그렇게 알려져 있다. 그의 백과사전에는 알려진 모든 민족어의 목록이 들어있었는데, 이 작업은 아메리카 원주민의 언어를 알고 있던 선교사들의 도움을 받았다. 헤르바스는 언어의 기원·형성·작용·조화 등을 비교 연구한 결과물도 출간했다. 언어에 대한 관심은 농아 교수법에 관한 글로 이어졌다. 앞에서 소개한 폴리매스 중 예수회 신자였던 키르허처럼 헤르바스도《황홀한 행성 여행Viaggio estatico al mondo planetario》을 통해 초기 공상 과학 소설 분야에 기여했다. 그의 미출간 원고에는 고문서학·연대학·신세계 식민지의 초기 역사 등에 관한 연구서가 포함되어 있다.[52]

스페인 계몽주의 시대의 또 다른 핵심 인물인 호베야노스는 근무 시간에는 변호사·판사·법무대신으로 살았고 여가에는 시인·극작가·학자로 활약했다. 그는 순수 학문보다 실용 학문에 더 관심이 있었으며, 이 실용 학문을 법·교육·상업·산업·헌법 등을 개혁하는 데 사용하고 싶어 했던 실용적인 인물이다. 그는 평소 생각을 보고서로 정리하여 고문에 반대했고 산업의 자유를 옹호했다. 기술 교육을 지지하고 농업과 광업 관련 이슈를 논했다. 또한 학문 간 연계도 추진했는데 이를테면 법학 연구에 역사적 접근법을, 역사학 연구에 지리적 접근법을 도입하자고 주장했다. 호베야노스는 언어학·신학·건축학·지질학·식물학·의학 분야에도 저술을 남겼다. 그는 스페인에서 고딕 양식과 무어 양식을 재평가한 선구자였으며, 그가 정치경제학 분야에 남긴 업적은 훗날 조지프 슘

페터Joseph Schumpeter의 찬사를 받았다.[53]

페이주는 베네딕트회 수사로 거의 30년간 오비에도 대학에서 신학을 가르쳤다. 어떤 면에서 그는 구시대 학자처럼 보이지만 실제로 생전에 그는 이전 시대 학자들처럼 '딩대 불사조 지식인', '학문의 대가'라는 찬사를 받았다.[54] 페이주의 강점은 비평가로서 높은 인지도였다. 그의《일반 연극 비평Teatro crítico universale》(9권, 1726~1740)은 표제지에 따르면 각종 주제에 관한 소론들로 구성된다. 그는 머리말에서 글을 학문별로 정리할 생각이었지만 어느 분야에도 속하지 않거나 여러 분야에 걸쳐 있는 글들이 있어서 포기했다고 밝혔다.

페이주는 수사복을 입은 지식인으로 묘사할 수 있다. 그가 존경했던 몽테뉴처럼 경구와 생생한 비유가 넘치는 대화체를 사용해서 일반 대중을 위한 글을 쓰고 '전문가'를 비판했다. 그는 영국 예찬자이자 경험주의자였고, 프랜시스 베이컨을 존경해서 자연과학 연구의 장애물을 제거한 '위대하고 탁월한 천재'라고 칭송했다. 페이주는 지식 확대에 독창적인 기여를 하지 못했으나 스스로도 그럴 생각이 없었다. 그의 목표는 진정한 계몽주의 방식으로, 무지와 편견 그리고 그가 말한 '흔한 오류들'과 싸우는 것이었다. 이를 위해 지진과 화석부터 중세 폴리매스였던 라몬 룰의 사상까지 아우르며, 신학·철학·문헌학·역사학·의학·박물학·연금술·점성술·수학·지리학·법학·정치경제학·농업·문학·수문학 등의 분야에서 저술을 남겼다.[55]

광범위한 관심사를 자랑했던 이탈리아 학자로는 주 활동 분야가 과학이었던 마리아 가에타나 아녜시와 인문학이었던 잠바티스타 비코가 있다. 어릴 때부터 신동이었던 아녜시는 교수였던 아버지를 따라 밀라노에 살 때 가정 교육을 받았다. 학회에 논리학·수학·화학·식물학·광물학 등을 주제로 쓴 논문을 191개나 제출해 심사를 받은 다음 1738년에 출판했다. 아녜시를 만났던 한 프랑스 학자는 라틴어·그리스어·히브리어·프랑스어·스페인어·독일어를 구사하는 그녀를 가리켜 '걸어 다니는 어학사전'으로 묘사했고, 그녀가 쓴 191편의 논문을 1486년에 피코가 심사용으로 제출했던 논문 개수와 비교했다. 아녜시는 어느 프랑스 수학자가 쓴 원뿔 곡선에 관한 논문을 비평하는 글을 썼지만 발표하지는 않았다. 그녀는 미적분학 연구 논문을 발표하면서 단순한 대중서라는 듯 '이탈리아 청년용'이라고 겸손하게 밝혔지만 새로운 아이디어들을 던져주었다. 아녜시는 볼로냐 대학의 수학 교수로 임용되었으나 그 제안을 고사하고 신학 연구와 자선 사업에 힘썼다.[56]

이번 장을 시작할 때 밝혔듯이 비코는 구시대 학자였다. 그의 자서전에 따르면 비코는 인간과 신의 지혜를 모두 통합하겠다는 원대한 야망을 품었다. 실제로 비코는 존스처럼 자신의 연구 분야를 인문학으로 한정했다. 그는 철학을 전공한 후 나중에는 법학도 공부했다. 그는 나폴리 대학에서 법학 교수가 되고 싶었지만 수사학과의 학과장과 카를로스 3세가 임명한 왕실 역사가 자리에 만족해야 했다. 그는 프랑스어나 영어보다 라틴어에 익숙했으며, 18세기보다 17세기 학자들(베이컨·흐로티위스·셀던·푸펜도르프·위에 등)의 글을 자주 인용했다. 그의 글은 시대착오적이고 가끔은 고루하다는 인상마저 주지만 그 안에는 생생한 상상과 다소 과하게 독창적인 사상들이 들어있었다. 비코 사후에 그의 데카르트 비평이 유명해진 걸 보면 그가 데카르트 이전 사람으로 교육받았으므로 오히려 당대인들보다 더 편하게 데카르트를 비판할 수 있었던 것 같다.

비코의 대표 저서인 《새로운 학문Scienza Nuova》(1725년 초판 발행 후 1744년 개정판 발행)은 철학·문헌학·문학·법학 연구서뿐만 아니라 나른 대륙에서 이국적인 사회를 경험했던 유럽인들의 여행기도 참고했다. 몽테스키외처럼 비코도 법을 문화의 일부로 봤다. 안타깝게도 두 학자는 서로의 저술에 대해 알지 못했다(몽테스키외가 이탈리아를 방문했을 때 누군가에게 《새로운 학문》을 추천받았지만 읽지 않았던 것 같다).

비코는 역사학의 갈릴레오 혹은 역사학의 뉴턴을 자처했으며 역사학의 원리들을 제시하기 위해 《새로운 학문》을 썼다고 설명했다. 그는 관습과 사고방식에서 반복적으로 일어나는 일련의 변화를 포착해서 법·언어·사고방식을 분류 기준으로 삼아, 인류의 역사를 신·영웅·인간이라는 세 시대로 구분하고 시대별 특징을 기술했다. 그의 가장 심오하고 독창적인 주장은 첫 번째인 '시적 사고방식'의 시대에 관한 설명으로, 이 시대는 마치 아이들의 생각처럼 구체적이고 은유적이다. 비코는 '진짜 호메로스의 발견'이라는 장에서 《일리아드Iliad》와 《오디세이아Odyssey》가 고대 그리스의 관습에 관한 역사서이며, 나중에 원시 사상으로 불릴 내용의 귀중한 증거가 된다고 주장했다. 그는 신화나 우화를 새롭게 해석해서 자신의 생각을 뒷받침했으며 그 해석 내용을 가장 오래된 관습·체제·법의 역사적 증거로 취급했다.[57]

스웨덴은 수많은 업적 중 오늘날 오직 일부만 기억되는 탁월한 두 학자의 본거지였다. 지금은 식물학자로 분류되는 카를 린네는 의학과 박물학 분야에서 일했고, 식물뿐만 아니라 동물·광물·질병을 분류했다. 또한 정치경제학 분야의 글도 쓰고 민족지학이라 불리는 학문과 지리학을 결합해 라플란드 지역에 관한 설명서까지 썼던 만물박사였다.[58] 오늘날 몽상가와 신비주의자로 기억되는 에마누엘 스베덴보리Emanuel Sweden-borg는 1743년에 중년의 위기를 겪은 후 그 직업을 선택했지만, 본래는 수력 공학자 출신의 폴리매스로 금속학·화학·천문학·해부학·생리학·골상학을 공부했고 후원자였던 카를 12세를 위해 무역 및 산업 보고서를 작성하고 관련 기계를 설계했다.[59]

러시아의 미하일 로모노소프Mikhail Lomonosov는 과학 아카데미의 화학 교수라는 경력과 수학·해양학 지식을 결합했다. 그의 원고들에는 다양한 물리학적 관점과 광물학에 대한 관심이 드러난다. 또한 그는 지식인으로서 자국어로 시를 쓰고 러시아어 문법서와 러시아 역사서를 썼다. 로모노소프 전에 러시아 학계를 지배했던 사람들은 서유럽의 선진 학문을 도입하기 위해 표트르 대제와 예카테리나 대제가 초청한 독일 출신자들이었다. 예카테리나 대제의 부름을 받아 상트페테르부르크 과학 아카데미의 박물학과 교수로 임명되었던 폴리매스, 페터 지몬 팔라스Peter Simon Pallas는 러시아에서 43년간 거주하며 지리학·지질학·동물학·식물학 발전에 기여했을 뿐만 아니라 여왕을 위해 다른 지역 언어들의 정보도 수집했다. 또 다른 폴리매스 아우구스트 폰 슐뢰처August von Schlözer는 러시아에 6년밖에 머물지 않았지만, 2년 만에 러시아사 서술법에 관한 보고서를 상트페테르부르크 과학 아카데미에 제출했다. 연구자 대부분이 외국인이었던 이 아카데미는 로모노소프 덕분에 점점 러시아 전

문 연구소로 발전하게 되었다.[60]

또 다른 슬라브인 폴리매스로 로모노소프와 같은 해인 1711년 태어난 로저 보스코비치Rudjer Bošković는 두브로브니크 출신의 예수회 수사였다. 그도 로모노소프처럼 여러 학문에 독창적인 기여한 자연철학자였을 뿐만 아니라 라틴어 시인이기도 했다. 또한 고고학자와 외교관으로서 프라스카티에서 모자이크 작품을 발굴했으며, 교황 베네딕트 14세의 요청으로 교황령의 지도를 새로 제작했고 과학 도구들을 발명했다. 그럼에도 불구하고 보스코비치의 명성은 주로 천문학과 광학 연구, 그리고 그의 걸작인《자연철학론Theory of Natural Philosophy》(1758)에서 비롯되었다. 만물의 이론서라 할 수 있는 이 책에서 보스코비치는 원자를 점보다 작은 물질로 소개했고 자연철학을 하나의 법칙으로 일축했다.[61]

+ 신대륙의 폴리매스 +

스페인령 아메리카에서 후아나 수녀와 카를로스 시구엔사 이 공고라의 전통을 이은 사람은 페드로 데 페랄타Pedro de Peralta였다. 이 폴리매스는 리마 대학에서 수학 교수로 출발했다가 나중에 총장이 되었다. 페루 정복을 소재로 서사시를 썼고 음악학·금속학·천문학·방어 시설·스페인 역사 등에 관한 연구 논문을 발표했다.[62]

북아메리카에서는 두 명의 중요한 폴리매스가 정치학 분야에서 활약했는데 바로 벤저민 프랭클린Benjamin Franklin과 토머스 제퍼슨Thomas Jefferson이다. 두 사람은 모두 조지프 프리스틀리로부터 영감을 받았다. 프랭클린은 대륙회의 의원과 영국·프랑스·스웨덴 주재 외교관이라는 정치 경력 외에 화가 교육을 받았고, 피뢰침과 이중 초점 렌즈 그리고 일반 노출 벽난로보다 열효율은 높고 연기는 덜 나는 벽난로를 발명했다. 또한 전기학·기상학·해양학 연구에도 업적을 남겼다.[63]

제퍼슨은 미국 건국의 아버지 중 하나로 1801년부터 1809년까지 제3대 대통령을 역임했다. 변호사로 활동했으며 농업에 혁신적인 방법들을 도입했던 농부이기도 했다. 그뿐만 아니라 다수의 발명품(개량된 쟁기 거푸집·소하물 운반용 소형 승강기·회전 책장 등)을 남겼으며 버지니아주 샬러츠빌 몬티첼로에 있던 자신의 집 근처에서 인디언 무덤을 발굴했다. 건축물을 설계하고 박물학·언어학·미술에 관심을 보였다. 그러므로 제퍼슨을 르네상스인, 후대의 몇몇 폴리매스처럼 '마지막 르네상스인'이라 불러도 전혀 이상하지 않다.[64]

18세기 말과 19세기 초는 주목할 만한 두 폴리매스 집단의 시대였다. 그들의 활동 무대는 영국과 독일이었다.

✦ 영국 폴리매스의 전형 ✦

이 시대 영국에서는 새뮤얼 콜리지Samuel Coleridge와 그의 친구 토머스 드 퀸시Thomas De Quincey라는 두 지식인이 특히 광범위한 분야에서 활약했다. 오늘날 주로 시인으로 기억되는 콜리지는 '영국 낭만주의 시대의 전형적인 폴리매스'라는 평을 듣는다.[65] 1796년에 쓴 편지에는 그가 거의 모든 글을 읽었으며(탐독가), 진기한 책들에 푹 빠져 있다고 적혀있었다.

그는 좋은 수학자가 될 생각이며 역학·정수 역학·광학·천문학·식물학·금속학·화석 연료·화학·지질학·해부학·의학 등을 철저히 공부한 다음에 각종 여행서·항해서·역사서에 담긴 인간(과 그다음에는 인간들)의 정신에 관해 철저히 파악하고 싶다 했다.[66]

옥스퍼드 대학을 자퇴한 뒤 마약을 복용하고 쓴 《어느 영국인 아편쟁이의 고백》(1821)으로 오늘날 기억되는 드퀸시는 《블랙우즈 매거진Black-wood's Magazine》을 비롯한 여러 잡지에 지식을 보급하는 일로 생계를 유지했다. 그의 글은 독일 철학·정치경제·문학사·전기·살인·고대 그리스와 로마의 역사와 철학·정치 논평·생리학 등 놀라울 정도로 넓은 주제를 다뤘다.[67]

여러 학문에 독창적인 기여를 했던 다른 폴리매스들도 있다. 이마누엘 칼리지의 선임 연구원이었던 토머스 영은 전기 작가가 '모든 것을 아는 최후의 인간'으로 묘사한 두 번째 사람이다. 다소 평범한 표현이지만 웨스트민스터 사원에 있는 영의 묘비에는 인간의 거의 모든 학문 분야에서 탁월했다고 적혀있다. 18세기 말 경력 초기에 영은 동양의 언어들에 매료되어 히브리어·시리아어·사마리아어·아랍어·페르시아어·튀르키예어 등을 배웠다. 그는 의료인 교육을 받은 후 의사로 일하며 의학 연구에도 매진했다. 또한 생명 보험료 산출 방식에 관한 중요한 논문을 쓰고 음향학 및 광학 실험 보고서를 발표했다. 그는 초창기에 빛의 파동설을 지지했다.

또한 영은 생리학·화학·조석 이론 등을 강의했다. 추에 특별한 관심이 있어서 도량형 위원회의 간사로도 활약했으며, 무엇보다 《브리태니커 백과사전》 제4판 보충판에 연금·이집트·수력학과 여러 언어를 설명하는 글을 썼다. 그는 언어에 관한 글에서 자신이 명명한 '인도유럽어족'을 포함해서 세상의 언어를 다섯 어족으로 분류했는데, 앞에서 봤듯이 영보다 먼저 윌리엄 존스가 이미 산스크리트어·그리스어와 라틴어·게르만어와 로망스어 사이의 유사성을 논한 바 있다.[68] 한편 1798년에 나폴레옹의 이집트 침공으로 이집트 상형문자가 새롭게 관심을 끌었다. 이것을 해독하는 방법과 관련해서 영이 상당한 진전을 이뤘으나 그보다 더 전문가였던 프랑스의 장프랑수아 샹폴리옹Jean-François Champollion이 영을 능가하는 업적을 세우고 말았다.[69]

그다음 세대에는 존 허셜John Herschel이 '최후의 위대한 만능인 중 하나'라는 별명을 얻었다. 그는 천문학자로서 아버지 윌리엄 허셜의 연구를 돕고 계승했을 뿐만 아니라 수학자와 화학자로도 활약했다. 그는 자기학·식물학·지질학·음향학·광학·사진학 연구에 기여했고, 그 덕분에 달랑베르를 본 떠 자연철학 연구에 관한 '서설'이라 부른 글을 쓸 능력을 갖출 수 있었다. 이 외에도 허셜은 프리드리히 실러Friedrich Schiller·단테·호메로스의 글도 번역했다.[70] 1810년대 초에 케임브리지 대학에 다닐 때는 장차 폴리매스가 될 윌리엄 휴얼William Whewell과 찰스 배비지Charles Babbage와 사귀었는데 이 둘은 '철학 조찬 모임'이라는 클럽을 만들기도 했다.[71] 감수성이 예민할 나이에 우정을 쌓은 이들 셋의 관계는 창의적인 소집단의 중요성을 잘 보여준다.

나중에 케임브리지 트리니티 칼리지 학장이 되는 휴얼은 박식다식한 학자의 자격을 갖춘 인물이다.[72] 허셜은 휴얼에 대해 '어느 누구도 인간을 연구하는 거의 모든 학문에서 그렇게 다양하고 많은 지식을 수집하지 못했다'라고 썼다.[73] 휴얼은 수학·역학·광물학·천문학·철학·신학·건축 등에서 저술을 남겼다. 그는 각종 책을 동시에 읽고 싶은 욕망을 고백했으며, 후대 인물인 올더스 헉슬리처럼 무언가에 정통하기 위해《브리태니커 백과사전》을 꼼꼼하게 읽었다고 전해진다.[74] 또한 풍속계를 발명했고 지질 탐사를 떠났다. 광물 분류법을 개정하고 조석학潮汐學이라 명명한 분야를 영보다 더욱 발전시켰으며《귀납 과학의 역사History of the Inductive Sciences》(1837)와《귀납 과학의 철학Philosophy of the Inductive Sciences》(1840)을 출간했다.

배비지는 컴퓨터의 두 전신인 천공 카드를 갖춘 '해석 기관'과 바이런 경의 딸 에이다 러브레이스 백작 부인Countess of Lovelace이 일조한 '차분 기관'으로 유명하다. 그는 수학자와 물리학자로서의 활약 외에도 체스·통계학·지질학·암호·일식과 월식·등대 등을 주제로 논문을 썼다. 자연신학과 영국에서 과학의 쇠퇴를 다룬 글이나 천문학회 설립을 지지하는 글도 썼다.[75]

+ 독일의 폴리매스 집단 +

18세기 말과 19세기 초에 크게 주목할 만한 폴리매스 집단은 아직은 정치보다 문화가 더 발전했던 독일에서 등장했다. 물론 독일어를 구사하는 폴리매스는 18세기 초에도 있었는데, 앞에서 다룬 레싱이다. 스위스 출신의 알브레히트 폰 할러Albrecht von Haller는 괴팅겐 대학에서 의학·해부학·식물학을 가르치는 교수였으나 문학 비평가·시인·소설가로도 활약했다. 이 집단에 이마누엘 칸트도 포함될지 모르는데 그의 관심 분야에 철학만 있었던 것은 아니기 때문이다. 사실 칸트는 당시에는 철학의 하위 분야였지만 지금은 심리학과 인류학으로 불리는 학문뿐만 아니라 우주론과 자연지리학에도 저술을 남겼다.

1800년 즈음 번성했던 집단은 요한 고트프리트 헤르더Johann Gottfried Herder와 그의 친구 요한 볼프강 폰 괴테, 괴테의 친구들이었던 훔볼트 형제(빌헬름과 알렉산더) 등이 구성원이었다.

1803년에 사망한 헤르더는 언어학·문학·문화 연구에 중요한 기여를 했다. 경력 초기에는 언어의 기원에 관한 연구로 매년 베를린 과학 아카데미가 수여하는 우수 논문상을 받았다. 그는 언어마다 고유한 특징이 있으며 한 나라의 언어에는 그 나라의 전통·역사·종교·존재 이유가, 즉 온 마음과 영혼이 깃들어 있다고 주장했다. 이에 따라 그는 온 국민을 뜻을 대변한다고 해서 '민족들의 소리'라 부른 민요집을 출간했다.[76] 헤르더의 '폴크스자이스트Volksgeist'(민족정신) 개념은 문명이라는 하나의 목표를 향해 진보한다는 이전 사상들과 반대로, 자율적 문화가 복수로 존재한다는 생각을 내포하고 있다. 나중에 폴크스자이스트는 민속학과 문화인류학 같은 새로운 학문이 발전하는 데 중요한 역할을 하게 되며, 특별히 문화인류학은 뒤에서 다루겠지만 또 다른 독일인 폴리매스인 프란츠 보아스Franz Boas가 활약하게 되는 분야다.

헤르더의 관심사는 대단히 광범위했다. 그의 대표 저서 중 하나인《인류의 역사철학에 대한 이념Ideas on the Philosophy of the History of Humanity》은 인류가 출현하기 전의 지구를 다룸으로써 오늘날 '빅 히스토리Big History'로 불리는 분야에 공헌했다. 또한 그는 과학적 발견에서 유추의 역할과 변형물에 나타나는 원형Hauptform의 중요성을 강조함으로써 지금의 과학 철학 분야가 발전하는 데 기여했다.[77]

헤르더보다 어리지만 서로 친구로 지냈던 괴테는 오늘날 위대한 독일 작가로 기억되지만 그 자신은 스스로를 과학자라고 생각했다. 그가 자신의 유명한 소설 속 주인공으로 파우스트 박사를 선택한 것은 우연이 아니었는데, 괴테 자신이 파우스트처럼 지식욕이 강렬했기 때문이었다.[78] 그는 열심히 여러 언어(라틴어·그리스어·프랑스어·이탈리아어·영어·히브리어·아랍어 약간)를 공부했다. 그의 문학적 관심은 페르시아 시와 중국 소설 등 세계 문학으로 확대됐다. 또한 철학에도 관심이 있어서 칸트의 사상을 공부했으나 동의하지 않았다.[79] 발전은 괴테의 핵심 사상 중 하나였고, 이는 그가 사용한 '빌둥Bildung'(자기 형성)이라는 용어와 주인공의 인격 성장에 초점을 맞춘 소설이자 훗날 교양 소설로 불리는《빌헬름 마이스터의 수업 시대Wilhelm Meister》에 잘 표현되어 있다.

괴테는 자연과학 분야에서도 독창적인 아이디어를 발견했다. 그리고 해부학(인간의 앞니 뼈 발견)·식물학(린네의 분류법 비판)·광물학(한때 은광 책임자)에 많은 기여를 했다. 그는 뉴턴의 광학을 비판하고 자신만의 색이론을 발전시켜《색채론Farbenlehre》(1810)을 저술했다. 또한 자신이 형태학으로 명명한 분야에 매료되었는데, 이것은 헤르더의 원형론에서 발전시킨 학문으로 자연 형태의 변형과 발달 과정을 연구한다.[80]

괴테가 1790년대부터 친구로 지낸 훔볼트 형제는 창의적인 소집단을 만들었다. 여기에는 시인이자 역사가, 철학자이기도 했던 프리드리히 실러도 회원이었다. 빌헬름 훔볼트는 10년 넘게 자신의 빌둥을 쌓았다. 자기계발을 위해 고대 그리스 작가들의 글을 연구하고 번역했으며, 혼자 혹은 동생인 알렉산더와 함께 각종 실험을 진행했다. 그 후 외교관과 교육 개혁가로 활약하다 1819년에 52세의 나이로 현직에서 물러나 언어 연구로 여생을 보냈다.

또한 빌헬름 훔볼트는 철학자이자 괴테가 빌둥이라 칭한 교양 교육 이론가로 지식과 기술의 습득보다 자기 수양을 더 강조했다. 그는 역사학(《역사가의 임무The Task of the Historian》라는 중요 논문 포함)·정치학(국가 행위의 범위 연구)·문학(괴테의 작품 비평) 분야에서 저술을 남겼다. 그는 자연과학, 특히 해부학에 흥미를 보였으며 기체에 관한 동생의 논문에 서문을 쓸 정도로 화학에도 관심이 많았다.[81]

언어학자 혹은 당시 용어인 문헌학자로서 빌헬름 훔볼트는 헤르더처럼 각 언어의 구조와 어휘에서 드러나는 고유한 특징에 관심을 보였다. 그는 두 편의 선구적 논문을 썼다. 하나는 바스크어에 관한 것이었고 다른 하나는 고대 자바어인 카비Kavi에 관한 것이었다. 앞에서도 여러 언어를 구사한 폴리매스를 소개했지만 빌헬름 훔볼트는 헝가리어부터 일본어에 이르기까지 가장 많은 언어를 배운 사람이었으며, 언어 능력 덕분에 세계적 관점에서 언어 구조의 변화를 분석한 논문을 쓸 수 있었다. 이 분야에서 빌헬름 훔볼트의 업적은 코페르니쿠스적 전환이라는 평을 듣는다.[82]

그러나 누가 뭐래도 19세기 폴리매스의 대표 인물이자 라이프니츠 수준으로 박학다식했던 괴물은 동생인 알렉산더 훔볼트였다. 당시의 사람들도 광범위한 그의 학식을 잘 알고 있었다. 존 커크랜드John Kirkland 하버드 대학 총장은 그를 '모든 주제에 정통한' 사람으로 묘사했다. 시인 겸 철학자였던 랠프 월도 에머슨Ralph Waldo Emerson은 알렉산더 훔볼트 탄생 100주년을 기념하는 연설에서 훔볼트는 아리스토텔레스, 율리우스 카이사르Julius Caesar, '훌륭한 크라이튼'처럼 인간 정신의 가능성과 인간 능력의 정도 및 범위가 어느 정도인지를 보여주기 위해 이따금 세상에 출현하는 경이로운 인물, 즉 만능인이었다고 말했다.[83]

알렉산더 훔볼트는 광산·채굴 전문가로 경력을 시작했다. 그는 친구였던 식물학자 에메 봉플랑Aimé Bonpland과 함께 5년간(1799~1804) 스페인령 아메리카를 탐험하면서 신세계의 지질과 기후·동식물을 연구했다. 그가 도착한 땅에는 발견되기를 기다리는 새로운(적어도 유럽인에게는 낯선) 동식물이 때마침 서식하고 있었다. 알렉산더는 자연 현상 측정법을 포함해서 최신 과학적 방법을 잘 알고 있었으므로 탐험 때 약 40개의 다양한 측정 도구를 들고 갔다. 또한 그는 오늘날 에콰도르 영토인 침보라소산을 등반하고 1829년에는 나이 60세에 시베리아를 탐험할 정도로 대담한 여행자로 유명했다.

상상력이 풍부했던 알렉산더 훔볼트는 식물지리학이라는 새로운 학문 분야도 개척했다. 그는 해수 온도를 측정했고 해류를 연구했으며 해류 중 하나에 자신의 이름을 붙였다. 또한 지구의 자기장을 연구하는 지구자기학 분야에서 직접 논문을 쓰고 다른 사람들의 연구 결과를 체계화했다. 말년에는 베를린에서 했던 대중 강연의 내용을 바탕으로 우주론 교양서를 출간했다. 그는 이 책《코스모스Cosmos》를 통해 자연지리학에 대한 관심을 삼라만상을 지배하는 자연법칙을 설명하겠다는, 어쩌면 지나치게 대담한 상상이라 부른 계획으로까지 확대했다.

알렉산더 훔볼트는 말 그대로 19세기 지식인이었다. 문헌학에 관심이 많았던 형처럼 알렉산더도 여러 언어를 구사할 줄 알았다.[84]《코스모스》에는 자연계에 관한 설명뿐만 아니라 자연계의 역사와 자연을 바라볼 때의 감상까지 기록되어 있다. 거기에는 아랍의 시·중국의 연대표·고대 이집트 유물·티치아노의 풍경화·콜럼버스와 코페르니쿠스의 이야기까지 담겨 있다. 그는 책의 서문에서 과학적 설명이 생동감 넘치는 문체와 전혀 어울리지 않는 것은 아니라고 썼다. 이런 생동감은 그의 저술 대부분에서 발견되는 특징이다.

알렉산더 훔볼트도 괴테처럼 인문학과 자연과학, 행동과 사색의 세계에 다리를 놓았다.[85] 그는《새로운 스페인 왕국의 정치론Political Essay on the Kingdom of New Spain》(얼마 후 뉴 스페인 왕국은 독립해서 멕시코가 된다)에서 경제·사회 구조·정치 체제를 기술했다. 지리 환경에 대한 그의 관심에는 각종 식물은 물론 지리 환경이 문명에 미치는 영향도 포함되어 있었다. 그는 아무렇지도 않게 멕시코 고대 유적지인 촐룰라 피라미드까지 측정하려 했고 스페인령 아메리카의 인구, 흑인·백인·원주민이 각각 거주하는 지역의 인구 밀도 등 정확한 숫자에도 관심이 많았다. 폭넓은 관심사가 알렉산더를 여우처럼 보이게 했다면 관련성에 대한 관심은 그의 고슴도치 성향을 드러낸다. 그가 모든 사물을 측정하려 한 이유는 분야를 초월해서 자연의 일반 법칙이 확립되는 데 도움을 주기 위해서였다.

알렉산더 훔볼트는 스스로 '백과사전 편찬자의 피상적 지식'이라 부른 것에 빠질까 두려워했지만, 넓고 깊은 지식을 가진 사람은 다양한 학문에 독창적이고 중요한 기여를 할 수 있다는 사실을 직접 증명했다. 그는 '모든 것을 알았던 최후의 사람들'에서 한발 더 나아가 '최후의 폴리매스'라는 평을 듣는다.[86]

1850년대만 해도 17세기의 박학다식한 괴물들에 필적할 만한 업적을 쌓은 인물은 알렉산더 훔볼트가 유일했다. 그러나 세대가 바뀌어 산더미처럼 쌓이는 정보에 맞서 인간의 모든 혹은 적어도 대부분의 지식을 포괄하는 지식 체계를 확립하려는 소수 사람들이 등장했다. 바로 오귀스트 콩트·허버트 스펜서Herbert Spencer·카를 마르크스Karl Marx였다.

+ 학문의 시스템을 만든 사람들 +

콩트는 자신도 불평했듯이 대학 밖에서 시험관과 강사로 생계를 유지하며 학계의 변방에서 경력을 쌓았다.[87] 그는 과학사 연구의 선구자로서 교육부 장관에게 콜레주 드 프랑스에 과학사 교수 자리를 만들어 달라고 요청하기도 했다(당시 장관이었던 프랑수아 기조는 그 요청을 거절했다). 콩트는 당시 가장 다재다능한 학자 중 하나였고 대중 강연은 천문학부터 인류의 역사까지 다양한 주제를 다뤘다.

특히 그는 지식 분류에 관심이 있었다. 자신이 추상적이라고 말한 수학 같은 학문과 좀 더 구체적인 학문을 구별했다. 또한 물리학처럼 일반 법칙을 도출하는 단순 학문과 생물학이나 사회학처럼 특수 법칙을 도출하는 복합 학문을 대조했다. 콩트는 지식 분류법을 만들기 위해 수학·역학·천문학·음향학·광학·열학(열 현상을 연구하는 물리학)·화학·생물학·정치경제학과, 사회 현상을 지배하는 기본 법칙을 연구한다고 해서 사회학이라 명명한 새로운 학문을 공부했다.[88]

콩트에 대응되는 영국인 시스템 구축자는 아마도 허버트 스펜서겠지만 그는 콩트에게 진 빚을 인정하지 않았다.[89] 스펜서는 골상학·생물학·생리학·심리학·사회학 분야에 저술을 남겼고, 스스로 종합 철학이라 부른 것을 체계화했다. 그는 사회과학이 자연과학을 모델로 삼아야 하며 사회를 상대적으로 간단한 형태에서 복잡한 형태로 진화하는 유기체로 봐야 한다고 주장했다. 그는 비판적 시각으로 다독했지만 다독이라기에 통독한 책이 별로 없었으므로 대강 훑는 식이었다.

스펜서는 아웃사이더 지식인이었고 대학을 다니지 않은 독학자였다. 그는 토목 기사 과정을 밟은 후 철도 회사에서 일했다. 그다음에는《이코노미스트The Economist》의 기자가 되었다가 프리랜서 작가로 전향해서 인세와 비평으로 생활했는데, 당시 비평문들은 빅토리아 시대 영국의 지식계에서 중요한 역할을 했다.[90] 그러나《사회 정학Social Statics》(1851)에서 사회 균형에 관한 스펜서의 견해를 보면 토목 기사 시절에 형성된 사고방식이 그대로 남아 있음을 알 수 있다.

카를 마르크스의 시스템은 콩트와 스펜서의 시스템보다 범위는 좁았지만 더 오래 유지되었다.[91] 마르크스는 정치경제학·철학·역사학과 새로운 학문인 사회학을 종합한 시스템을 설계해 이를《자본론Das Kapital》(1867~1893)에 체계적으로 설명해 놓았다. 역사에 대한 마르크스의 관심은 오늘날로 치면 세계적이었다고 할 수 있다.

그는 '아시아적 생산 양식'을 포함해서 역사 발전의 기본 법칙을 만들기 위해 인도와 중국의 역사를 공부했다. 또한 1857년에 영국이 인도 반란(인도인에게는 독립 전쟁)이라 칭한 사건이 일어났을 무렵에는《뉴욕 트리뷴》에 30편이 넘는 인도 관련 글을 실었다. 말년에는 미국 학자인 루이스 모건의 이로쿼이족 연구를 접한 후 인류학이라는 새로운 학문도 알게 되었다.[92]

마르크스의 관심 범위는 사회과학에 국한되지 않았다. 그가 베를린 대학에서 쓴 박사 논문은 그리스 철학자였던 에피쿠로스에 관한 것이었다. 당시 지식인들처럼 마르크스도 그리스와 라틴 고전에 밝았으나 독특하게도 그는 유럽 현대 문학 작품도 잘 알고 있었다. 마르크스는 헤겔 사상의 옳고 그름을 논하던 철학 논쟁에도 참여했다. 오랜 영국 망명 시절(1850~1883)에는 대부분 시간을 런던 영국박물관의 원형 열람실에서 공부하며 보냈고, 친구 겸 동료였다가 나중에 적이 되는 아르놀트 루게 Arnold Ruge의 표현처럼 '무한한 책의 바다'로 반복해서 뛰어들었다.[93] 마르크스 자신도 말했지만 그는 공부가 잘 안 될 때 해부학과 생리학 책을 즐겨 읽었다고 한다.[94]

박식한 지식인의 전통은 19세기에도 강하게 남아 있었다. 책이든 기사든 소설이든 비소설이든 관계없이 저술가는 펜만 굴려도 생계를 그럭저럭 유지할 수 있었다. 폴리매스는《에든버러 리뷰》나《르뷔 데 되 몽드Revue des Deux Mondes》같은 문학 잡지에 다양한 주제의 신간을 비평하며 생활했다. 장문의 비평문은 논문으로 발전시켜 책으로 묶였다. 이 시기 지식인에게 주어진 새로운 역할에는 문예 비평 외에 당시의 사회문화를 비판하는 일도 포함되었다.

+ 프랑스의 비평가들 +

19세기 프랑스에서 비평가로 활약했던 주요 인물은 샤를 생트뵈브·알렉시 드 토크빌Alexis de Tocqueville·에르네스트 르낭Ernest Renan·이폴리트 텐Hippolyte Taine 등 네 명이다.

생트뵈브는 문학 비평가로 기억되지만 관심사는 광범위했다. 그는 시와 소설 외에 다섯 권짜리 포르루아얄 수도원의 역사서를 썼다. 이 수도원은 흔히 '가톨릭 엄격주의Catholic Puritanism'로 불리는 17세기 얀선주의 운동의 중심지였다. 어쨌든 그는 좁은 의미의 문학 작품만 비평하지 않았으며 벨과 루소의 사상까지 비평 대상의 범위를 넓혔다. 생트뵈브에게 비평의 첫 단계는 살아 있는 모든 것을 이해하는 것이었다. 그의 비평문 대부분은 《르 콩스티튀쇼넬Le Constitutionnel》과 《르 모니퇴르Le Moniteur》 같은 시사 잡지에 실렸지만 그는 쉬운 구어체로 글을 썼다며 그것들을 '한담'이라 불렀다. 그는 쥘리에트 레카미에Juliette Récamier를 비롯한 유명 여성들이 18세기 전통을 계승해서 운영하던 살롱에 출입하면서 구어체 화법을 익혔다.[95]

프랑스 귀족 출신인 알렉시 드 토크빌은 비교적 짧은 생애 동안 정치인으로 살았지만, 회고록에서는 자신이 사회 문제에 무관심한 역사가와 생각 없이 사건을 만드는 정치인 사이에 있었다고 썼다. 그는 여러 지역을 여행한 후 정치사회 분석서로서 걸작이 된 《미국의 민주주의De la démocratie en Amérique》(1835~1840)와 《구체제와 프랑스 혁명L'Ancien Régime et la Révolution》(1856)을 썼다. 구빈원의 현황을 조사한 후 잉글랜드와 아일랜드의 빈곤을 분석하는 글을 썼다. 또한 알제리 식민지 문제를 다룬 글도 썼는데, 이것은 사회학자였던 피에르 부르디외Pierre Bourdieu보다 100년이나 앞선 식민주의 연구였다. 그러나 부르디외와 달리 토크빌은 정복 행위와 식민지 건설 모두를 지지했다.[96] 그는 종교, 특히 이슬람교와 힌두교를 공부했으며 인도에 살았던 영국인들에 관한 책을 계획했다. 토크빌은 여러 형태로 지식 발전에 기여했다는 평을 듣는다.[97] 기여의 범위는 정치학을 넘어선다. 미국 민주주의를 논한 책은 문화와 사회 관습을 강조함으로써 미국 경제를 독창적으로 의미 있게 분석했다는 평가를 받는다.[98]

토크빌보다 역동적인 삶을 살았던 에르네스트 르낭은 구체적으로 성직자와 학자를 거친 후 비평가와 공공 지식인으로 활약했다. 신학교에서는 철학·신학·히브리어를 공부했다. 그는 문헌학자의 시각에서 구약 성서를 연구하다 사제라는 직업에 회의를 느껴 사제복을 벗었다. 평신도가 된 후에는 2장에서 다뤘던 중세 아랍 철학자 이븐 루시드에 관한 책과 셈족의 언어들을 비교 분석한 글을 출간했다. 그는 요청을 받아 페니키아 (지금의 레바논) 고고학 조사단을 이끌었고 콜레주 드 프랑스에서 권위 있는 학과장으로 선출되기도 했다.

한때 그는 자칭 가장 학문적이지 않은 사람이었다.[99] 그래도 지식인이었던 그는 《르뷔 데 되 몽드》와 《주르날 데 데바Journal des Débats》에 글을 썼다. 논쟁적이었지만 베스트셀러가 된 《예수의 생애Life of Jesus》(1863)를 계기로, 르낭은 다양한 주제로 대중 강연을 하는 유명 인사와 프랑스의 지적·도덕적 개혁을 주장하는 문화 비평가로 살기 시작했다. 사람들은 그보다 더 보편적이고 포괄적으로 사고하는 학자는 없다고 말했다.[100]

이폴리트 텐은 19세기 중반 폴리매스 중에서 대단히 극적인 인생을 살았던 인물이다.[101] 그는 젊었을 때 철학자가 되고 싶었지만 생리학·의학·박물학 같은 자연과학과 사회과학 모두에 매료되었다. 학교 친구는 텐의 머리를 '거대한 스펀지'라고 표현했다.[102] 학자가 되고 싶던 소망은 그가 비정통적인 철학 사상을 가진 탓에 중요한 시험에 떨어지고 박사 학위 논문 계획서가 거절되면서 실현되지 못했다. 그는 비평가로 전향해서 《르뷔 데 되 몽드》와 《주르날 데 데바》에 글을 썼고, 자신의 논문을 책으로 묶어 《비평과 역사 평론Essais de critique et d'histoire》, 《영국 문학사 Histoire de al littérature anglaise》(1863)를 출판했으며 문화처럼 문학도 인종·환경·시대라는 세 가지 요인으로 형성된다는 주장을 폈다.

시사지에 글을 싣고 아셰트 출판사에서 책을 내며 살롱에 출입하게 되면서 텐도 생트뵈브처럼 쉬운 문체로 글을 쓰기 시작했다(공쿠르 형제는 다분히 악의적인 의도로 텐이 현학자가 되기를 몹시 두려워했다고 말했다).[103] 또한 텐은 예술철학과 지능 심리학에 관한 글도 썼다. 1870년에는 프랑스가 프로이센에 패한 사건에 충격을 받고 역사학을 공부하기 시작했다. 《현대 프랑스의 기원Origines de la France contemporaine》(1875~1893)은 파리 코뮌 사건에 자극을 받아 심리학의 관점에서 1789년 이후 프랑스 역사를 기술한 책이다. 텐의 관심 범위는 인문학과 자연과학, 그리고 그 둘 사이에 자리 잡은 사회과학까지 아우른다. 덴마크 비평가 게오르크 브란데스Georg Brandes가 그를 르네상스인으로 칭했다는 사실은 그리 놀랍지 않다.[104]

+ 영국의 비평가들 +

영국을 대표하는 문화비평가로는 존 스튜어트 밀John Stuart Mill·존 러스킨John Ruskin·윌리엄 모리스William Morris·매슈 아널드Matthew Arnold 등이 있다.

존 스튜어트 밀의 주된 관심 분야는 철학·정치학·경제학이었다. 그는 폴리매스였던 제임스 밀James Mill의 아들로 어릴 때부터 신동이었고 집에서 교육받았다. 불과 십 대에 몽펠리에 대학에서 수학과 자연과학을 공부했으며 콩트와 서신을 교환했다. 법학을 공부하다 그만두고 동인도회사 인도 지사에서 관리자로 35년간 근무했으며, 개혁가였던 제러미 벤담Jeremy Bentham이 법적 증거에 관한 연구서를 쓸 때 연구 조수를 맡기도 했다. 밀은 논리학·대의 정부·자유(아내 해리엇 테일러와 공저)·정치경제·여성의 종속 등을 주제로 여러 책을 썼다.[105] 또한 문명·종교·시대정신 그리고 콜리지와 텐 같은 동료 폴리매스들의 사상을 다룬 논문들도 발표했다.[106]

존 러스킨은 본래 예술과 건축 비평가였다. 그 자신도 예술가였던 러스킨은 《근대 화가론Modern Painters》(1843) 제1권에서 터너의 작품을, 나중에는 라파엘전서의 작품을 지지했다. 그는 중세 이후로 베네치아 건축

양식이 쇠퇴했다고 생각해서 쇠퇴 과정을 역사적 맥락에서 분석한《베네치아의 돌The Stones of Venice》(1851~1853)을 썼다. 말년에는 비평 대상을 미학에서 사회로 바꾸었다. '예술의 정치경제'라는 주제로 강의하다 나중에는 정치경제 전반을 강의하며 당시 산업 사회를 비판했다. 그는 다원주의는 반대했지만 자연과학은 거부하지 않았다. 어떤 기여는 하지 못했으나 평생 지질학과 동식물학에 관심을 보였다.[107]

젊은 시절에 윌리엄 모리스는 러스킨의 저술을 어떤 계시로 받아들이고는 예술에서 정치학으로 관심 방향을 틀었다. 이 책의 정의를 엄격히 적용하면, 모리스는 학문에 별 관심이 없었으므로 원칙상 폴리매스는 아니었다(물론 그는 중세사와 당대 역사가들은 알았다). 그러나 대단히 다재다능했던 그를 폴리매스 집단에서 배제하기란 불가능하며 그가 르네상스 시대를 싫어하지만 않았어도 나는 그를 '르네상스인'이라고 불렀을 것이다. 제자였던 월터 크레인은 언젠가 모리스를 가리켜 여섯 개의 인격을 가졌다고 묘사했는데, 그중 다섯 가지는 작가·예술가·기업가·화가·사회주의자다.[108] 처음에 모리스는 건축에 발을 들였다가 조각과 회화로 방향을 틀었고, 이후 디자이너가 되었으나 직조·염색·서예 등 여러 공예 기술도 익혔다고 주장했다. 말 그대로 손을 사용하는 활동을 좋아해서 염색 과정에서 양손이 남색으로 물든 적도 있었다. 또한 그는 실험 고고학자라 불릴 만도 한데 중세의 직조법을 파악하기 위해 직물들을 조각조각 해체한 일도 있었기 때문이다.

한편 모리스는 호메로스와 베르길리우스부터 베어울프와 아일랜드 영웅들의 전설까지 번역했고 시와 모험 소설을 썼다. 정치에 입문해서는 자신의 사회주의적 이상을 소설을 통해 표현했는데 《에코토피아 뉴스》 (1890)라는 유토피아 소설이 대표적이다. 모리스도 러스킨처럼 미학적·도덕적 관점에서 사회를 비판했으며 사회를 추하고 비열하며 부정직하다고 말했다.[109]

매슈 아널드는 비평가의 역할을 시인이나 장학사의 역할과 결합했다. 그는 책이 일반교양에 미치는 영향을 측정하는 것이 문학 비평의 핵심 기능이라고 생각했다.[110] '비평'이라는 단어는 프랑스의 르낭과 텐처럼 아널드도 자주 쓰던 말이었다. 아널드는 생트뵈브를 현존하는 최초의 비평가로 묘사했다. 그의 《비평론집Essays in Criticism》은 주로 문학을 다뤘으나 스피노자에 관한 논문 한 편도 포함되어 있다. 그의 대표작인 《교양과 무질서Culture and Anarchy》(1869)의 부제는 '정치사회 비평론'이었다. 이 책은 그가 야만인이라고 부른 영국의 상류층, 속물이라고 부른 중간층, 대중이라고 부른 노동 계층의 부족한 교양을 지적했고, 더 나은 인간이 되기 위해 필요하다고 여겼던 독일어의 '빌둥'을 자기화하여 '아름다움과 빛'의 필요성을 주장했다.

아널드의 주된 관심사는 문학이었지만 그는 문학에 종교와 언어(문헌학 연구), 문화 전반을 연결했다. 민족학이라는 새로운 학문과 영어 문헌을 포함해서 호메로스·단테·괴테는 물론 켈트어가 유창하지 않았음에도 켈트 문학에까지 관심을 보였다. 그의 방대한 독서 목록에는 《바가바드 기타Bhagavad Gita》와 그것을 논한 빌헬름 폰 훔볼트의 논문이 들어 있었고, 특히 훔볼트의 논문은 아널드가 〈에트나 산 위의 엠페도클레스 Empedocles on Etna〉라는 시를 쓰는 데 영감을 주었다.[111]

✦ 새로운 여성 지식인의 활약 ✦

제인 오스틴Jane Austen · 브론테 자매Brontë sisters · 조르주 상드George Sand의
시대였던 19세기 초중반에는 여성이 문학계에서 활약했고, 그중 몇몇은
폴리매스로 기억될 만하다.

  스위스 출신의 제르멘 드 스탈은 다섯 살에 이미 어머니 (한때 에드워드
기번이 결혼하고 싶어 했던) 쉬잔 퀴르쇼의 살롱에 모습을 드러낼 만큼 조
숙한 아이였다. 나중에는 파리에 있던 조프랭 부인과 데팡 부인의 살롱
들을 출입했으며 직접 살롱을 열기도 했다. 그녀는 소설과 희곡 외에도
열정·자살·번역 등을 주제로 글을 쓰고, 철학과 정치(마리 앙투아네트 재
판·평화·프랑스 혁명 등) 분야에서도 저술을 남겼다. 그녀는 나중에 문학
사회학으로 불리는 분야에서 《사회제도와의 관계 속에서 고찰한 문학
론De la littérature considérée dans ses rapports avec les institutions sociales》(1800)과 《독
일론De l'Allemagne》(1813)을 써서 유명해졌다. 특별히 《독일론De l'Allemagne》
에서는 종교와 여성의 지위 등을 포함한 독일 사회 전반의 모습을 기술
하고, 문학·철학·자연과학에서 독일인이 이룩한 업적을 평가했다.[112]

  조숙했던 또 다른 아이는 저명한 역사가 아우구스트 슐뢰처의 상속
자(혹은 피해자)였던 도로테아 슐뢰처다. 그녀는 태어난 지 18개월에 이미
알파벳을 익히고 그다음에는 현대 언어들을 배웠으며, 다섯 살에는 수
학을 공부했다고 한다. 도로테아는 여성 최초로 독일의 대학(1787년 괴
팅겐 대학)에서 박사 학위를 받았다. 10개 언어를 구사했고 동물학·식물
학·광물학·광학·종교학·미술 등을 공부했으며, 아버지와 달리 자연과

학에도 관심이 있었다.[113]

영국의 여성 폴리매스로는 해리엇 마티노와 조지 엘리엇이라는 필명으로 더 유명한 메리 앤 에번스가 있다. 마티노는 자신에 대해서 발견이나 발명을 하진 않았지만 인기를 얻을 수 있었다고 썼다. 그도 그럴 것이 그녀의 관심 범위는 광범위했다. 그녀는 거의 모든 주제로 대화를 나눌 수 있었다. 글을 써서 생계를 유지하기로 결심한 후에 종교서《신앙운동Devotional Exercises》(1823)과《정치경제의 실례Illustrations of Political Economy》(1832)를 포함한 정치경제서들을 출간했다. 또한 토크빌처럼 그녀도 미국 여행 후에《미국 사회Society in America》(1837)를 썼고, 중동 여행 후에는《동양의 삶, 과거와 현재Eastern Life, Present and Past》(1848)를 발표했다. 그리고 교육서인《가정 교육Household Education》(1848)과 1816년부터 1846년까지의 역사를 정리한《30년간의 평화The Thirty Years' Peace》(1849)도 출판했다. 그 외에도 신문에 글을 기고했고 논문과 소설을 썼으며, 콩트의《실증 철학Positive Philosophy》(1853)을 초역했다.[114]

언젠가 조지 엘리엇은 "나는 모든 주제를 좋아한다"라고 말했다.[115] 그녀가《플로스강의 물방앗간》에서 여주인공 매기 털리버를 묘사할 때 쓴 '모든 지식을 갈구한다'라는 말은 자신에게도 적용된다. 엘리엇의 비소설 작품은 보다 유명한 소설들에 오랫동안 가려져 있었다. 본래 그녀는 당시 유력 잡지였던《웨스트민스터 리뷰Westminster Review》의 비공식 편집자로 경력을 시작했다. 엘리엇은 〈프랑스 여성〉, 〈19세기 교회사〉, 〈독일 철학의 미래〉 등을 기고했고 번역과 민족지학 같은 주제로 장문의 글을 썼으며, 특히 메리 울스턴크래프트·괴테·밀턴·테니슨·바그너 같은 사람들의 삶을 다룬 글도 잡지에 실었다.

그녀는 7개 국어를 구사했으며 스피노자의《윤리학Ethics》, 루트비히 포이어바흐의《기독교의 본질》, 예수의 삶에 관한 다비트 슈트라우스의 논쟁적인 글을 번역했다. 1850년대에 조지 헨리 루이스를 만났을 무렵, 주된 관심 분야는 인문학과 사회과학(특히 오귀스트 콩트와 허버트 스펜서의 사상)이었다. 루이스와 동거하면서 그와 함께 과학 조사를 하러 다녔고, 의학·동물학·해부학·해양생물학 관련 글들을 함께 읽었다.[116]

조지 엘리엇의 연인으로 유명한 루이스 역시 뛰어난 폴리매스였다. 그는《포트나이틀리 리뷰Fortnightly Review》에서 편집자로 일했고 두 편의 소설,《철학의 전기적 역사A Biographical History of Philosophy》, 스페인 연극론, 콩트의 과학철학 분석, 로베스피에르와 괴테의 전기 등을 집필했다. 이후 루이스는 자연과학으로 눈을 돌려 해양 생물에 관한 연구 논문과 생리학 저서를 출판했고《삶과 마음의 문제Problems of Life and Mind》라는 심리학 연구서를 집필하다 사망했으나 이 책은 그의 사후에 엘리엇이 완성했다.[117] 여담이지만 이렇게나 지식이 풍부했던 루이스도 대학에는 다니지 않았다.

엘리엇의 과학적 관심은 논문과 편지, 노트 등에 잘 드러나는데 특히 지질학·생물학·물리학·천문학·해부학 등에 친숙했다. 실제로 그녀는 과학적 아이디어와 추측이 넘쳐나는 상상력을 가졌다고 평가받으면서 일부 평론가에게 소설에 학구적 암시가 지나치게 많다는 비판을 받기도 했다.[118] 그녀의 노트에는 소설을 준비하면서 세심하게 조사했던 내용들이 남아 있다.《미들마치》를 쓸 때는 1832년에 선거법이 개정되기 전 몇

십 년 동안 영국의 정치가 어떠했는지를 연구했다. 《로몰라》의 여주인공은 2장에서 다룬 카산드라 페델레처럼 학식을 갖추고 싶어 하는 르네상스 시대 여성인데, 엘리엇은 그 소설을 쓰기 위해 피렌체·대영박물관·런던 도서관 등을 두루 다니며 자료를 조사했다.[119] 런던의 유대인 사회를 집중 조명한 《대니얼 데론다》를 쓸 때는 히브리어를 배웠는데, 루이스에 따르면 엘리엇이 여느 랍비 못지않게 유대 역사와 문학에 정통했다고 한다. 엘리엇은 《미들마치》에서 에드워드 커소번이라는 학자를 비판적으로 묘사한 것으로 유명하지만, 언젠가 그녀는 커소본의 태도가 내게는 아주 낯선 것은 아니라고 인정했다.

스코틀랜드 출신의 메리 서머빌은 영국의 한 저명인사가 그녀를 앞에서 다루었던 마리아 아녜시와 비교할 정도로 뛰어난 과학자였다.[120] 한참 후에 자신이 썼듯이, 서머빌은 스코틀랜드의 소도시에서 야생 동물처럼 거칠게 자랐다. 당시 여성은 대학에 입학할 수 없었으므로 주로 독학으로 지식을 쌓았다. 그녀는 라틴어·그리스어·수학·천문학·광물학·지질학을 공부했고 여러 실험(태양 복사 에너지의 영향)을 수행했으며, 왕립 학회 기관지인 《회보Transactions》에 논문을 발표했다. 런던으로 이주한 다음에는 폴리매스였던 영·허셜·서머빌이 다양한 주제에 관해 광범위한 지식을 가졌다며 찬사를 보낸 배비지 등과 교류했다.[121]

아내와 어머니 역할을 하느라 체계적으로 연구할 시간이 부족했던 서머빌은 어쩔 수 없이 정보와 아이디어를 종합하는 데 집중해야 했다. 훗날 스스로 밝힌 것처럼 그녀는 장피에르 라플라스가 쓴 《천체의 메커니즘the mechanism of the heavens》을 번역해 달라는 요청을 받았을 때 인생이 바뀌었다. 서머빌은 그 책의 서문으로 쓴 논문을 발전시켜 《자연과학의 연결성에 관하여On the Connection of the Physical Sciences》(1834)라는 역작을 썼다. 이 책은 일반인도 쉽게 읽을 수 있도록 명료하게 쓰였으며, 큰 그림을 보고 전문가들이 놓친 연결성을 찾아냄으로써 폴리매스의 강점을 증명했다. 또한 서머빌이 쓴 자연지리학 교재는 큰 인기를 얻었다. 이 책은 휴얼과 알렉산더 훔볼트에게 찬사를 받았고 특히 훔볼트는 그녀의 지식 연결 능력을 칭찬했다.[122]

+ 과학자라는 용어의 등장 +

조지 엘리엇과 메리 서머빌이 자연과학을 공부할 즈음, 1830년대에 월리엄 휴얼이 만든 용어인 '과학자scientist'가 사용되기 시작했다. 이는 앞으로 100여 년 후에 '두 문화'로 불리게 될 과학과 인문학이 분리되고 있다는 초기 징후였다.[123] 그러나 이때는 유명한 과학자라도 인문학 연구에 참여했고, 이따금 인문학 발전에 기여했다.

프랑스의 앙투안 쿠르노Antoine Cournot는 역학 분야에서 경력을 시작했지만 수학으로 눈을 돌린 후 부를 분석하는 연구에 수학을 활용해서 정치경제 분야에서 선구적 기여를 했으며, 말년에는 철학자가 되어 지식의 기초에 관한 논문을 썼다. 그는 천문학에도 관심이 많았다.

조르주 퀴비에Georges Cuvier는 동물학·비교해부학·고생물학·지질학 분야를 지배했지만 과학의 역사를 다룬 글도 썼다. 퀴비에의 친구이자 공동 연구자였고, 경쟁자이자 적이기도 했던 에티엔 조프루아 생틸레르

Étienne Geoffroy Saint-Hilaire는 동물학·비교해부학·고생물학은 물론, 실험발
생학 분야에서도 활약했다.[124]

+ 독일의 과학자들 +

이 시기에 독일에서 활약했던 폴리매스 과학자들로는 루돌프 피르호
Rudolf Virchow·헤르만 헬름홀츠Hermann Helmholtz·에른스트 헤켈Ernst Haeckel
이 있다. 피르호는 물리학자·병리학자·생물학자였을 뿐만 아니라 민속
학자이자 선사시대 연구자였고 정치 분야에서도 활약했다. 실제로 그
는 의학은 일종의 사회과학이고, 정치도 넓게 보면 의학과 다르지 않다
고 주장했다.[125] 그는 정치를 중요하게 생각해서 1848년 혁명에도 참여
했으며 나중에는 자유당 의원직을 맡아 비스마르크의 적이 되었다. 비스
마르크는 그를 가리켜 '자기 분야에서 나와 내 분야에 발을 들인 아마
추어'라고 비꼬았다.[126] 피르호는 세포 병리학설(암의 원인을 밝히고 백혈병
을 찾아냈다)로 자연과학에 기여한 공로 외에도, 자연인류학을 공부하고
약 700만 명에 달하는 독일의 초등생을 대상으로 머리카락·피부·눈 색
깔을 조사해서 아리아인에 대한 환상을 반박했다. 민족학지의 편집자로
일했고 인간의 본성에 관심을 두고 괴테를 주제로 글을 썼다. 또한 하인
리히 슐리만이 트로이 발굴 작업을 지원했으며, 포메라니아 지역에서는
직접 고고학 조사를 벌였다(당시는 전문화 사회가 아니라서 정식 고고학자가
아니어도 발굴 조사를 할 수 있었다).[127]

헬름홀츠는 만능 천재이자 라이프니츠의 전통을 이어받아 과학 전체

는 물론 철학과 미술 분야에도 업적을 남긴 마지막 학자로 불린다.[128] 간결한 설명이 특징인 《과학 인물 사전Dictionary of Scientific Biography》만 해도 헬름홀츠가 에너지론·음향학·생리음향학·생리광학·인식론·수력학·전기역학에 기여했다고 나와 있다.[129] 헬름홀츠는 청소년 시절에 물리학에 빠졌지만 아버지의 조언에 따라 의학을 공부했다. 베를린 대학에서는 화학·수학·철학을 배웠다. 본 대학에서 해부학 및 생리학 교수로 임용되었으나 나중에는 하이델베르크 대학에서 시각생리학과 청각생리학을 연구했다. 그 후에는 청소년기에 빠졌던 물리학으로 돌아갔고 결국 베를린 대학의 물리학 교수가 되었다. 특히 그는 미술 감상과 음악 이론에 관심을 두었다. 미대 학생들에게 강의를 했으며 테오도어 몸젠, 하인리히 폰 트라이치케 같은 고대·근대 사학자와 교류했다. 피르호처럼 그도 괴테와 과학에 관한 글을 썼다.[130]

그다음 세대로는 피르호의 학생이었던 에른스트 헤켈이 해부학·동물학·생태학(헤켈이 명명한 학문)에 두루 관심을 가졌고 과학철학 분야에 저술도 남겼다. 그는 학문 통합을 중요하게 생각해서 대의로 삼은 세속 종교를 전파하기 위해 독일 일원론 연맹을 창설했다. 또한 헤켈은 자기 책의 삽화를 직접 그린 예술가이자 멀리뛰기 대회에서 상을 받은 운동선수였는데, 이로써 그는 레온 바티스타 알베르티, 루돌프 아그리콜라, 제임스 크라이튼이 활동하던 르네상스 시대 이후 체육 분야에서 두각을 드러낸 최초의 폴리매스가 되었다. 그는 등산을 포함해서 여행과 탐험을 좋아했다. 당연히 그가 닮고 싶었던 인물은 알렉산더 폰 훔볼트였다.

훔볼트는 미국 출신의 폴리매스 조지 마시George Marsh에게도 영감을 주었다. 마시는 변호사와 외교관 그리고 사회 개혁가로 활약했지만, 이 '다재다능한 버몬트인'은 남는 시간을 이용해서 미술품 수집가·고고학자·언어학자·지리학자·선구적인 환경운동가로 일했다. 전기 작가인 데이비드 로웬덜은 마시를 당시 가장 폭넓게 활동한 학자로 표현했다.[131]

+ 영국의 과학자들 +

영국의 빅토리아 시대에도 다방면에 관심이 많았던 과학자들이 활약했으며 이들은 여러 학문에 기여했고 과학과 문학을 결합했다.

빅토리아 시대를 대표하는 지식인은 누가 뭐라 해도 찰스 다윈Charles Darwin이었다. 그의 아버지는 아들을 의사로 키우기 위해 에든버러로 보냈지만 그곳에서 다윈은 해부학을 싫어한다는 사실을 깨달았다. 이번에는 성직자로 만들기 위해 케임브리지로 보냈으나 다윈은 그곳에서 박물학을 발견하게 된다. 그는 알렉산더 폰 훔볼트를 존경했고, 자신의 인생 항로는 어렸을 때 그의 《신변기Personal Narrative》를 반복해 읽으면서 결정되었다고 고백했다.[132]

훔볼트가 스페인령 아메리카로 담험을 떠났던 것처럼 다윈도 비글호를 타고 장기 항해(1831~1836)를 한 덕분에 인생이 바뀌었다. 여행 중 접한 사람들·장소·생명체·식물·기후·바위의 구조·정치·원주민 부족 등 모든 것이 관심을 끈 듯했다.[133] 마침내 다윈은 식물학서 6권과 지질학서 3권, 그리고 《동물과 인간의 감정 표현》을 출간했다.

다윈에게 명성을 안겨 준 《종의 기원On the Origin of Species》(1859)은 하나

의 문학 작품으로 읽힐 수 있고 실제로도 그렇게 분석된다. 이 책에서 다윈은 꼼꼼하게 관찰한 내용을 생생하게 묘사하고 이야기하듯 자신의 주장을 펼쳐 흥미를 더했다.[134] 책의 핵심 아이디어는 다윈의 폭넓은 독서가 바탕이 되었으며, 이는 폴리매스가 주변에서 아이디어를 얻고 새로운 환경에 적용함으로써 학문 발전에 기여하는 방식을 잘 보여준다. 다윈은 친구였던 찰스 라이엘Charles Lyell의 《지질학의 원리Principles of Geology》를 읽고 다양한 종이 아주 오랜 기간에 걸쳐 진화 과정을 거쳐 왔다는 생각을 떠올렸고, 토머스 맬서스Thomas Malthus의 《인구론The Principle of Population》을 읽고 나서는 생존 투쟁이라는 아이디어를 얻었다.[135]

다윈을 공개 지지해서 유명해졌고, 폴리매스이기도 했던 토머스 헨리 헉슬리Thomas Henry Huxley는 언젠가 자신의 다양한 취미에 대해 신에게 감사를 표했으며, 만약 자신이 고양이처럼 목숨이 여러 개였다면 미탐사 지역이 남아 있지 않을 것이라고 했다. 헉슬리도 다윈처럼 의학을 공부했지만 학위를 취득하지는 못했다. 또한 그도 선의船醫 자격으로 HMS 래틀스네이크호를 타고 1846년부터 1850년까지 뉴기니섬 부근의 토러스 해협과 오스트레일리아를 탐사한 경험으로 인생이 바뀌었다. 헉슬리는 동물학에 관심이 생겨서 말미잘·해파리·성게 등을 조사했다. 영국으로 돌아온 후에는 런던 광산학교에서 지질학을 강의했다. 또한 지질학과 진화론에 대한 관심이 고생물학으로 이어져서 공룡과 네안데르탈인의 두개골도 연구했다.

허버트 스펜서에게 소개받은 《웨스트민스터 리뷰》의 정기 기고자가 되는 과정에서 명쾌하고 생생하게 지식을 전달하는 재능을 발견했다. 또한 다양한 주제로 대중 강연을 했으며, 그중 1868년에 노리치에서 노동자들을 대상으로 했던 '분필 한 자루'라는 강연이 유명하다. 헉슬리의 논문과 강연 모음집은 9권에 달하는데 그중에는 문학 교육과 과학 교육의 우선순위를 두고 매슈 아널드와 벌인 논쟁도 있다.[136]

다재다능했던 또 다른 과학자는 오늘날 우생학 옹호자로 유명한(혹은 악명 높은) 프랜시스 골턴Francis Galton이다. 골턴도 탐험가로 경력을 시작했는데, 그는 중동과 당시에는 유럽인에게 알려지지 않았던 아프리카 남서부 지역을 탐험한 후에 여행의 기술에 관한 책을 냈다. 찰스 다윈의 사촌이기도 했던 골턴은 특별히 유전학에 관심이 많아서 인간과 완두콩의 유전을 공부했다. 그는 수학자이자 통계학자였고 인체 측정 실험실을 만든 자연인류학자였다. 지능 검사와 시각 기억에 관심이 있던 실험심리학자이자 고기압을 발견하고 이름을 지은 기상학자였다. 또한 폴리매스였던 존 허셜의 아들인 윌리엄 제임스 허셜의 자료를 토대로 지문 분류법을 고안했다.[137]

윌리엄 헨리 폭스 탤벗William Henry Fox Talbot은 다재다능한 인물이었으나 특이하게도 오늘날은 거의 사진학 분야에서만 유명하다. 그는 카메라를 빌명하지도 《자연의 연필The Pencil of Nature》(1844)이라는 책에서 사진에 관해 쓰지 않았지만 그럼에도 빅토리아 시대 폴리매스로 불리는 데 별 문제가 없다. 그는 뛰어난 수학자였다. 탤벗 곡선Talbot's curve은 그의 이름을 딴 것이다. 존 허셜과 만난 후 광학을 연구하기 시작했고 탤벗 법칙Talbot's law을 만들었다. 또한 분광기를 들여다보다 화학에도 관심을 두면서 스펙트럼으로 성분을 식별하는 방법을 증명했다.

광학과 화학에 대한 관심은 사진 연구로 수렴되었으나 탤벗의 관심 범위는 여전히 광범위했다. 그는 두 가지 신종 식물을 발견했다. 3편의 천문학 논문과 여러 편의 정수론 논문을 발표했다. 어원학 분야에도 저술을 남겼으며 최초로 아시리아 설형 문자를 해독했다. 자연과학자처럼 사고했던 그는 자신의 해독문에 대한 신뢰도를 측정하고자 일종의 실험을 제안했다. 그것은 학자들이 의견 교류를 하지 않은 채 각자 새로 발견된 비문을 해독하는 방식이었다(다행히도 그들의 해독문은 크게 다르지 않았다). 그밖에도 탤벗은 하원 의원으로 활동했고 《온건한 하원 개혁에 대한 고찰Thoughts on Moderate Reform in the House of Commons》을 비롯해서 여러 권의 책을 썼다.[138]

✦ 지식 분업과 새로운 위기 ✦

정보량이 서서히 증가함에 따라 지적 노동도 분업해야 한다는 생각이 점차 힘을 얻고 관행으로 자리 잡기 시작했다. 이에 18세기 중반부터 지식 전문화를 포함해서 전문화 현상 전반이 공공 담론의 주제가 되었다. 1748년에 이미 드니 디드로는 전문 수술을 언급했고, 전문화 현상이 의료 현장에서 추세로 자리 잡을 것이라고 제대로 예상했다.[139]

애덤 스미스는 유명한 《국부론》에서 노동 분업을 논하기 전에 이미 1763년에 법학 강의에서 그 내용을 다뤘으며 지적 작업을 이렇게 설명했다. 학문(지금의 과학)은 분리 가능하므로, 다른 모든 것과 마찬가지로 시간이 지나면 다양한 분야로 세분화되거나 수많은 가지치기를 해서 각

4장 지식인의 시대

각 특정 학자 집단이나 부류에 일자리를 제공한다. 혹자는 스미스를 냉소주의자로 생각할지 모르겠으나 그는 개인이 자신만의 독특한 분야에서 전문성을 강화할수록 더 많은 연구가 이루어져 사회 전반적으로 지식의 양이 급증하게 된다고 믿었다.[140]

이마누엘 칸트는 1785년에 쓴 글에서 스미스의 노동 분업론뿐만 아니라 특별히 합리론과 경험론을 구분한 접근법에도 동의했다. 칸트에 따르면 이런 질문을 던져볼 만하다. 만약 대중에 영합하는 사람들이 자신도 모르는 배합 비율로 합리론과 경험론을 적당히 섞어 파는 데 익숙하다면, 그리고 요구하는 재능이 서로 다른 두 작업을 동시에 할 경우 실수가 발생하므로 그러면 안 된다고 경고받는다면, 모든 순수 철학은 특정인이 불필요하지 않은지, 전반적으로 그런 배움은 무효가 아닌지 질문을 던져 볼 필요가 있다.[141]

영국의 찰스 배비지는 광범위한 관심사를 가진 사람이었음에도 스스로 정신노동의 분업이라 부른 것을 환영했다.[142] 다시 말하지만, 허버트 스펜서의 사회 이론에서 핵심 주제는 전문화 혹은 차별화 경향이며, 그것이 진보 혹은 사회 진화에 기여했다.[143] 그러나 영국의 다른 학자들은 전문화 경향을 별로 좋아하지 않았다. 특별히 폴리매스였던 윌리엄 휴얼은 분리와 분열 성향이 강화되는 모습을 이렇게 인상적으로 표현했다. "수학자는 화학자를, 화학자는 박물학자를 외면한다. 수학자는 외톨이가 된 후에도 자기 안에서 순수 수학자와 잡종 수학자를 나누고, 이내 그 둘을 갈라놓는다."[144] 휴얼은 당대에도 자주 사용되던 정치적 비유를 들어, 일명 지식 공동체가 산산조각 난 위대한 제국처럼 해체될지 모른

다고 두려워했다.[145]

전문화 현상은 새로운 교육 기관의 신설로 강화되었다. 19세기 프랑스에서는 전문성과 거리가 멀었던 지역 아카데미들이 지역농업학회·고고학회·골동품연구회·과학연구회 등에 자리를 내주었다. 파리에서는

1804년에 켈트 아카데미가 설립된 후, 아시아학회(1821)·지리학회(1821)·지질학회(1830)·인류학회(1832)·민족학회(1839)·정치경제학회(1842) 등이 차례로 생겨났다. 베를린에서는 독일어 및 유물연구회(1815)·지리학회(1828)·물리학회(1845)·지질학회(1848)·인류학회(1869)가 신설되었다.[146]

런던에서는 1807년에 지질학회(1807)가 설립된 후 천문학회(1820)·왕립문학학회(1820)·정치경제클럽(1821)·왕립아시아학회(1823)·동물학회(1826)·어원학회(1833)·식물학회(1833)·민족학회(1843)가 등장했다. 조지프 뱅크스 런던왕립학회장은 이런 파편화 현상에 대해 이 모든 신설학회가 결국 왕립학회를 해체할 것이며, 이 '노부인'에게 덮을 누더기조차 남겨 두지 않으리라는 사실이 눈에 훤하다고 말했다.[147]

프랑스에서는 콩트가 양가감정을 표현했다. 그는 전문화가 전체 정신을 파악할 수 없게 하지만, 학문의 발전을 위해서는 전문화가 필요하며 일반론 자체를 전문적으로 연구하는 집단도 생겨날 거라고 생각했다. 콩트가 지적한 이 세 가지는 이어지는 다음 장에서 전부 사실로 밝혀진다.

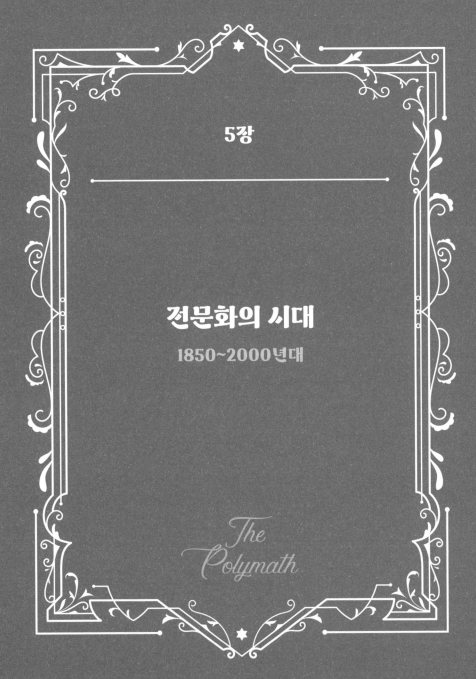

5장

전문화의 시대

1850~2000년대

The
Polymath

The
Polymath —

THE POLYMATH

19세기 말이 되면 여러 방면에서 활약하는 학자들에게 우호적이지 않은 분위기가 형성되기 시작한다. 앞에서 봤듯이 아타나시우스 키르허와 올로프 루드베크 같은 소수의 박학다식한 괴물들은 17세기에도 지나친 야망으로 비판받긴 했지만 19세기에는 그런 비판이 더욱 거세졌다.

+ 폴리매스를 바라보는 차가운 시선 +

알렉산더 폰 훔볼트는 친구인 프리드리히 실러에게 지나치게 많은 학문에 손을 댄다는 비판을 받았지만 오히려 훔볼트는 한 번에 너무 많은 것을 궁금해한다고 사람들이 자신을 매번 지적한다고 불평했다.[1] 윌리엄 휴얼은 시드니 스미스의 재치 있는 표현처럼 전부 아는 것이 그의 약점이라는 말을 들었다. 에세이스트 윌리엄 해즐릿은 콜리지에 대해 그가 손대지 않은 학문도 없지만 그가 토대를 두고 있는 학문도 없다고 썼다.[2] 토머스 피콕은《헤드롱 홀》(1816)이라는 풍자 소설에서 콜리지를 '미스터 팬스코프'라는 인물로 등장시켰는데, 이 사람은 모든 학문을 섭렵했고 모든 지식을 완벽하게 이해한 사람이었다.

토머스 영도 너무 많은 것을 시도한다는 비판을 받았다. 한 이탈리아 학자는 영에게 "당신은 너무나 다양한 학문에 다재다능해서… 우리가 탁월한 재능을 가진 사람들에게 기대하기 마련인 하나를 발견해서 꾸준히 밀고 나가 완벽한 수준에 도달할 능력이 당신에게 없어서 많은 사람이 유감으로 생각한다"라고 말했다. 왕립학회장은 영이 사망했을 때 그의 업적을 칭송하면서도 학회는 모든 학문을 아우르려 애쓰기보다 규정된 학문의 범위 안에서 관련 연구에 집중하기를 바란다고 강조했다.[3]

지성계의 바뀐 분위기를 보여주는 또 다른 지표는 딜레탕트dilettante 라는 용어의 의미 변화다. 이 용어가 처음 등장했을 당시(이탈리아에서 만들어져 18세기에 영국으로 전해졌다)의 의미는 예술이나 학문을 사랑하는 사람을 칭했던 프랑스어 아마추어amateur 처럼 어떤 것에서 기쁨을 느끼는 사람이라는 긍정적인 의미가 있었다. 그러나 19세기에 점점 경멸적인 의미가 담기면서 열정 없이 피상적인 지식만 가진 비전문가를 뜻하게 되었다. 독일의 중세사 전문가였던 게오르크 바이츠는 역사가들을 위한 최초의 전문 학술지였던《역사 잡지》(1859) 제1 호에서 딜레탕티즘Dilettantismus 을 비판했다. 이와 비슷하게 독일의 유명 생리학자였던 에밀 뒤부아레몽은 괴테의 자연과학 연구서들을 독학 딜레탕트의 소일거리로 일축했다.[4]

+ 지식의 과부하와 대중화 +

이렇게 분위기가 바뀐 이유는 무엇이었을까? 한마디로 과부하가 걸렸기 때문이었다. 17세기처럼 이 시기에도 지식이 폭발했지만 확대와 파편화라는 두 가지 방향으로 상황이 전개됐다. 목재 펄프로 저렴한 종이가 생산되고 증기 인쇄기가 발명된 덕분에 책과 잡지의 가격이 낮아져 출판물이 급증했고, 이것이 제2의 도서 혁명 혹은 염가판의 홍수라 불리는 현상을 낳았다.[5] 이 시대에는 지식, 특히 과학 지식의 대중화가 점점 중요해졌다.[6] 앞 장에서 언급했던 영국의 폴리매스 토머스 드퀸시는 끊임없이 자신의 집 밖에 책을 내려놓는 수레와 마차의 행렬이라는 비유로 기대감 혹은 불안감을 생생하게 표현했다.[7]

그러나 과부하의 원인이 도서 가격의 하락 때문만은 아니었다. 물리학과 화학 분야에서 실험 연구가 증가하면서 생산되는 지식의 양이 늘어났다. 다양한 암석과 동식물이 관찰되고 기록됐다. 공공 문서 보관소가 늘어나면서 이제 일반인도 역사를 연구할 수 있었다. 이즈음 망원경과 현미경의 성능이 좋아지면서 덕분에 새로운 별과 원소가 발견되었다. 전략적·경제적 목적으로 주로 국가가 지원했던 과학 탐험대가 동식물과 광물 표본 수천 개를 국내로 들여옴에 따라, 아프리카·오세아니아·북극 지방의 천연자원, 원주민과 그들의 언어 등 세계 여러 지역에 관한 지식이 크게 증가했다.[8]

이런 방식으로 확장된 것이 학문적 지식만은 아니었다. 19세기에는 일종의 정부 혁명이 일어나고 있었다. 중요한 결정을 내리기 전에 주로 설문 조사를 통해 관련 자료를 체계적으로 수집하는 정보 국가가 등장했다.[9] 수집된 자료는 대부분은 통계의 형태로 발표되었다. 인쇄된 숫자의 쇄도 현상이 일어났으며 대부분은 관료들이 만들었다.[10]

인도를 지배한 영국, 북아프리카를 지배한 프랑스, 콩고를 지배한 벨기에 등 제국의 시대에 식민지 통치자와 관리자들은 필수적으로 식민지 주민과 그곳의 지리 및 자원을 공부해야 했다. 이들은 식민지 영토를 조사하고 지도를 제작했으며, 주민들이 제국의 지배에 복종하는지 반항하는지 등을 보고서로 작성했다.[11] 국내에서는 경찰이 정보를 축적했다. 1879년에 영국 범죄수사부가 취급한 공문서와 특별 보고서는 4만 개가 넘었다.[12] 기업도 서서히 국가를 모방했는데 그 선발 주자는 미국의 철도 회사들로 처음에는 사고를 막기 위해, 나중에는 다른 기업들처럼 확대되는 사업을 관리하기 위해서 많은 정보가 필요했다.[13]

이런 모든 정보는 체계화가 필요했다. 이미 살폈지만 17세기에 첫 번째 지식의 위기에 대한 해법은 새로운 기록법과 보관법의 개발이었다. 18세기에는 다양한 주제를 다룬 참고서가 폭증했는데 이 책들은 독서용보다 찾아보거나 훑는 용도로 제작되었다. 이런 참고서가 지나치게 많아지자 1758년에는 하나로 묶어 소개하는 사전이 출간되기도 했다.[14]

스코틀랜드 출신으로 유명한 《에든버러 리뷰》의 편집자였던 프랜시스 제프리는 1819년에 이렇게 두려움을 표현했다. "만약 우리가 향후 200년간 지금의 속도로 계속 글을 쓴다면 새로운 속독 기술이 발명되어야 할 것이다. 그렇지 않으면 모든 사람이 절망해서 독서를 그만둘 것이다."[15]

19세기 말, 독일의 폴리매스 헤르만 폰 헬름홀츠는 지식을 손쉽게 얻게 해주는 목록·사전·명부·색인·요람 같은 것을 정보 도구appliances라 칭하고 그것들의 발달에 주목했다.[16] 그는 사서 출신의 폴리매스였던 멜빌 듀이Melvil Dewey가 고안한 카드 색인을 떠올렸을 텐데, 듀이가 표준화한 카드는 다른 사서들은 물론 학자와 기업인들의 관심도 끌었다(오늘날 카드 색인화는 현대 기업의 필수 작업이 되었다).[17] 또한 1875년에 처음 생산된 문서 보관함도 떠올렸을 것이다. 이 도구는 사무실과 도서관에서 점점 더 많은 공간을 차지하고 있다.

+ 전문화라는 새로운 용어의 등장 +

지식 폭발에 대한 주요 대책은 지식을 전문화해서 필수 정보의 양을 줄이는 것이었다. 전문화는 정보의 홍수를 막는 제방으로 일종의 방어책으로 간주되었다. 1979년에 한 탁월한 미국 역사가는 여전히 기록되지 못한 전문화의 일반 역사를 연구해야 한다고 주장했다.[18] 아직 그 빈틈이 채워지지 못했으므로 어쩌면 전문화 역사를 연구하는 전문가 집단이 필요할지 모르겠다. 이 책에서 소개하는 내용도 간단한 개요에 불과하다. 앞 장에서 초기 단계를 언급한 전문화 현상은 1850년대부터 2000년까지 확대하는 추세를 보였다.

반복해서 말하지만 새로운 단어에는 문제의식이 드러난다. 이미 말했듯이 '과학자'라는 단어는 1830년대에 만들어졌으며 이 단어는 지식인과 자연 연구자 사이의 틈이 벌어지고 있다는 초기 증거였다. 1830년대와 1840년대에 프랑스에서는 '전문spécialité'이라는 단어가 널리 사용되었고, 뒤이어 1848년에는 의료 현장에서 '전문의spécialiste'라는 말이 사용되었다. 역설적이게도 '전문화spécialisation'라는 추상 명사를 만든 사람은 폴리매스였던 오귀스트 콩트였다.[19] 영국에서 '전문가specialist'라는 단어가 사용되었다는 첫 기록은 1856년이었으며 '전문specialism'이라는 단어도 같은 해에, '전문화specialization'는 1865년에 첫 사용 기록이 남아 있다. 새로운 현상을 설명하려면 새로운 단어가 필요했다.

한편 칸트와 애덤 스미스의 논쟁은 계속되었다. 한쪽에서는 사회학자인 에밀 뒤르켐Émil Durkheim이 노동의 분업은 타인 의존도를 높여 사회를 더욱 결속시킨다고 주장했다. 뒤르켐 자신은 관심 범위가 넓었지만 분업의 이점을 학계에 널리 전파했고 학문의 전문화를 일관되게 긍정적으로 생각했다.[20] 그는 사회학이 전문 학문이 되면 자주 철학적 사유로 흐르던 사회 연구가 좀 더 정확하고 객관적으로 수행될 수 있다고 생각했다.[21]

반대편에서는 카를 마르크스가 공산주의 사회를 꿈꾸고 있었다. 그 사회는 내 마음대로 오늘 이 일을 하고 내일 저 일을 할 수 있는 곳이다. 아침에 사냥하고 오후에 낚시하며 저녁에는 소를 기르고 저녁 식사 후에는 비평을 할 수 있는 세상이었다. 윌리엄 모리스도 대다수 노동자가 항상 1분 단위로 시간을 쪼개 일하고 다른 생각은 할 여유가 없는 사회를 비판했다. 그의 이상 사회에서 장인은 만드는 물건에 자신의 지성과 열정을 쏟아붓는다. 작업은 전혀 나눌 수 없어서 자기 제품과 다른 유사 제품의 관계를 전부 알아야 한다.[22]

폴리매스 사회학자 막스 베버Max Weber는 1917년에 '직업으로서의 학문'이라는 유명한 강의를 했고, 여기에서 다재다능함과 전문화 사이의 긴장 관계를 논하면서 양가감정을 드러냈다.[23] 베버는 스스로 그런 긴장감을 느꼈다. 어쩌면 그것 때문에 1897년에 신경쇠약으로 고생했는지도 모른다.

✦ 교육 기관의 분화 ✦

'전문의'라는 용어를 처음 사용한 곳이 의료 현장이었다는 사실은 우연한 일이 아니다. 18세기 중반에 디드로가 지적했듯 이미 의학계에서는 질병이나 인체 부위별로 전공 의사가 달라지고 있었기 때문이다.[24]

반면에 대학들은 여전히 지식 전반에 관심을 두었다. 지식인의 시대에 폴리매스가 살아남을 수 있었던 이유는 당시 서양의 고등 교육 기관이 덜 전문화되었기 때문이다. 독일에서는 대학처럼 학과도 옮겨 다니면서 학위를 받을 수 있었다. 스코틀랜드에서 첫 학위는 4년 과정의 학사 학위(이와 달리 영국의 학사 과정은 3년)인데, 전통적으로 필수 교양 과목에 철학이 들어 있었다.[25] 1870년대 이전의 케임브리지 대학 학부생들은 고전이나 수학 중 하나를 반드시 평가받았지만 따로 수업료만 지불하면 다른 학과의 강의도 들을 수 있었다. 1828년에 18세가 되어 대학에 입학한 찰스 다윈은 존 헨슬로 식물학 교수와 애덤 세지윅 지질학 교수의 도움을 받아 박물학 연구에 뛰어들었다.

그러나 19세기 말에는 의학계를 본떠 독일과 미국 등의 나라에서 연구 중심 대학들이 신설되었다. 그다음에는 일반 대학들이 새로운 학문

을 취급하기 위해 학과를 나누기 시작했다.[26]

　독일에서 공부한 어느 미국인 학자가 1874년에 출판한 독일 대학들에 관한 책에 썼듯이 독일 교수는 영어에서 말하는 선생님과 의미가 다르다. 그는 전문가다.[27] 특히 독일과 미국의 학계에서 전문화 추세가 확산되면서 신생 연구 분야들이 학문으로 인정해달라고 요구했고, 제도적으로 학과의 형태를 갖추어 독립했다. 학계가 점점 연구 중심으로, 즉 지식에 대한 독창적 기여를 강조하는 쪽으로 바뀌면서 예비 학자들은 특정 분야에 집중하라는 권고를 받았다. 1850년대 말에 독일에서 공부했던 한 미국인 고전학자는 수많은 세미나 주제의 범위가 끔찍할 정도로 좁았다고 기억했다.[28]

　한편 자율적인 학과로 독립하겠다고 선언하는 하위 학문이 늘어났다. 1872년에 파리에서는 사립정치대학이, 예일 대학에서는 정치사회학과가 신설되었다. 에밀 뒤르켐은 사회학이 자유롭게 연구 대상을 선택하고 법학뿐만 아니라 철학과 심리학으로부터 독립해서 자체 존재권을 유지해야 한다며 사회학의 자율성 확보를 위해 열심히 싸웠고 결국 승리했다.[29] 실험심리학은 1879년에 라이프치히 대학에서, 1884년에 존스 홉킨스 대학에서, 1891년에 제네바 대학에서 철학으로부터 독립했다.

　19세기 중반까지 철학처럼 포괄적인 문화·역사 용어로 정의되던 옛 문헌학도 지역 언어(독일어·로망어·슬라브어·영어 등) 연구 같은 신생 학문 때문에 입지가 좁아졌다. 심지어 고대 그리스·로마 시대 연구에서조차 고전 고고학과 예술사의 등장으로 문헌학의 범위는 언어 연구로 축소되었다.[30]

마치 신생 국가가 탄생하듯 새로운 학문 안에서도 세분화 과정이 빠르게 진행되었다. 역사 연구는 시대별(고대~중세~근대)로 구분되었다. 경제사(하버드 대학은 1892년에 설립)와 과학사(콜레주 드 프랑스는 1892년에 신설과 동시에 설립)는 자체적으로 과를 만들었다. 지리학과는 자연지리와 인문지리로 나누어졌다가 곧이어 경제지리와 정치지리(혹은 1899년에 지정학으로 불린 학과)가 독립했다.

영국은 19세기 말에 어떤 전기가 마련되었다. 1871년에 대학 개혁이 일어난 후 옥스퍼드 대학생들은 1872년부터 근대사·법학·신학·수학·자연과학 전공자로, 1894년부터 영문학 전공자로, 1903년부터 현대어 전공자로 학위를 받을 수 있었다.[31] 스코틀랜드는 이런 변화에 한동안 저항하다 1858년에 타협안을 마련했다. 한 가지 전공에서 고급반 강좌를 이수한 성적 우수생은 일반 연구 과정을 선택할 수 있게 해서 1889년에는 기존의 일반 연구 학위와 전문 학위가 공존했다.[32]

학문 간 경계를 넘나들기 어려워지면서 학문에 파벌과 영역이 생겨났다.[33] 이것은 지식이 영역화되고 있다는 신호이며 '내 분야' 혹은 역사가의 경우 '내 시대' 같은 표현들의 사용이 증가했다. 일부 학계는 경쟁자들로부터 자신의 분야를 보호해야 한다는 생각에 극도로 예민해졌다. 1894년에 열린 미국 경제학회 회의에서 한 학자가 사회학은 경제학과 상의 없이 사회과학의 한 분야로 독립할 권리가 없다고 선언했다.[34]

새로운 전문 용어들도 지식의 파편화를 부추겼다. 그 예로는 자연인류학의 장두의(머리가 길쭉하다는 뜻), 사회심리학의 몰개성화(자기 인식 결여를 의미), 동물학의 동물기호학(동물의 소통 방식을 연구하는 학문), 인류학의 창조적 분열(문화적 차별화 과정) 등이 있다. 이런 전문 용어는 내부자에게 는 유용하지만 일반인은 이해하기 어렵다. 그 결과 학문과 학문 사이에, 전문가와 아마추어 사이에 경계선이 더욱 분명해졌다. 또한 문외한에게 는 진입 장벽으로 작용했다.

18세기까지도 과학 실험은 일상 관찰에 가까웠다. 도마뱀 꼬리처럼 달 팽이 머리도 재생되는지 알아보기 위해 달팽이 머리를 잘라 봤던 볼테 르처럼 아마추어도 쉽게 따라할 수 있었다. 심지어 19세기에도 현미경 을 들여다보거나 망치로 암석을 깨보거나 식물을 채집해서 말리거나 분 젠 버너 같은 비교적 간단한 도구를 이용해 여전히 아마추어들이 직접 실험을 해볼 수 있었다. 그러다 과학 발전이 도구의 크기와 가격에 좌우 되기 시작했다. 이제 아마추어는 DNA 구조나 입자물리학의 힉스 입자 같은 것을 발견해낸 실험을 따라 할 수 없었다. 1920년대에 철학자 앨프 리드 화이트헤드가 말했듯이 과학 이론이 상식을 넘어서고 있었다.[35]

요약하면 대학 캠퍼스는 수많은 지식의 섬으로 구성된 일종의 군도가 되었으며 그 섬들은 영국에서는 '과'로, 독일을 비롯한 다른 지역에서는 '기관'으로 불리는 벽을 치고 서로 거리를 두었다.[36]

+ 박물관·학회·학술회의 +

대학 밖에 있던 지식 기관들도 19세기 말부터는 점점 전문화되기 시작 했다. 신설 박물관들은 특정 분야의 자료만 모아 전시했다. 자연사·고고 학·인류학·아시아학 박물관이 있었고 심지어 빈에는 전시 경제 박물관도 있었다. 학과처럼 오래된 박물관들도 이따금 해체되었다. 1881년에 런던에서는 자연사 박물관이 영국박물관에서 독립했다. 4년 후에는 과학박물관이 사우스 켄싱턴 박물관(오늘날의 빅토리아 앤드 앨버트 박물관)에서 독립했다. 영국박물관도 내부적으로 판화와 드로잉·동전과 메달·동양 유물 등으로 관리 부서를 세분화했다.

왕립학회의 쇠퇴와 전문 학회의 부상에 관해서는 앞 장에서 다뤘다. 그런데 왕립학회 자체도 전문화되기 시작했다. 1847년까지 왕립학회에서는 고고학자·화폐 연구자·유물 연구자 등 학문과 과학 분야에서 회원을 뽑았지만 이후에는 자연과학자들에게 회원 자격을 주었다. 1887년이 되면 전문화가 심화되어 왕립학회의《철학회보》는 A집(수학과 물리학)과 B집(생물학)으로 나뉘게 된다.[37] 1847년 이후에도 소수이긴 했지만 여전히 고고학자와 인류학자가 왕립학회의 회원이 될 수 있었다(1858년 존 러벅·1871년 에드워드 타일러·1876년 아우구스투스 피트리버스·1901년 아서 에번스·1920년 제임스 프레이저 등이 있다).[38] 그런데 당시 고고학은 과학으로 간주되었지만 인류학은 타일러를 비롯한 여러 학자가 문화에 초점을 맞춘 연구 결과를 발표했음에도 대체로 인류의 자연사와 관련되는 학문으로 여겨졌다.

19세기 말 유럽 곳곳을 연결한 철도 덕분에 국제 학술회의가 증가하면서 전문가들은 다른 나라의 동료 학자들과 활발하게 교류할 수 있었다. 이런 학술회의는 대개 특정 학문으로 주제를 한정했다. 1865년에 제1회 인류학 및 선사 시대 고고학 국제 학술회의가 열렸고, 이어 1871년에는 지리 학술회의, 1873년에는 동양학 학술회의와 미술사 학술회의가 열렸다. 1885년에 처음 학술회의가 열렸던 범죄인류학이나 피부과학 같은 하위 학문 분야에서도 학술회의가 열렸다. 이런 학술회의들은 관심사가 비슷한 동료 학자들의 존재를 의식할 수 있게 한다는 점에서 전문가로서 정체성을 확립하는 데 도움이 되었다.[39]

+ 19세기 말 학술지 전성시대 +

19세기 초가《에든버러 리뷰》나《르뷔 데 되 몽드》같은 일반 학술지의 전성기였다면, 19세기 말은 전문 학술지의 시대였다. 1870년대 이후에《르뷔 데 되 몽드》의 구독자가 감소한 한 가지 이유는 전문 학술지와의 경쟁에서 밀렸기 때문이라고 한다.[40] 당시 대표적인 전문 학술지로는 독일의《히스토리셰 차이슈리프트》(1859), 프랑스의《르뷔 히스토리크》와《르뷔 필로소피크》(둘 다 1876년), 영국 철학지인《마인드Mind》(1876),《아메리칸 저널 오브 필로로지》(1990),《폴리티컬 사이언스 쿼털리》(1886),《쿼털리 저널 오브 이코노믹스》(1887),《아날 드 제오그라피》(1891),《아네 피지콜로지크》(1894),《아메리칸 저널 오브 소시올로지》(1895),《아네 소시올로지크》(1898) 등이 있다.

자연과학 분야에서는 전문화가 더욱 빠른 속도로 심화되었다.《주르날 드 피지크》(1872)나《아메리칸 저널 오브 매스매틱스》(1878) 같은 학술지 대열에《차이슈리트 퓌어 피지올로기셰 셰미》(1877),《바이트락 추어 게오피지크》(1887),《저널 오브 트로피컬 메디슨》(1898) 같은 하위 학문의 학술지들이 신속하게 합류했다. 1880년대와 1890년대에 과학 학술지의 급격한 차별화가 눈에 띈다. 추산하기로 1900년에 이미 그런 학술지가 1,258개나 있었다.[41]

여기에 실린 논문들은 독창적으로 지식에 기여하고자 내용과 용어가 더욱 전문화되었다. 《아메리칸 저널 오브 소시올로지》에 실린 1895년 논문과 그로부터 100년 후 논문을 비교해 보면 전문화 심화 과정을 확인할 수 있다. 1895년에 실린 논문들의 제목은 〈인류학과 역사 연구의 관계〉, 〈지역 연합체〉 등이었다. 그러나 1995년 논문들의 제목은 〈모형 간 회귀 계수 비교를 위한 통계 방법〉, 〈동베를린과 서베를린 청년 사이의 사회적 자본과 극우의 통제〉 등이었다.

+ 두 문화, 자연과학과 인문학 +

1959년에 케임브리지 대학에서 열린 한 유명한(혹은 악명 높은) 강연에서 소설가로 변신한 물리화학자 찰스 스노C. P. Snow는 '두 문화'라는 표현으로 자연과학과 인문학을 구별했다. 그는 과거에 하나였던 지적 문화가 20세기 중반에 두 개로 갈라졌고, 두 집단이 거의 소통하지 않았던 탓에 인문학 교육을 받은 사람은 간단한 과학 지식조차 갖추지 못하게 되었다며 한탄했다.[42]

스노의 강연 이후 시작되었다가 한참 뒤에 재개된 논쟁은 단순히 케임브리지 대학의 역사 혹은 심지어 20세기 중반 영국 문화사의 일부로만 폭 좁게 이해해서는 안 된다. 나중에 독일·네덜란드·이탈리아·스웨덴 등에서 제기된 스노 비판론에서 뚜렷이 드러나듯 그 논쟁은 보편 현

상의 지역적 사례였을 뿐이다.[43]

스노의 강연 이후 거의 70년이 지난 지금은 그가 두 문화만 언급했다는 사실이 오히려 이상할지 모르겠다. 오늘날은 세 번째 문화로 사회과학을 자주 언급하고 있다. 모든 과학자 혹은 모든 인문학자가 하나의 문화만 형성한다는 가정을 대단히 수상하게 생각한다. 학회·학술회의·학술지의 파편화 현상은 이미 19세기부터 눈에 띄기 시작했고 1950년대부터는 심화되고 있었기 때문이다.

19세기에 한 유명한 민족주의 연구에서 베네딕트 앤더슨Benedict Anderson은 국가란 국가 언론의 주도로 단결된 '상상의 공동체'다. 그 이유는 국민 전체가 동시에 같은 뉴스를 들을 뿐만 아니라 그 사실도 의식하고 있기 때문이라고 주장했다.[44] 만약 학회에 가입되어 있고 국제 학술회의에 참석하거나 특정 학술지를 정기 구독하고 있으며, 다른 사람들도 그 사실을 아는 것이 상상의 공동체를 형성하는 데 도움이 된다면, 그런 학문 공동체들은 옛 편지 공화국과 그 이후의 지식 공동체를 희생하며 확산하는 것이다.

+ 과학과 학자들의 팀워크 +

증가하는 정보량을 관리하고 정보를 지식으로 전환하기 위해 과학 탐험을 나서거나 백과사전을 제작하거나 실험 혹은 관찰이 필요할 때 개별 학자들은 팀 공동 작업에 의존하기 시작했다.

과학 탐험은 18세기 말부터 활발해졌는데 흔히 특수 재능을 지닌 학자들이 탐험대로 선발되었다. 1785년에 라페루즈 백작Comte de a Pérouse은 태평양 탐험을 떠날 때 천문학자·지질학자·식물학자·물리학자 각 1명, 박물학자 3명 등 총 열 명의 전문가를 데려갔다. 1800년에 프랑스 정부가 지리학(특히 수로학) 및 박물학 연구 목적으로 오스트레일리아 원정에 니콜라 보댕Nicolas Baudin을 보냈을 때 그는 식물학자 3명, 동물학자 5명, 광물학자 2명… 천문학자와 지리학자 각 2명을 데려갔고 그중 몇 사람은 원정 도중 사망했다.[45] 심해 연구가 목적이었던 영국의 챌린저호 탐험대(1872~1876)는 해양 생물학자 2명, 박물학자 2명, 화학자 1명을 포함해서 전문성을 강화했다.

앞서 언급했듯이 장 달랑베르와 드니 디드로가 편찬한 유명한《백과전서》(1751~1772)는 최소 139명의 지식인이 참여했다.[46] 이후에도 여러 백과사전에 다양한 집필진이 참여했다. 1911년에 출간된 유명한《브리태니커 백과사전》제11판은 1,507명의 전문가가 참여했으며, 1937년에 나온《이탈리아 백과사전》은 집필자가 3,272명이었다.[47] 그러나 오늘날과 같은 위키피디아 시대에 이 숫자는 대단히 적어 보인다.

팀워크는 과학 탐험과 백과사전 제작에만 필요한 것이 아니었다. 20세기 초에 이미 팀워크는 특히 독일에서 '큰 과학'의 특징이었다. 1902년에 화학자 에밀 피셔Emil Fischer는 현대 경제를 지배하는 대량 생산 방식이 실험 과학 분야에도 침투했다고 불평했다. 러시아의 이반 파블로프Ivan Pavlov의 생리학 실험실은 약 100명의 연구원을 두고 있어서 공장에 비유되기도 했다.[48] 그때부터 노동 분업 현상은 가속화되었으며 이는 과학 논문에 기재된 이름의 숫자가 늘어난 사실로 증명된다.

사회과학 분야도 비슷한 방향으로 움직였다. 1900년 즈음 프랑스에서는 뒤르켐이 팀워크를 지지했고, 자신이 이끌던 사회학자 집단에서 관행화했다.[49] 역사학 분야에서는 1930년대에 뤼시엥 페브르가 공동 연구를 지지했다. 단, 그는 비슷한 문제를 연구하고 비슷한 질문을 하되, 연구 수행과 결과 보고서 작성은 각자 하기로 합의한 사람들이라는 제한을 두었다. 오늘날 이런 공동 연구 방식은 유럽과학재단처럼 다국적 연구진 구성을 의무화한 단체들에 지원금을 받는 인문학에서 흔한 일이 되었다.

+ 전문화가 일어난 이유는 무엇인가 +

한 교육사학자가 전문화의 철칙을 찾아냈다.[50] 이 시대에 그토록 강력한, 혹자는 불가항력이라고까지 말하는 변화가 일어난 이유는 무엇일까? 지식 폭발이라는 하나의 요인으로만 전문화 과정을 설명한다면 그것은 분명 지나친 단순화다. 질문의 답은 여러 유형이 존재할 것이며, 모두 나름의 통찰을 줄 것이다.

사회학자들은 다양한 전공 안에서 내적 분화가 일어나 학문 체계가 등장하게 되었다고 주장했다.[51] 지식의 역사에 대한 이런 집근법의 배경에는 빅토리아 시대의 폴리매스 허버트 스펜서가 있다. 그는 사회와 사회제도가 분화 과정을 통해 동질적인 것에서 이질적인 것으로 진화한다는 유명한 주장을 했다. 여기에서 '진화'라는 표현이 변화 과정을 불가피하고 불가항력적이며 비인격적으로 보이게 한다.

두 번째 답은 역사가들이 제시했는데 이들은 전문화 추세가 특정 시기에 강했다고 말한다. 유럽과 미국의 전문화는 고등 교육이 확산하면서 촉진되었다. 한 연구는 1800년경에 출현한 대중 교육 시장을 언급했고, 다른 연구는 19세기 후반에 일어난 지식 확대 현상을 지적한다.[52] 프랑스 대학은 1876~1914년 사이에 특별히 문학 전공자의 수가 급증했다.[53] 독일의 문학 전공자 수는 1871년에 2만 명이던 것이 1910년에는 6만 8,000명까지 폭증했다.[54]

학과의 규모가 커지면서 전공 과정도 다양해졌다. 1870년에 하버드 대학에서는 32명의 교수가 73개 과정을 가르쳤다. 1910년에는 169명의 교수가 401개 과정을 가르쳤다.[55] 이따금 급격하게 팽창하는 경우도 있었다. 소르본 대학의 문학부는 1887년에 학생 수가 약 120명이었으나 1902년(새 건물이 들어선 후)에는 1,830명으로 증가했다.[56] 1990년대에는 전 세계적으로 대학의 규모가 급격히 팽창했고, 자신에게 적합한 자리를 찾으려는 학자들 때문에 전문화를 강화하라는 구조적 압박이 커졌다고 한다.[57]

전문화 현상에 대한 세 번째 설명은 사람들(개인과 집단)과 관련된다. 전문화 현상은 학생과 학자들이 정보의 홍수에 익사하지 않도록 도와준다. 야망을 품은 교수나 교수 지망생들이 연구 경쟁을 벌이는 상황에서 새로 등장한 전문 분야는 피에르 부르디외의 유명한 개념인 구별 짓기 기능을 한다.[58] 시장 조사원들도 시장 점유 싸움에서 승리하려면 상품의 차별화가 필요하다고 말한다. 학자들에게 이상적인 방식은 새로운 문제를 발견하고 그것을 연구하는 하위 분야를 만든 다음 하나의 학문으로 독립시키는 것이다.

+ 전문화의 문제점과 판소피아 +

전문화는 정보 과부화의 해법이었지만 얼마 지나지 않아 그 자체로 문제가 되었다. 이에 잃어버린 지식 통합 목표를 회복하자는 움직임이 일기 시작했다. 1864년에 폴리매스이자 과학자였던 로타 마이어Lothar Meyer는 지금 단절되어 있는 학문을 재통합해야 한다고 주장했다. 이 목표가 20세기 대표 고슴도치형 폴리매스들의 흥미를 끌었다. 스코틀랜드 출신의 패트릭 게데스Patrick Geddes · 벨기에 출신의 폴 오틀레Paul Otlet · 오스트리아 출신의 오토 노이라트Otto Neurath였다. 세 사람 모두 글로 설명하면 이해하는 데 몇 분이 걸릴 정보를 단숨에 파악할 수 있도록 도표와 시각 교구들을 활용했다는 사실은 대단히 의미심장하다.

게데스는 '개요'라는 단어를 즐겨 사용했으며 전체를 조망하고 싶다는 열망을 '아웃룩 타워' 재건축으로 실현했다. 이 건물은 에든버러 방문자들에게 에든버러 · 스코틀랜드 · 유럽 · 세계의 관계를 파악할 수 있게 일종의 박물관이며 에든버러에 관한 지식 전반을 시각 자료로 제공했다. 지식을 분류하고 싶었던 오틀레는 이미지 저장소를 만들 계획을 세웠다. 노이라트는 국제 그림 언어 체계를 개발하고 아이소타입ISOTYPE이라는 이름을 붙였다.

게데스는 자칭 포괄적이고 종합적으로 사고하는 제너럴리스트였고 당대인 하나는 그를 박식한 전문가로 묘사했다.[59] 그는 생물학자로 경력을 시작했으나 선배 폴리매스였던 프레데리크 르 플레Frédéric Le Play의 저술을 읽고 사회학에 눈을 떴다. 게데스는 학위가 없었음에도 던디 대학의 식물학과 교수가 되었다. 한 지인은 모든 주제로 끊임없이 말을 해서 듣는 이를 불안하게 하는 사람으로 그를 표현했다.[60] 게데스는 많은 제자가 따를 정도로 카리스마가 있는 인물이었다. 그의 제자 중 한 사람에 따르면 게데스는 "전문가들도 따라잡기 어려울 정도로 너무나 완벽했다… 전문가들은 그를 정신이 좀 이상한 사람이라고 부르거나 그렇게 생각했다."[61] 같은 스코틀랜드 출신이자 시인이었던 휴 맥더미드Hugh MacDiarmid(본명은 크리스토퍼 머리 그리브)는 게데스가 방수 구획실은 가라앉는 배에서나 유용하다는 사실을 알았기에 모든 과목의 경계를 넘나들었다고 말했다.[62]

게데스는 처음에 식물학을 공부했으나 눈에 문제가 생겨 현미경을 들여다볼 수 없게 되자 해양생물학으로 관심을 돌렸다. 제자 중 한 명과 생물학서 두 권을 썼지만 프랑스에서 연구를 수행하는 도중에 사회학과 사회 개혁에 흥미를 느꼈다. 에든버러 빈민가에 대한 관심이 도시 계획으로 확장되면서, 그는 1919년에 던디 대학 식물학과를 떠나 뭄바이 대학의 시민 교육 및 사회학과에 자리를 잡았다. 이런 과정이 게데스에게 크게 의미 있는 것은 아니었다. 이미 그는 에든버러를 주변과 관계를 맺으며 점점 진화하는 하나의 유기체로 바라보면서 '생명사회학'을 생활 속에서 실천하고 있었기 때문이다.[63]

벨기에 출신의 폴 오틀레도 프랜시스 베이컨처럼 모든 지식을 자신의 영역으로 삼았다. 변호사 교육을 받았지만 흔히 서지학자로 불리는 그는 실제로 색인 카드에 정보를 기록하는 국제 서지 목록을 계획했다. 또한 그는 자칭 문헌 정리자였는데, 문서를 저장하고 검색하기 위해 1920

년대에 등장한 기술인 마이크로피시microfiches를 사용했고 어디서든 찾아볼 수 있도록 마이크로필름에 백과사전을 저장할 계획을 세웠다. 그는 이 기록물을 관리하기 위해 '문다네움Mundaneum'이라는 공간을 만들었으며 현재 이곳은 위치만 바뀌었을 뿐 여전히 브뤼셀에 자리하고 있다.

18세기 수집가 한스 슬론처럼 오틀레도 세상의 지식을 분류하고 목록화하려 한 인물이다.[64] 그가 기획한 정보 검색 기능은 세계 평화와 세계 정부라는 원대한 비전의 일부였다. 이런 점에서 오틀레는 코메니우스를 비롯한 판소피아 신봉자들과 닮았다. 게데스도 오틀레의 평화론을 공유했고 그와 편지로 소통했다. 오틀레의 정치적 꿈은 실현되지 못했지만 디지털 혁명 덕분에 그의 기술적 꿈은 이루어졌다. 그가 세계 연결망이라 부르고 동시대인이자 공상 과학 소설의 선구자였던 영국의 허버트 웰스H. G. Wells가 '세계 두뇌의 신경망'이라 부른 것이 월드와이드웹World Wide Web으로 실현되었다. 팀 버너스리Tim Berners-Lee가 웹의 아버지라면 폴 오틀레는 웹의 할아버지인 셈이다.

1940년에 영국으로 망명한 오토 노이라트는 학문 통합을 평생의 과업으로 삼았다(영국으로 가기 전에 독일어로 쓴 저술에서 통일과학을 언급하면서 사회학과 심리학은 물론 자연과학까지 포함했다). 노이라트를 만난 사람들은 그의 포괄적인 지식과 과학자·철학자·시인·교부들의 책으로 가득 차 있던 서가를 언급했다.[65] 그는 하루에 평균 두 권의 책을 읽었다고 한다.[66]

그는 고대 경제사를 집필하는 동안 독일 낭만 시인의 작품들을 편집했다. 그는 정치가(1919년에 단명한 바이에른 소비에트 공화국의 내각)와 빈 학파의 일원인 철학자로도 활약했다. 또한 경제학자로서 특별히 전시 경제학에 관심을 보였고, 사회학자로서 주거 문제에 관심을 보였다. 그뿐만 아니라 박물관 큐레이터와 사회과학 이론가로도 활약했다. 제1차 세계 대전 중에는 항공기 조준 장치와 케이블 철도를 발명했다.

노이라트는 조직자로 유명한데, 기관을 설립하고 잡지를 창간했으며 국제회의를 주선하고 백과사전을 편찬했다.[67] 노이라트는 오틀레의 국제 협력 비전을 공유했고, 실제로 잠시나마 그와 함께 문다네움 헤이그 관館을 운영했다.[68] 그는 지적 전통에서 자신의 운동이 차지하는 위치를 잘 알았다. 언젠가 그는 자신의 《백과사전》이 프랑스의 유명한 《백과전서》가 하던 일을 계속하고 있다고 썼다.[69] 그는 코메니우스처럼 그림을 이용해서 교육하는 방식을 지지했다. 사실 노이라트의 학문 통합 운동은 조직을 강조한다는 점만 다를 뿐, 20세기식 판소피아 비전이라 할 수 있다.

✦ 폴리매스는 어떻게 살아남았나 ✦

전문가·학과·팀이 중요해진 새로운 세상에서 폴리매스는 어떻게 살아남았을까? 그들이 선택할 수 있는 방안 중 하나는 게데스·오틀레·노이라트처럼 학문 통합을 위해 투쟁하는 일이었다. 또 다른 방법은 제너럴리스트가 되는 것인데, 역설적이지만 달리 표현하면 심화하고 있는 전문가들의 편협하고 근시안적인 태도를 바로잡는 전문가가 되는 것이다.

루이스 멈퍼드Lewis Mumford라는 미국인을 예로 들면 적어도 한동안은 게데스의 추종자였고(아들에게 게데스의 이름을 붙일 정도였다), 자칭 제너럴리스트였으며 스승 게데스는 그가 그저 그런 스페셜리스트가 되지 않도록 구해준 사람이었다.[70] 그의 친구이자 작가였던 반 윅 브룩스Van Wyck Brooks는 멈퍼드를 고슴도치형 인물로 생각해서 이렇게 말했다. "루이스는 여러 아이디어가 아닌 한 가지 아이디어만 가진 소수에 속하며, 그 한 가지 문제를 해결하는데 일생을 바칠 작정이다."[71]

젊은 시절에 멈퍼드는 지질학·경제학·인류학을 공부했고 나중에는 문학·건축학·역사학·사회학에 헌신했다. 말년에 다트머스 대학생들로부터 전공 분야가 무엇이냐는 질문을 받으면 그는 '박학다식과 교수'라고 답했다. 당연하게도 멈퍼드는 다리를 좋아해서 브루클린 브리지와 레오나르도 다빈치를 소재로 희곡을 하나씩 썼다. 그는 전문가들이 신사협정을 너무 엄격히 지켜서 다른 사람의 영역을 침범하지 않으려 하므로 흩어진 파편들을 재조립하되 지엽적인 것들을 걷어내야만 일반 패턴을 볼 수 있다고 설명했다.[72] 반복하면 "제너럴리스트가 맡은 특수 임무는 전문가들이 꼼꼼하게 두른 울타리 안에 갇혀 여기저기 흩어져 있던 학문을 공중, 혹은 어쩌면 게데스의 아웃룩 타워에서나마 볼 수 있도록 대형 공공장소로 모으는 일이다."[73]

'미국의 마지막 지식인'으로 불리는 멈퍼드는 문학 비평가로 시작해 순차적 폴리매스가 된 사람이다.[74] 허먼 멜빌의 책을 포함해 여러 문학 작품을 비평한 후에 건축 비평으로 눈을 돌렸다가 나중에는 자신의 영웅 중 하나인 러스킨처럼 문화 비평가와 공공 지식인으로 활약했다.

한때 공학자를 꿈꾸었던 멈퍼드는 기술에 대한 관심을 계속 유지하다 《기술과 문명Technics and Civilization》(1934)이라는 책을 출간했다. 건축에 관심이 많았고 뉴욕을 좋아했던 멈퍼드는 도시를 연구하고, 적어도 산업혁명 이후 수백 년간 도시를 바꾼 (멈퍼드가 생각하기에는 악화시킨) 사회적·기술적 변화를 분석했다. 이런 식으로 그는 한 가지 주 연구 대상에 집중하되, 건축학·역사학·사회학을 아우르는 융합 연구 접근 방식으로 《도시의 문화The Culture of Cities》(1938)와 대표작인《역사 속의 도시The City in History》(1961)를 출간했다.

✤ 소극적 폴리매스 ✤

앞에서 폴리매스의 유형을 소극적·군집적·순차적 등 세 가지로 나눴었다. 전문 영역의 시대에는 그 구분이 더욱 명확해졌다.

H. G. 웰스·올더스 헉슬리·호르헤 루이스 보르헤스는 독창적인 작가였지만 소극적인 폴리매스였다. 웰스는 청년기에 포목점에서 일하면서 백과사전을 즐겨 읽었고, 인생 후반에는 직접 백과사전 제작을 기획하고 서문을 쓰려고 마음먹었다.[75] 흥미롭게도 시력이 나쁘다는 공통점이 있는 헉슬리와 보르헤스는 전에 윌리엄 휴얼이 그랬듯이《브리태니커 백과사전》을 단순 참고서가 아닌 책으로 읽었다.

특히 헉슬리는 여행 때마다《브리태니커 백과사전》을 여러 권 들고 다녔는데 버트런드 러셀Bertrand Russel은 헉슬리가 현재 몇 번째 권을 읽고 있는지 쉽게 알 수 있다고 말했다. 특정 알파벳 글자로 시작되는 단어가 곧 헉슬리의 대화 주제였기 때문이다.[76] 헉슬리는《아테네움》과《하퍼스 Harper's》같은 정기 간행물에 글을 썼다. 두 잡지는 앞서 다뤘던 19세기

223

의 유명 비평지들과 맞먹었다. 그의 글은 미술·문학·철학·정치학·심리학·음악·사회학·종교 등 광범위한 주제를 다뤘다. 그는 자신의 논문이 적당히 깊이가 있되 현학적이지 않은 이유는 자신 있게 교수 노릇을 할 정도의 지식이 없기 때문이라고 설명했다.

나중에 그는 자신의 직업은 이따금 소설과 전기를 쓰는 에세이스트라고 밝혔다.[77] 헉슬리는 1940년대와 1950년대에 BBC에서 방영했던 〈더 브레인스 트러스트〉에 출연했는데, 이는 일반인의 질문에 지식인들이 답을 해주던 프로그램이었다. 20세기에는 폴리매스로 불리기를 고집했던 사람은 별로 없었다.[78]

보르헤스는 한 인터뷰에서 이렇게 말했다. "어릴 때 저는 이 도서관(부에노스아이레스 국립도서관)에 정말 자주 왔습니다. 저는 수줍음이 많은 아이라서 사서에게 책을 물어볼 용기가 없었어요. 그래서 직접 서가로 가서 《브리태니커 백과사전》을 꺼내 읽었답니다."[79] 보르헤스는 백과사전을 너무나 사랑한 나머지 읽기만 하지 않고 그에 관한 글도 썼다. 대표적으로 17세기 영국인인 존 윌킨스에 관한 논문에서 상상한 중국 백과사전이 있다.

보르헤스는 스페인어권 나라에서 아마도 헉슬리와 비슷한 인물로 여겨진다. 그의 소설에는 대단히 다양한 주제에 관한 에세이와 논평이 함께 들어있다.[80] 만약 보르헤스가 1940년에 40세의 나이로 사망했다면 그는 오늘날 시인과 에세이스트로만 기억되었을 것이다(당시 그는 다섯 권의 에세이를 출간한 상태였다). 그는 47세 때 자신에 대해 아르헨티나와 우루과이를 구석구석 다니며 스베덴보리·블레이크·페르시아와 중국의 신화·

불교·남아메리카 팜파스 주민을 일컫는 가우초의 삶을 그린 시들·마르틴 부버·카발라·《아라비안나이트》·T. E. 로런스·중세 게르만 시·아이슬란드 영웅 전설·하이네·단테·표현주의·세르반테스 등을 강의하는 사람이라고 설명했다.[81] 그가 다뤘던 주제의 범위는 믿기 어려울 정도다.

보르헤스의 소설은 그의 주된 관심사(철학·언어·수학·역사학·동양학·비술)를 표면에 드러내고 종종 인식론적 질문들을 다룬다. 그 예로는 현실과 재현의 관계, 지식 분류(중국 백과사전을 이용한 접근), 그리고 〈끝없이 두 갈래로 갈라지는 길들이 있는 정원〉에 소개된 귀추법(폴리매스였던 찰스 퍼스가 제시한 특수한 추론 방식) 등이 있다. 그의 이야기들은 총체적 지식이라는 개념에 특별히 관심을 둔다. 바벨의 도서관The library of Babel은 무한하고, 푸네스Funes는 모든 것을 기억하며, 지도는 그것이 표시하는 영토의 면적과 정확히 크기가 같다.[82]

+ 비평가가 된 폴리매스 +

19세기와 마찬가지로 20세기에도 다수의 폴리매스가 문화 비평가가 되었다. 그 대표 인물에는 요한 하위징아Johan Huizinga·호세 오르테가 이 가세트José Ortega y Gasset·에드먼드 윌슨Edmund Wilson·조지 스타이너·수전 손택Susan Sontag·움베르토 에코 등이 있다. 여기에서는 스타이너와 손택에 집중하기로 한다.

조지 스타이너는 '에드먼드 윌슨 이후 가장 제러널리스트다운 서평가'로 묘사된다.[83] 또한 '늦게, 늦게, 너무나 늦게 온 르네상스인'과 '모든 것을 아는 괴물'로도 불린다.[84] 스타이너는 인격 형성기에 시카고 대학에서 물리학·화학·생물학·인류학·문학·철학을 공부했고, 레오 슈트라우스의 강의를 들으면서 하이데거를 접했다. 철학·신학·언어학·역사학·체스 분야에 저술을 남겼을 뿐만 아니라 시험 삼아 소설도 썼다. 그의 저술 대부분은 《뉴요커New Yorker》를 포함한 여러 잡지에 발표한 에세이들이다.

문화 비평가로 활약하는 동안 스타이너는 당시의 야만적 모습을 비난했고, 문화적 소양이라는 개념을 예술뿐만 아니라 과학에까지 확대하는 생각을 지지했다.[85] 그는 지적 경계 넘기에 동참하며 전문화를 최악의 바보가 되는 길이라고 맹비난했다.[86] 가끔 지나친 자신감으로 다양한 주제에 관해 논평했음에도 그의 명성은 주로 비교 문학 분야, 특히 19~20세기 유럽 문학 연구에서 비롯한다.

수전 손택도 문화 비평가에 적격이었던 인물로, 만여 권의 장서를 모았다. 한 친구로부터 '늘 더 나은 세상을 만들기 위해 노력하는 마라톤 선수 같은 지식인'이라는 평을 들었다. 언젠가 그녀는 이렇게 말했다. "나는 교수도, 언론인도 되고 싶지 않다. 나는 지식인 겸 작가가 되고 싶다."[87]

어렸을 때 손택은 백과사전을 즐겨 읽었다.[88] 스타이너처럼 그녀도 학제간 중핵 교육 과정core curriculum (8장에서 다룰 예정이다)에 끌려 시카고 대학에 들어가 철학과 문학 외에 과학도 공부했다. 필립 리프와 결혼한 후 그와 함께 《프로이트: 모럴리스트의 마음Freud: The Mind of the Moralist》(1959)을 썼다. 하버드 대학에서는 영문학 석사 과정에 입학했지만 철학

THE POLYMATH

226

과 조교로 일했다. 현대 철학을 공부하기 위해 파리로 갔으나 대부분의 시간을 영화 공부에 썼다.

손택은 여러 편의 소설과 희곡을 썼고 두 편의 영화를 감독했음에도 흡연과 에세이 쓰기에 중독됐다고 고백했다. 실제로 그녀는 에세이 모음집을 아홉 권이나 발표했다. 대표적으로 《해석에 반대한다Against Interpretation》(1966), 《사진에 관하여On Photography》(1977), 《은유로서의 질병 Illness as Metaphor》(1978)이 있다. 또한 스타이너처럼 문화 비평가로도 활약했다. 아직 30대였을 때 과감한 일반화를 시도했고, 잉마르 베리만Ingmar Bergman(미숙한 가짜 지성)·게오르크 루카치(조잡한)·찰스 스노(얄팍한 미술 지식) 등 유명인들의 약점을 지적했다.[89] 그러다 북베트남과 쿠바 방문을 계기로 1968년부터 관심사가 정치로 바뀐다. 처음에는 좌파를 지지했지만 나중에는 비판했다. 9·11 테러에 대한 발언은 비판을 받았는데, 테러리스트를 겁쟁이라 부르지 않고 미국 외교 정책에 반영해야 할 대상이라고 주장했기 때문이다.

손택의 에세이는 예술과 인문학에 집중되어 있으며, 회화(매너리즘부터 현대 미술까지)·문학·연극·춤과 철학·정신분석학·인류학·역사학, 그리고 특히 사진학과 그녀의 전문 영역인 영화학까지 광범위한 주제를 다룬다.[90] 그녀의 최대 업적은 두 문화 사이에 다리를 놓은 것이다. 여기에서 두 문화는 과학과 인문학이 아니라 고급문화와 대중문화를 의미한다. 그녀는 가수 데이비드 보위와 철학자 디드로Diderot에게 관심이 있다고 고백했으며, 대중문화 잡지인 《롤링스톤Rolling Stone》과 아방가르드 문학지인 《텔 켈Tel Quel》과 모두 인터뷰했다.[91]

✛ 군집적 폴리매스 ✛

일부 폴리매스는 그들의 업적이 관련 분야에 집중되어 있다는 의미에서, 즉 학문의 자문화 중심주의를 비판한 도널드 캠벨Donald T. Campbell이 연구 분야가 중첩되는 것에 착안해 '생선 비늘 모형'이라 부른 것을 따른다는 점에서 '군집적'이라고 말할 수 있다.[92] 패트릭 게데스와 오토 노이라트 같은 제너럴리스트들이 거리가 먼 학문 사이에 다리를 놓았다면, 군집적 폴리매스들은 거리는 가깝지만 관계가 복잡한 학문들 사이에 다리를 놓았다. 인접 학문들은 거리가 먼 학문보다 개념 이동과 길들임 과정이 쉽고 단순하나 빈도가 잦기 때문에 지식의 역사에서 중요한 역할을 한다.

뒤르켐과 함께 흔히 사회학의 창시자로 불리는 막스 베버는 언젠가 "내 임용 서류에 따라 이제 나는 사회학자가 되었다"라고 재치 있게 말했다.[93] 그는 역사학자로 경력을 시작했는데, 테오도어 몸젠은 고대 로마의 농경사에 관한 베버의 논문에 감동한 나머지 그가 나중에 자신의 후계자가 되리라 생각할 정도였다. 베버는 철학·법학·경제학 분야에도 저술을 남겼다. 1903년에는 학제간 융합 연구자라는 미래 직업을 위해 사실상 사회학 교수 자리를 포기했다.[94] 여전히 역사가들은 베버의 자본주의의 부상론을 두고 논쟁한다.

과학철학자들은 베버가 만든 이념형ideal type이라는 개념을 논한다. 사회학자와 정치학자들은 베버가 분류한 전통적·관료적·카리스마적 지배라는 개념을 사용한다(베버는 신학자 루돌프 오토에게서 '카리스마'라는 단어를 빌려와 자신의 목적에 맞게 바꾸었다).

경제학자 케네스 볼딩Kenneth Bouding 은 1949년까지 자칭 순수 경제학
자였으나 이후 다소 불순한 사회철학자로 바꿔 불렀으며, 경제학 문제는
파고들 때마다 다 이해하기도 전에 다른 학문으로 끌려 들어가게 된다
고 말했다. 그러면서 경제 문제에 적용할 수 있는 사회과학은 경제학밖
에 없다고 선언했다. 역시 폴리매스였던 칼 폴라니처럼 그도 경제를 커
다란 전체 안에 박혀 있는 어떤 것으로 바라봤다. 볼딩은 영국 출신이었
지만 앤아버는 통합 가능한 사회과학을 통합하기 좋은 장소처럼 보인다
는 이유로 미시간 대학으로 갔다. 그는 경제학 외에도 사회·지식·갈등·
평화와 19~20세기 역사, 생태 역학 등을 주제로 40여 권의 책과 800편
의 논문을 썼다.[95]

미국의 정치학자 해럴드 라스웰은 시카고 대학에서 철학과 경제학을
공부했지만, 제1차 세계 대전 기간에 정치 선동에 관한 박사 논문을 쓰
면서 정치학으로 전향했다. 그는 정신분석학을 접하고 자기 자신을 분
석했으며 《정신분석과 정치Psychopathology and Politics》(1930)라는 책으로 이
름을 널리 알렸다. 그는 연구 과정에서 변호사·철학자·사회학자와 협업
했다.[96] 미국 학술단체 협의회는 그를 가리켜 모든 사회과학의 대가이자
선구자, 사회과학의 하위 학문 간 경계를 허물고 서로 이해하도록 열정
적으로 헌신한 사람, 정치학·심리학·철학·사회학 사이의 빈틈을 채운
인물이라 평했다.[97] 이런 선언은 라스웰에게 보내는 찬사이면서 동시에
폴리매스의 사회적 역할을 생생하게 묘사한 것이기도 하다.

미셸 푸코Michel Foucault 는 분류하기가 어려운 학자다. 의사였던 그의 아

버지는 아들이 의학을 공부하기를 바랐지만, 푸코는 철학자로 경력을 시작했고 실험심리학부터 정신분석학에 이르기까지 다양한 심리학에 관심을 두었다. 광기에 관한 그의 박사 논문은 광범위한 관심에서 비롯되었으나 그는 더 나아가 환자에 대한 사회적 태도 변화를 문화·역사적 맥락에서 분석했다. 그는 1961년에 발표한《광기의 역사Histoire de la Folie》로 유명해졌다.

푸코는 박사 논문을 쓰는 동안 스웨덴에서 프랑스어와 프랑스 문학을 가르쳤다. 프랑스로 돌아온 후에는 귀스타브 플로베르·알랭 로브그리예·레몽 루셀 같은 작가들에 관한 연구서를 발표했다. 1963년에 루셀에 관한 책을 내고 같은 날 좀 더 유명한《임상 의학의 탄생The Birth of the Clinic》을 출간했는데, 이는 의학 공부를 바랐던 아버지의 소원을 이루는 일처럼 보이지만 실제 내용은 그렇지 않았다. 이 책은 제도와 공간에 초점을 맞추었고, 사회학이나 사회지리학에 영향을 미쳤다.

그로부터 3년 후에 출판된《말과 사물Les Mots et les Choses》은 지적 역사를 다룬 연구서로 언어학·경제학·생물학 등 세 가지 학문에 초점을 맞추었다. 인상적이게도 이 책은 벨라스케스의 그림을 면밀하게 분석한 내용으로 시작하는데 이는 그가 처음으로 다룬 미술사였다(나중에 화가 마네에 관한 책도 쓰지만 출판하지는 않았다). 1970년대에는 관심 분야가 법학·범죄·처벌 등으로까지 확대되었다. 그는 한 마르크스주의자와 대중 정의를 논한 대화록과 19세기 존속 살해에 관한 연구서 그리고 그의 대표작의 하나로 감옥의 역사를 다룬《감시와 처벌Surveiller et Punir》(1975)을 출간했다. 그로부터 1년 후에는 야심만만한 역사서《성의 역사La Volonté *de Savoir*》제1권을 출간했고 때 이른 죽음을 맞이하기 전까지 후속 연구를 계속하며 통치성이나 생물정치학 같은 주제로 강연도 했다.

다양했던 푸코의 관심 분야는 실은 서로 연결되어 있었고 그 중심에는 지식의 역사가 있었다. 그는 광기의 역사를 제도에 각인된 지식에 관한 연구로, 감옥의 역사는 현대 사회에서 지식이 형성되는 배경의 일부로 설명했다. 그리고 지식의 역사에 관한 자신의 접근법을《지식의 고고학*L'Archéologie du Savoir*》(1969)이라는 책에서 옹호했다. 그는 1975년에 한 유명한 인터뷰에서 지식과 권력의 관계를 논했고 〈앎의 의지〉라는 논문을 기초로 성의 역사를 집필했다.[98]

+ 새로운 학문을 만들어라 +

전문화 시대에 폴리매스에게 주어진 역할은 임시적이나 역설적이게도 새로운 학문을 창시하는 일이었다. 왜냐하면 새로운 학문을 가르치는 교수들은 당연히 다른 학문을 공부한 사람들이기 때문이다. 영역성의 시대에 새로운 학문은 순차적 폴리매스, 즉 유목민형 학자가 필요하다. 새로운 학문은 연구 범위가 자유로워서 순차적 폴리매스의 흥미를 끈다. 자유로운 연구 기회는 폴리매스에게 딱 한 번만 주어진다. 다음 세대가 이 학문을 공부하고 나면 곧이어 전문화가 진행되기 때문이다.

학문의 성공 여부와 관계없이 소수의 폴리매스가 새로운 학문을 창시했다. 오귀스트 콩트는 사회학을, 찰스 퍼스는 기호학을, 노버트 위너Norbert Wiener는 인간두뇌학을, 콘스탄티노스 독시아디스Constantinos Doxiadis

는 인간정주학을, 펠릭스 가타리Félix Guattari는 생태철학을, 레이 버드휘스텔Ray Birdwhistell은 동작학을, 한스 블루멘베르크Hans Blumenberg는 은유학을 만들었다. 20세기 초 등장한 생물측정학과 수리생물학은 칼 피어슨 한 사람의 작품이다.

피어슨은 1884년에 런던 유니버시티 칼리지의 응용수학과 교수에 임용된 골턴의 제자로 진화론에 대한 수학적 기여를 논한 중요 논문들을 썼다. 그러나 피어슨의 관심 범위는 훨씬 넓었다. 26세에 처음 발표한 글 중에는 유대 철학자 모세스 마이모니데스Moses Maimonides의 영향을 받은 스피노자에 관한 논문이 있는데, 여기에서 그는 히브리어·라틴어·네덜란드어 지식을 드러냈다. 또한 독일 문화에 관심이 많아 런던에서 마르틴 루터에 관한 강의를 했다. 훗날 그의 기억에 따르면 일요일마다 혁명가들이 모이는 소호의 클럽에 가서 페르디난트 라살레와 카를 마르크스를 주제로 강의했다고 한다. 나중에 그는 우생학 교수가 되었다.[99]

폴리매스들은 생화학 발전 초기에도 중요한 역할을 했다. 라이너스 폴링Linus Pauling은 물리학과 화학 연구(그 공로로 노벨상을 수상했다)를 수행한 후 분자생물학으로 눈을 돌렸는데 이 학문은 1930년대에 '지식 관리자'였던 워런 위버가 지원했던 분야다. 위버는 도시 공학을 공부하고 수학을 가르치다, 1932년에 당시 '생명 작용'이라 불리던 생화학 과정을 신설하는 임무를 부여받고 록펠러 재단의 자연과학부 책임자로 임명되었다. 그는 수요일마다 집에 머물며 그 분야와 관련된 새로운 출판물들을 읽는 등 프로젝트를 직접 챙겼다. 폭넓은 관심사를 자랑했던 위버는 클로드 섀넌Claude Shannon과 커뮤니케이션을 수학 이론으로 분석한 책을 내고 제3세계의 녹색혁명에도 관여했으며, 기계 번역에 관한 연구서와 확률론을 다룬 《행운의 여신Lady Luck》을 썼다.[100]

+ 사회과학과 폴리매스 +

19세기 말부터 독립 학문이 된 사회과학에서도 폴리매스의 활약이 두드러진다. 이 새로운 학문에는 의학 전공자들도 참여했다. 그중 파올로 만테가자Paolo Mantegazza는 파비아 대학에서 병리학을 가르치다 인류학으로 전향했다. 그는 다양한 주제로 논문을 썼을 뿐만 아니라 미래 소설도 한 권 출간했다.[101] 그의 의학과 동료였던 주세페 피트레Giuseppe Pitrè는 민간 전승을 연구하는 역사가가 되었으며, 70세에는 팔레르모 대학에서 대중심리학을 가르쳤다.[102] 체사레 롬브로소Cesare Lombroso는 외과 의사였으나 심리학과 초심리학parapsychology으로 전향했으며 그 후 범죄인류학을 창시해서 유명해졌다.[103]

또 다른 이탈리아인 빌프레도 파레토Vilfredo Pareto는 원래 철도회사에서 일하던 엔지니어였다. 그러다 경제학에 눈을 떴고 이후 정치학과 사회학으로 관심 폭을 넓혀 1893년에는 로잔 대학 정치경제학과 교수가 된다. 파레토는 연구 분야를 바꿔가면서 자신이 만든 균형 이론을 적용했다. 이는 순차적 폴리매스가 어떻게 지식 발전에 기여하는가를 잘 보여주는 사례라 할 수 있다.[104] 그들은 사회학·심리학·인류학의 초기 발전은 물론, 컴퓨터 과학·일반 체계 이론·기호학 등 비교적 최신 학문의 발전에도 기여했다.

+ 사회학의 폴리매스 +

사회학은 오귀스트 콩트가 창시했지만 기여한 사람들은 폴리매스였다. 게데스에게 책으로 영감을 준 프레데리크 르 플레는 프랑스에서 공학자 겸 금속학과 교수로 일하다가 가족사회학 혹은 그가 명명한 사회경제학에 눈을 떴다. 벨기에의 아돌프 케틀레Adolphe Quételet는 수학자로 경력을 시작했지만 나중에 천문학과 기상학으로 방향을 틀었다. 수학의 확률론에 대한 관심이 통계학 연구와 그가 사회물리학이라 부른 학문의 연구로 이어졌고, 더 나아가 인체측정학과 오늘날의 범죄학이 발전하는 데 기여했다.[105] 훨씬 뒤에 북미 사회학계는 통계 연구가 주를 이루게 되는데, 그 기여자는 응용수학자 출신으로 오스트리아에서 망명한 폴 라자스펠드Paul Lazarsfeld였다.

거장 사회학자인 에밀 뒤르켐도 처음에는 철학과 교육학을 가르쳤다. 그의 경쟁자였던 가브리엘 타르드Gabriel Tarde는 법관 출신으로 나중에 콜레주 드 프랑스의 철학 교수가 되었다. 타르드는 모방 같은 사회 법칙을 주제로 책을 썼을 뿐만 아니라 인류학과 심리학의 관점에서 범죄를 연구한 범죄학자였다. 만테가자처럼 타르드도 미래 소설을 썼다.[106] 독일의 게오르크 지멜Georg Simmel은 뒤르켐처럼 사회학을 독립 학문으로 확립하는 데 관심이 많았으며 다방면에 걸쳐 폭넓은 지식을 가진 사람으로 유명했다.[107] 그는 심리학과 철학은 물론 렘브란트와 괴테까지 아우르는 광범위한 주제로 글을 썼다.

미국에서의 전개 과정도 비슷하다. 1906년에 65세의 나이로 브라운 대학의 사회학과 교수가 된 레스터 워드Lester Ward는 그 전에 통계청 사서를 거쳐 미국 지질조사국에서 식물학자·지질학자·고생물학자로 활약했던 인물이다. 그러므로 그가 대담하게도 '모든 지식 연구'라는 이름을 붙인 강의를 개설했다는 사실이 놀랍지는 않다.[108]

영국의 경우 이미 1904년에 런던정경대학에서 사회학과를 신설했음에도 불구하고 사회학의 발전 속도는 더뎠다. 1950년대가 되어서야 독일인 폴리매스인 노르베르트 엘리아스Norbert Elias 덕분에 사회학이 발전하기 시작했다. 엘리아스는 사회학뿐만 아니라 의학·철학·역사학·정신분석학을 공부했으며, 이 모든 학문이 그가 사회 이론을 확립하는 밑거름이 되었다. 그는 친구였던 알프레드 글루크스만의 연구가 갖는 이론적 함의를 논할 정도로 발생학도 잘 알았다.[109] 엘리아스는 의학에서 철학으로 전향한 후, 브로츠와프 대학에서 역사철학에 관한 연구로 박사 논문을 썼다. 하이델베르크 대학으로 자리를 옮긴 후에는 사회학을 발견했다. 히틀러가 권력을 장악하자 영국으로 망명했고 그곳에서 정신분석학을 만났다. 그의 대표 저서인 《문명화 과정Über den Prozess der Zivilisation》 (1939)은 역사학·심리학·사회 이론을 아우른다.

1954년, 57세에 레스터 대학의 사회학 강사로 임용된 엘리아스는 사회학과가 자리 잡는 데 중요한 역할을 했다. 그는 역사사회학자로 분류되는 것을 싫어했고 모든 사회학이 역사성을 가진다고 주장했으며, 현재에 안주하는 동료들을 비판했다. 엘리아스는 당시 사회도 연구해서 결국 독창적인 이론가가 되었다. 그는 한때 의학도였음을 잊지 않았다. 육체와 사회의 관계에 지속적으로 관심을 두고 매너부터 스포츠까지 관련 분야에 저술을 남겼다. 또한 카를 만하임Karl Mannheim(1930년대 초에 엘리아스는 프랑크푸르트 대학에서 그의 조교였다)과 함께 지식사회학을 개척하면서 전문화 과정을 분석했고 학문 연구 기관들의 경쟁 관계를 기업 및 국민국가의 경우와 비교 분석했다.[110]

+ 심리학과 순차적 폴리매스 +

심리학은 19세기 말에 철학에서 독립하면서 순차적 폴리매스들의 관심을 끌었다. 빌헬름 분트Wilhelm Wundt는 의학과 생리학으로 경력을 시작했으나 심리학으로 전향해서 실험심리학을 창시했고, 철학과 민족심리학에도 관심을 두었다.[111] '지성계의 나폴레옹'이 되고 싶어 한다며 분트를 비판했던 윌리엄 제임스William James도 그와 유사한 경로를 밟았다. 제임스는 하버드 대학에서 의학을 공부한 후 해부학과 생리학을 가르쳤으며 1875년에는 세계 최초로 실험심리학 실험실을 만들었다. 그는 철학자이자 《종교적 경험의 다양성Varieties of Religious Experience》(1902)의 저자로 널리 유명하다.[112]

프랑스의 귀스타브 르 봉Gustave Le Bon도 의학도 출신이나 여행서와 대중과학서를 쓰다 심리학, 특히 군중심리학 분야에서 명성을 얻었다. 그가 군중심리학에 관심을 갖게 된 계기는 앞서 언급했던 텐의 경우처럼 1871년에 일어난 파리 코뮌 사건이었다.[113]

정신분석학의 창시자도 폴리매스였다. 프로이트는 빈 대학에서 의학을 공부한 후 트리에스테 연구소에서 해양생물학을 연구했다. 생리학에도 관심을 두고 어류의 신경 세포를 연구했다. 실제로 20년간 프로이트는 주로 신경학자와 해부학자로 살았다. 또한 첫 책인《실어증Aphasia》(1891)은 기존 신경병리학에 확실하게 기여했다는 평을 듣는다.[114] 그가 심리학으로 전향해서 정신 분석 이론을 확립할 때 사용한 유전학적 접근법은 생물학의 영향을 받은 것이다. 다윈을 존경했던 프로이트는 '정신분석학계의 다윈'과 '마음 생물학자'로 불린다.

프로이트의 관심 분야는 자연과학에 국한되지 않았다. 그의 후기 저술에는 고전 교육의 흔적이 나타나는데 오이디푸스 콤플렉스라는 개념이 대표적이다. 현대 문학도 즐겼던 그는 셰익스피어를 비롯한 여러 작가에 관한 글도 썼다. 미술사를 포함해서 역사도 공부했으며 레오나르도 다빈치와 17세기에 악마로 몰린 사람들에 관한 글도 남겼다. 또한 고대 이집트 유물을 수집했다. 인류학을 접한 후《토템과 터부Totem and Taboo》(1913)를 발표했는데, 이 책에서 그는 야만인의 초자연적 삶과 신경증의 유사성을 논했으나 프란츠 보아스 같은 저명한 인류학자들을 설득하지는 못했다.[115]

+ 인류학 폴리매스 +

인류학 혹은 민족학 분야의 1세대 교사와 작가들은 전직 의료인·동물학자·고전학자·신학자 등 학문적 배경이 다양했다.

파리에서 인류학회를 창설한 폴 브로카Paul Broca는 의학 전공자 출신으로 특별히 자연인류학에 관심이 많았다. 그와 달리 뒤르켐의 조카이자 지적 계승자였던 마르셀 모스Marcel Mauss는 문화인류학의 선구자로, 그의 《증여론Essay on the Gift》(1925)은 문화인류학 분야의 대표작이 되었다. 모스의 관심 범위는 뒤르켐보다 훨씬 광범위했다. 그는 동양 문헌학을 공부했고, 민족지리학과 종교사를 가르쳤다. 또한 법학과 경제학, 역사학도 공부했다. 그러니 모스의 학생들이 그가 모든 것을 알았다고 말하는 것도 무리가 아니었다. 그는 집필보다 주로 새로운 것을 배우는 데 시간을 썼다. 그의 명성은 폭넓은 독서가가 아니고서는 불가능했을 독창적인 논문 몇 편에서 나온다.[116] 독일 출신으로 문화인류학의 선구자 중 하나였던 프란츠 보아스는 미국에서 지리학자와 박물관 큐레이터로 활약한 후 1899년에 컬럼비아 대학의 인류학 교수가 되었다. 그의 학생과 제자들은 인류학에서 중요 인물이 되었다.[117]

영국인 동물학자 알프레드 헤이든Alfred Haddon은 아일랜드 서부에서 말미잘을 연구하다 아일랜드 촌락 문화에 관심이 생겼다. 그는 1898년에 현재 퀸즐랜드의 일부 지역인 토러스 해협 제도 탐사대에 동물학자로 참여해달라는 요청을 받았고, 탐사하는 동안 그 지역의 문화도 함께 연구했다. 이후 1900년에 케임브리지 대학의 민족학 강사로 임용되었다.[118] 토러스 해협 탐사 대원 중 윌리엄 리버스William Rivers는 헤이든의 권고로 인류학에 관심을 두기 시작했고 이미 그는 의학·신경학·심리학을 공부한 상태였다. 그가 쓴 《토다족The Todas》(1906)은 인도의 민족지학 연구에 크게 기여했다.[119]

인류학에 이르는 또 다른 경로는 제임스 프레이저의 경우처럼 고전 연구를 통하는 방법이다. 프레이저는 비교신화학과 종교에 관심이 많았다.

《황금가지The Golden Bough》(1890) 덕분에 사회인류학의 창시자까지는 아니지만 그 조상이라는 평을 듣고 있다.[120]

또 다른 고전학자이자 역시 스코틀랜드인인 앤드루 랭Andrew Lang은 인류학과 민속학 분야에서 몇몇 저술을 남겼는데 20세기 초만 해도 두 학문은 명확히 구별되지 않았다. 랭은 인간의 모든 영역을 침투한 프리랜서로 불린다.[121] 그는 신화학과 심령 연구, 스코틀랜드 역사를 다룬 글들을 썼다.[122] 크라쿠프 대학에서 수학과 물리학을 공부했던 브로니스와프 말리노프스키Bronisław Malinowski가 프레이저의 《황금가지》를 읽고 감동받아 인류학으로 전향했다는 이야기는 유명하다. 이와 마찬가지로 케임브리지 대학에서 영문학을 공부했던 잭 구디Jack Goody도 《황금가지》를 읽고 인류학으로 넘어가 훗날 역사학과 사회학 분야에도 저술을 남겼다.

탁월한 폴리매스 중에는 랭처럼 영국에서 인류학이 발전하는 데 기여했지만 인류학계에 자리를 얻지 못한 사람들이 있었다. 스코틀랜드 출신의 윌리엄 로버트슨 스미스는 1880년대에 잠시 《브리태니커 백과사전》의 편집장으로 일했다. 동료 학자는 스미스를 가리켜 드물게 박식하다고 말했다. 그의 부고 기사에는 지식의 폭과 깊이 면에서 스미스 교수를 능가할 사람은 이 세상에 없다고 쓰여 있었다.[123] 스미스의 지적 여정은 수학에서 시작해서 신학으로 이어졌다. 애버딘 대학에서 성서 해설을 맡았으나 이단으로 몰려 자리에서 물러났다. 이후 케임브리지 대학에서 아랍어를 가르치다 《초기 아랍 사회의 친족 관계와 결혼Kinship and Marriage in Early Arabia》(1885)을 출간했다. 프레이저가 인류학으로 전향하게 된 데에는 스미스와의 우정이 영향을 미쳤다.[124]

5장 전문화의 시대

+ 컴퓨터 과학의 등장 +

20세기 중반에는 신생 분야로 급속히 발전하던 컴퓨터와 인공지능 연구에서 다수의 폴리매스가 등장했다. 그들의 이름을 연령순으로 나열하면 노버트 위너(1894년생)·존 폰 노이만John von Neumann(1903년생)·앨런 튜링(1912년생)·클로드 섀넌(1916년생)이다. 그리고 이 분야에 관심을 두었던 폴리매스로는 허버트 사이먼·앨런 뉴얼Allen Newell·마빈 민스키 Marvin Minsky가 있었다.

위너는 14세에 수학 학사 학위를 받았고 박사 논문은 논리학으로 썼다. 엔지니어부터 언론인까지 수많은 직업을 전전하다 매사추세츠 공과 대학에서 수학 교수로 정착했다. 제2차 세계 대전 중에 대공포의 자동 조준 기능을 연구하다 자신이 명명한 인간두뇌학 분야에 발을 들였고, 1946년부터는 메이시 재단이 주관하는 연례 학술회의에 참석해서 존 폰 노이만과 아이디어를 주고받았다.[125]

역시 수학 신동이었던 노이만은 화학을 공부하고 수력학과 기상학 분야를 연구했다. 한 지인은 노이만의 지성은 포괄적이라 그가 모든 분야의 문제를 풀 수 있었다고 증언했다.[126] 노이만은 프린스턴 고등연구재단에서 수리경제학을 연구하는 동안 경제 행동에 게임 이론을 적용해서 유명해졌다. 그는 컴퓨터로 계산 작업을 하다 컴퓨터 바이러스를 포함해서 그가 터무니없는 관심이라 표현한 컴퓨터 개선 문제에 관심이 생겼다.[127] 1946년부터는 메이시 재단이 주관하는 컴퓨터 분야의 학술회의에도 참석했다.[128]

클로드 섀넌은 미시간 대학에서 수학과 전자 공학으로 학사 학위를 받았고 유전학 분야에 수학을 활용하는 방법을 주제로 박사 논문을 썼다. 그가 위너의 저술을 참고해서 쓴 〈수학적 커뮤니케이션 이론〉이라는 논문은 정보 이론의 기초를 닦았다. 섀넌은 이 논문을 발전시켜 앞서 지식 관리자로 언급했던 워런 위버와 함께 《수학적 커뮤니케이션 이론The Mathematical Theory of Communication》을 1949년에 출간했다. 무엇보다 그는 컴퓨터를 작동시키는 기구를 발명했다.[129] 섀넌은 제2차 세계 대전 중에 암호 해독자로 활약했으며 이때 암호 해독자 중 유일한 영국인이었던 앨런 튜링을 만났다. 튜링도 수학자·철학자·암호 해독자·공학자·이론생물학자 등을 겸하고 있던 순차적 폴리매스였다. 1936년에 그는 범용 기계라 이름 짓고 지금은 튜링 기계라 불리는 것을 발명했다. 이것은 다른 모든 기계 작업을 혼자서 수행할 수 있었다. 튜링의 경력에서 가장 유명한 사건은 제2차 세계 대전 중에 블레츨리 파크에 투입되어 독일의 암호를 해독하는 '에니그마'라는 기계를 설계한 일이다. 전쟁 후 동성애자라는 이유로 체포되기도 했던 그는 아마도 자살인 비극적인 최후를 맞이하기 전에 일명 모방 게임 개발에 착수했는데, 이것은 같은 질문에 인간과 거의 비슷한 답을 내놓는 컴퓨터를 만드는 작업이었다.[130]

이 독특한 네 사람의 경력은 이 책에서 반복 설명하는 두 주제를 잘 드러낸다. 하나는 광범위한 관심사를 가진 사람들은 신생 연구 분야에 끌린다는 사실이다. 다른 하나는 외부 혁신자의 역할과 관련되는데, 이들은 다른 학문 분야에서 훈련한 사고방식에 따라 해당 분야의 문제들을 분석한다.

+ 일반 체계 이론 +

짧은 인생을 마무리할 무렵 튜링은 수리생물학으로 눈을 돌려 정반대의 시각에서 생물과 기계의 유사성을 파악했다. 그와 비슷하게 노이만은 컴퓨터를 사용해서 연구를 진행하다 신경계를 디지털 체계로 이해하게 되었고, 그 결과 신경과학의 등장에 기여할 수 있었다. 1958년에 출판된《컴퓨터와 뇌The Computer and the Brain》는 그의 유작이다.

이미 체계이론은 로런스 헨더슨Lawrence Henderson·루트비히 폰 베르탈란피Ludwig von Bertalanffy·아나톨 래퍼포트 같은 생물학자 출신의 폴리매스에게 중요한 관심사였다. 헨더슨은 화학자로도 활약했지만 생리학에서 이룬 업적으로 더 유명하다. 그는 하버드 대학 화학 실험실에서 연구하는 동시에 조사이어 로이스Josiah Royce가 이끌던 철학 세미나에도 참석했다. 나중에는 빌프레도 파레토의 사회학을 연구하는 세미나를 조직했고 생리학자의 관점으로 파레토를 논평한 책을 냈으며, 학문 전반을 아우르는 일반 체계를 주제로 토론했다.[131]

공학자들처럼 생물학자들도 체계적으로 사고하면서 동시에 체계 자체를 연구했다. 오스트리아 출신의 루트비히 폰 베르탈란피는 생물학자이자 일반 체계 이론의 창시자였다. 그는 본래 철학과 미술사를 전공했고 철학자·심리학자·물리학자였던 구스타브 페히너Gustav Fechner 연구로 박사 논문을 썼다. 그는 이론생물학에 수학적 접근법(베르탈란피 방정식은 유기체의 성장 과정을 수학 용어로 설명한다)을 도입했다. 또한 열역학 법칙을 따르는 물리학의 '닫힌 체계'와 생물의 '열린 체계'를 대조했고, 더 나아가 심리학과 사회학까지 포괄하는《일반 체계 이론General Systems Theory》(1969)을 썼다.[132]

러시아계 미국인 과학자 래퍼포트는 음악과 심리학 등 다방면에 관심이 많았지만, 베르탈란피처럼 수리생물학·행동 과학·일반 체계 이론에 집중해 1954년 일반 체계 이론 연구회가 설립되는 데 일조했다. 그는 기본적으로 모든 것에 존재하는 상호 연계성에 매력을 느꼈다.[133]

경제학자 출신의 폴리매스 케네스 볼딩은 일반 체계 이론이 1954년에 캘리포니아 팰로앨토에서 탄생했다고 봤는데, 당시 그는 베르탈란피·래퍼포트·랠프 제라드와 만났고 다양한 방향에서 일반 체계 이론과 비슷한 이론으로 그들의 의견이 수렴되고 있다는 점을 깨달았다.[134]

✛ 지식의 교차로, 기호학 ✛

기호학은 단일 연구 분야나 학문이라기보다 일종의 교차로와 같아서, 폴리매스의 역할이 발전에 특히 중요하다. 이런 역할을 한 학자들에는 찰스 퍼스, 로만 야콥슨Roman Jakobson, 유리 로트만Yuri Lotman, 롤랑 바르트Roland Barthes, 찰스 모리스Charles Morris, 야콥 폰 윅스퀼Jacob von Uexküll, 토머스 세벅Thomas Sebeok, 조르조 프로디Giorgio Prodi, 움베르토 에코 등이 있으며, 이들 국제 지식인 집단의 출발지는 서로 달랐지만 종착지는 같았다.

오늘날 철학자로 널리 유명한 퍼스는 화학과 동물학을 공부했고 직접 중력 실험과 확률론 실험을 했다. 논리학 분야에서는 연역법도 귀납법도 아닌 추론 방식을 찾아내 귀추법이라 명명했다. 또한 심리학과 경제학도 공부했다. 베이컨이나 콩트 같은 다른 폴리매스들처럼 그도 학문 분류법에 관심이 있었다. 그는 논리학자의 시각으로 기호학이라 명명한 학문을 연구했고 기호를 대상과 닮은 도상icon, 그 대상과 연결된 지표index, 그리고 상징symbol 등 세 가지 유형으로 구분했다.[135]

로만 야콥슨은 생전에 '러시아 문헌학자'라 불리기를 좋아해서 묘비명에도 그렇게 새겨졌지만 여러 언어를 구사할 줄 알았던 그의 관심 범위는 훨씬 폭넓었다. 동료들은 그를 '박식가'와 '20세기 가장 광범위한 학자 중 하나'로 불렀다.[136] 만약 그의 주된 관심 분야가 언어였다면 그 주변을 수많은 학문이 둘러싸고 있었다. 야콥슨은 친구였던 러시아 민속학자 페트르 보가티레프Petr Bogatyrev에 대해 자신에게 민족지학 연구의 기쁨과 고됨을 알려주었다고 썼다.[137] 두 사람은 민속학과 문학을 비교 분석해서 중요한 논문을 공동 발표했다. 그들은 민속학이 발화에 필요한 체계적 자료라는 점에서 언어학자들이 '랑그langue'라 부른 것에 해당하는 반면, 문학은 그런 자료를 중에서 특별히 선택된 것이라는 점에서 '파롤parole'에 해당한다고 주장했다.[138] 이 논문에는 야콥슨이 즐겨 사용했던 이항 대립이 등장하며 이는 일찍이 헤겔의 변증법을 공부한 덕분이었다.[139]

언어에 대한 관심은 야콥슨을 특별히 신경심리학의 세계로 이끌었다.[140] 그는 아동의 언어 학습 과정을 연구해서 1956년에 실어증에 관한 유명한 논문을 발표했다. 야콥슨은 언어 장애의 두 가지 유형이 널리 알려진 두 비유법, 즉 유사성에 기반한 은유와 인접성에 기반한 환유에 연동된다는 사실을 파악했다.[141] 다시 한번 말하지만 이 논문도 순차적 폴리매스가 처음 접한 학문에서 배운 사유 방식을 두 번째 혹은 세 번째 학문에 도입해서 독창적인 업적을 남긴 예에 해당한다.

야콥슨의 사상은 직접 기여한 학문들 외에도 훨씬 많은 학문에 영향을 미쳤다. 야콥슨의 연구 덕분에 정신분석학자 자크 라캉Jacques Lacan은 언어에 기초해서 무의식을 분석할 수 있었다.[142] 1941년에 뉴욕에서 야콥슨과 만났고 나중에 그와 협업했던 클로드 레비스트로스Claude Lévi-Strauss는 언어에서 이항 대립의 중요성을 알게 된 것을 야콥슨 덕분이라고 인정했다. 이런 식으로 야콥슨은 구조주의 인류학과 보다 넓게는 구조주의(이미 1929년에 야콥슨이 사물 자체보다 사물들 사이의 관계를 강조하기 위해 사용한 용어)의 등장에 기여했다.[143]

러시아의 기호학파인 타르투 학파Tartu school를 만들고 야콥슨을 존경했던 유리 로트만은 다양한 기호 체계가 만나는 공간을 설명하기 위해 '기호계'라는 용어를 만들었다. 롤랑 바르트는 똑같이 기호학으로 번역되는 semiotics보다 'semiology'라는 용어를 선호했다. 주로 문학에 집중했지만 언어·광고·레슬링·음식을 비롯해서 특별히 패션 부문에 구조주의적 접근법을 적용했다. 그가 일본을 방문했을 때는 심지어 기호를 관찰하고 읽는 사람으로 소개됐다.[144]

미국의 찰스 모리스는 기호학으로 옮기기 전에 공학과 심리학을 공부하고 철학으로 박사 학위를 받았다. 또한 그는 학문 통합 운동에도 참여했다. 그의 학생이었던 토머스 세벅은 언어학자와 인류학자로 활동하다 생물기호학 창시에 일조했는데, 이 학문에 많은 기여를 한 사람은 에스

5장 전문화의 시대

토니아 귀족 출신의 야콥 폰 윅스퀼이다. 윅스퀼은 생리학자이자 생물학자였고, 동물이 환경(로트만의 용어로 하면 움벨트Umwelt)을 지각하는 방식에 관심이 많았던 생태학자였다. 그는 살아 있는 유기체가 기호에 반응하므로 그것을 하나의 정보 처리 과정으로 여기고 연구했다. 이탈리아 출신으로 의학을 전공한 조르조 프로디도 생물기호학 분야를 이끈 인물이다. 그의 친구였던 움베르토 에코는 오늘날 가장 유명한 폴리매스 중 하나로, 줄리오 안드레오티 전 이탈리아 총리로부터 팔방미인이라는 평을 들었다.[145]

에코는 철학자이자 문학비평가, 기호학자였으며 음열 음악serial music·브라질에 전파된 아프리카 민속 종교인 칸돔블레, 이탈리아 극좌 테러조직인 붉은 여단Red Brigades, 중세 시대 등 비범할 정도로 다양한 주제로 글을 썼던 에세이스트였다. 그는 《레스프레소L'Espresso》같은 일간지에 자주 기고했다. 다양한 독자층을 고려해서 어려운 주제의 글을 간단명료하게 요약하거나 통념과 다른 인물평과 시사 논평을 쉽게 풀어썼다. 에코도 수전 손택처럼 고급문화와 대중문화를 잇는 가교 역할을 했다. 기호학 이론을 사용해서 슈퍼맨과 제임스 본드에 관한 글을 썼고 하이데거와 스포츠 언론을 비교했다. 프랑스 역사가 조르주 뒤비가 조명하고, 에코 자신도 영화 〈코난: 암흑의 시대〉를 싸구려 가짜 중세 이야기라 부르며 소환한 중세 시대를 논했다.

에코는 토마스 아퀴나스의 미학 이론을 주제로 논문(1954)을 쓰는 등 주로 학계에서 경력을 쌓았다. 친구이자 작곡가였던 루치아노 베리오와의 교류 덕분에 예술과 과학 분야의 전위성을 개관한 논문을 썼고, 그가 명명한 '학문의 우주들' 사이에서 유사성을 발견했다. 에코는 피렌체 대학 시각 커뮤니케이션학과에서 볼로냐 대학 기호학과로 자리를 옮겼다. 그는 학자라는 직업과 방송·출판·언론 활동을 병행했으며, 자신의 여러 관심사를 조합해서 베스트셀러가 된 《장미의 이름The Name of the Rose》(1980)을 발표했다. 중세가 배경인 이 소설에서 수사관으로 등장하는 인물은 퍼스의 귀추법을 사용해서 살인 사건을 해결하고 올바른 기호 해석으로 수수께끼를 푼다.[146]

✦ 순차적 폴리매스 6인 ✦

20세기에는 이 책에서 모두 다루기 어려울 정도로 많은 폴리매스가 활약했지만, 앞서 다뤘던 17세기의 '괴물들'을 떠올릴 정도로 관심사가 광범위했던 인물 여섯 명은 따로 살필 필요가 있다. 태어난 순서대로 나열하면 파벨 플로렌스키(1882)·마이클 폴라니Michael Polanyi(1891)·조지프 니덤(1900)·그레고리 베이트슨Gregory Bateson(1904)·허버트 사이먼(1916)·미셸 드 세르토Michel de Certeau(1925) 순이다.

파벨 플로렌스키는 '러시아의 숨겨진 다빈치'라고 불린다. 그는 대학에서 수학과 철학을 공부한 후 동방 정교회 사제가 되어 신학을 가르쳤고, 철학·역사학·미술 이론 등의 분야에서 저술을 남겼다. 도상학圖像學을 연구할 때는 기하학자의 습성대로 공간 재현에 초점을 맞추었다. 뜻밖에도 그는 전기역학을 연구하면서 대중가요 자료를 수집했는데 이를 문화적 소양이 부족한 오만한 수학자의 보상 심리라고 설명했다.

1920년대에 새로운 소비에트 연합의 핵심 과제는 전력화였으며, 이에 플로렌스키는 전력화 위원회에 참여했다(언젠가 그가 사제복을 입고 회의장에 나타나자 그 자리에 있던 레온 트로츠키가 깜짝 놀랐다는 일화가 있다). 스탈린의 숙청 대상이 되어 체포된 후에도 플로렌스키는 오로치족의 언어나 해조류에서 아이오딘을 추출하는 방법 등 다양한 분야에서 연구를 쉬지 않았다.[147]

헝가리 출신인 마이클 폴라니는 처음에 의학을 공부했다. 화학으로 방향을 틀고 독일에서 연구를 수행하다 1933년에 나치를 피해 영국으로 망명해 맨체스터 대학에서 물리화학(스노의 학문)과 교수가 되었다. 그는 이미 독일에서부터 형과의 토론 덕분에 경제학과 사회학에 관심이 있었으며 후에 화학과에서 철학과로 자리를 옮겼다. 그는 57세에 철학자가 되었고《개인적 지식Personal Knowledge》의 서문에 썼듯이 과학 지식의 본질과 타당성을 연구했으며, 그가 이름 붙인 암묵적 지식, 즉 실은 알고 있는데 모른다고 생각하는 실용적 지식을 분석했다. 폴라니가 친구에게 한 "나는 평생 방랑자였다"라는 말은 헝가리에서 독일로, 독일에서 영국으로 잇따른 망명길뿐만 아니라 그의 지적 여정에도 적용된다.[148]

라스웰처럼 '20세기 르네상스인'이라 불렸던 조지프 니덤은 생화학사로 경력을 시작했다. 그는 발생학뿐만 아니라 발생학의 역사에도 관심이 많았다.[149] 1930년대 말에 중국에 관심이 생겼고, 제2차 세계 대전 중에 중국에 머물면서 관심이 더욱 커졌다. 중국 역사가로 자리를 잡은 후 여러 사람과 함께 중국 과학사를 쓰기 시작했는데, 주 저자인 니덤은 1995년에 사망했지만 지금까지 총 27권의 책이 출판되었다. 앞선 제임스 프레이저처럼 니덤도 왕립학회 회원(1941년)과 영국학사원 회원으로 뽑혔다. 전쟁이 끝나자마자 케임브리지 대학으로 돌아가 짧게 머무는 동안 《과학과 문명Science and Civilisation》을 집필하는 동시에 생화학 관련 저술을 꾸준히 읽고 특별 강좌 세 가지를 열었다. 그리고 여생은 열정을 품었던 중국 과학사를 연구하며 보냈다.[150]

니덤은 전문화 강화 추세가 사람들이 많은 문제를 한 가지 학문으로는 파악할 수 없다는 사실을 잊게 만든다고 생각했다. 그는 큰 질문들을 즐겨 던졌는데, 그중 '니덤 질문Needham Question'이라 불리는 가장 유명한 질문은 이것이다. "왜 과학 혁명은 중국이 아닌 유럽에서 일어났을까?" 그는 성급하고 피상적인 태도의 위험성을 잘 알았으므로 자신의 논문들은 흥미로운 사실을 재확인하고, 최종 결론은 내리지 않지만 나중에 다른 학자들이 보석을 캐낼 수 있도록 광산의 입구를 열어놓는다고 설명했다.[151] 그의 발언은 공공 지식 저장고를 만드는 데 폴리매스가 어떤 독특한 기여를 할 수 있는지 잘 보여준다.

생물학자 윌리엄 베이트슨은 재발견의 기쁨을 느끼게 해준 그레고어 멘델Gregor Mendel에 대한 존경의 표시로 아들의 이름을 그레고리라고 지었다. 이 그레고리 베이트슨은 처음에 케임브리지 대학에서 동물학을 공부했지만 나중에 그의 고백에 따르면 평범하고 비인격적인 학문과 결별하기 위해, 그리고 윌리엄 베이트슨의 아들 역할에서 벗어나기 위해 인류학으로 전과했다고 한다.[152] 그는 먼저 뉴기니 이아트물족 사이에서 그리고 그 후에는 발리에서 현장 연구를 수행했고 이 작업을 함께 했던 인류학자 마거릿 미드Margaret Mead와 결혼했다. 1950년에 미드와 이혼한 후 심리 치료를 받다가 심리 치료를 공부했다. 신경쇠약을 자주 앓는 사람들에 대한 모순된 요구를 설명하기 위해 피험자와 연구자 모두를 속여서 실험을 진행하는 이중 맹검double blind 방식을 도입하기도 했다. 베이트슨은 하버드 대학 인류학과에 재임용되지 못하자 샌프란시스코에 있는 캘리포니아 대학 의과 대학으로 가서 정신과 의사인 위르겐 루쉬와 함께 연구를 시작했다.

베이트슨은 생태학과 수달과 돌고래의 행동 등 동물행동학에도 관심이 많았다. 흔히 그는 지식 유목민이라고 불린다.[153] 그러나 그는 이 학문에서 저 학문으로 옮겨 다니기보다 여러 학문 분야에서 다양한 관심사를 계속 유지한 사람이었다. 오히려 그는 한 학문에서 배운 개념들을 다른 학문 연구에 사용함으로써 전형적인 폴리매스의 모습을 보여줬다. 베이트슨은 관념들에 대한 관심을 마음의 생태학이라 불렀으며, 컴퓨터 과학에서 자기 조절이라는 개념을 가져와 개인과 집단의 행동과 감정을 분석하는 데 이용했다.

베이트슨의 관심사는 분산된 것처럼 보이지만 전부는 아니라도 대부분은 핵심에 커뮤니케이션이 있었다.[154] 1930년대에 발리에 갔을 때 그는 발리인의 몸짓들을 사진에 담았다. 1940년대에는 인간누뇌학의 개척자 자격으로 유명한 메이시 학술회의에 참석해서 노버트 위너와 존 폰 노이만과 함께 관련 주제를 발표했는데, 훗날 베이트슨은 그 일을 두고 "그런 학술회의에 참석하다니… 인생 최고의 사건 중 하나였다"라고 말했다.[155] 그는 조현병 환자의 의사소통에 관심을 두고 동료였던 루쉬와 《커뮤니케이션: 정신의학의 소셜 매트릭스Communication: The Social Matrix of Psychiatry 》(1951)를 공저했다. 또한 돌고래 연구를 통해 돌고래의 의사소통 방식을 발견했다. 베이트슨이 직접 썼듯이 그는 (지적·정서적·관찰 가능한·이론적·언어적·무언의) 경험 세계에 있는 모든 학문 사이에 다리를 놓고 싶었다.[156]

허버트 사이먼은 시카고 대학에서 인문학·사회과학·자연과학의 필수 과목 이수가 의무였던 시절에 공부했다. 그는 처음에 정치학자로 경력을 시작했는데 특히 의사 결정 과정에 관심이 많았다. 행정학·경영학·경제학을 공부했고 경제학과에 적을 둔 적이 없었음에도 노벨 경제학상을 받았다. 이에 대해 그는 이렇게 말했다. "심리학자들은 나를 경제학자로 보지만, 경제학자들은 나를 심리학자로 본다. 사실 나는 아무런 학파에도 소속되어 있지 않으며 스스로 세계 시민(행동과학자)으로 여긴다."[157] 사이먼이 특별히 관심을 두었던 분야는 행동경제학이었고 이는 초기 연구 분야였던 의사 결정 과정과 연결된다.[158] 그는 1955년부터 1956년까지를 지적 인생의 전환점으로 봤다. 이 시기에 미로가 아주 뜻밖의 방향으로 갈라졌고 그는 인지심리학자와 컴퓨터 과학자로 변모했다. 사이먼은 연하의 동료이자 수학자 출신의 폴리매스였던 앨런 뉴얼과 함께 카네기멜론 대학에서 인공지능연구소를 세웠고 컴퓨터를 사용해서 인간의 문제 해결 과정을 모의 실험했다.[159]

사이먼은 그가 명명한 '제한적 합리성'을 연구한 철학자로도 유명한데 이것은 전통적 합리성과 비합리성 사이의 중간 지점을 의미한다. 그는 20개가 넘는 언어를 읽을 수 있고 소설은 물론 행동과학 논문도 읽을 수 있다고 주장했다. 보르헤스의 단편 소설 〈끝없이 두 갈래로 갈라지는 길들이 있는 정원〉을 읽은 후에는 그 내용이 자신의 가치관과 연결된다고 보고 부에노스아이레스로 가서 보르헤스를 만났다.

6인의 현대 폴리매스 중 마지막 인물인 프랑스 학자 미셸 드 세르토는 자칭 역사가였지만 9개 학문(역사학·신학·철학·사회학·인류학·언어학·문학·지리학·정신분석학)을 전전한 인물이었다. 처음에 그는 예수회 신학교에서 철학과 신학을 배웠다. 종교학으로 박사 학위를 받았고 종교 역사가 장 오르시발과 정치사회사 역사가 롤랑 무니에가 이끄는 세미나에 참여했다. 세르토는 신비주의 역사에 매료되었다. 그에 따른 초기 연구가 밑거름이 되어 말년에 《신비한 우화The Mystic Fable》(1982)라는 책을 썼다.

지금까지는 세르토의 지적 여정이 평범해 보이지만 그는 반체제적 정신분석학자였던 자크 라캉이 이끄는 세미나에도 참여했다. 그는 마귀에 들렸다고 알려진 수녀원의 수녀들을 연구한 《루됭의 마귀 들림》(1970)을 쓸 때 정신분석학은 물론 역사와 신학의 관점을 모두 택했다.

세르토는 1968년에 프랑스에서 일어난 학생 운동을 일종의 발언prise de parole (공개 발화speaking out 와 발언 포착capture of speech 이라는 두 의미를 모두 가진 표현) 행위로 해석했고, 그 사건을 계기로 정치와 문화·사회에 관심을 갖게 되었다. 그는 68운동의 중요성을 다룬 논문과 프랑스 혁명에서의 언어 정치에 관한 연구서를 냈다.[160] 68운동에 관한 논문 덕분에 문화부에 프랑스 문화의 전망에 관한 세미나를 주관해 달라는 요청을 받았다. 이 요청은 다시 노동 계급의 문화에 대한 집단 조사로 이어졌으며, 그 결과물이 바로 세르토의 대표작인 《일상의 발명L'Invention du Quotidien》(1980)이다. 이 책에서 그는 마르크스주의에 반대한다. 평범한 개인은 여전히 현대 사회에서 어느 정도 자유를 누리고 있으며, 소비도 생산 양식의 하나로 간주해야 한다고 주장했다.

✦ 폴리매스는 거인인가, 사기꾼인가? ✦

지금까지 서술한 업적에도 불구하고 폴리매스는 계속 비판받았다. 오토 노이라트에게 호의적이었던 사람조차도 그는 프로젝트가 너무 많아서 연구할 시간이 없었다고 썼다.[161] 전문화 시대가 되자 예상대로 비난은 더욱 가혹해졌는데, 이제 폴리매스는 딜레탕트나 아마추어 혹은 심지어 17세기 유행어였던 사기꾼으로 불렸다.

  에밀 뒤르켐은 사회학이 사기꾼들의 침략을 받게 될 것이라며 불안감을 드러냈고, 경쟁자이자 폴리매스였던 가브리엘 타르드를 아마추어라고 폄하했다.[162] 케네스 볼딩은 한때 '비경제학자들의 존경을 받는 경제학자'라는 평을 들었다.[163] 이사야 벌린은 마이클 폴라니를 가리켜 '평범한 철학서를 쓰기 위해 과학을 포기한 위대한 과학자'라고 말했다.[164] 앨런 튜링은 동료 폴리매스였던 워런 매컬러Warren McCulloch를 사기꾼이라고 불렀다.[165] 루이스 멈퍼드는 버크민스터 풀러Buckminster Fuller와 마셜 매클루언Marshall McLuhan을 사기꾼들이라고 무시했다.[166] 언젠가 영국 역사가 에드워드 톰슨Edward Thompson은 파리의 한 카페에 앉아서 카를로 긴즈부르그Carlo Ginzburg에게 '푸코는 사기꾼'이라 말했다고 한다.[167] 노엄 촘스키Noam Chomsky는 프랑스 정신분석학자 자크 라캉을 '완전 사기꾼'이라고 불렀다.[168] 이사야 벌린은 자크 데리다Jacques Derrida에 관한 질문에 모순어법인 줄 알면서도 참지 못하고 그는 똑똑하지만 진짜 사기꾼인 것 같다고 답했다.[169] 조지 스타이너와 슬라보예 지젝Slavoj Žižek에 대한 언론인들의 비판도 비슷했다.[170] 사기꾼이라는 용어는 비난할 때 쓰는 다양한 표현(오만하다, 피상적이다, 약속을 지키지 못한다, 대중 영합적이다 등)을 한 단어로 압축해서 표현할 수 있다는 장점이 있다.

촘스키가 라캉을 싫어했던 이유는 스타이너·페터 슬로터다이크Peter Sloterdijk·지젝 등 몇몇 지식인이 새롭게 주목받던 시대에 라캉이 보여 준 텔레비전 카메라 앞에서의 태도 때문이었다.

독일 문학으로 박사 학위를 받았던 페터 슬로터다이크는 관심 분야를 철학·지리학·생태학·미디어 이론 등으로 확대했고, 복지 국가·테러리즘·세계화 같은 최근 이슈를 다룬 글을 신문에 기고했다. 그는 프랑크푸르트학파의 현존 회원들을 단순한 학자로 일축해서 논란을 일으켰다. 우호적인 비평가조차 슬로터다이크를 '잡지식 수집가'라고 불렀다. 수전 손택처럼 그도 정치와 사회 문제를 문학적 관점에서 문학적 방식으로 다뤘다. 즉 서사와 은유에 집중하고 소설을 인용해서 주장을 뒷받침했다.[171]

지젝은 구조주의와 정신분석학으로 각각 박사 학위를 받았고 사회학·정치학·영화에 관한 글을 썼다. 에코와 손택처럼 그도 고급문화와 대중문화의 비교 분석을 즐겼다.[172] 자크 데리다도 그랬지만 지젝 역시 유희적 작법 때문에 비판가들에게 '사기꾼·코미디언·마르크스 형제Marx Brother'라는 말을 들었다.[173]

이런 비판들에는 타당한 내용도 있었지만 그렇지 않은 내용도 있었다.

오늘날 텔레비전에 나오지 않는 공공 지식인은 거의 없다. 그들에 대한 비판의 배경에는 전문화가 심화된 시대에 다방면에 지식을 쌓기가 거의 불가능하다는 전제가 깔려 있다.

20세기에 새롭게 등장한 현상은 간혹 폴리매스가 자신의 광범위한 관심사에 후회하는 모습을 보인다는 것이다. 앤드루 랭은 "흔히 다재다능하다는 평을 듣지만 그것은 그가 가장 듣기 싫은 말이었다. 언젠가 그는 자신이 한 가지 분야에만 집중했다면 정말 대단한 인류학자가 되었을 것"이라고 말했다.[174] 막스 베버의 삶과 일에 존재했던 다양한 긴장 관계 중에는 제너럴리스트와 스페셜리스트의 대립도 있었다. 그는 다방면에 걸쳐 프로젝트를 추진했지만 한 유명한 강연에서 전문 연구 분야를 제한하면 파우스트식의 만능인은 되지 못하겠지만 현대 사회에서 가치 있는 일을 할 수 있다고 말했다.[175]

예상 가능한 단점들에도 불구하고 모든 혹은 적어도 다수 폴리매스가 이룬 업적은 존경받을 만하다. 자연스럽게 이런 질문이 떠오른다. 그들은 어떻게 그런 업적을 이룰 수 있었을까? 이 문제는 다음 장에서 탐구하기로 한다.

6장

폴리매스는
특별한 사람인가

The
Polymath

The
Polymath ——

THE POLYMATH

폴리매스는 특별한 사람들일까? 그들은 무엇 때문에 혹은 무엇에 이끌려 폴리매스로서 경력을 쌓았을까? 지금부터는 앞에서 분석한 내용을 종합해서 폴리매스의 일반적 특징들을 정리하고자 한다. 그러나 이 작업은 불확실할 수밖에 없는데, 그 이유는 창의성과 달리 박학다식은 인지심리학에서 체계적으로 연구할 만한 주제가 아니기 때문이다. 게다가 오래 전에 살았던 폴리매스에 대한 정보는 턱없이 부족하다.

그럼에도 폴리매스들이 직접 쓴 자서전과 친구나 가족의 회고록에서 반복적으로 언급되는 내용은 두말할 것 없이 시사하는 바가 크다. 거기에 언급되는 자질 중 다수는 다른 학자에게도 어느 정도 있겠으나, 특별히 폴리매스에게 의미가 있고 그들에게만 넘쳐나는 자질도 일부 있을 것이다. 지금부터는 그런 자질을 논할 예정이며, 수많은 작은 정보를 모아 정리하면 마치 점묘법으로 군상화가 그려지듯 폴리매스라는 집단의 이미지가 형성될 것이다. 왕성한 호기심, 좋은 기억력, 탁월한 창의성 같은 자질은 유전적인데, 그것에 관여하는 유전자 중 하나를 뇌유래 신경 영양 인자BNDF라고 부른다.

또한 폴리매스의 관심사·능력·업적 등은 양육 환경·살아온 이력·시대 상황 등에 의해 형성되며 이 환경Habitats 요인은 다음 장에서 논할 예정이다. 말할 필요도 없지만 심리학과 사회학은 명확히 구분하기가 어려우므로 둘 사이에 경계선을 긋기보다 각각의 특성들을 따로 모아 일종의 경계 지대를 설정하는 편이 나을 것이다. 어쨌든 요지는 폴리매스가 개인적 재능만으로는 성공하지 못한다는 것이다. 적합한 자리도 함께 필요하다.

+ 호기심은 유전자가 따로 있을까 +

호기심 유전자가 따로 있는지는 모르겠다. 막스 플랑크 연구소의 연구진은 박새에게서 그들이 호기심 유전자라고 명명한 Drd4의 존재를 발견했다.[1] 인간의 경우는 아직 답을 찾지 못했다. 게다가 오랫동안 '리비도 스키엔디libido sciendi'라 불리고 폴리매스였던 프랜시스 베이컨이 알고자 하는 욕구, 탐구욕으로 설명한 왕성한 호기심은 확실히 폴리매스에게 가장 일반적이며 확실한 특징이다.

레오나르도 다빈치의 방대한 노트에 근거해서 오늘날 그를 연구한 글들은 흔히 그의 호기심을 잡식성·열정적·강박적 그리고 심지어 집요하다는 말로 표현한다. 폴리매스 자신도 종종 스스로를 그런 식으로 표현한다. 17세기 후아나 이네스 데 라 크루스 수녀는 푸에블라 주교에게 자신의 지식욕에 관해 설명했다. 페이레스크는 '넘치는 나의 호기심'이라고 표현했다.[2]

피에르 벨은 '간절하게 모든 것을 알고 싶다'라고 말했다. 피에르다니엘 위에는 자신의 무한한 학구열과 배워야 할 것이 남아 있다는 사실을 알고 내가 아무것도 배우지 못했다고 생각했던 시절을 떠올렸다.[3] 아이작 뉴턴은 금욕적으로 살았던 청년기에 하나님보다 배움을 열망했다며 하나님에게 용서를 빌었다.[4] 벤저민 프랭클린은 어렸을 때 지식욕이 있었다고 말했다.[5] 알렉산더 폰 훔볼트는 다양한 지식을 향한 저항할 수 없는 욕구를 고백했다.

19~20세기 지식의 전문화 추세에도 불구하고 몇몇은 여전히 다양한 분야에 호기심을 보였다. 알렉시 드 토크빌은 젊은 시절의 자신을 채울 수 없는 호기심에 사로잡혔었다고 표현했다.[6] 이폴리트 텐은 스물한 살 때 친구에게 보낸 편지에 실용적인 이유에서가 아니라 알고 싶은 욕구에 이끌려 공부한다고 썼다.[7] 지그문트 프로이트는 마음이 움직여서 빈 대학에서 의학을 공부했는데, 이에 대해 일종의 지식욕 때문이라고 고백했다.[8] 버트런드 러셀은 자신의 중요한 세 가지 열정 중 하나로 지식 탐구를 들었다.[9] 쿠바 사회학자 페르난도 오르티스Fernando Ortiz는 자신의 끊임없는 호기심을 고백했다.[10]

폴리매스의 친구와 지인들의 이야기도 비슷하다. 라이프니츠의 후원자 중 하나는 그가 채울 수 없는 호기심을 가졌다고 말했다.[11] 새뮤얼 존슨의 어릴 적 친구 중 하나는 존슨을 드물게 탐구심이 많은 사람으로 묘사했다.[12] 루이스 멈퍼드는 자신의 영웅인 패트럭 게데스를 주의 깊게 관찰한 후 그의 몹시도 강렬한 호기심은 다빈치와 맞먹는다고 했다.[13] 존 폰 노이만의 두 번째 아내였던 클라라는 조니의 가장 두드러진 특징은 모든 것에 대한 무한한 호기심이라고 기억했다.[14]

칼 폴라니의 지인은 폴라니의 끝없는 호기심을 언급했다.[15] 에드먼드 윌슨과 개인적으로도 알고 지냈던 그의 전기 작가는 윌슨이 호기심이 왕성했다고 말했다.[16] 미셸 푸코가 다녔던 학교의 교사 중 하나는 나중에 그 안에서 어마어마한 지적 호기심을 느낄 수 있을 것이라고 증언했다.[17] 미셸 드 세르토의 예수회 동료 사제는 세르토가 모든 것에 열정적으로 관심을 보였다고 말했다.[18] 또한 정식으로 사회학을 공부하지 않고도 유명한 사회학자가 되었던 데이비드 리스먼David Riesman에 관한 연구서에는 그의 잡식성의 왕성한 호기심이 언급된다.[19]

+ 어디에서든 집중하라 +

일부 폴리매스가 가진 또 다른 중요한 자질은 의식적이든 무의식적이든 높은 집중력을 유지한다는 점이다. 잠바티스타 비코는 자신에 대해 친구들과 대화를 나누거나 아이들이 소리를 지르는 동안에도 읽고 쓰고 생각할 수 있는 사람이라고 묘사했다.[20]

존 폰 노이만은 전날 밤에 고민하던 문제에 대한 답을 가지고 아침마다 눈을 떴다고 전해진다. 깨어 있는 시간에는 혼잡한 기차역이든 기차

안이든 공항이든 비행기 안이든 배 안이든 호텔 로비든 북적이는 칵테일 파티든 모든 곳에서 일할 수 있었다. 실제로 그는 소음이 있는 공간을 선호했다.[21]

이렇게 집중력을 잃지 않을 수 있는 능력은 특히 자녀가 있는 여성 폴리매스에게 필수적이었다. 메리 서머빌의 딸은 자기 어머니의 자서전에서 서머빌이 독특한 몰입력을 발휘해서 일에 완전히 몰입하는 바람에 음악이나 대화 소리를 전혀 듣지 못했다고 말했는데, 서머빌과 같은 여성 학자는 자기만의 방이 없어 거실에서 읽고 써야 했기 때문에 대단히 중요한 재능이었다.[22]

전문 학자들도 그렇지만, 폴리매스의 집중력을 정신이 딴 데 팔린 모습으로 인식하는 이유는, 특정 문제에 집중하는 동안 그들의 정신은 일상과 동떨어진 곳에 머물기 때문이다.

존 셀던·아이작 배로·아이작 뉴턴·몽테스키외·이마누엘 칸트·새뮤얼 존슨·애덤 스미스·앙리 푸앵카레·노버트 위너 등도 모든 이야기가 사실은 아니겠으나 집중력과 관련된 수많은 일화가 전해진다. 옥스퍼드 대학에서 가십을 즐겼던 앤서니 우드Anthony Wood라는 학자는 셀던이 보들리 도서관에 책을 두고 갔다며, 펼쳐진 책 위에 셀던 교수가 깜빡 잊고 가져가지 않은 안경 여러 벌이 놓여 있었다고 말했다.[23] 역시 남 이야기를 많이 했던 존 오브리John Aubrey에 따르면 배로는 공부에 너무 열중해서 침구가 정돈된 것(아마 그는 침대 위에 있었을 텐데)을 알아채지 못했고, 이따금 모자를 쓰지 않은 채 그리고 적어도 한 번은 망토를 반만 걸친 채 외출했다.[24] 뉴턴은 식사를 잊기 일쑤였고, 케임브리지 트리니티 칼리지 안에서 살 때는 간혹 저녁 식사 자리에 교회 갈 때 입는 옷을 입고 나타났다.[25] 언젠가 애덤 스미스는 실내복을 입고 있다는 사실을 잊은 채 24킬로미터를 내리 걸었다.[26]

푸앵카레의 조카에 따르면 푸앵카레가 식사 자리와 가족 모임, 심지어 살롱에서도 생각에 빠져 있었으며, 한 친구는 그를 거의 항상 정신이 다른 데 팔린 사람으로 표현했다. 언젠가 산책하던 푸앵카레는 자신이 언제 집어 들었는지 기억도 안 나는 새장을 들고 있는 것을 깨달았다는 이야기도 있다.[27] 노버트 위너가 딸도 못 알아봤다는 이야기는 유명하다. 이런 이야기들에 비하면 장갑이나 스카프, 심지어 여권을 자주 잊던 칼 폴라니는 그리 유별난 경우는 아니었다.[28]

+ 남다른 기억력을 가진 사람 +

호기심과 집중력만으로는 폴리매스가 되기 어렵다. 그들의 또 다른 장점은 훌륭한 기억력이다. 다른 자질들을 희생시켜 특정 자질을 강조하는 것이 다소 불편해 보이긴 하지만 경이로운 기억력을 가진 사람의 예로 폴리매스를 언급했던 칸트는 확실히 옳았다.

어쨌든 폴리매스의 지인들은 그들의 기억력이 훌륭했다고 자주 기억했다. 블레즈 파스칼의 조카였던 마르그리트 페리에Marguerite Périer는 파스칼의 비상한 기억력을 언급했다. 토머스 브라운의 친구에 의하면 그는 많은 것을 오래 기억했다고 하며, 길버트 버넷과 동시대를 살았던 두 사람은 버넷의 굉장한 기억력을 언급했다. 새뮤얼 존슨의 친구는 존슨의 기억력이 너무나 좋아서 읽거나 들은 내용은 무엇이든 잊지 않았다고 말했다.[29] 콩도르세의 친구는 기억력이 탁월해서 그가 어떤 것도 결코 잊는 법이 없다고 말했다.[30] 조르주 퀴비에는 보고 읽은 모든 것을 잊지 않을 정도로 축복받은 기억력을 가졌으며 덕분에 어떤 분야에서도 실패한 적이 없고 수많은 군주와 왕자의 이름, 지루한 연대표도 일단 머릿속에서 정리되면 결코 잊어버리지 않았다고 한다.[31] 매콜리도 좋은 기억력으로 유명했다. 그가 전체를 암기했던 책은 《실낙원Paradise Lost》 《천로역정The Pilgrim's Progress》 《마지막 음유시인의 노래The Lay of the Last Minstrel》 등이다.[32] 생트뵈브의 친구는 그가 모든 것을 기억하는 놀라운 능력을 가졌다고 했다.[33]

좀 더 최근 인물인 위너는 자신의 좋은 기억력을 자랑했다. 존 폰 노이만의 친구는 한 번 읽은 책이나 논문의 내용을 토씨 하나 틀리지 않고 그대로 인용하는 노이만의 능력에 감탄했다. 또 다른 목격자는 노이만의 기억력이 상상을 초월할 정도로 훌륭해서 배우거나 본 것을 사진으로 찍은 듯이 정확히 기억했다고 말했다(노이만은 상상할 수 있는 거의 모든 일에 손을 댄 사람이므로 이번 장에서도 자주 등장할 것이다).[34] 조지프 니덤의 아내 도로시와 니덤의 동료 몇몇은 그의 사진을 찍듯 기억하는 능력과 환상적인 기억력을 언급했다.[35] 페르낭 브로델은 코끼리 같은 기억력으로 유명하며 그런 기억력을 가진 덕분에 참고할 만한 책이나 정보가 없는데도 지중해 세계에 관한 주요 저서의 대부분을 포로 수용소에서 쓸 수 있었다.

+ 빠르게 이해하고 학습한다 +

새로운 정보를 신속하게 흡수하는 능력은 모든 폴리매스에게 필요하고
실제로 일부에게서 확인되는 자질이다. 길버트 버넷의 동시대인은 그의
빠른 이해력을 언급했고, 버넷도 자신의 기억력 덕분에 상황을 쉽게 파
악했다고 직접 말했다.[36] 루이 아가시Louis Agassiz의 취리히 대학 동창생은
이렇게 썼다. "아가시는 모든 것을 알았다. 그는 모든 주제에 관해 늘 말
할 준비가 되어 있었다. 익숙하지 않은 주제라도 공부를 시작하면 순식
간에 정통했다."[37] 그와 비슷하게 매콜리의 전기 작가도 매콜리가 글을
대충 훑어보고는 바로 내용을 파악하는 능력이 있었다고 썼다. 그는 다
른 사람들의 속독 속도보다 더 빠르게 책을 읽으며, 다른 사람들이 페이
지를 넘기는 속도로 책을 읽었다고 했다.[38] 로버트슨 스미스의 친구는 거
의 모든 주제에 대해 재빨리 지식을 습득하는 능력을 언급했다.

케네스 볼딩은 아나톨 래퍼포트에 대해 비정상적일 정도로 빠르게 학
습하는 능력을 가진 사람이라고 말했다.[39] 월터 피츠Walter Pitts는 낯선 분
야의 교과서 내용을 며칠 만에 완전히 습득하는 것으로 유명했다.[40] 조
지프 니덤도 신속하게 새로운 주제를 학습하는 특별한 재능을 가졌다.[41]
라이너스 폴링의 동창은 그가 그저 탁자에 앉아 책을 읽지 않고 바라만
봐도 지식을 흡수하는 것처럼 보였다고 말했다.[42]

새로운 것을 학습하는 능력은 배우고 싶은 열망과 관련된다. 동물학
과 생태학부터 미술사와 고고학까지 관심 분야가 광범위했던 조지 에
블린 허친슨George Evelyn Hutchinson은 해마다 새로운 것을 배우기 좋아했

THE POLYMATH

다고 전해진다.[43] 인공지능의 선구자 중 하나인 마빈 민스키는 한 인터뷰에서 자신은 새로운 학습을 좋아하지만 대부분 사람들이 새로운 것을 배우기 싫어한다고 말했다.[44]

+ 풍부한 학문적 상상력 +

풍부한 상상력도 폴리매스의 중요한 정신적 도구다. 찰스 다윈은 공상에 빠지기를 좋아한다고 말했고 허버트 사이먼은 자신이 지독한 몽상가여서 일관된 사고를 유지할 수 없다고 고백했다. 어쩌면 이들이 통찰력을 발휘할 수 있는 것은 몽상(혹자는 '정신 팔림'으로 표현한 상태)과 무의식적인 연상 능력 덕분이라고 말할 수 있을지 모르겠다. 이들의 중요한 자질 중 하나는 다윈이 말한 '사실들을 연결'하는 능력이며, 다윈의 경우 그 사실들이란 다양한 종과 환경에 관한 것이었다.[45] 폴리매스는 다른 사람들이 놓친 연관성을 알아낸다. 앞서 다뤘던 심괄의 새로운 발견들은 전통에 맞지 않는 생각들을 서로 연결한 통찰력에서 자주 이루어졌다.[46] 피에르 부르디외의 용어를 사용하면, 폴리매스는 한 학문 분야에서 습득한 아비투스habitus(사회 문화적 요인과 교육 등을 통해 형성된 개인의 사고방식, 행동의 무의식적 습관, 선호도 등)를 다른 분야의 문제들을 해결하는 데 활용한다. 아비투스란 친숙한 사회문화적 환경에서 만들어진 습성이나 취향 등을 의미한다. 미셸 드 세르토의 용어로 표현하면 그들은 새로운 환경에서 아이디어들을 재사용할 줄 아는 특별한 재능을 지녔다.

창조적이고 은유적으로 사고하는 시인과 작가들처럼 폴리매스도 끊임없이 유추적으로 사고하는데, 즉 아리스토텔레스의 유명한 말과 같이 다른 것들 사이에서 유사성을 인지한다. 이미 봤듯이 다빈치에 관해 많은 예를 보여주는 그의 노트에 따르면, 그는 새와 박쥐를 비행기와 비교했다. 언젠가 헤르더는 뉴턴·라이프니츠·뷔퐁이 유추를 통해 새로운 것을 발견했으므로 그들 모두 시인이라고 말했으며, 후대의 과학철학자들은 과학 이론이나 모형이 은유와 중요한 공통점이 있다고 지적했다.[47] 토머스 영이 지식 발전에 많은 기여를 할 수 있었던 것도 그가 가진 유추 능력 덕분이었다. 그는 광파와 음파의 유사성과 다양한 인도유럽어족의 유사성을 파악했다.

사회과학도 비슷하다고 말할 수 있다. 빌프레도 파레토의 균형 이론이 공학부터 경제학까지 전해졌다는 사실은 이미 언급한 적이 있다. 막스 베버는 신학에서 가져온 카리스마 개념을 정치 분석에 활용했다. 피에르 부르디외는 여러 유사성을 파악해서 사회 이론을 만들었는데, 가령 '장$_{field}$'은 사회심리학에서, '아비투스'는 미술사에서, '자본'은 경제학에서, '신성화'는 신학에서 가져왔다.

그러므로 폴리매스가 유사점과 차이점을 찾는 방식으로 정의되는 비교 방법론의 발전을 주도했다는 사실은 놀랍지 않다. 비교 방법론에 기여한 사람들로는 사무엘 보샤르·피에르다니엘 위에·잠바티스타 비코·제임스 프레이저 등이 있고, 좀 더 최근 인물로는 인도·그리스·로마·북유럽의 오랜 신화를 연구한 조르주 뒤메질Georges Dumézil이 있다.[48] 콘라트 게스너·라이프니츠·히옵 루돌프·빌헬름 폰 훔볼트·로만 야콥슨 등 수많은 폴리매스가 비교 언어학에 집중했고, 법학(몽테스키외)이나 종교학 분야(셸던과 로버트슨 스미스)에서 비교 연구를 시도한 사람들도 있었다. 퀴비에는 해부학 비교 연구로 명성을 얻었는데 일례로 그는 멸종 동물을 복원했다(발자크는 퀴비에가 유사점을 찾는데 천재적이라고 말했었다). 다윈의 진화론은 찰스 라이엘의 암석 연구와 맬서스의 인구론 사이에서 찾은 유사성에 토대한다. 앨런 튜링의 인공지능 연구는 인간과 기계의 유사성에 착안했다. 그러므로 자기 분야에서 혁신적 업적을 남긴 사람들은 과학적 상상력 혹은 좀 더 일반적으로 학문적 상상력이 풍부했다고 말할 수 있다. 폴리매스는 유사성을 밝힐 때 자신이 다양한 학문에 익숙하다는 장점을 이용한다. 만약 혁신이 개념을 치환하는 일이라면 폴리매스는 유능한 치환자다.[49]

특히 폴리매스가 창조적 상상력이 풍부했다는 생각은 그들 다수가 시를 발표했다는 사실로 뒷받침된다. 근대 초기 폴리매스 중 21명이 시를 썼다는 사실이 놀랍지 않은 이유는 당시 사회 엘리트 사이에서 시 쓰기가 흔한 취미였기 때문이다.[50] 19세기와 20세기에도 최소 14명의 폴리매스가 시를 썼는데, 그들은 괴테·콜리지·매슈 아널드·토머스 매컬리 등이다.[51]

세 명의 폴리매스 소설가(조지 엘리엇·올더스 헉슬리·블라디미르 나보코프) 외에도 모험담이나 소설을 썼던 폴리매스 40여 명을 부록에 소개하고 있다. 광범위한 의미에서 '공상 과학 소설' 분류되는 것들로는 존 윌킨스의 《달 세계의 발견Discovery of a World in the Moon》, 마거릿 캐번디시의 《불타는 세계》, 아타나시우스 키르허의 《천국 여행Heavenly Journey》, 로렌초 헤르바스의 《황홀한 행성 여행Ecstatic Voyage》 등이 있고, 토마소 캄파

넬라·파올로 만테가자·가브리엘 타르드·윌리엄 모리스·알렉산더 보그
다노프·H. G. 웰스·올더스 헉슬리 그리고 오스트리아 생물학자 카를
카밀로 슈나이더Karl Camillo Schneider는 작품 속에 미래에 대한 이미지를
심었다. 움베르토 에코의《장미의 이름》은 전 세계적인 베스트셀러가 되
었다.[52]

+ 에너지 넘치는 노력가 +

좋은 기억력과 풍부한 상상력을 가진 폴리매스라도 이런 자질을 활용하
기 위해 열심히 노력하지 않는다면 무용지물이 될 것이다. 그리고 여러
사람의 증언처럼 열심히 노력하기 위해서는 체력이 강해야 한다. 존 윌
킨스의 동료 연구자는 윌킨스를 지칠 줄 모르는 사람이라고 묘사했다.[53]
피에르 벨의 친구였던 자크 바스나지Jacques Basnage는 벨을 가리켜 '피로
를 모르는 연구자'라고 표현했으며, 그가 죽기 전날 쇠약한 상태에서도
밤 열한 시까지 연구했다고 말했다.[54] 버넷은 많이 일하고 열심히 공부
할 수 있게 해준 자신의 튼튼한 체질에 대단히 만족한다고 했다.[55] 뷔퐁
은 새벽에 일어나 하루 14시간을 일할 정도로 엄청난 체력의 소유자로
유명했다.[56] 샤틀레 후작 부인도 마찬가지였다. 알렉산더 폰 훔볼트의
형제는 알렉산더가 고갈되지 않는 에너지를 가졌다고 말했다.[57] 루이 아
가시의 전기 작가는 아가시가 놀라운 체력을 가졌다고 썼다.[58]

윌리엄 모리스를 봤던 어떤 이는 그의 어마어마한 에너지를 이야기했
다. 다른 이는 그가 에너지 과잉인 것 같다고 했다.[59] 막스 베버의 강연을

들은 사람들은 이따금 화산에 비유되는 그의 폭발적인 에너지에 감동했다. 이와 비슷하게 허버트 사이먼의 지인은 그의 강의 모습을 보고는 그에게서 지적 에너지가 뿜어져 나와 그 빛으로 한밤중에 도시 전체를 밝힐 수 있을 것 같았다고 말했다.[60]

다재다능했던 정치학자 해럴드 라스웰의 친구는 그의 강한 체력을 언급했다.[61] 중견 역사 통합 운동가 앙리 베르Henri Berr를 만난 사람들은 그의 기백에 깊은 인상을 받았다.[62] 오토 노이라트의 여러 지인도 그의 활력을 언급했다. 멈퍼드는 패트릭 게데스의 지적 에너지와 엄청난 활력을 증언했다.[63] 조지프 니덤의 동료 하나는 그를 신체적·지적 에너지의 원천으로 불렀고, 다른 동료는 그의 엄청난 에너지와 열정을 언급했다.[64] 수전 손택의 아들 데이비드는 어머니에 대해 정말로 무한한 에너지를 가진 사람이라고 말했다.[65]

일부 폴리매스에게는 동시에 여러 일을 하는 능력도 발견된다. 뷔퐁은 동시에 여러 분야에서 일했다고 전해진다.[66] 윌리엄 모리스는 이젤 앞에서 그림을 그리는 동안 머릿속으로 호메로스의 시를 번역하는 모습이 목격되었는데, 언젠가 그는 태피스트리를 짜는 동안 서사시를 지을 수 없는 녀석은 입을 다물고 있는 편이 낫다고 말했다.[67] 조지프 니덤은 강의와 교정보는 일을 동시에 할 수 있었다. 오토 노이라트는 아내 마리에 따르면 동시에 세 가지 일을 즐겼다고 한다.[68] 라이너스 폴링도 한 번에 여러 문제를 다룬 폴리매스였다.[69]

+ 호기심을 가진 불안한 사람 +

에너지 과잉은 종종 조급증으로 이어지기 때문에 순차적 폴리매스를 자극하는 긍정적 자질이나 호기심의 단점 중 하나로 여겨진다. 라이프니츠는 베허를 침착하지 못하다고 비난했다.[70] 알렉산더 폰 홈볼트도 차분하지 못하다는 말을 들었다. 헨리 제임스Henry James는 윌리엄 모리스를 신경이 예민하고 불안한 사람으로 묘사했다.[71] 아우구스트 스트린드베리는 안절부절 못하기로 악명이 높았다. 움베르토 에코는 친구이자 폴리매스였던 조르조 프로디를 보고 늘 서두르는 사람이라고 말했다.[72]

그러나 지식 유목민의 삶을 즐긴 폴리매스도 있었다. 로버트 버턴은 독자들에게 돌아다니면서 알게 된 유머를 전했다. 게오르크 지멜의 제자로 역시 폴리매스였던 지그프리트 크라카워Siegfried Kracauer는 지멜을 '방랑자'라고 묘사했다. 망명한 문학 교수로 역사가와 전기 작가를 겸했던 길버트 쉬나르Gilbert Chinard는 제자에게 책을 보내면서 반세기 방랑 문학 시대를 기리는 글을 적어 보냈다. 마이클 폴라니는 친구에게 '나는 평생 방랑자로 살았노라'라고 했다. 그는 헝가리에서 독일을 거쳐 영국으로 갔을 뿐만 아니라 화학부터 철학까지 여러 학문을 공부했다.[73] 줄리언 헉슬리Julian Huxley의 아내는 남편을 가리켜 '다른 일에 뛰어들어 하던 일에서 탈출하는 사람'으로 묘사했다.[74]

지식 유목민이라 불렸던 그레고리 베이트슨은 안전하고 확실한 자리에 정착하지 않은 채 이곳저곳과 이 분야와 저 분야를 옮겨 다녔다고 전해진다.[75] 조지 스타이너는 뿌리 내릴 곳이 없었으므로 자칭 뿌리 없는

자, 슬픔과 기쁨을 경험한 즐거운 방랑자였다.[76] 에드워드 사이드Edward Said도 스스로를 어디에도 머물지 않은 유목민으로 여겼다.[77] 미술·고고학·인류학에 대한 폭넓은 관심으로 폴리매스 자격이 충분했던 여행 작가 겸 소설가 브루스 채트윈Bruce Chatwin도 한곳에 가만히 있지 못하는 사람이었다. 그가 유목민의 삶에 끌렸다는 사실이나 말년에 낸 책이 《불안의 해부Anatomy of Restlessness》였다는 사실이 놀랍지 않다.

순차적 폴리매스는 이 학문에서 저 학문으로 옮겨 다니는 사람들이다. 허버트 사이먼은 자신이 정치학과 행정학에서 경제학과 인지심리학을 거쳐 인공지능과 컴퓨터 과학까지 여기저기 떠돌아다녔다고 말했다.[78] 인류학자 그레고리 베이트슨과 생리학자 헨리 머레이Henry Murray는 자신들의 심리 문제에 관심을 두다 심리학에 빠졌다. 어쩔 수 없이 방랑하게 된 폴리매스들도 있다. 구스타프 페히너, 패트릭 게데스, 올더스 헉슬리, 허버트 플뢰르Herbert Fleure 모두 안질환 때문에 기존 전공 분야를 포기했는데 페히너는 물리학, 게데스는 식물학, 헉슬리는 의학, 플뢰르는 동물학을 그만두었다.

어떤 폴리매스는 학계에 발을 들이기 전에 여러 직업을 전전했다. 지리학자 프리드리히 라첼과 사회학자 로버트 파크Robert Park는 기자였고, 인류학자 아돌프 바스티안Adolf Bastian은 배에서 일하는 의사인 선의船醫였으며, 엘튼 메이오Elton Mayo는 산업심리학자로 하버드 대학에 정착하기 전에 기자로 그리고 한 아프리카 광산업체의 직원으로도 일했다.[79]

국가 문제든 학문이든 두 분야를 연결하는 과정에서 더 깊게 사고할 수 있다. 20세기에는 적어도 일곱 명의 주요 폴리매스가 국제 평화 운동에 참여했다. 빌헬름 오스트발트Wilhelm Ostwald, 폴 오틀레, 패트릭 게데스, 버트런드 러셀(평화 재단 설립), 케네스 볼딩, 라이너스 폴링(1962년 노벨 평화상 수상), 노엄 촘스키(2017년에 션 맥브라이드 평화상 수상) 등이다. 이들이 국제주의와 학제간 융합 연구를 지지했다는 사실은 우연이 아니다. 코메니우스와 라이프니츠 같은 이전 시대의 폴리매스들도 국제 평화를 위해 활동했다.

+ 폴리매스는 어떻게 공부했을까+

이쯤해서 폴리매스가 되겠다는 야망을 품은 독자가 있다면 성공하기 위해서는 오랜 시간 공부해야 한다고 조언하고 싶다. 체력이 강한 폴리매스는 평범한 사람들보다 잠을 덜 잤고 그렇게 아낀 시간을 연구에 바쳤다. 문헌학자 프란시스쿠스 유니우스Franciscus Junius는 보통 새벽 4시부터 저녁 8시까지 매일 16시간 공부했다.[80]

피에르다니엘 위에는 자서전에서 공부할 시간을 마련하기 위해 매일 3시간만 잤다고 주장했다. 알렉산더 폰 훔볼트는 나폴레옹처럼 잠은 4시간이면 충분하다고 했고 존 폰 노이만도 서너 시간만 자면 된다고 했다.[81] 샤틀레 부인은 밤에 네다섯 시간만 자도 멀쩡했고 날마다 새벽 4시에 일어나 14시간 공부했다.[82] 토머스 제퍼슨의 일생은 장시간 공부할 준비가 되어 있는 놀라운 상태라고 묘사된다. 이따금 그는 새벽 5시에 일어나서 한밤중까지 일했으며 언젠가 한 학생에게 매일 11시간씩 공부하라고 충고했다. 존 테오도어 메르츠John Theodore Merz는 산업체 관리자 겸 책임자로 생계를 유지하는 동안 19세기 유럽 사상사를 다룬 4권의 책을 매일 출근 전인 새벽 5시부터 8시까지 썼다. 레스터 워드는 낮에는 미국 지질조사국에서 일했고 저녁 강의를 들은 후 밤에는 책을 썼다.[83]

전기 작가 조지프 라이디는 다양한 활동을 할 시간을 어떻게 마련했냐는 질문에 일주일에 하루 저녁만 쉬고 일요일을 포함해서 거의 날마다 새벽 2시까지 공부했으며, 가끔은 물 한 모금 마시지 않은 채 아침 8시부터 저녁 8시까지 내리 공부만 했다고 답했다.[84] 칼 피어슨은 자신의 성공 비결을 고된 공부를 견디는 능력으로 꼽았다.[85] 버트런드 러셀에 따르면 존 메이너드 케인스는 항상 과로했다.[86] 허버트 사이먼은 자신이 책상 앞에서 매주 60시간에서 80시간을, 가끔은 더 많은 시간을 앉아 있던 일중독자인 것을 몹시 자랑스러워했다.[87] 라이너스 폴링은 어릴 때부터 공부하는 습관을 들였다고 말했다.[88] 존 폰 노이만의 아내 클라라는 사실상 남편의 연구 능력은 무한했다고 기억했다.[89] 조지프 니덤의 동료 연구자는 니덤이 아침 식사 때조차도 쉴 없이 공부했고, 달걀이 익는 동안 공부할 시간이 생겼기 때문에 삶은 달걀을 좋아했다고 말했다.[90] 미셸 푸코는 죽기 직전까지 학교에 머물며 열심히 연구하고 휴식은 거의 취하지 않았다. 그는 1974년에 《감시와 처벌》을 완성한 바로 그날 곧바로 《앎의 의지The Will to Knowledge》를 쓰기 시작했다.[91]

이런 연구 습관 없이 폴리매스가 어떻게 다작했을지 상상하기 어렵다. 앙리 푸앵카레는 30권이 넘는 책과 500편가량의 논문을 썼고, 케네스 볼딩은 그보다 더 많은 40권의 책과 800편가량의 논문을 썼다. 니클라스 루만Niklas Luhmann은 약 70권, 베네데토 크로체는 80여 권, 살로몽 레나크Salomon Reinach는 90권을 출간했다.

책상에 오래 앉아 있던 습관 때문에 대가를 치르는 일도 있었다. 레온 바티스타 알베르티는 읽고 있던 단어들이 전갈로 변했다며 훗날 신경쇠약으로 고통받았다고 자서전에서 밝혔다. 다윈은 건강을 해칠 정도로 열심히 공부했다. 윌리엄 로버트슨 스미스는 연구 시간을 확보하려고 점심을 거르곤 했는데 이런 일이 그의 이른 죽음에 일조했을 것이라고들 한다.[92] 의지만 있으면 몸의 에너지를 무한정 빼내 쓸 수 있다고 믿었던 카를 람프레히트Karl Lamprecht의 경우도 비슷했다. 그의 친구였던 빌헬름 오스트발트는 49세에 사망한 람프레히트에게 지나치게 많이 일한다고 경고했던 것을 기억했다.[93]

과로가 일상이던 허버트 스펜서는 1855년에 신경쇠약에 걸렸다. 1871년과 1884년에 신경쇠약 증세를 보였던 토머스 헉슬리도 과로가 원인이었을 것이다. 레슬리 스티븐Leslie Stephen은 자신을 굴렁쇠에 비유하며 자신이 전속으로 돌지 않으면 넘어지고 말 것이라고 말했다.[94] 버트런드 러셀은 존 메이너드 케인스의 사망 원인을 과로라고 생각했다. 막스 베버의 신경쇠약은 아버지가 죽은 후에 발병했지만 과로로 더욱 악화되었을 것이다.

+ 폴리매스의 시간 관리법 +

수많은 폴리매스가 시간을 낭비하지 말고 잘 써야 한다는 의무감을 느꼈다. 이는 베버가 '현세적 금욕주의'라 부른 것의 일종이다. 성공회 성직자로서 폴리매스였던 마크 패티슨Mark Pattison은 교육이 금욕주의의 한 형태여야 한다고 설교했다.[95] 존 스튜어트 밀은 자서전에서 자신의 아버지가 때를 놓치면 안 된다는 원칙으로 활발하게 활동했으며, 자녀 교육에도 같은 원칙을 고수했다고 썼다.

칼뱅주의자 이작 카소봉의 일기에는 시간에 집착하고 부족한 시간을 아쉬워하는 모습이 여실히 드러난다.[96] 동료 칼뱅주의자 휘호 흐로티위스의 좌우명은 '시간이 없다'였다. 토머스 브라운은 생전에 나태와 게으름을 못 견뎌서 무슨 일이든 하지 않을 수 없다고 말한 사람이었다.[97] 뉴턴의 조수는 스승에 대해 이렇게 말했다. "연구하지 않은 시간은 잃어버렸다고 생각하셨다… 선생님은 먹고 자는데 쓰는 짧은 시간도 아까우셨던 것 같다."[98]

몽테스키외는 게으름을 천국의 기쁨이 아닌 지옥의 고통과 연결시켰다. 벤저민 프랭클린은 여가는 유용한 일을 하는 시간이라고 선언했다. 빌헬름 폰 훔볼트는 은퇴 후 친구에게 자신은 한 번도 새벽 1시 전에 잠자리에 든 적이 없고, 인생의 대부분을 연구에 바쳤다고 말했다.[99] 말년에 토머스 영은 게으르게 살았던 적이 한 번도 없었다고 자신 있게 말했다. 존 허셜은 젊었을 때 남들이 부러워할 정도로 일 분 일 초를 허투루 쓰지 않는 능력을 갖추기를 바랐다.[100] 다윈은 한 시간이라도 시간을 낭비하는 사람은 인생의 가치를 발견할 수 없다고 생각했다.[101]

잃어버린 시간을 벌충하고 싶어 했던 폴리매스도 있었다. 다윈은 비글호를 타는 동안에도 연구했고 육지에 닿을 때마다 수많은 관찰을 했음에도 5년간의 탐사가 마무리될 무렵에는 두렵지만 묘하게 즐거운 마음으로, 영국에 쌓여 있는 연구 과제에 착수할 날을 고대했다.[102] 전쟁 중에 나치 독일에 살던 한스 블루멘베르크는 유대인 피가 섞였다는 이유로 대학에 다닐 수 없었다. 전쟁이 끝나자 그는 공부 시간을 늘리기 위해 일주일에 하루는 밤을 새웠다.[103]

최근 베버의 전기를 쓴 작가는 그가 예민한 시간 감각을 가진 일중독자였다고 썼다. 그의 강박적인 조급증은 알아보기 어려운 필체에 명확히 드러났다.[104] H. G. 웰스는 시간이 낭비될까 걱정했으며, 열일곱 살에 어머니에게 쓴 편지에서 인생의 4분의 1 이상이 이미 지나가 버렸다고 적었다. 나중에 그는 과로로 고통을 겪었다.[105]

시간에 극단적으로 집착했던 인물은 멜빌 듀이로 그는 효율성을 지나치게 중시한 나머지 자기에게 보고할 내용이 있으면 시간 지체 없이, 할 말을 최소 단어로 표현할 수 있게 미리 준비하고 오라고 직원들에게 요구할 정도였다.[106] 그는 "안녕하세요, 듀이 선생님!" 하고 인사한 도서관 접수 직원에게 인사도 귀한 시간을 낭비하는 행동이라며 꾸짖었다고 한다. 폴리매스에게는 심리뿐만 아니라 병적 문제도 있었던 것 같다.

+ 폴리매스의 열정과 경쟁심 +

흔히 경쟁심은 일을 향한 열정을 불러일으킨다. 존 셀던은 존경하는 학자들을 본받아 두 권의 책을 썼는데 《시리아의 신들에 관하여》에서는 조제프 스칼리제르를, 《자연법》에서는 휘호 흐로티위스를 참고했다.[107] 새뮤얼 존슨의 동창생은 남보다 나아지고 싶어 하던 그의 야망을 떠올렸다.[108] 허버트 사이먼은 "나는 경쟁심이 강한 사람이었고 지금도 그렇다"라고 고백했고 조지 호만스George Homans는 학창 시절 자신이 작지만 경쟁심이 강한 아이였다고 기억했다.[109]

경쟁심은 아이작 뉴턴이나 카를 만하임 등 다른 폴리매스들에게도 뚜렷하게 나타나는 특징인데 특히 〈문화 현상으로서 경쟁〉이라는 유명한 논문을 쓴 만하임은 한때 그의 조수였던 노르베르트 엘리아스로부터 지나치게 경쟁적인 사람이라는 말을 들었다.[110] 토머스 영은 과학 연구란 선배와 동시대인 모두를 상대로 벌이는 일종의 전쟁이라고 생각했으며, 이 말은 이집트 상형문자 해독과 관련해서 장프랑수아 샹폴리옹과의 경쟁 관계로 입증되었다.[111] 경쟁은 성취욕과 니덤이 '수단과 방법을 가리지 않는 목적 추구'라고 부른 행동을 자극한다.[112] 형제간 경쟁은 훔볼트·폴라니·헉슬리 형제들의 사례처럼 눈부신 업적으로 이어졌다. 형제들은 지적 노동을 분업하기도 했지만 늘 그렇지는 않았다. 마이클 폴라니는 화학에서 경제학으로 옮겼고 줄리언 헉슬리는 공상 과학 소설을 썼다.

+ 배우는 즐거움을 아는 자 +

폴리매스의 모든 업적을 이성과 절제를 앞세워 일만 하고 놀지 않는 철저히 아폴론적인 사람의 결과물로만 바라본다면 아마 잘못된 생각일 것이다. 그들의 성취에는 본능과 열정을 추구하는 디오니소스적인 면도 있어서 지식을 얻고 문제를 해결할 때 기쁨을 누렸기 때문이다. 이례적으로 다양한 관심사를 자랑했던 역사가 카를로 긴즈부르그는 한 인터

뷰에서 새로운 주제에 관해 배우는 즐거움을 새 눈 위에서 스키를 타는 즐거움에 비유했다.[113]

폴리매스 중에는 말장난을 좋아하는 사람들이 더러 있었는데, 그중 철학자 자크 데리다는 '차이difference'와 '연기deferral'의 의미를 합해서 '차연différance'이라는 단어를 만들었고, 슬라보예 지젝은 농담집을 냈으며 사회학자인 지우베르투 프레이리Gilberto Freyre는 문명과 매독에 관한 포르투갈어 말장난을 책에 넣어서 독자들을 충격에 빠뜨렸다.

케네스 볼딩은 자신의 다양한 관심사를 주제로 해학적인 시를 짓는 버릇이 있었다. 움베르토 에코는 그 자신도 유희적 학자로 아리스토텔레스의 희극 편의 내용을 상상했고, 놀이를 문화의 한 요소로 본 요한 하위징아의 《호모 루덴스Homo Ludens》를 통찰력 있게 비평했다. 유명한 재담꾼으로 진지한 철학서에 《칸트와 오리너구리Kant and the Platypus》라는 제목을 붙였던 에코는 확실히 자신의 학식을 쉽게 표현할 줄 아는 사람이었다. 글을 재미있게 쓸 뿐만 아니라 놀이에 관한 글도 썼던 사회학자 데이비드 리스먼도 마찬가지였다.

16세기에 지롤라모 카르다노가 운이 좌우하는 게임에 대해 이론적·실용적으로 관심을 가져서 유명해졌듯 최초 컴퓨터 과학자들의 문화에서도 다양한 놀이가 중요한 요소였던 것 같다. 체스 두는 기계의 제작이 중요한 결과물을 낳았다 해도 어쨌든 그 자체가 하나의 게임이었다.

클로드 섀넌Claude Shannon은 유희적 발명가로 불린다. 그가 만든 장치 중 하나가 저글링 기계다. 앨런 튜링은 다양한 게임을 즐겼다. 워런 매컬러는 자신이 재미있다고 생각한 일을 중요하게 여겼고, 그의 동료 월터 피츠는 각종 단어 게임을 만들어내기를 좋아했다.[114] 게임 이론을 연구에 적용했던 존 폰 노이만은 자칭 유희적 인간이었다. 《체스 기계The Chess Machine》라는 책을 출판했던 컴퓨터 과학자이자 인지심리학자인 앨런 뉴얼은 한 인터뷰에서 과학을 게임이라고 불러서 '유희적인 사람'으로 기억되었다.[115] 뉴얼의 동료 허버트 사이먼은 휴식 삼아 물리학 논문을 썼다(그리고 피아노도 연주했고 프루스트의 책을 원서로 읽었다). 평범한 사람들이 십자말풀이를 하듯 그는 과학 문제를 풀었다.

✦ 고슴도치와 여우 ✦

앞서 봤듯이 폴리매스는 간혹 여우와 고슴도치라는 상반된 두 집단으로 나뉜다.[116] 이 책을 쓰기 시작했을 때 나는 대부분의 폴리매스가 다양한 유형의 지식에 끌리는 여우 집단에 속할 것이라 예상하고 조사를 했다. 실제로 몇몇 폴리매스는 스스로를 여우형이라고 생각했다. 이미 다뤘지만 길버트 쉬나르와 마이클 폴라니는 자신의 방랑벽을 고백했고, 그레고리 베이트슨은 그가 '우회'라 부른 것을 좋아했다고 인정했다.[117]

한편 외부인에게는 관심이 분산된 것 같은 모습이 폴리매스 자신에게는 전혀 그렇지 않은 경우가 있다. 헤르만 콘링의 경우 "그의 글들은 당황스러울 정도로 이질적으로 보이지만 그의 머릿속에서는 통일되어 있다"라는 말을 들었다.[118]

파벨 플로렌스키(일명 러시아의 다빈치)의 아버지는 어린 아들이 주기적으로 연구 분야를 바꾼다고 걱정했지만, 그가 어머니에게 쓴 편지에는

'수학이 세계관의 핵심이나 공부하지 않아도 될 만큼 중요하지 않은 학문이 없고 다른 학문과 연결되지 않는 학문도 아마 없을 것'이라고 적혀 있었다. 앞서 본 것처럼 플로렌스키는 자신의 평생 과제가 통합 세계관의 미래를 향해 계속 가는 것이라고 썼다.[119] 이와 비슷하게 조지프 니덤의 아버지도 아들의 다양한 독서 태도를 지적하며, 에너지를 분산시키지 말라고 경고했다. 그러나 니덤은 자신의 인생을 되돌아봤을 때 자신이 다리 놓는 사람 혹은 통합주의자라고 생각했다.[120]

사회과학의 전 분야를 포함해서 수학과 컴퓨터 과학에까지 관심을 두었던 허버트 사이먼은 여우형 학자의 극단적 사례로 보이나, 그에 따르면 분산된 것처럼 보여도 실은 한 가지 일에만 열중했다며 의사 결정 논리에 집중했다고 말했다.[121] 제이콥 브로노우스키Jacob Bronowski는 스스로에 대해 이렇게 썼다. "내가 쓴 모든 글은 매년 달라 보였지만 핵심은 같다. 그것은 자연과 자기 자신을 이해하려는 노력과 이해하는 능력에서 비롯된 인간의 독특함을 보여준다."[122] 지식 통합 프로젝트에 참여한 폴리매스의 숫자도 고슴도치적 이상의 중요성을 증명한다.

어떤 폴리매스는 스스로 혹은 남들이 생각하는 유형이 헷갈리거나 달라지기도 한다. 여우와 고슴도치라는 이분법을 처음 소개한 글에서 이사야 벌린은 톨스토이를 고슴도치형이라고 생각했던 여우형 인간으로 소개했다. 폴 라자스펠드는 전처 마리 야호다에 따르면 재능과 관심 범위 면에서 수학·심리학·사회학·언론학에 흥미를 느꼈던 여우형 인간이나 역사적 사건들이 그를 고슴도치로 가장하게 했다.[123] 조지 스타이너는 여우이기도 하고 고슴도치이기도 해서 '두 인격의 스타이너'라 불린다.[124] 역사가 카를로 긴즈부르그는 점점 여우형이 되어가지만 궁극적으로 자신은 고슴도치형이라고 생각한다고 밝혔다.[125]

레오나르도 다빈치·알렉산더 폰 훔볼트·미셸 드 세르토 등도 그런 이분법으로 분류하기 어렵다. 흔히 다빈치는 다방면에 걸쳐 관심이 많았던 인물로 묘사되지만 방향성 없어 보이던 호기심도 대체로 그의 주된 관심사와 연결되어 있었다고 전해진다. 즉, 보이지 않는 실들이 조각들을 연결한다. 다빈치는 겉으로 보이는 자연의 다양성은 모두 내적 통일성의 징후라는 전제를 깔고 작업했다.[126] 알렉산더 폰 훔볼트도 대표적인 여우형 인간으로 보이나 그도 자연의 모든 힘은 서로 얽히고설켜 있다고 생각했다. 무엇보다 그의 과학적 업적은 각각 기후와 초목, 고도와 비옥도, 인간의 생산성과 재산 관계, 동물계와 식물계 사이에 존재하는 연관성을 입증하는 것이었다.[127] 대중 강연용 자료를 책으로 만든《코스모스》(1845~1862)에서 훔볼트는 말 그대로 지구적 차원에서 사물들의 연관성을 설명했다.

그 문제를 좀 더 자세히 다루려면 미셸 드 세르토를 다시 들여다보면 좋을 것 같다.[128] 신비주의 역사가에서 소비사회학자로 변신한 세르토의 지적 여정은 확실히 드문 사례였다. 그는 자신이 '학제적 밀렵'이라 부른 것을 실천하고 전파했다.[129] 그러나 다양한 학문을 건드리는 동안에도 기본 개념들은 그대로 유지했다. 핵심 탐구 주제 중 하나는 '타자성alterity'으로 세르토는 문화권과 시대에 그리고 신비주의자와 귀신 들린 사람에게 내재된 타자성을 연구했다.

분석 대상이 달라져도 용어는 그대로 사용했다. 그는 유사성을 찾아내고 사회학적 개념을 신학적 개념으로 전환하는 능력이 탁월했다. 마음에 드는 용어는 재사용했다. 그는 신념과 믿음, 신념 생성과 믿게 하는 것을 핵심 연구 주제로 삼았으며, 이것들을 처음에는 종교적 맥락에서 사용하다 나중에는 믿을 수 있는 능력이 정치 영역에서 줄어든다는 주장처럼 정치적 맥락으로도 사용했다. 나중에 쇼핑이나 독서 같은 일상을 다룬 글에는 초창기에 종교 논문에 썼던 표현들이 나타난다. 예를 들면 거룩한 의식, 기독교적 실천, 사랑의 실천 등이다.

반복하면 침묵이나 보이지 않는 것 같은 부재와 그 관련 주제들이 세르토의 정치·사회 분석에서 중요한 역할을 한다. 그는 부재의 중요성과 침묵에 귀 기울일 필요성을 연구했다. 이 주제는 신비주의에 관한 초기 논문에도 등장했다. 타자성은 그의 또 다른 핵심 연구 주제다. 이 용어는 세르토가 일반적인 종교 체험과 특수한 신비 체험을 연구할 때 처음 사용했던 개념이나 나중에는 식민지 시대 같은 세속적 주제를 연구할 때에도 채택했다. 결국 재사용이라는 개념은 종교 연구에 기원을 둔다. 이것은 몇몇 교부의 글에서 명백히 드러나며, 그중 특히 아우구스티누스는 기독교인이 고전 문화를 누려도 되는지를 논하고 그것을 이스라엘인의 탈출 배경이 된 이집트의 박해와 비교했다. 요약하면 세르토는 여우의 탈을 쓴 고슴도치라 할 수 있다.[130]

이처럼 겉보기에 관심사가 분산되었던 훔볼트와 세르토 같은 학자들이 핵심 주제에 집중했다는 사실은 일반화가 가능하다. 즉, 폴리매스를 두 유형으로 명확히 나누기보다는 양극단에 여우와 고슴도치를 두고 그 사이에 배치하는 편이 좀 더 유용할 것이다. 어쩌면 많은 폴리매스가 분산된 관심사와 그것들을 연결하고 싶은 욕구 사이를 왔다 갔다 했다고 이해하는 편이 더 나을지도 모르겠다.

확실히 순수한 여우형 인물은 드물고 고슴도치형이 훨씬 많아 보이지만 다양한 지식을 연결하고 싶은 사람들, 그 연결성을 확인했다고 주장하는 사람들, 실제로 그 연결성을 증명한 사람들은 구별해야 한다. 어쨌든 흔히 여우형 인물은 내가 레오나르도 증후군으로 명명한 증상을 보였다.

+ 19~20세기 레오나르도 증후군 +

폴리매스에 관한 단골 일화는 관심사가 분산된 바람에 간혹 이들이 작업하던 책이나 연구를 마무리하지 못하고 새로운 발견 직전에 그만두었다는 내용이다.

그런 인물 중 가장 유명한 사람은 레오나르도 다빈치지만, 그에 못지않은 경쟁자도 몇 사람 있다. 고대 및 중세 문헌에 정통했다고 알려진 독일 학자 루카스 홀스테니우스는 비문 수집과 교황사 집필 같은 여러 야심 찬 계획을 세웠어도 어느 것도 완료하지 못했다. 앞서 만난 페이레스크는 책을 썼던 다른 학자들보다 훨씬 다양한 지식을 편지로 전파했으나 어떤 책도 출간하지 못했다. 라이프니츠는 중세 독일사에 관한 선구적인 연구를 마무리 짓지 못했다. 로버트 훅을 존경했던 한 현대 학자는 훅이 일을 마무리 짓지 못했던 약점 때문에 후대인이 그의 중요성을 인식하지 못하게 됐다고 지적했다.[131]

19~ 20세기에도 레오나르도 증후군의 사례가 발견된다. 이미 봤듯이

토머스 영은 자신의 강점이 결과 도출보다 예리한 아이디어임을 인정했다. 그는 오랜 시간 쉬지 않고 이집트 상형문자를 해독했지만 작업을 완수한 사람은 경쟁자였던 프랑스인 샹폴리옹이었다.[132] 영과 비슷하게, 토머스 헉슬리도 자신이 깊이 생각하기보다 신속하고 예리하게 파악하는 데 능하다고 썼다. 독일 철학자 아르놀트 루게는 카를 마르크스의 관심사가 너무 다양해서 어떤 작업도 마무리하지 못한다고 말했다. 실제로 마르크스는 죽기 직전에야 《자본론》을 완성했으며 책의 출간은 친구인 프리드리히 엥겔스Friedrich Engels에게 맡겼다.[133]

알렉산더 폰 훔볼트는 1804년에 아메리카 대륙 탐험에서 돌아온 직후에 탐험기를 발표할 계획이었으나 그로부터 35년 후에야 완성본이 출판되었으며 그마저도 서문은 미완성이었다. 만약 그가 89세가 아닌 70세에 사망했다면 1825~1827년까지 강연한 내용을 모아 만든 대표작 《코스모스》는 세상에 나오지 못했을 것이다(1845~1862년까지 총 다섯 권 출판). 이 책은 여전히 미완성이다.

프로이트의 친구와 그의 전기 작가였던 어니스트 존스에 따르면 프로이트는 특별히 코카인을 치료제로 이용하는 방법과 관련해서 생각을 발전시켜 논리적이고 곧 도달할 결론을 도출할 용기를 내지 못한 탓에 젊은 시절에 세계적인 명성을 얻을 기회를 아깝게 놓쳤다.[134]

페트릭 게데스는 쉽게 싫증을 내는 성격 때문에 아이디어를 끝까지 밀고 나가 논문을 쓸 수 있는 지점까지 이르지 못하고 늘 다음 아이디어에 관심을 두었다고 전한다.[135] 오토 노이라트를 다룬 글은 '그의 풍부하고 도발적인 아이디어'를 언급했지만 그가 아이디어들을 연구할 시간이

없었다고 썼다.[136]

마이클 폴라니의 전기 작가들은 안타까운 마음으로 그가 전공 분야였던 화학에서조차 완성 직전까지 간 작업들이 산재했다고 썼다.[137] 물리학자·화학자·생물학자였던 라이너스 폴링은 DNA 구조의 실마리를 잡았지만 다른 분야에 정신이 팔려 연구를 마무리 짓지 못했다.

그러나 간혹 레오나르도 증후군이 부정적으로 작용하지 않은 경우도 있었다. 세르토의 예수회 동료 중 하나는 그가 보인 새로운 연구 주제에 끊임없이 이끌리는 모습, 마치 탁월한 재능을 가진 청소년처럼 모든 것에 열정적으로 관심을 보이는 태도, 사실상 선택과 집중을 하지 못하는 성격 등을 걱정했다.[138] 그러나 앞에서도 확인했지만 실제로 세르토는 중요하고 일관된 주제로 연구하고 업적을 남겼다.

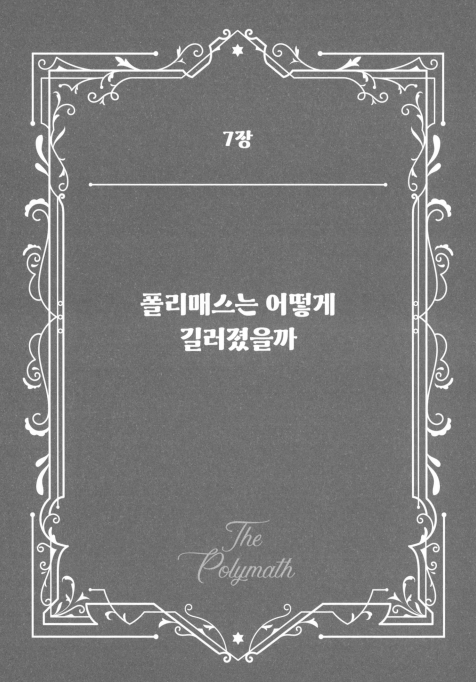

7장

폴리매스는 어떻게 길러졌을까

The
Polymath

The
Polymath ——

THE POLYMATH

뛰어난 기억력과 넘치는 에너지는 양육보다는 본성의 영역에 속한다. 아마 호기심도 본성에 속하겠지만 호기심이 효과적으로 발휘되려면 그 중요성을 인식하고 자극해줄 조건이 필요한데, 이는 일부 사회에서만 가능하다. 폴리매스의 다른 특성들도 문화나 사회의 뒷받침이 필요하다. 앞장에서는 폴리매스의 심리에 초점을 맞췄다면 이번 장에서는 그들의 환경, 즉 태어난 곳의 지리적·사회적 환경부터 나중에 스스로 개척한 맞춤 환경까지 살펴본다.

비코는 자서전에서 자신이 '모로코가 아닌' 이탈리아에서 태어난 덕분에 학자가 되었다고 말했다. 만약 비코가 당시 모로코 페즈에 살았던 이븐 할둔을 알았다면 그런 말을 하지 않았겠지만 학문의 지형도에 관한 그의 일반적 견해는 분명 타당하다.[1] 유럽이든 아메리카 대륙이든 서양인 폴리매스가 모든 지역에 골고루 분포되었던 것은 아니다.

이 책의 부록에 소개하고 있는 서양 500인의 폴리매스 중 독일인은 84명, 영국인은 81명(웨일스 출신의 윌리엄 존스와 영국령 채널 제도 출신인 허버트 존 플뢰르 포함), 프랑스인은 76명, 북아메리카인은 62명, 이달리아인은 43명이다.

그 외 유럽과 아메리카 대륙의 다른 지역 출신은 수가 아주 적다. 스코틀랜드 21명, 오스트리아 18명, 스페인 17명, 네덜란드 (벨기에 포함) 15명, 스위스 14명, 러시아 11명, 헝가리 10명, 스웨덴 6명, 덴마크 5명, 체코 5명, 폴란드 4명, 멕시코 4명, 아르헨티나 3명, 브라질 3명, 아일랜드 3명, 캐나다 2명, 루마니아 2명, 알제리(자크 데리다)·오스트레일리아(조지 엘튼 메이오)·불가리아(트리스탄 토도로프)·크로아티아(로저 보스코비치)·쿠바(페르난도 오르티스)·에스토니아(야콥 폰 웍스퀼)·그리스(콘스탄티노스 독시아디스)·몰타(테미스토클레스 자미트)·페루(페드로 데 페랄타)·베네수엘라(안드레스 베요)·포르투갈(페르낭 드 올리베이라)은 각각 1명이다.

특히 작은 나라의 폴리매스 숫자가 인상적이다. 스웨덴 출신 폴리매스 중 두 사람은 여러 업적 중 딱 한 가지로만 유명하다. 앞서 다룬 에마누엘 스베덴보리는 신비주의자로, 아우구스트 스트린드베리는 극작가로 널리 알려져 있다. 그러나 스트린드베리는 역사학·사진학·연금술·언어학·중국·일본학 등을 주제로 글을 썼다.[2] 스웨덴이 인구 대비 폴리매스 비율이 높은 이유는 17세기 말에 이미 성인의 90퍼센트 정도가 글을 읽고 쓸 줄 알았기 때문이다.[3] 18세기 스코틀랜드에는 데이비드 흄·애덤 스미스·애덤 퍼거슨·케임스 경·몬보도 경·존과 윌리엄 플레이페어 형제 등 폴리매스가 대거 몰려 있었다. 스위스도 16~20세기까지 많은 폴리매스를 배출해냈는데, 16세기에는 콘라트 게스너와 테오도어 츠빙거가, 17~19세기까지는 레온하르트 오일러Leonhard Euler, 알브레히트 폰 할러·제르맨 드 스탈·루이 아가시·야코프 부르크하르트가, 20세기에는 카를 구스타프 융Carl Gustav Jung과 장 피아제Jean Piaget가 있었다.

　17세기에만 아홉 명의 폴리매스를 배출해낸 덴마크가 특히 인상적이다. 배경을 파악하면 폴리매스에게 유익한 환경 조건을 찾아내는 데 도움을 얻을 것이다. 17세기에 네덜란드 공화국은 인구가 많았고 국내에서는 운하를 통해, 해외에서는 선박을 이용해서 사람들 사이의 교류가 활발했던 나라였다. 대도시(네덜란드 암스테르담)를 중심으로 도시 문화가 발달했고 문맹률이 낮았으며, 대학도 네 곳(레이던·위트레흐트·하르데르베익·프라네커)이나 있었는데 그중 레이던 대학은 좋은 도서관을 보유한 덕분에 유명 교수와 수많은 외국인 학생들이 모이는 학문의 중심지였다. 게다가 암스테르담에는 중요한 교육 기관인 아테네움과 함께 증권 거래소, 동인도회사와 서인도회사의 본사, 각종 계산 센터 혹은 지식터 등이 있었다.[4]

　학교나 대학, 도서관 등을 통한 지식 접근 기회는 예비 폴리매스에게 대단히 중요하기 때문에 암스테르담이나 함부르크 같은 대도시 출신자들이 크게 유리했다. 특히 상업 도시였던 함부르크는 1529년에 설립된 '요하네움'이라는 유명 학교 덕분에 근대 초기에 활약한 여섯 명의 독일 폴리매스에게 맞춤 환경을 제공했다. 함부르크학파의 역사는 이미 1783년에 책으로 출판된 적이 있다.[5] 19~20세기는 프랑스 파리·영국 런던·

독일 베를린이 박학다식의 중심지였다.

라틴 아메리카에서는 12명이 폴리매스 명단에 이름을 올렸다.[6] 이 숫자는 해당 지역의 전체 인구나 미국인의 숫자와 비교하면 적은 편이다. 미국이 기회의 땅이었다는 사실을 고려하더라도 12명은 대단히 적은 숫자다. 여기에 대한 그럴듯한 이유를 찾자면 늦은 전문화와 지식인 선호 문화의 잔존을 들 수 있다.

흔히 서유럽과 북미에서 주로 사회 이론이 탄생하고 이론가들도 그 지역을 연구해서 일반 이론을 도출한다. 이 원칙에서 제외되는 중요한 두 사례는 남반구 이론Southern Theory으로 유명한 쿠바의 페르난도 오르티스와 브라질의 지우베르투 프레이리다. 두 사람은 대학에서 강의할 때도 있었지만 주로 시와 소설을 쓰고 사회학·인류학·지리학·역사학·심리학 분야의 책을 두루 읽으며 자신이 속한 사회를 연구해서 이론을 만든 지식인이었다. 그리고 둘 다 문화 혼합의 중요성을 강조했다(그리고 인종 개념은 거부했다). 오르티스는 쿠바의 문화를 아히아코라는 스튜에 비유해서 문화 횡단을 주제로 글을 썼고, 이와 비슷하게 프레이리도 특별히 브라질에서 문화들의 '상호 침투'를 주제로 글을 썼다.[7]

+ 폴리매스의 직업 윤리 +

종교 지형도 폴리매스의 분포와 관련이 있다. 17세기에 일어난 과학 혁명의 배경을 둘러싼 오랜 논쟁에서 이따금 등장하는 주장은 막스 베버가 명명한 프로테스탄트 윤리가 자본주의는 물론 과학 발전에도 중요한 역할을 했다는 것이다.[8] 당연히 이 주장은 검증이 필요하다. 여기에서는 전체 프로테스탄트가 아닌 베버처럼 근검절약을 신조로 삼는 '청교도'에 집중해야 한다. 또한 프로테스탄트 직업 윤리라는 것은 유교를 따르는 사람이나 유대교도(아래에서 다룰 예정)는 물론 일부 가톨릭교도에게도 발견된다. 특히 움베르토 에코의 직업 윤리는 그의 학생에 의해 부각되었다.[9] 베버의 직업 윤리를 따르는 집단에 예수회 소속 폴리매스가 10명이나 존재한다는 사실은 프로테스탄트 윤리라는 표현을 무색하게 한다.

이런 부족함에도 불구하고 베버의 주장은 일말의 진실을 품고 있기에 주로 학자들의 흥미를 끈다. 바람직한 사례 중 하나가 폴리매스였던 벤저민 프랭클린이라는 사실에 힘입어 특별히 폴리매스들의 관심도 받는다. 프랭클린이 스무 살에 쓴 〈미래 행동 계획Plan for Future Conduct〉(1726)에는 근면 성실한 태도에 대한 그의 관심이 드러난다.

베버의 주장은 루터교·칼뱅주의·성공회를 막론하고 프로테스탄트 성직자 출신으로 폴리매스였던 19명의 지지를 받았다. 이들 중 중부 유럽 출신으로는 필리프 멜란히톤·요한 하인리히 알슈테트·요하네스 코메니우스·요한 고트프리트 헤르더가 있다. 스코틀랜드 출신은 길버트 버넷·존 플레이페어(수학자·지질학자·천문학자)·윌리엄 로버트슨 스미스가 있다. 가톨릭이 지배하는 프랑스에서 베버의 주장을 지지한 성직자로는 사무엘 보샤르와 피에르 벨 그리고 콩트의 스승이었던 다니엘 앙콩트르(차례로 문학과·수학과·신학과 교수 역임)가 있었다.

프로테스탄트 성직자가 되기를 바랐거나 부모에게 그런 기대를 받았던 폴리매스로는 생물학자 겸 심리학자였던 제임스 밀러James G. Miller · 인 공지능 분야의 선구자 워런 매컬러 · 침례교 집안에서 자란 경제학자 겸 역사가 해럴드 이니스Harold Innis · 침례교도로 선교사가 될까 고민했던 멜빌 듀이가 있었다.

올로프 루드베크 · 피에르 벨 · 카를 린네 · 에마누엘 스베덴보리 · 애덤 퍼거슨 · 야코프 부르크하르트 · 존 스튜어트 밀 · 루이 아가시 · 카를 구스타프 융 · 해럴드 라스웰 · 로버트 허친스 등 29명의 폴리매스는 프로테스탄트 성직자의 아들이었으므로 어릴 때부터 프로테스탄트 윤리가 주입되었을 가능성이 높다.[10]

루터교 성직자의 아들이었던 프리드리히 니체Friedrich Nietzsche는 언젠가 '프로테스탄트 목사는 독일 철학의 할아버지'라고 썼는데 이 말을 일반 학문으로 확대해서 생각해도 무방하다.[11] 할아버지가 프로테스탄트 성직자였던 폴리매스는 요한 알베르트 파브리치우스Johann Albert Fabricius · 스탈 부인 · 위르겐 하버마스가 있다. 자주 책상 앞에 오래 앉아 있었던 하버마스는 프로이센의 엄격한 직업 윤리를 지지했던 성직자의 손자였다.[12]

그런 윤리를 실천한 대표 인물은 막스 베버다. 그의 어머니는 벤저민 프랭클린과 워런 매컬러의 어머니들처럼 독실한 프로테스탄트였다. 언젠가 베버는 아내 마리안느에게 자신은 끊임없이 일하는 습관을 타고났다고 말했다. 역시 워커홀릭이었던 존 메이너드 케인스는 아버지가 성실한 비국교도였으며 버트런드 러셀에 따르면 비국교도 정신 같은 것이 아버지에게 남아 있었다고 한다.[13]

✦ 유대인과 탁월한 지성 ✦

베버의 논지를 전체적 시각에서 판단하려면 사회학자 출신의 폴리매스 소스타인 베블런Thorstein Veblen의 주장과 나란히 놓고 비교하면 좋을 것 같다. 1919년에 발표한 논문에서 베블런은 '현대 유럽에서 유대인의 탁월한 지성'을 논해서 유명해졌다. 베블런은 왜 유대인이 근대 과학계와 학계를 이끌고 지배하는 사람, 길잡이와 인습 타파주의자라는 어색한 옷을 걸친 선구자 중에 많은지 설명하려 했다. 그는 유대민족이 혼혈 민족이기 때문이라는 인종주의적 설명을 거부하고 사회적 관점을 택해서, 유대인이 창의성을 발휘하고 균형 잡힌 시각으로 어느 정도 객관적 혹은 회의적으로 두 세계를 바라보는 경우는 그들이 '비유대인의 학문 공화국'에 합류했을 때뿐이라고 주장했다.[14]

이 책에 소개된 폴리매스들을 보면 유대계가 마르크스를 시작으로 적어도 19세기 중반부터 생각보다 훨씬 많은 업적을 남겼다는 사실을 알 수 있다. 부록에 정리된 명단 중 1818년 이후에 태어난 250명 중 55명이 유대인이다. 어떤 면에서 이 숫자는 베블런의 생각을 확증하는 듯하지만 달리 보면 오히려 주장의 타당성을 약화시킨다. 문제는 만약 베블런이 옳다면 유대인들이 집단 거주지를 떠나 유럽과 미국 문화에 동화되었던 현상, 즉 베블런이 이탈 유대인의 유입이라 부른 현상이 20세기 초에는 줄어들었어야 한다. 그러나 폴리매스의 경우는 전혀 그렇지 않았다. 그러므로 유대인의 탁월한 지성과 관련해서 베블런의 통찰을 대체까지는 하지 않더라도 보완할 만한 다른 설명이 필요하다.

퀘이커교도 같은 다른 소수자의 경우처럼 정치 활동 배제가 젊은 지식인들을 사업이나 학계 같은 다른 분야로 움직이게 했을 것이다. 전통적으로 유대인 부모는 교육을 중시했고, 과학자나 학자가 되는 일은 유대교 성경인 타나크Tanakh와 율법인 토라Torah를 공부하는 전통을 세속적으로 계승하는 일이었다. 언젠가 노브트 위너는 프로테스탄트가 지배하는 뉴잉글랜드의 유대인 가정 출신이라서 이중으로 청교도적인 환경에서 성장했다고 농담했었는데, 그의 경우처럼 자녀에게 학업을 강요하는 유대인 부모는 흔했다.[15]

망명 경험의 중요성도 주목할 필요가 있다. 만약 베블런이 1919년이 아닌 1930년대에 그 논문을 썼다면, 분명히 이 사실을 중요하게 다뤘을 것이다. 이 책에서 소개한 유대계 폴리매스들은 대개 본인이 망명자거나 망명자의 자녀로, 모국의 문화와 망명지의 문화 사이에 끼여 살았기에 어느 정도 객관적인 시각으로 두 문화를 바라볼 수 있었다. 그 덕분에 이 난민들은 특정 환경과 그곳의 사고방식에 뿌리를 둔 과학자와 학자들의 편협함에서 벗어날 수 있었다.[16]

+ 폴리매스를 만든 교육법 +

그렇다면 특별한 양육 방식이 폴리매스가 되도록 자극했을까? 학교가 아닌 가정에서 교육받으면 공식적인 학문의 경계를 무시하거나 심지어 그 경계를 의식조차 할 수 없다는 주장은 그럴듯하지만 입증하기는 어렵다. 어쨌든 중요한 폴리매스 몇몇은 가정에서 교육받았고, 여성은 오랫동안 가정 교육만 받아야 했다. 대표적인 인물로는 아나 마리아 스휘르만·후아나 데 라 크루스 수녀·메리 서머빌·레이디 메리 워틀리 몬터규 등이 있으며, 특별히 몬터규는 모두 그녀가 소설만 읽는다고 생각했을 때 독학으로 라틴어를 공부했다.

유년기에 집에서 교육받은 남성 폴리매스는 크리스티안 하위헌스·니콜라스 빗선·크리스토퍼 렌·길버트 버넷·훔볼트 형제·토머스 영·존 스튜어트 밀·마크 패티슨·윌리엄 로버트슨 스미스·칼 피어슨·칼과 마이클 폴라니·존 폰 노이만·버트런드 러셀·호르헤 루이스 보르헤스·루트비히 폰 베르탈란피 등이 있다.

다수의 폴리매스가 어릴 때 신동이었다. 블레즈 파스칼·후안 카라무엘·마리아 아녜시·스위스 생리학자 알브레히트 폰 할러·토머스 매콜리·존 스튜어트 밀·도로테아 슐뢰처·마누엘 메넨데스 이 펠라요Manuel Menéndez y Pelayo·십 대에 과학 논문을 발표했던 장 피아제·존 폰 노이만, 자서전 제목이 《신동이었던 사람Ex-Prodigy》인 노버트 위너·위너의 친구였던 윌리엄 시디스(열한 살에 하버드 대학 입학)·월터 피츠 등이 있다.

이들 중 특히 밀·슐뢰처·위너·시디스는 지식인의 자녀였으며 아버지의 엄청난 기대에 압박감을 느끼며 자랐다. 밀은 세 살에 그리스어를, 슐뢰처는 다섯 살에 기하학·프랑스어·라틴어를 배우기 시작했다. 위너는 일곱 살에 물리학과 화학을 공부한 후 열두 살에 대학에 입학했으며 열네 살에 학사 학위를 받았다. 그는 아버지가 쉬지 않고 열심히 공부하던 모습과 아버지가 당신 자신에게 했던 기대를 내게도 똑같이 걸었다고 기억했다.

위너와 가정환경이 비슷했던 랠프 제라드도 열다섯 살에 대학에 입학했고, 자신의 아버지를 엄격하고 재촉하는 주임 교사이자 폭군으로 묘사했다.[17] 케네스 볼딩은 부모를 폭군으로는 생각하지 않았으나 그들이 조숙했던 아들에게 지나치게 기대가 컸다고 회상했다.[18]

어떤 폴리매스들은 평범한 학교에 다니되 자신만의 방식대로 학습했다. 비코는 자칭 독학자였다. 도싯에 있는 셔번 사립학교에 다녔던 앨런 튜링은 언제나 교과서 내용보다 자신만의 방법론을 선호했다. 허버트 사이먼은 밀워키에서 학교를 다니는 동안 철저히 자기 마음대로 지식을 쌓았고 주변에 거의 조언을 구하지 않았다고 했다. 사이먼은 말년에 수학과 언어를 배울 때도 학창 시절에 만든 독학 전략을 그대로 따랐다.[19]

이런 방법론을 찬양했던 폴리매스가 사이먼만은 아니었다. 다니엘 모르호프도 독학을 좋아했다.[20] 데이비드 흄은 책에서 만날 수 없는 지식은 교수에게도 배울 수 없다고 선언했다. 토머스 영은 진심으로 꾸준히 나아지고 싶은 사람이라면 교사보다 유익한 책에서 얻지 못할 지식이 거의 없다는 데 동의했다.[21]

집이나 집 근처에 책이 많은 서재나 도서관이 있는 사람이라면 학교 교육과 독학을 병행하기 용이했다. 크리스티안 하위헌스는 아버지가 모은 수많은 책을 마음껏 읽을 수 있었다. 잠바티스타 비코와 새뮤얼 존슨은 서적상의 아들이라는 이점을 활용했다. 토머스 영은 이웃 서재에서 책들을 살펴보다 자연과학을 발견했다.[22] H. G. 웰스는 어머니가 어 파크 시골 저택에서 하인으로 일할 때 그곳 서재에서 책을 빌려볼 수 있었으며 중년이 되었을 때 독학의 경이로움을 언급했다.[23] 조지 호만스는 자신이 배운 많은 것들은 학교가 아닌 집에서, 훌륭한 서재에서 책을 통해 배웠다고 생각했다.[24] 호르헤 루이스 보르헤스도 책이 많은 집에 살았고, 훗날 인생에서 무엇이 가장 중요했냐는 질문을 받는다면 나는 우리 아버지의 서재라고 답할 것이라 말했다.[25] 월터 배젓, 노버트 위너, 존 폰 노이만, 조지프 니덤 등은 모두 아버지의 서재를 돌아다니며 관심 범위를 넓혔고, 약 1만 3,000권의 장서를 소장했던 교수가 아버지였던 오토 노이라트는 자신이 처음 한 계산이 서재에 있는 책의 숫자를 세어 본 것이었다고 고백했다.[26]

일부 폴리매스는 대학을 중퇴했다. 로버트 훅·드니 디드로·데이비드 흄·토머스 드퀸시·토머스 헉슬리·아우구스트 스트린드베리·패트릭 게데스·엘튼 메이오·케네스 버크Kenneth Burke, 훗날 런던의 과학사범학교에서 공부했던 H. G. 웰스·루이스 멈퍼드 등이 있다. 나중에 멈퍼드는 대학에서 이따금 강의는 하되 적을 두지는 않았으며 언젠가 학계의 평가를 받는 일을 '두 번 죽는 일'이라고 표현했다. 아예 대학을 다니지 않은 폴리매스도 있었다. 레오나르도 다빈치·조지프 프리스틀리(성공회 신자가 아니어서 옥스퍼드나 케임브리지 대학에 입학할 수 없었다)·허버트 스펜서·호르헤 루이스 보르헤스 등이다.

이 책에서 다룬 시대의 3분의 2 이상, 즉 대략 1400년대부터 1800년대까지 여성 학자에게는 수많은 장애물이 있었다. 그들은 대학에 다닐 수 없었으며 어려운 학문은 여성에게 어울리지 않는다는 통념과 싸워야 했다. 만약 지적 관심을 보이는 여성이 있으면 사람들은 그 대상이 학문이 아닌 순수 문학일 것이라 예상했고, 혹시 책을 내는 여성이 있으면 독창적인 저술이 아닌 번역서일 것이라 생각했다. 이런 환경에서도 근대 초기에는 소수의 여성 폴리매스가 등장했으며 그들 중 12명이 1450년에서 1800년대 사이에 활동한 것은 기적과 다름없었다.[27]

앞길을 막는 장애물 중 일부를 제서하사 여성 폴리매스의 숫자가 다소 늘었는데 그중 6명이 19세기 인물이다. 제르맨 드 스탈·도로테아 슐뢰처·조지 엘리엇·메리 서머빌·해리엇 마티노·해리엇 테일러 등이다. 이들을 계승해서 20세기와 21세기에는 다재다능한 여성 학자들이 대거 등장했으며, 특별히 고전학자·종교사학자·문화인류학자였던 클라라 갈리니Clara Gallini와 수전 손택처럼 1930년대에 태어난 세대와 이후 세대는 전반적으로 여성 교육이 확대되고 여성 지식인을 위한 직업 기회가 확대된 상황을 활용할 수 있었다.

현재 활동하는 여성 학자 중 폴리매스로 분류할 만한 사람은 철학·문학 이론·탈식민주의 연구 분야에서 활약하고 있는 가야트리 차크라보티 스피박Gayatri Chakravorty Spivak을 비롯해서 뤼스 이리가레Luce Irigaray(철학·정신분석학·언어학)·엘렌 식수Hélène Cixous(철학·정신분석학·문학)·줄리엣 미첼Juliet Mitchell(문학·정신분석학·젠더 연구)·줄리아 크리스테바Julia Kristeva(문학·철학·정신분석학·기호학)·그리젤다 폴록Griselda Pollock(미술사·문화이론·정신분석학)·알라이다 아스만Aleida Assmann(문학·문화사·인류학)·주디스 버틀러Judith Butler(철학·언어학·정치학) 등이 있다. 또한 문학·미술·미디어 이론가이면서 비디오 아티스트로도 활약하는 미에케 발Mieke Bal과 소설을 포함해서 문학·정신분석학·젠더 연구·정치학·역사학 분야에서 저술 활동을 하고 있는 재클린 로즈Jacqueline Rose도 있다.[28]

+ 폴리매스에게 주어진 환경 +

왕성한 호기심과 에너지, 그리고 시간을 효과적으로 사용하려는 의지만으로는 아직 부족하다. 폴리매스가 제대로 활약하려면 여가 생활도 필요하다. 이따금 옥스퍼드와 케임브리지 대학 내 공동체 구성원이나 수도사들은 이런 기회를 제공받았다. 베네딕트회 수사(요하네스 트리테미우스, 베니토 페이주), 카르멜회 수사(잠시 몸담았던 보댕, 후아나 수녀), 시토회 수사(카라무엘), 수도참사회원(잠시 몸담았던 에라스뮈스, 코페르니쿠스), 프란체스코회 수사(라블레와 세바스티안 뮌스터, 둘 다 잠시 몸담았음), 도미니크회 수사(페르낭 드 올리베이라, 잠시 몸담았던 조르다노 브루노, 토마소 캄파넬라), 성모의 종 수사(파올로 사르피) 등과 특별히 예수회 신자(앞에서 언급했던 열 명)가 여가를 활용할 수 있었다.

엘리자베스 공주는 프로테스탄트 수녀원의 원장이 되었다. 수도원의 학자들은 독신으로 살면서 음식과 주거 걱정을 하지 않아도 되자 지식을 습득하고 전달하는 일에 집중할 수 있었으며 특히 아타나시우스 키르허는 세계적인 인맥을 활용했다. 그가 중국에 관해 쓴 책은 중국 선교사들에게서 직접 받은 자료에 근거했다. 심지어 키르허는 세계 각 지역에서 자기 편차를 관측하기 위해 예수회 성직자로 팀을 구성할 정도였다.[29]

성직자가 아닌 폴리매스 중에도 평생 독신으로 산 사람들이 있었다. 그중 일부는 다빈치나 튜링처럼 동성애자였기 때문일 것이고 일부는 공부를 방해받고 싶지 않아서였을 것이다. 후자에는 필리포 브루넬레스키

·조제프 스칼리제르·프란시스쿠스 유니우스·니콜라클로드 페이레스크·라이프니츠·피에르 벨·르네 드 레오뮈르·가스파르 멜초르 데 호베야노스·알렉산더 폰 훔볼트·토머스 매콜리·허버트 스펜서·샤를 생트뵈브·윌리엄 로버트슨 스미스·찰스 오그던 등이 있었다. 찰스 다윈은 결혼의 장단점을 목록으로 작성했다. 그는 결혼의 단점 중 하나로 시간 손실과 저녁 독서가 불가능하다는 점을 꼽았다(그러나 다윈은 엠마 웨지우드와 결혼했다).³⁰

상당수의 폴리매스가 직업이 불필요한 유한계급이었다. 피코 델라 미란돌라·존 디·튀코 브라헤·크리스티안 하위헌스·쉬피오네 마페이Scipione Maffei·몽테스키외·뷔퐁 등이 여기에 속했다. 알렉산더 폰 훔볼트는 먹고살 여유뿐만 아니라 사비를 들여 라틴 아메리카로 유명한 원정을 떠날 수 있을 정도로 재산이 많았다. 영국의 찰스 배비지·찰스 다윈·프랜시스 골턴·존 러벅·윌리엄 헨리 폭스 탤벗 등도 모두 재산이 넉넉한 신사 계급 출신이었다. 아버지와 형제가 은행가였던 아비 바르부르크Aby Warburg는 풍족하게 살면서 공부에 필요한 책을 모조리 살 수 있었다.³¹ 발터 벤야민Walter Benjamin은 언제나 흔쾌하기만 했던 지원은 아니나 어쨌든 부유한 부모에게 경제적 도움을 받았다. 헨리 머레이는 경제적으로 자유로운 사람이었다.³²

많은 폴리매스가 유산 덕분에 말년에 다양한 관심 분야에 탐닉했다. 토머스 영·찰스 퍼스·허버트 스펜서·게오르크 지멜 등이 해당됐고, 특히 빌프레도 파레토는 집필에 더 많은 시간을 할애하기 위해 예순한 살에 가르치는 일을 그만두었다. 버트런드 러셀은 아버지에게 2만 파운드나 되는 돈을 물려받았지만 여러 명의 아내와 자녀를 부양하기 위해 계속 책을 쓰고 미국으로 순회강연에 나서야 했다.

✦ 원치 않던 여가 활동 ✦

어쩔 수 없이 여가 활동을 해야 했던 폴리매스도 더러 있었다. 오브리에 따르면 월터 롤리는 항해 중에 가장 많이 공부했고 항해 때마다 책을 가득 넣은 트렁크를 들고 다녔다고 한다.[33] 5년간 비글호를 타고 항해했던 다윈은 배 위 해먹에서 독서와 집필로 시간을 보냈으며 언젠가 아버지에게 이런 편지를 썼다. "배는 무슨 일이든 편하게 할 수 있는 곳입니다. 모든 것이 손닿는 곳에 있고 비좁아서 정리정돈을 자주 하게 되니 결국 제게 이득이 됩니다." 그때 그가 읽은 책 중에는 찰스 라이엘의《지질학의 원리》(1830~1833)가 있었으며 이 책은 다윈이 진화론을 완성하는데 도움을 주었다.[34]

롤리는 런던 탑에 갇혔을 때 두 번째 강제 여가를 받아 그곳에서《세계사History of the World》를 집필했다. 존 셀던은 1629년에 정치적 이유로 수감된 왕실 재판소 감옥에서 유대법의 역사서를 썼다. 훗날 그는 시간이 남아도는 감옥이라며 씁쓸하게 회상했다.[35] 토마소 캄파넬라는 27년 동안 나폴리 감옥에서 지내면서 사실상 그의 대표작 대부분을 감옥에서 썼다.

스웨덴 외교관의 가정교사로 일했던 사무엘 푸펜도르프는 덴마크와 스웨덴이 전쟁을 벌이는 동안 코펜하겐의 감옥에 갇히게 되었다. 푸펜도르프의 증언에 따르면, 그는 수감 기간에 책을 읽을 수 없어서 기억에 의존해 《법학 원리Elements of Jurisprudence》를 집필했다.[36] 스페인 정치인 호베야노스는 마요르카 벨베르성 감옥에서 그 지역의 지질을 연구했고, 벨베르성의 역사서와 팔마의 건축물들에 관한 해설서를 심필했다. 제1차 세계 대전 때 양심적 병역 거부자를 지지했다는 이유로 5개월간 수감되었던 버트런드 러셀은 감옥에서 많은 책을 읽었으며 푸펜도르프처럼 출소 전까지 책 한 권을 써낼 수 있었다.[37]

+ 폴리매스의 가족과 사람들 +

가족은 이 책에서 다룬 수많은 폴리매스와 밀접한 관련이 있으나 이는 프랜시스 골턴의 주장처럼 천재성의 유전 여부나 박학다식이 유년기 환경의 영향을 받는가의 문제와는 무관하다. 대표적인 폴리매스 가족은 빌헬름과 알렉산더 폰 훔볼트 형제다. 플레이페어 형제의 경우 형 존은 수학과 자연철학에, 동생 윌리엄은 공학과 정치경제학에 집중했다. 줄리언과 올더스 헉슬리의 전문 분야는 자연과학과 인문학으로 나뉜다. 프랑스 학자 집안인 레나크 가족 중 폴리매스는 조제프Joseph · 살로몽Salomon · 테오도르Théodore 삼형제가 있다. 이들의 이름 첫 글자인 J, S, T는 프랑스어로 '나는 모든 것을 안다Je sais tout'를 의미한다고 전해진다.

칼과 마이클 폴라니 형제는 그들의 친구가 형제의 누이인 로라를 포함해서 '내가 알거나 이야기를 들은 가족 중에서 가장 머리가 좋은 가족'이라 불러서 유명해졌다. 이들이 닮았을 어머니 세실은 지리학·교육학·보석·잠옷·낭만 소설·러시아 혁명 등 정치와 문화의 다양한 주제를 가지고 글을 썼으나 출판은 하지 않았다.[38]

또 다른 재능 많은 가족은 여섯 형제가 뛰어났던 프로디 가족이며 이들은 모두 학문을 연구했다. 그중 조르조(의학·생물학·기호학)와 파올로(교회사·정치사상사)는 폴리매스였다. 나머지 네 명 중 조반니Giovanni는 수학자, 프랑코Franco와 비토리오Vittorio는 물리학자였으며 경제학자였던 로마노Romano는 나중에 이탈리아 총리가 되었다.

17세기에는 부자父子 폴리매스도 있었다. 하나는 스웨덴 출신이었고 둘은 네덜란드 출신이었다. 아들 올로프 루드베크는 아버지와 전문 분야가 달랐는데 그는 의학·식물학·조류학 외에 언어학 분야에도 업적을 남겨 폴리매스의 자격을 얻었다.

뛰어난 수학자이자 자연철학자였던 크리스티안 하위헌스는 다양한 인문학 분야에 두루 관심을 두었던 콘스탄테인 하위헌스의 아들이었다. 또 다른 네덜란드인 이삭 포시우스는 그 못지않게 유명했던 학자 헤라르트 포시우스의 아들이었다.

이 책에서 다룬 폴리매스 중에는 부녀 관계인 사람들도 있다. 아우구스트 폰 슐뢰처는 당대 탁월한 역사가였을 뿐만 아니라 다양한 민족을 비교 연구하는 학문을 '민족학'이라 명명했다. 통계학 분야에도 저술을 남겼으며 특히 통계학 논문에는 수치뿐만 아니라 정치 체제에 대한 설명까지 곁들였다. 그의 딸 도로테아는 독일 여성 최초로 박사학위를 받았다. 그녀는 9개 언어를 구사했고 수학·식물학·동물학·광학·종교·광업·광물학·미술 등을 두루 공부했다.

제이콥 브로노우스키와 그의 딸 리사도 폴리매스 부녀였다. 앞서 다뤘듯이 제이콥은 두 문화를 아우르는 학자였고 리사 자딘Lisa Jardine이라는 이름으로 유명한 그의 딸은 본래 수학자였으나 나중에 문학 비평가와 문화 역사가·공공 지식인으로 활동했다.

폴리매스는 가족뿐만 아니라 친구들끼리 집단을 이루기도 한다. 그들은 경쟁하는 가운데 서로에게 끌렸다. 미국으로 건너간 후 조지프 프리스틀리는 폴리매스였던 토머스 제퍼슨과 친구가 되었다. 괴테는 청년 시절에 헤르더와 사귀었고, 중년에는 훔볼트 형제와 친하게 지냈다.

존 허셜·윌리엄 휴얼·찰스 배비지는 케임브리지 대학에 다닐 때 친구가 되었다. 제임스 프레이저와 윌리엄 로버트슨 스미스의 우정도 두 사람이 같은 대학에 다니면서 시작되었다. 또한 찰스 오그던과 아이버 리처즈Ivor Richards는 함께 케임브리지 모들린 칼리지에 다닐 때 우정이 싹텄다. 고전 문헌을 공부했던 오그던은 심리학으로 전향했다가 나중에 '기초 영어'를 개발하고 주창했다. 리처즈는 도덕과학을 공부했고 철학과 영문학을 가르쳤으며 나중에 교육학 교수가 되었다.[39]

독일에서는 테오도어 아도르노Theodor Adorno·막스 호르크하이머Max Horkheimer·지그프리트 크라카워 등 동창들이 모여 프랑크푸르트학파를 형성했다. 프랑스에서는 친구 사이였던 조르주 바타유와 로제 카이와Roger Caillois가 사회학회를 창설했다. 둘 다 문학에 관심이 많아서 바타유는 시를, 카이와는 소설을 쓰기도 했지만 그보다는 야심만만했던 인류학 연구와 그 결과물인 광범위한 결론으로 훨씬 유명하다. 바타유는 《저주받은 몫La part maudite》(1949)에서 소비 이론을 체계화했고, 카이와는

《놀이와 인간Les jeux et les hommes》(1958)에서 연극론을 정립했다.[40] 철학자이자 문학·미술·영화 분야의 저술가였던 질 들뢰즈Gilles Deleuze와 정신분석가·철학자·기호학자였던 펠릭스 가타리도 생산적인 우정을 쌓았다.

윌리엄 로버트슨 스미스와 제임스 프레이저는 스승과 제자 사이로 폴리매스 역사에서 자주 거론되는 관계다.[41] 칼 피어슨은 프랜시스 골턴의 제자였다. 루이스 멈퍼드는 자칭 패트릭 게데스의 반항적인 제자였는데, 그는 게데스가 자신의 인생을 통째로 바꾸었고 내게 새로운 세계관을 소개하였으나, 나이가 들어감에 따라 사고방식이 정립되면서 그의 가치관에서 벗어났다고 말했다.[42] 헨리 머레이는 로런스 헨더슨의 학생이었고 에른스트 헤켈은 루돌프 피르호의 제자였다. 그리고 헤켈은 프리드리히 라첼이 무조건적인 존경심을 표했던 스승이었다.[43]

편지를 매개로 한 넓은 인맥은 앞에서 여러 번 언급한 적이 있다. 이런 인맥 중 일부는 꽤 유명하다. 에라스뮈스부터 페이레스크·키르허·라이프니츠·벨·알렉산더 폰 훔볼트를 거쳐 다윈에 이르기까지 많은 폴리매스가 인맥을 활용했다. 대면 접촉에 대한 기록은 잘 정리되어 있지 않지만 어쩌면 그런 만남은 훨씬 중요했을 것이다. 그레고리 베이트슨은 스스로를 개인적으로 알았던 적어도 4명의 다른 폴리매스가 포함된 공동체의 일원이라고 생각했다. 바로 베르탈란피·위너·폰 노이만·섀넌이었다.[44]

폴리매스는 가족이나 친구들과 동시대 혹은 적어도 수십 년간 함께 활동하면서 일종의 수평적인 네트워크를 형성한다. 그러나 수직적 네트워크 혹은 지적 계보로 연결되는 폴리매스들의 관계도 중요하다. 주로 라몬 룰·피코 델라 미란돌라·요하네스 코메니우스·프랜시스 베이컨 같은 초기 폴리매스들이었다. 피코·하인리히 코르넬리우스 아그리파·키르허·카라무엘·라이프니츠·베니토 페이주 등은 모두 룰의 조합술에 매료되었다. 요하네스 부레우스는 피코를 존경했고 크리스티나 여왕은 피코의 초상화를 소장했다.

라이프니츠와 키르허는 코메니우스에 관심이 많았다. 베이컨은 달랑베르·페이주·호베야노스의 영웅이었으며 나중에는 콩트·스펜서·듀이의 존경을 받았다. 비교적 최근에 활약한 폴리매스들도 이 계보를 잇는다. 게데스와 노이라트는 코메니우스에게서 영감을 얻었다. 보르헤스는 룰의 생각 기계thought machine를 주제로 논문 집필했다. 피코는 키르허·라이프니츠·콜리지·드퀸시를 '내게 필요한 사람'이라 표현했으며 헉슬리 가문(올더스와 줄리언 형제 및 이들의 손자인 T. H. 헉슬리 포함)에도 관심이 많았다.

폴리매스가 뜻을 펼치려면 생계유지에 필요한 맞춤 일자리가 필요하다. 가장 흔한 방법은 궁정·학교·대학·도서관·잡지사 등에서 일하는 것이었다.

✦ 폴리매스의 후원자들 ✦

근대 초기에 폴리매스의 중요 일자리는 학자들과 마찬가지로 왕실이나 귀족의 집이었다. 다빈치는 피렌체를 떠나 밀라노에 있는 루도비코 스포르차의 성으로 갔다가 나중에는 프랑수아 1세의 후원을 받으며 프랑스에서 말년을 보냈다. 스웨덴의 카를 9세와 그의 후계자였던 구스타프 아돌프 왕이 후원했던 요하네스 부레우스는 '위대한 시대의 위대한 박식가'로 불렸고 스웨덴의 유물과 신비학 연구로 이름을 높였다.[45] 이미 언급했듯 아돌프 왕의 딸이었던 크리스티나 여왕의 궁정은 학자들에게 특별히 중요했다.

라이프니츠는 하노버와 볼펜뷔텔의 궁정에 상주했다. 로렌초 마갈로티와 프란체스코 레디는 피렌체의 메디치궁에 살았다. 사무엘 푸펜도르프는 스웨덴 카를 11세의 궁정 역사가였다가 나중에 베를린의 브란덴부르크 선제후의 궁으로 자리를 옮겼다. 페터 지몬 팔라스와 아우구스트 슐뢰처는 예카테리나 대제의 후원을 받았다. 포츠담에 있는 프리드리히 대제의 궁정에서 볼테르가 그랬듯이 드니 디드로도 상트페테르부르크의 예카테리나 대제의 궁정에서 몇 달을 지냈다. 19세기에 알렉산더 폰 훔볼트는 프로이센 궁정에서 시종으로 일했다.

폴리매스들이 궁정을 바라보는 태도는 양면적이었다. 재산이 없는 학자들은 군주와 귀족이 지급하는 보수에 끌리기 마련이었다. 아그리파가 쾰른·토리노·메스·제네바·프라이부르크·리옹·안트베르펜 등지를 떠돌았던 이유는 후원자를 찾기 위해서였고, 막시밀리안 황제·사부아의 루이즈·오스트리아의 마르가리타의 지원을 받았다. 후원자들은 서적을 구입해주기도 했다. 페르디난트 3세의 재정 지원이 없었다면 키르허는 《이집트의 오이디푸스》라는 대형 그림책을 출간하지 못했을 것이다. 또한 강력한 후원자는 보호자의 역할도 했다. 스베덴보리는 동료 학자들과 갈등을 빚었을 때 카를 12세에게 지지를 받았다.

다른 한편으로 학자들은 궁정인 노릇을 하느라 연구에 방해를 받을 때는 분노했다. 로마에 있을 때 키르허는 교황 알렉상드르 7세의 질문들에 답을 해주느라 시간을 뺏겼다며 불평했다.[46] 라이프니츠는 에른스트 아우구스트 하노버 선제후의 역사가로 일할 때 선제후로부터 정기적으로 다른 용무를 처리해 달라는 요청을 받았다. 훔볼트는 프리드리히 빌헬름 3세가 식사할 때마다 책을 읽고 그의 서신을 관리했다. 나중에는 훔볼트를 백과사전처럼 활용한 프리드리히 빌헬름 4세의 온갖 질문에 답을 해야 했다.[47]

과거 군주와 귀족이 했던 후원을 오늘날은 여러 재단이 하고 있다. 폴리매스들이 참여하는 단체의 역할에 대해서는 다음 장에서 다룰 예정이다.

✦ 학교와 대학의 폴리매스 ✦

근대 초기 독일에서는 다수의 폴리매스가 함부르크를 포함한 여러 지역의 교육 기관에서 학생들을 가르쳤다. 어떤 학자는 한 가지 분야만 가르쳐야 한다는 제약이 싫어서 강사 자리를 선호하기도 했다.[48]

많은 폴리매스가 대학으로 몰렸는데 당시 대학은 오늘날보다 학자들에게 더 많은 자유를 주었다. 20세기 전반부까지는 학사 업무의 양이 많지 않았고 강의 부담도 크지 않았던 것 같다. 아서 러브조이Arthur Lovejoy는 1910년부터 1938년까지 존스 홉킨스 대학 교수로 있는 동안 학부 강의는 거절하고 소수의 대학원생만 지도했으며 일주일에 4시간 이상은 가르치지 않았다.[49] 게다가 많은 교수가 집안일을 아내와 하인에게 맡길

수 있었다. 프리드리히 라첼의 경우는 이런 이야기가 전해진다. 19세기 말에도 여전히 어떤 독일인 교수는 행정·복지 사업·가사일 등의 의무에서 벗어나 광범위한 분야의 지식을 습득할 수 있었다.[50]

당시 학자들이 누린 자유에는 다른 학문으로 옮길 기회가 포함되었으므로 그런 자유는 폴리매스에게 특별히 중요했다. 헤르만 콘링은 헬름슈테트 대학에서 법학·역사학·의학 사이를 오갔다.[51] 올로프 루드베크는 본래 웁살라 대학 의대 교수였으나 자연과학 과목들을 가르쳤다. 레이던 대학에서 식물학과 의학을 가르쳤던 헤르만 부르하버는 화학과에서 학과장도 맡았다. 19세기에는 헤르만 헬름홀츠가 생리학과 학과장에서 물리학과 학과장으로 자리를 옮겼다.

심지어 20세기에도 일부 대학은 유연한 태도를 유지했다. 1924년에 그라츠 대학은 천문학에도 관심이 있었던 알프레트 베게너Alfred Wegener를 위해 기후학과 지구물리학과에서 특별히 학과장 자리를 마련해주었다. 콜링우드Collingwood는 옥스퍼드 대학에서 철학과 로마사 강사라는 딱 맞는 자리를 얻었다. 조지프 니덤은 중국 과학사에 관한 책을 쓰기 위해 케임브리지 대학에서 생물학과 교수직을 포기했지만 제2차 세계대전이 끝난 후 부교수로 복직해서 발생학을 가르쳤다.

세 명의 순차적 폴리매스는 한 대학 안에서 교수직을 유지한 채 학과를 바꿨다. 애버리스트위스 유니버시티 칼리지에서 동물학과 학과장이었던 허버트 플뢰르는 인류학 및 지리학과에서 최초이자 실제로 유일한 교수가 되었다. 칼 폴라니는 맨체스터 대학 화학과 학과장에서 사회학과 학과장으로 자리를 바꾸었다. 캘리포니아 주립대학의 생리학과 교수였던 재러드 다이아몬드Jared Diamond는 지리학과로 적을 옮겼다.

특정 몇몇 학문은 폴리매스에게 일종의 트램펄린이었다. 철학이 대표적인데 전통적으로 철학은 지식의 기초와 관련이 깊다. 푸코와 부르디외 모두 철학 교육을 받았다. 의학도 발판이 되는 학문으로 의대에서 제공하는 정확한 관찰 훈련은 다른 학문에도 유용했다. 근대 초기에는 의사들이 치료 목적으로 식물학과 화학을 공부하는 경우가 흔했으나 미구엘 세르베토Miguel Servet는 천문학과 지리학에도 관심이 있었다.

근대 초기 비르투오소 가운데 덴마크 의사 올레 보름과 아일랜드의 한스 슬론은 '호기심의 방'을 소유해서 유명해졌다. 나중에는 자연인류학과 사회인류학에 매력을 느낀 의사들도 생겨났다. 폴 브로카는 같은 프랑스인이었던 귀스타브 르 봉과 폴 리벳Paul Rive, 그리고 이탈리아인 파올로 만테가자처럼 의학에서 인류학으로 옮겼다.[52]

19세기와 20세기에는 공학이 박학다식의 세계로 안내하는 길잡이였다. 레옹 발라Léon Walras와 빌프레도 파레토는 공학에서 경제학으로, 프레데리크 르 플레와 허버트 스펜서는 사회학으로, 워런 위버는 농업학과 커뮤니케이션 이론으로, 버니바 부시Vannevar Bush는 컴퓨터 과학으로, 존 메이너드 스미스John Maynard Smith와 로버트 메이Robert May는 생물학으로, 벤저민 워프Benjamin Whorf는 언어학과 인류학으로, 버크민스터 풀러는 건축학과 그 자신이 '우주를 지배하는 원리'라 부른 학문 분야로 옮겨갔다. 존 플레이페어가 받은 제도사 교육이 그래프와 도표를 발명하는 데 도움을 주었듯이 훌륭한 엔지니어에게 필요한 시스템 감각은 다른 학문에도 유용했을 것이다.

새로운 학문은 전문화 과정에서 등장하기도 한다. 역설적이지만 적어도 단기적으로는 새 학문이 폴리매스에게 특별한 기회를 제공하는데, 새 학문을 처음 가르치는 교사들은 당연히 다른 학문을 공부한 사람들이기 때문이다. 프로이트가 의학과 동물학을 공부하다 정신분석학으로 바꾼 유명한 사건은 '창조적 이탈자'의 예로 부를 만하다.[53]

인류학으로 옮겨간 사람들의 출신은 의학뿐만 아니라 지리학(프란츠 보아스)·동물학(알프레드 헤이든)·심리학(윌리엄 리버스) 등 다양했다. 사회학으로 전향한 인물로는 공학을 공부했던 프레데리크 르 플레, 철학과 교육학을 공부했던 에밀 뒤르켐, 법학을 공부했던 막스 베버, 철학과 언론학을 공부했던 로버트 파크, 지질학과 고생물학을 공부했던 레슬리 워드 등이 있다.

✤ 도서관과 박물관의 폴리매스 ✤

도서관 사서는 알렉산드리아의 에라토스테네스가 활동했던 기원전 3세기부터 폴리매스에게 어울리는 직업이었다. 한때 피에르 벨은 충분한 책과 함께 그가 생각하기에 공부할 시간을 얻을 수 있으리라는 기대를 품고 사서가 될까 고민했다.[54]

이 시대에는 적어도 스무 명의 폴리매스가 사서 자리를 경험했다. 베니토 아리아스 몬타노는 스페인 에스코리알에서, 휴고 블로티우스Hugo Blotius는 오스트리아 빈에서, 가브리엘 노데는 프랑스 파리와 스웨덴 스톡홀름과 이탈리아 로마에서, 라이프니츠와 레싱은 독일 볼펜뷔텔에서, 안토니오 말리아베치는 이탈리아 피렌체에서, 데이비드 흄과 애덤 퍼거슨은 스코틀랜드 에든버러에서, 윌리엄 로버트슨 스미스는 영국 케임브리지에서, 메넨데스 펠라요는 스페인 마드리드에서, 호르헤 루이스 보르헤스는 아르헨티나 부에노스아이레스에서 사서로 일했다.[55] 라이프니츠·멜빌 듀이·폴 오틀레의 경우처럼 도서 분류는 당연히 지식의 분류로 이어졌다.[56]

박물관 업무도 큐레이터에게 공부할 시간과 기회를 제공했다. 19세기 초에 세계 최대 과학 전문 연구소였던 파리 자연사 박물관은 조르주 퀴비에가 다양한 활동을 할 수 있는 근거지였다.[57] 아돌프 바스티안은 베를린에 민족학 박물관을 설립했고 프란츠 보아스도 그곳에서 일했다. 박물관 전시 목록을 만드는 과정에서 보아스는 미국 북서부 해안에서 제작된 인공물들에 관심이 생겨 평생 그 지역을 연구했다. 그는 미국으로 건너가 시카고 박물관과 뉴욕 자연사박물관에서 일한 후 컬럼비아 대학로 자리를 옮겼다.

어떤 폴리매스는 직장에서 생긴 여유 시간을 연구와 집필에 사용했는데 18, 19세기에는 그런 여유 시간이 많았다. 존 스튜어트 밀은 운 좋게 동인도회사에서 일했는데 책 여러 권을 집필하는 작업과 병행할 수 있을 정도로 업무가 편했다. 존 러벅은 가족 은행의 은행장과 하원 의원을 지내는 동안 선사 시대를 다룬 책들을 썼다. 보르헤스는 부에노스아이레스 공립 도서관에서 9년간 도서 목록을 정리하는 일을 했다. 그의 말대로 업무량이 적었으므로 폭넓은 독서를 계속할 수 있었다.

✦ 백과사전과 학술지를 만든 사람들 ✦

학계의 언저리에서는 수많은 폴리매스가 백과사전을 집필하거나 편찬하는 데 참여했는데, 그들의 광범위한 관심사를 고려하면 맞춤 일자리가 아닐 수 없었다. 요한 하인리히 알슈테트는 방대한 백과사전을 혼자서 집필했고 디드로와 달랑베르는 집필진을 이끌고 관리했다. 토머스 영은《브리태니커 백과사전》제5권에서 60개가 넘는 글을 썼다. 로버트슨 스미스는 제9권을 총괄했으며 거기에 앤드루 영은 19개의 글을 썼다. 젊은 시절 노버트 위너는《아메리카나 백과사전》의 집필자로 참여하면서 생계를 유지한 때도 있었다.

벨이 살았던 시대부터 오늘날까지 폴리매스에게 적합한 또 다른 일자리는 문화 잡지나 신문에 기고하는 일이다. 이런 일은 대학처럼 안정된 일자리보다 프리랜서로 자유를 누리고 싶었던 사람들이 선호했다. 새뮤얼 존슨이 창간한《램블러The Rambler》는《영어사전》처럼 학자들의 나무 그늘 쉼터 밖에서 그가 자립할 수 있게 해주었다.[58] 매컬리는《에든버러 리뷰》에 기고한 에세이들 덕분에 당시 꽤 큰 액수인 매년 200파운드를 벌었다.[59] 조지 엘리엇은《웨스트민스터 리뷰》, 에르네스트 르낭과 이폴리트 텐은《르뷔 데 되 몽드》, 지그프리트 크라카워는《프랑크푸르터 차이퉁》, 루이스 멈퍼드와 조지 스타이너와 수전 손택은《뉴요커》에, 다시 손택과 스타이너와 올리버 색스Oliver Sacks는《뉴욕 리뷰 오브 북스New York Reviw of Books》, 미셸 푸코는《르 누벨 옵저바퇴르Le Nouvel Observateur》, 움베르토 에코는《레스프레소》에 글을 썼다.

몇몇 폴리매스는 기고뿐만 아니라 아예 잡지를 창간하거나 편집하는 일도 했다. 프랜시스 제프리는《에든버러 리뷰》에서, 루이스 멈퍼드와 케네스 버크는《더 다이얼The Dial》이라는 역사물을, 찰스 오그던은 라우틀리지 출판사에서 201권까지 펴낸《국제 심리학·철학·과학적 방법론 도서관》을 편집했다.

+ 폴리매스의 공동 연구 +

폴리매스의 황금기에도 이들은 홀로 일하지 않고 친구와 정보원으로 구성된 인맥을 활용했다. 다양한 학문을 익히는 일이 점점 어려워지자 폴리매스들은 단기로 끊어서 공동 연구를 수행했다. 알렉산더 폰 훔볼트는 과학 연구 분야에서 국제 협력을 이끌어내는 데 헌신했고 관측 조수들을 고용하기도 했다. 특히 지구물리학 분야에서 세계 여러 지역의 지구 자기장을 측정할 목적으로 관측 팀을 구성했다.[60] H. G. 웰스는 줄리언 헉슬리와 함께《생명과학The Science of Life》(1929)을 썼다. 칼 폴라니에게는 인류학과 고대사 연구를 돕는 조수들이 많았다.

폴 라자스펠드는 오랫동안 학계에 머물면서 여러 동료와 공동 연구를 수행했다. 조지프 니덤의 조수와 공동 연구자들은 니덤이 사망하고 한참 지난 지금도 방대한 분량의《중국의 과학과 문명》을 계속 펴내고 있다.[61] 에른스트 곰브리치Ernst Gombrich는 신경심리학자 리처드 그레고리Richard Gregory(눈과 두뇌 부문)와 생물학자 로버트 하인드Robert Hinde(비언어적 의사소통 부문)와 협업했다. 허버트 사이먼의 말에 따르면 그는 80회가 넘는 공동 연구에 참여했다고 한다.[62] 대표적인 공동 작업 사례로 찰스 오그던과 아이버 리처즈가 공저한 철학과 언어를 다룬 《의미의 의미 The Meaning of Meaning》(1923)가 있다. 존 폰 노이만은 노버트 위너와 인간두뇌학을 함께 연구했고, 오스카 모르겐슈테른Oskar Morgenstern과는 《게임 이론과 경제행동》(1944)을 썼다. 클로드 섀넌은 워런 위버와 《수학적 커뮤니케이션 이론》(1949)을 공저했다. 유리 로트만과 보리스 우스펜스키 Boris Uspensky는 수십 년간 문화기호학을 함께 연구했다.

미셸 드 세르토는 자크 르벨과 도미니크 줄리아라는 두 젊은 역사가와 함께 언어정치학 논문을 썼다. 미셸 푸코는 역사가 아를레트 파르주와 함께 가족사 연구를, 존속살인범이었던 피에르 리비에르에 관한 연구는 콜레주 드 프랑스에서 함께 세미나를 열었던 인류학자 잔느 파브레Jeanne Favret와 의료사학자 장피에르 피터Jean-Pierre Peter와 협업했다.[63]

이런 예는 얼마든지 더 찾을 수 있다. 다음 장에서는 공식적이나 비공식적으로 진행되었던 다양한 학제간 융합 연구를 살펴보기로 한다.

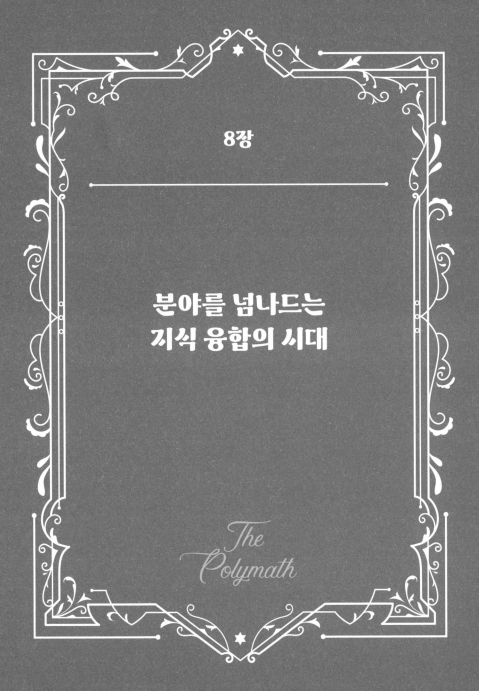

8장

분야를 넘나드는
지식 융합의 시대

The
Polymath

The
Polymath ——

THE POLYMATH

지식 분야에서 '외로운 방랑자'의 입지가 좁아짐에 따라 과거에는 폴리
매스 한 사람이 한 학문의 범위를 넘어서는 연구를 했으나 이제는 집단
이 수행하는 쪽으로 관심이 움직이고 있다.[1] 이런 시도에는 비공식적인
소규모 대면 모임뿐만 아니라 특수 목적을 가지고 설립된 공식 기관들
도 참여했다.

집단 연구는 '학제interdisciplinary'라는 용어가 1950년대에 영어권 국가
는 물론, 프랑스어권과 독일어권 국가에서 통용되기 훨씬 전부터 시작되
었다. 이 말이 사용되기 전에는 개인들이나 집단의 학제적 연구를 지적
협업 혹은 교류라고 표현했다.[2] 그다음에는 비학문적·반反학문적·잡학
적·다학적·무학문적·전全학문적·복합학문적·탈학문적·선先학문적·
초超학문적 등 여러 용어가 혼용되었다. 여기에서는 다른 용어는 배제하

고 학문 사이의 경계 혹은 틈을 다루는 연구에는 '학제적'을, 공동 프로 젝트를 수행하기 위해 여러 분야의 학자가 팀을 구성하는 경우는 '다학 제multidisciplinary'라는 용어를 사용한다.

앞에서도 봤지만 18세기에 이미 사람들은 팀을 구성해서 백과사전을 편찬하고 과학 탐험에 나섰다. 19세기 말에 제너럴 일렉트릭·스탠더드 오일·이스트만 코닥·벨 전화 회사 같은 기업들이 후원한 산업 연구도 마찬가지였다.[3] 1~2차 세계대전과 그 이후에 각 나라 정부가 자금을 댄 프로젝트도 집단 연구였다.

허버트 사이먼은 사회과학 분야의 집단 연구를 이질적인 사회과학자 들의 모임이라고 일축했다. 그가 보기에 사회과학 연구는 이질적인 사회 과학을 하나로 묶을 개인, 즉 폴리매스가 필요했다.[4] 모든 학자가 사이먼 처럼 박학다식하다면 당연히 그의 말이 옳을 것이다. 그러나 이번 장의 주제는 지식이 폭발하면서 전부는커녕 소수의 적극적·헌신적인 학자마 저 몇 안 되는 학문에서 일어난 변화조차 따라잡을 수 없게 되었다는 점 이다. 이런 이유로 문제 지향적 연구뿐만 아니라 교양 교육에서도 지식 폭발의 문제를 해결하기 위해 많은 사람이 집단 연구에 참여했다.

앞에서 다뤘던 수많은 폴리매스가 이번 장에서는 전문화와 싸우는 집단의 구성원으로 등장한다. 전문화에 관해서 토머스 드퀸시는 피상적 인 지식을 거론했고, 호세 오르테가 이 가세트는 무식한 학자들을 비난 하며 전문화가 야만인을 만든다고 주장했다. 루이스 멈퍼드는 자칭 제너 럴리스트였고 조지 스타이너는 전문화를 멍청하다고 했으며, 엔지니어 출신이자 공상 과학 소설 작가로 유명해진 로버트 하인라인은 전문화는 벌레에게나 필요하다고 일갈했다.

영국 출신의 언론인 겸 사회학자 레너드 홉하우스L. T. Hobhouse는 좀 더 균형 잡힌 시각으로 1901년에 이렇게 썼다. "전문화로 인해 현대 과학 연구에서 효율성과 정확성이 높아졌다. 그러나 신선함과 흥미가 사라지고 과학적 상상력도 약해졌으며 과학이 교육 도구로 격하되었다."[5]

전문화 논쟁에서 눈에 띄는 점은 은유적 표현 몇 개가 반복된다는 것이다. 영역에 관한 은유는 진부하지만 여전히 강력하다. 특히 지식 '분야'라는 개념이 학계에서 통용되고 있기 때문이다. 분야는 담장과 경계라는 단어를 떠올린다. 언젠가 한 작가가 《뉴요커》에 기고한 글에서 비어즐리 러믈Beardsley Ruml의 '창조적 무지'를 언급하며 "그것 때문에 러믈은 사상계에 세워진 통행 금지, 잔디밭 출입 금지, 무단 출입 금지, 막다른 길 같은 표지판을 보지 못하고 있다"라고 썼다.[6]

그와 반대로 학제간 융합 연구는 출입문과 창문을 열고 다리를 놓으며 벽을 허무는 작업으로 소개된다. 예일대학의 에인절 총장은 자신의 학제간 융합 프로젝트를 중국의 만리장성을 무너뜨리는 일로 표현했는데 이것은 과장이기도 하고 냉소적인 표현이기도 하다.[7]

그 대신에 전문화를 비판하는 사람들은 정치적 은유를 사용한다. 이미 19세기 초에 윌리엄 휴얼은 학문 공동체가 거대 제국이 무너져 내리듯 해체될 것이라고 경고했다. 전문화는 '세분화' 혹은 '학문적 배타주의'라고 불렸다. 노르베르트 엘리아스는 오늘날 과학을 가르치는 학과들은 주권 국가의 특징을 일부 가진다고 말했다. 허버트 사이먼에 따르면 학문은 국제 사회에서 국가가 하는 역할을 학계에서 한다.[8]

전문화 비판자들의 목표는 소박한 것부터 원대한 것까지 다양했다. 오토 노이라트 같은 사람들은 공상가였고 학문 혹은 좀 더 일반적으로 지식의 통합을 꿈꿨다. 다른 편에는 실용주의자들이 있었다. 오르테가 이 가세트는 전문화 자체를 거부하기보다는 전문 지식과 필연적으로 일반적인 문화의 평형 상태를 꾀했다.[9] 사회학자 출신의 폴리매스 도널드 캠벨은 여러 학문이 중첩되는 상황에 대해 그가 명명한 '생선 비늘 모형'을 제안했다. 여기에는 학자들이 인접 학문의 변화에 특별히 관심을 가져야 한다는 의미가 내포되어 있다.[10]

학제간 융합 연구를 지원하는 방식도 다양했다. 어떤 사람은 신설 기관을 어떤 사람은 비공식 모임을 선호했다. 그동안 오랜 협업 방식과 새로운 방식이 공존했는데 서로 겹쳤던 시기를 고려해서 과정을 여섯 가지로 구분해보면 다음과 같다.

19세기 중반부터 시작되는 첫 번째 단계는 살롱, 클럽이나 카페에서 비공식 혹은 약식으로 모여 토론하는 방식이다. 그다음에는 전 세계적으로 학문 통합 운동이 일어났다. 특히 미국 사회과학계에서 학제간 융합 연구소가 설립되었고 그와 더불어 교양 교육이 부활했다. 다음에는 또 다시 미국에서 자연과학과 '지역 연구' 분야에 정부 지원이 이어졌다. 그리고 유럽 등지에서 학제간 융합 교육을 표방하는 대학들이 신설되었다. 마지막으로 관련 학술지가 창간되고 고등 연구 기관이 급증했다.

정리하자면 19세기 후반이 제도화된 전문화 시대였다면 20세기 후반은 제도화된 반전문화 시대였다.

✦ 형식을 벗어난 연구의 시작 ✦

예나 지금이나 비공식적 토론 모임은 학제간 융합 연구를 촉진하는 방법이었다. 비공식적이라는 용어를 정의하기가 쉽지 않지만, 학과나 흔히 대학 밖에서 만나는 약식 모임을 떠올려 보면 도움이 될 것이다. 어떤 집단은 정해진 시간에 고정된 장소에서 모임을 갖고 간혹 투표로 회원을 관리한다. 어떤 집단은 핵심 회원의 지인까지 초대해 카페에서 모임을 연다. 그들 모두 여러 학문에 걸쳐 있는 공통 주제와 문제에 집중하고, 커피나 와인, 맥주 등을 곁들여 자유롭게 발언하며 활발하게 토론한다.

이런 식의 지적 사교 활동은 스페인의 전통 모임인 테르툴리아tertúlia라는 카드 게임과 음악을 곁들여 대화를 나누는, 지적이라기보다 사교적인 모임과 지적인 모임이지만 이따금 카페나 술집으로 자리를 바꿔 토론을 이어 나가는 학술 세미나 사이에 있다.[11]

1855~1950년경 대표적인 클럽·학회·서클 (연대순)

1855 새터데이 클럽, 보스턴	1869 에든버러 이브닝 클럽
1872 형이상학 클럽, 케임브리지	1887경 람프레히트 그룹, 라이프치히
1905 에라노스 서클, 하이델베르크	1908 갈릴레오 서클, 부다페스트
1915경 선데이 서클, 부다페스트	1922경 빈학파
1923 사상사 클럽, 볼티모어	1928 프라하학파
1932 파레토 서클, 케임브리지	1949 라티오 클럽, 런던
1949경 무명 클럽, 시카고	1954경 글래스고 그룹

'학제성'이라는 용어가 만들어지기 한참 전부터 일반 상식을 나누고 다양한 주제로 토론하고 싶은 열망이 '더 클럽'(1764) 같은 모임의 결성으로 이어졌다. 이 모임을 만든 새뮤얼 존슨과 조슈아 레이놀즈를 비롯한 회원들은 런던의 한 술집에서 정기적으로 모였다. 음악사가였던 찰스 버니Charles Burney는 "우리 클럽은 자유업계와 문학계를 이끄는 사람들로 구성되어야 하고 구성원은 다루는 모든 주제와 관련해서 무의미한 말을 하지 말아야 하지만, 누군가의 지식이 깨달음을 줄 수 있으므로 누구든 의문을 제기하고 토론을 제안할 수 있기를 존슨은 바랐다"라고 기억했다.[12]

19세기에는 이런 클럽들이 번성했다. 11월부터 7월까지 주 2회 모였던 에든버러 이브닝 클럽에 대해 회원이었던 윌리엄 로버트슨 스미스는 이렇게 설명했다. 이것은 일종의 대화 클럽으로 에든버러 안팎에 사는 문인과 과학인의 모임이며 상상 가능한 모든 주제마다 정통한 사람이 적어도 하나씩은 있게 하는 것이 목표다.[13] 이 말은 전문화를 전제로 삼는 동시에 전문화에 대한 사회적 반응도 드러냈다.

1900년 즈음 라이프치히 대학에는 라이프치히 서클이라는 유명한 모임이 있었다. 회원들은 금요일마다 저녁 식사 후에 카페 하네스에 모여 커피를 마시며 대화를 나눴다. 회원 중에는 빌헬름 분트·빌헬름 오스트발트·카를 람프레히트·프리드리히 라첼이 있었으며 이들 4명은 나름의 방식대로 모두 폴리매스였다. 분트는 고유한 실험 방식 때문에 유명해진 심리학자였지만 동시에 의사·생리학자·철학자이기도 했으며, 인문학과 사회과학을 통합하는 문제와 민족 심리학에 관심이 많았다.[14] 화학과 교수였던 오스트발트는 철학에도 관심이 있었고 오귀스트 콩트의 자서전을 출간했다. 분트처럼 집단심리학에 관심이 있었던 람프레히트는 이를 역사 연구에 적용해서 보수적인 동료 학자들을 충격에 빠뜨렸지만, 20세기 초에 사고방식의 역사를 연구하던 프랑스 역사가들에게는 영감을 주었다.[15] 라첼은 대개 지리학자로 분류되지만 관심 범위는 훨씬 넓었다. 그는 기자로 일하면서 곳곳을 여행하다 지리학에 눈을 떴다. 지리학과 교수로 일하는 동안에는 인접 학문인 민족학과 정치학에도 흥미를 보였다.[16]

오스트발트는 자서전에서 주 1회 정도 저녁 식사 후 한 시간씩 극장 카페에서 열린 비공식적 소모임에 수년간 참석해 이따금 분트와 만났다고 말했다. 그 모임에서 무슨 이야기들이 오갔는지, 가령 라첼이 람프레히트로부터 역사에 관해 얼마나 많이 배웠고 람프레히트는 분트에게서 심리학에 관해 얼마나 많이 배웠는지 알 수 있다면 대단히 흥미로울 것이다. 오스트발트의《문화학의 힘과 토대Energetische Grundlagen der Kultur- wissenschaft》(1909)에는 그가 람프레히트에게 진 지적 부채의 흔적이 남아 있다.[17]

주로 프로테스탄트 학자들로 구성된 하이델베르크의 에라노스 서클은 경제학이나 법학 같은 다양한 학문의 관점에서 종교 논문을 읽고 토론했다. 이 모임에는 신학자 에른스트 트뢸치Ernst Troeltsch · 미술사가 헨리 토데Henry Thode · 철학자 빌헬름 빈델반트Wilhelm Windelband · 폴리매스 막스 베버 등이 참여했다. 바로 이 모임에서 베버는 처음으로 유명한 프로테스탄트 윤리를 제안했다.[18]

부다페스트 선데이 서클은 오래 유지되지는 않았지만(1915~1919) 운영되는 동안에는 모임이 활발했다. 회원으로는 나중에 이 서클의 지도자가 되는 비평가 게오르크 루카치·미술사가 프레데릭 안탈Frederick Antal·사회학자 카를 만하임·이미 철학과 경제학에 관심이 많았던 화학자 마이클 폴라니 등이 있었다. 여기에는 훗날 만하임과 결혼하는 심리학자 줄리아 랭Júlia Lang을 포함해 재능 있는 여성들 상당수가 참여했다. 이 여성 회원들은 여성을 향한 남성 지식인의 오만한 태도를 경험할 필요가 없었다. 한 참석자에 따르면 토론은 쉽게 끝난 적이 없었으며 한 번은 다음날 아침까지 이어진 적도 있었다.[19]

1920년대에 결성된 두 그룹도 유명하다. 프라하학파는 체코 학자와 로만 야콥슨을 포함한 망명한 러시아 학자들로 구성되었다. 이들은 카페 더비에 모여 언어·문학·민속학·기호학 분야의 주제들을 토론했다. 목요일 저녁마다 카페 첸트랄에 모였던 빈학파는 루돌프 카르나프Rudolf Carnap와 모리츠 슐리크Moritz Schlick 등 철학자들이 주된 회원이었지만, 핵심 인물 중 하나였던 오토 노이라트는 모든 회원이 소위 순수 철학자는 아니며 모두가 특정 학문을, 즉 수학이나 물리학 같은 학문을 연구하는 사람들이라고 설명했다.[20] 당시 빈에는 빈학파만 있지 않았다. 아마도 빈의 커피 하우스 문화가 지식인의 사교 모임을 촉진했을 것이다.[21]

얼마 후에는 영어권 국가들에서도 학제간 융합 성격의 클럽들이 생겨났다. 대표적으로 존스 홉킨스 대학 사상사 클럽·하버드 대학 파레토 서클·런던 라티오 클럽 그리고 따로 이름은 없지만 중요했던 글래스고 그룹이 있었다.

사상사 클럽은 철학자였던 아서 러브조이와 조지 보아스가 길버트 쉬나르와 점심을 먹으며 나눈 대화가 계기가 되어 1923년에 결성되었으며, 당시 쉬나르는 프랑스 문학을 가르치고 있었지만 관심사가 다양했다. 이들은 1년간 여섯 번 모였는데 목요일에 존스 홉킨스 대학 세미나실에서 만나 35~50분 정도 논문을 읽고 토론했다. 이 클럽의 회칙에는 '다양한 분야의 전문가들이 공통으로 관심을 갖는 주제를 선정하고 유익한 교류가 되길 희망한다'라고 적혀 있었다. 토론 발제자의 전문 분야는 다양했지만 클럽의 핵심 회원은 철학·역사학·문학자 출신이었다.[22]

1932년에 결성된 파레토 서클은 생물학과 사회 체계에 관심이 있었고, 파레토를 마르크스의 대안으로 생각했던 로런스 헨더슨의 아이디어에서 탄생했다. 그는 하버드 대학 세미나실에서 늦은 오후에 몇 시간씩 토론하는 모임을 만들었는데, 주된 목적은 헨더슨이 번역한 파레토의 《일반 사회학 개론General Treatise on Sociology》을 공부하고 토론하는 것이었다. 이 모임에는 인류학자·경제학자·사회학자·역사가·심리학자(폴리매스였던 제임스 밀러) 등이 참여했다. 지금까지 소개한 학제간 융합 연구회 중에서 파레토 서클이 다루는 주제가 가장 명확했다.[23]

1949년에 런던에서 창설된 라티오 클럽은 '영국 인간두뇌학의 중심지'로 불렸다. 회원들은 두 달에 한 번 국립신경병원에 모여 맥주를 마시면서, 인간두뇌학이라 불리게 될 분야의 논문 발표를 듣고 토론했다. 참석자는 심리학자·생리학자·수학자·의사·공학자 등이었고 그중에는 앨런 튜링과 정신분석학자였다가 신경과학·생물리학·일반 체계 이론 등에 관심을 갖게 된 로스 애시비W. Ross Ashby도 있었다. 이 클럽은 비공식

기조를 유지하기 위해서 교수가 참여하는 것을 금지했기 때문에 교수로 임용된 회원들이 탈퇴함에 따라 어쩔 수 없이 1958년에 해체되었다.[24]

글래스고 그룹은 1954년 즈음부터 몇 주에 한 번씩 학자 12명 정도가 회원의 집에 모여서 발제자가 발표하는 논문을 듣고 토론하는 모임이었다. 이 모임의 주된 관심 분야는 신학·철학·문학·심리학이었다. 가장 유명했던 회원은 아마 로널드 랭R. D. Laing일 것이다.[25] 또 다른 회원이었던 루마니아 사회학자 제베데이 바르부Zevedei Barbu는 서식스 대학으로 옮긴 후 그곳에서 비슷한 모임에 들어갔다. 1960년대에 결성된 이 모임은 회원들끼리 데이비드 흄을 기리는 의미에서 '흄의 추종자들'이라고 불렸다.[26]

이런 모임은 회원들에게 다양한 의견을 자유롭게 밝히도록 격려하고 새로운 아이디어도 제공한다. 모임들의 성공 사례는 해결해야 할 문제가 있을 때 능력보다 중요한 것은 '인지적 다양성'이라는 주장을 입증한다. 바꿔 말하면 둘 이상의 관점이 하나보다 낫다는 의미다. 이런 학제간 융합 연구 집단은 사회학에서 말하는 협업 서클의 예를 보여준다.[27] 이런 집단은 주로 20~30대 청년 몇 명이 모여 구성하며, 이들은 시간과 장소를 정해서 모임을 서서히 정례화한다. 모임이 결성되어 해체될 때까지 집단이 유지되는 기간은 대략 10년 정도다. 이런 짧은 수명이 비정상적인 것은 아닌데, 자발적으로 결성된 모임이라도 10년이 넘으면 유지되기 어렵기 때문이다.

앞에 다룬 집단들은 전문화와 지식 파편화 시대에 저항해서 일종의 게 릴라전을 폈다고 표현할 수 있다. 이들은 전문화 문제에 조심스럽게 접근 했고 특정 주제로 토론했으며, 많은 사람과 대화를 나눌수록 승수 효과 multiplier effect가 일어나는데도 불구하고 소규모 회원제로 운영했다. 이들 보다 의욕적인 접근법은 지식 통합 운동이었다.

앞서도 봤지만 파편화된 지식의 통합은 이미 코메니우스와 그 추종자 들이 꿈꾸었던 '판소피아'라는 이상의 일부였다.[28] 19세기에 알렉산더 폰 훔볼트는 우주 자체와 마찬가지로 우주에 관한 지식도 하나의 유기 체로 봤다. 오귀스트 콩트는 학문의 일반 원리에 관심이 많았고 허버트 스펜서는 진화 법칙에 토대한 지식 통합 체계가 존재한다고 믿었다.

한편 체계적인 학문 통합 운동은 1930년대에 등장했다. 이 운동의 선 봉장이었던 오스트리아 출신의 폴리매스 오토 노이라트는 전체 계획을 수립하고 세부 행동을 조정하는 등 경제적 영역부터 지적 영역에 이르 기까지 운동 전반을 이끌었다.[29] 철학자 루돌프 카르나프는 이렇게 증언 했다. 노이라트의 영향을 많이 받은 빈학파는 토론할 때 학문 통합이라 는 원칙에 따라 철학의 일반 개념들을 다루었다.[30] 그러나 이상하게도 노이라트가 무엇을 학문 통합이라고 생각했는지는 불분명하다. 그는 주 된 목표 중 하나가 모든 학문을 통합하기 위해 노력하는 것이라고 설명 했지만, 완벽한 백과사전을 기대할 때 유발되는 불완전한 백과사전으로 인한 스트레스를 즐긴다며 체계화에 회의적이었다.[31] 그는 모든 것의 이론을 만들기보다 다리 놓기에 더 관심을 두었다.

지식을 통합하려는 다른 시도들은 체계라는 개념에 의존한다. 생물학에서는 루트비히 폰 베르탈란피와 아나톨 래퍼포트가 오늘날의 국제시스템과학회의 전신인 일반 체계 이론 고등연구회(1954)를 만들었다. 베르탈란피는 개방 체계open system 이론을 발전시켰고, 래퍼포트는 기본적으로 모든 것에 존재하는 상호 연계성에 관심이 많았다.[32] 지식 통합에 관심이 있었던 또 다른 생물학자는 에드워드 윌슨으로, 그는 열여덟 살에 학문 통합이라는 꿈에 매료되었다. 그는 빅토리아 시대 폴리매스였던 윌리엄 휴얼의 '연결성connection'의 의미를 담아내기 위해 '통섭consilience'이라는 용어를 채택했다. 그는 지식 통합 시스템이 미래에 가장 생산적인 연구 주제를 만든다고 주장했다.[33]

+ 학문의 경계를 넘는 대학 +

20세기 전반부에는 학문 통합 운동보다 덜 야심적인 방식으로 다양한 학자가 참여하는 집단 프로젝트가 대학들에서 공식 추진되었다. 초기 사례지만 유명한 곳은 1923년에 프랑크푸르트에서 설립된 사회연구소로, 이곳은 마르크스 학자들로 구성된 이른바 프랑크푸르트학파의 요람이었다.[34] 1930년부터 이 연구소를 이끌었던 막스 호르크하이머는 철학·경제학·사회학·역사학·정신분석학을 아우르는 공동 연구 사업을 만들어서 혼란스러운 전문화 현상을 바로잡겠다는 계획을 세웠다.[35] 호르크하이머와 뜻을 같이 한 사람들로는 문학사회학 연구로 유명했던 레오 뢰벤탈Leo Löwenthal과 《계몽의 변증법》에서 대중문화를 일종의 '산업'으로 설명해서 유명해진 테오도어 아도르노가 있었다.[36] 그리고 두 폴리매스, 발터 벤야민과 영화학 연구로 유명하지만 재능이 많았던 지그프리트 크라카워도 프랑크푸르트학파의 주변부에서 활약했다.

히틀러 집권 후 사회연구소는 1933년에 스위스로 이전했다가 1934년에 미국에 자리 잡았다. 그곳에서 아도르노는 여러 동료와 함께 《권위주의적 인격The Authoritarian Personality》(1949)이라는 중요한 학제간 융합 연구서를 냈다. 이 책은 사회학·정치학·심리학 등 다양한 학문적 시각에서 인격 형성 과정을 분석한다. 사회연구소는 1945년에 프랑크푸르트로 돌아왔다. 연구소 2기는 위르겐 하버마스가 이끌었으며, 그는 철학자나 사회학자로 유명하지만 법학과 역사학에도 업적을 남긴 폴리매스였다.[37]

집단 프로젝트는 미국에서 특히 중요했다. 자선 재단과 대학들 그리고 나중에는 정부까지 자연과학과 사회과학 모두에서 학제간 융합 연구를 장려했다. 심리학자로서 1922년부터 1929년까지 록펠러 재단의 사회과학부 책임자였던 비어즐리 러믈은 역사학·경제학·사회학·심리학 등으로 학문이 구분된 현 상황은 전반적인 사회과학 발전을 크게 방해하므로 무익하다고 말했다.[38] 1932년부터 1955년까지 록펠러 재단의 자연과학부 책임자였던 워런 위버는 생물학과 화학의 경계에 있는 연구들을 지원했다. 1950년대에 포드 재단에서는 버나드 배럴슨Bernard Berelson이 가치와 신념, 사회문화의 변화 같은 사회과학의 공통 문제 영역을 연구하는 프로젝트를 지원했다.

미국의 몇몇 대학은 사회과학의 전체 학과를 커다란 학부 몇 개로 묶으려 했다. 과거 시카고 대학에서 러믈의 논문을 심사했고, 1921년 예일 대학 총장이 된 심리학자 제임스 에인절은 1929년에 예일 대학 안에 사회관계연구소를 설립했다. 이 연구소는 개인과 사회의 적응과 관련된 긴급한 문제들을 협동 연구로 해결하기 위해 심리학자·의학자·신경학자·경제학자·법학자·사회학자·정치학자를 한 곳에서 연구하게 했다. 매주 월요일 밤에 열린 세미나는 통합 연구가 목적이었다.[39]

시카고 대학에서는 의욕적인 로버트 허친스가 불과 30세의 나이에 총장에 취임하면서 사회과학 분야에서 학제간 융합 연구회가 만들어졌다. 사회과학 연구소 건물에 자리 잡은 이 연구회는 1929년에 법학자·경제학자·사회학자·인류학자뿐만 아니라 의학자와 신경학자까지 참여한 학제간 융합 학술 회의를 개최하면서 활동을 시작했다. 이때의 학회록을 묶어 낸 책의 헌사에서 허친스는 협동 연구('학제간 융합'이라는 용어가 일반화되기 전이었다)를 강조했다.[40] 그는 통합 작업을 지원하기 위해 1931년에 러믈을 사회과학부 학장으로 임명했다.[41]

같은 목적으로 다학적 위원회도 다수 설립되었다. 인간개발위원회(1940)는 자연과학과 사회과학을 연결하는 데 중점을 두었다. 사회사상위원회(1942)는 인문학 통합을 장려했다. 행동과학위원회(1949)는 물리학자 엔리코 페르미와 심리학자 제임스 밀러의 합작품이었다. 제2차 세계 대전 때 원자 폭탄 설계에 참여했던 페르미는 왜 인간은 서로 싸우고 죽이는지를 이해하고 싶었다. 그는 밀러에게 생물학과 사회과학을 통합하기 위해 다른 분야의 학자들과의 협동 연구를 제안했다. 이에 동의한 밀러는 자신이 명명했다고 주장하는 행동과학(사회과학과 달리 심리학까지 포함)의 제도화가 목적인 연구회의 장이 되었다. 허친스 총장의 격려를 받은 이 연구회는 시카고 대학 전통에도 잘 맞았지만, 1949년부터 1955년까지 6년간의 오랜 토론에도 불구하고 시카고 대학에 행동과학 연구소를 설립하지는 못했다.

하버드 대학에서는 심리학자들을 비롯해서 다른 학문과 교류하고 싶었던 학자들의 주도로 1946년에 사회관계학과가 신설되었다. 이 신생 학과의 책임자는 전 파레토 서클 회원이었던 사회학자 탤컷 파슨스Talcott Parsons였으며, 그는 경제학자·심리학자·사회학자·인류학자들(사회학과 동료들에게 '사회'를 넘겨주고 '문화'를 연구한 사람들) 사이에 분업 체계를 확립했다. 이 학과에는 폴리매스였던 헨리 머레이와 배링턴 무어Barrington Moore도 참여했으며, 학제간 융합의 성격을 띠고 1950년대와 1960년대를 지배한 근대화 이론이 탄생하는 데 중요한 기여를 했다.[42]

그러나 이런 협동 연구는 오래가지 않았다. 1929년 대공황으로 뉴욕 증권 시장이 대폭락하면서 연구 지원비가 줄어들었기 때문이다. 거기에 새로운 프로젝트에 대한 반발도 일었다. 밀러의 행동과학 연구는 자신의 영역을 지키려는 혹은 허친스 총장의 독단적인 태도에 반발한 동료 학자들이 거부함에 따라 생물학과 사회과학 사이에서의 줄타기는 불가능해졌다.[43]

+ 일반 교육의 중요성 +

미국에서는 몇몇 대학의 총장들이 1890년대부터 지나치게 전문화된 커리큘럼을 불평했다. 그 대응책으로 19세기 독일에서 유행했던 '빌둥'에 해당하는 일반 교육 운동이 일었다.[44] 컬럼비아 대학의 니콜라스 버틀러 Nicholas Butler는 시민 교육 사상을 지지했고, 1919년에 역사학과·경제학 과·철학과·행정학과 교수들과 연합해서 현대 문명 과정을 개설했다.[45]

영국에서는 1920년에 옥스퍼드 대학에 '철학·정치학·경제학(PPE)' 과정이 신설되었다. 이 과정은 케네스 볼딩 같은 예비 폴리매스를 끌어 들였을 뿐만 아니라 영국의 정치 엘리트들을 배출해내는 중요한 역할을 했다.[46] 스코틀랜드에서도 과도한 전문화를 우려해서 타 학문 전공자들 에게 철학 공부를 권장했다. 1960년대에는 수많은 대학생이 매년 철학 을 접했다.[47]

가장 유명했던 일반 교육 장려책은 1929년부터 1945년까지 로버트 허친스가 총장으로 재직했던 시카고 대학에서 시행되었다. 허친스는 법 학과 교수였지만 다방면에 관심이 많아 나중에《브리태니커 백과사전》 의 편집위원장까지 맡았다. 허친스는 주요 연구 대학의 총장이었고 앞서 봤듯이 사회과학을 통합하려는 시도도 했지만 가르치는 일보다 연구에 지나치게 많은 관심이 쏠린다고 생각했다.

일반 교육의 필요성을 인지한 허친스는 기본 사상의 공유를 강조했 다. 이런 기본 사상은 고대 그리스 시대부터 이어져 온 사상과 고전 문학 을 연구함으로써 습득된다고 생각해서 '위대한 저서'라는 공통 과정을 만들었다. 그는 지나친 전문화 현상을 비판한 오르테가 이 가세트에게 영감까지는 아니나 깊은 인상을 받았다. 허친스는 대학의 임무에 관한 오르테가의 글을 논평하면서 그가 전문화를 비판한 대목에 동의를 표 했다.[48]

'위대한 저서' 과정은 오래 유지되지는 못했지만 일반 교육의 중요성은 계속 인정되었다. 오늘날 시카고 대학생들은 총 이수 학점의 3분의 1가량을 차지하고, 인문학·자연과학·사회과학 분야를 두루 아우르는 핵심 교육 과정을 공통으로 따라야 한다.[49] 이런 광범위한 학습 경험의 중요성은 시카고 대학 출신인 두 폴리매스 허버트 사이먼과 조지 스타이너가 증명했다. 수전 손택·랠프 제라드·아나톨 래퍼포트·토머스 세벅 등도 이 대학 출신의 폴리매스다.

인문학 분야의 또 다른 학문 통합 시도는 컬럼비아 대학에서 현대문명 이전의 역사를 가르치는 서양문명사 과정을 신설한 것이었다. 한동안 미국의 유명 대학들에서 서양문명사 과정이 우후죽순 생겨났다. 그런 과정들은 서구 민주주의의 발전을 강조했고 그 결과 냉전 논리 형성에 기여했다.

+ 정부의 지원과 폴리매스 +

제2차 세계 대전 때부터 미국 정부는 특별히 신경과학 분야에서 학제간 융합 연구를 지원했다. 전쟁 중에는 과학연구개발부(1941)가 연구를 지원했으며 책임자는 공학자 출신의 폴리매스 버니바 부시였다. 이곳에서 추진했던 가장 유명한 프로젝트는 물리학자·화학자·공학자 등이 협업해서 로스앨러모스에 원자 폭탄 연구소를 설치한 것이다. 이곳의 성공은 학문 지향적이 아닌 문제 지향적 연구의 장점을 실증했다.

1945년 이후 냉전 시대가 시작되자 미국 정부는 새로운 연구 기관들을 설립했다. 그렇게 신설된 기관에는 1957년에 세계 최초 인공위성인 스푸트니크호를 쏘아 올린 소련에 충격을 받아 1958년에 설립한 미국 국립항공우주국(NASA)과 국방부 산하 고등연구계획국이 있다. 고등연구계획국의 자체 통신 시스템인 '아르파넷'은 대중 인터넷 개발을 자극했으며 이는 기술의 역사에서 우연한 결과물의 중요성을 여실히 보여주는 사례였다.[50]

사회과학 분야에서는 1952년에 미국 중앙정보부(CIA)의 지원금으로 매사추세츠 공과대학에 국제연구소가 설립되었다. 이 연구소에 소속된 경제학자·정치학자·사회학자들은 근대화 이론을 발전시켰고 동시에 반공 지식인으로도 활약했다.[51]

+ 지역 연구 프로그램 +

제2차 세계 대전 직후 미국에서는 재단과 정부가 협력해서 학제간 융합 성격의 지역 연구 프로그램을 추진했다.

흔히 전쟁은 참전국의 눈을 다른 나라로 돌리도록 부추긴다. 런던에서는 1915년에 슬라브연구학교와 그 이듬해에 동양연구학교SOAS가 설립되었다. 미국에서는 적국과의 대치 상황에 자극받아 일본 연구가 시작되었다. 인류학자였던 루스 베네딕트Ruth Benedict는 전시정보국 내 외국군 사기 분석과의 위촉을 받아 유명한《국화와 칼》(1946)을 썼다.[52]

냉전 중에는 윌리엄 랭거 CIA 부국장이 지역 연구에 대한 정부 지원을 주장했다. 두 대통령 밑에서 국가 안보 보좌관을 지냈고 나중에 포드 재단 이사장이 되었던 맥조지 번디는 지역 연구 과정이 있는 대학들과 미국 정보기관들이 활발하게 교류하기를 희망한다고 말했다.[53] 적을 제대로 알라는 원칙에 따라 미국 정부와 재단들은 러시아 연구에 돈을 쏟아 부었다. 그 대표 결과물은 아마도 1948년에 하버드 대학에 설립된 러시아 연구소일 것이다. 이 연구소는 카네기 재단이 자금을 지원하고 비공식적으로 CIA와 긴밀한 관계를 유지했다.[54] 초대 연구소 소장이었던 클라이드 클럭혼이라는 인류학자는 그곳을 학제간 융합 연구소라고 표현했다. 프로젝트 참여자는 주로 경제학자·경제사학자·정치학자들이 었지만 인류학·심리학·사회학도 중요하다고 강조했다.[55]

　1946년에 워싱턴 대학과 1954년에 컬럼비아 및 하버드 대학은 러시아 연구소를 모델로 중동 연구소를 설립했으며, 하버드 대학의 어느 교수는 사우디아라비아에 관한 비밀 연구비로 10만 달러를 받았다.[56] 베트남 전쟁 중에는 예일 대학과 코넬 대학 등에서 동남아시아 연구소들이 설립되었다.[57] 쿠바에서 피델 카스트로가 권력을 잡은 후에는 라틴 아메리카 연구로 지원금이 몰렸다. 언젠가 에릭 홉스봄의 말처럼 "우리는 카스트로에게 빚을 졌다." 일례로 1962년에 컬럼비아 대학에 라틴 아메리카 연구소가 설립되었다.

　미국 재단들은 다른 나라의 학술 기관에도 자금을 지원했다. 옥스퍼드 세인트 안토니 칼리지·베를린의 동유럽 연구소·파리의 고등연구원이 대표적이다. 이런 지역 연구는 문화권 내 지역 전통에 접목되어 있었다. 후원자의 기대 수준은 록펠러 재단 관계자들과 파리 고등연구원 역사연구소장이었던 페르낭 브로델의 일화에서 확인할 수 있다. 록펠러 재단은 중국사 연구를 기꺼이 지원하되 브로델이 뽑은 두 학자에는 반대했다. 한 명은 프랑스 공산당원이었고 다른 한 명은 너무 과거인 12세기 역사 전공자라 무익하다는 이유에서였다. 그러나 브로델은 뜻을 굽히지 않았고 두 학자 모두 연구진에 합류했다.[58]

자연과학과 달리 인문학과 사회과학에서는 학제간 융합 연구의 결과물이 실망스러운 경우가 자주 발생했다. 지역 연구소들은 정보를 제공하고 논문도 발표했지만 통합적인 결과를 도출하기는 어려웠다. 결국 하버드 대학 러시아 연구소는 얼마 지나지 않아 학문 분야별로 해체되었다. 허버트 사이먼은 지역 연구 프로그램이 러시아 경제 전문가, 중국 정부 전문가, 인도네시아 가족 전문가 등 지역별 전문가를 훈련하는 것이 목표인 듯하다고 비판했다.[59] 특정 지역에 대한 일반 연구는 현실 문제 해결에는 효과적이나 학제간 융합의 의미 있는 결과물을 얻기는 어려워 보인다.

+ 새로운 대학의 등장 +

시카고 대학에서 일어난 사회과학 통합 반대뿐만 아니라 '위대한 저서'와 서양문명사 과정을 둘러싼 논쟁도 낡은 것을 개혁하기보다 새로운 방법을 찾는 편이 더 쉽다는 사실을 시사한다.[60] 그나마 긍정적인 사례를 찾자면 20세기 초에 스트라스부르와 함부르크에 신설된 두 대학이 학제간 협동 연구를 장려했다.

1919년에 설립된 함부르크 대학은 초창기에 이미 환경 연구소와 외교

정책 연구소라는 학제간 융합 연구소를 설치했다. 또한 폴리매스였던 아비 바르부르크가 설립한 문화 연구 도서관과 협력 관계도 맺었다. 1920년대에 함부르크 대학에서 활동했던 생물학자 야콥 폰 윅스퀼은 철학자 에른스트 카시러에게 영감을 주었다. 카시러도 바르부르크와 그의 도서관과 밀접한 관계를 유지했다.[61] 20세기 후반에 학제간 융합 연구가 유행하게 된 것은 신설된 대학 덕분이었다.

1960~1970년대 초에 영국·독일·스칸디나비아 국가·오스트레일리아 등에 많은 대학이 신설되었다. 이 대학들은 개별 학과와 함께 일반 교육 과정도 개설했다. 당시 선구적 역할을 했던 학교는 1950년에 설립되어 오늘날 킬 대학으로 불리는 노스 스태퍼드셔 대학이다. 이곳의 학부생은 찰스 스노가 개념화한 '두 문화'를 연결할 목적으로 만든 교양 형성 학년을 시작으로 총 4년(일반적으로 영국은 3년)간 공부했다. 2학년 때 인문학부 학생은 자연과학 시험을, 자연과학부 학생은 인문학 시험을 봐야 했다.[62]

또한 서식스 대학은 창립에 일조한 역사가 아사 브릭스의 유명한 말처럼 학문의 지도를 다시 그리기 위한 목적으로 1961년에 개교했다.[63] 처음에 이 대학은 개별 학과가 아닌 좀 더 큰 단위의 단과대학으로 구분되어 있었다. 미국 대학들은 영미학부를 참고해서 미국학부 안에 학제간 융합 과정들을 개설했다. 유럽학부와 아프리카·아시아학부는 지역 연구를 참고했다. 서식스 대학생들도 필수 전공 분야를 선택했지만, 학부별로 같은 계통의 과목들을 공부하는 데 많은 시간(인문학에 2분의 1, 과학에 3분의 1)을 써야 했다. 사회과학부 학생들은 현대 영국 과목을, 유럽

학부 학생들은 마르크스·도스토옙스키·니체·프로이트 등의 저서를 읽어야 하는 현대 유럽 사상 과목을 들어야 했다. 인문학부에서는 철학개론과 역사개론이 필수 과목이었다. 저학년 때는 대개 교수 두 명, 예를 들면 역사학 교수와 문학 교수가 이끄는 '17세기 영국의 과학·시·종교' 혹은 '루이 14세 시대 문학과 사회' 같은 학제간 융합 세미나에 참여해야 했다.[64] 이런 세미나는 교사 훈련에도 분명히 도움이 된다.[65]

학제간 융합 교육은 1960년대와 1970년대에 세계적 추세가 되었으며 지금도 일부 지역은 그대로 남아 있다. 콘스탄츠 대학은 학제간 융합 연구 프로젝트를 홍보하고 빌레펠트 대학은 공식 웹사이트에 학제간 융합 연구를 표방한다고 밝혔다.[66] 로스킬레 대학은 '하나의 학문으로는 중요한 문제들을 해결할 수 없기 때문에 우리는 학제간 융합 연구를 수행한다'라고 명시했다.[67] 오스트레일리아의 그리피스·디킨·머독 대학도 학제간 융합 프로그램을 홍보한다. 미국을 비롯한 다른 나라의 연구소나 학위 과정 등에서는 '통합 학문'이라는 용어를 사용한다.

이런 모험담에는 성공뿐만 아니라 실패 사례도 있어서 과거에 학제간 융합 연구를 지지했던 사람들의 환멸도 이따금 만나게 된다. 1960년대에 설립된 오스트레일리아의 라트로브 대학은 20세기 말에 학부제를 학과제로 바꿨다. 2003년에는 40년 이상 학제간 융합 과정을 유지했던 서식스 대학이 학제간 융합 조직과 목표 일부를 포기했다. 독일에서는 철학자 한스 블루멘베르크와 역사가 라인하르트 코젤렉이 학제간 융합 연구를 지지했다가 나중에 블루멘베르크는 후회했고 코젤렉은 빌레펠트 대학에서의 경험을 들어 환멸감을 표했다.[68]

반면에 좀 더 전통적인 대학들은 학제간 융합 과정을 늘렸다. 1960년 대부터 서양문명 강좌들은 백인 남성 유럽인에 치중되었다는 비판을 받고 점점 사라졌다.[69] 그 자리를 과거 학계가 무시했던 집단, 즉 흑인·여성·라틴계에 관한 연구 프로그램이 채웠다.

간혹 코넬 대학 같은 미국의 주요 대학들에서는 학생들이 직접 주도해서 아프리카계 미국인이나 흑인에 관한 연구 프로그램을 만들었다.[70] 여성학은 1970년대에 여성 운동의 시작과 함께 발전했고 젠더 연구가 그 뒤를 이었다. 나중에 라틴 연구로 이름이 바뀌는 멕시코계 미국인 연구는 라틴 아메리카인 연구와 통합되거나 이를 기반으로 범위가 확대되었다. 지역 연구처럼 학제간 융합 연구도 처음에는 정치권에서 장려했지만 이제는 아래로부터의 정치를 실현하는 수단이 되었다.

또 다른 학제간 융합 프로그램은 중세·르네상스·18세기·빅토리아 시대 연구(과거 독일에서 '고고학'이라 불린 고전 연구는 19세기 초까지 거슬러 올라간다) 등 시대에 초점을 맞추었다. 이 프로그램은 경영학·인지 연구·문화 연구·개발 연구·언론 연구·기억 연구·탈식민지 연구·종교 연구·과학 연구·도시 연구·시각 연구 등으로 확대되고 있다.

이런 프로그램 중 다수는 하나의 학문으로 분류하기 어려운 주제들을 다룬다. 어떤 프로그램은 신학이 종교 연구로 혹은 미술사가 시각 문화 연구로 이름이 바뀌는 것에서 알 수 있듯이 연구 범위가 확대된 모습을 보여준다. 또한 여러 학문을 조합하는 프로그램도 있다. 인지 연구는 언어학과 컴퓨터 과학에 심리학을 결합하고, 르네상스 연구는 미술·역사·문학 분야의 지식이 필요하다. 기억 연구는 두 문화를 연결하고 실험

심리학자와 인지과학자와 역사가들을 한 자리로 모은다.

　문화 연구의 경우 1972년부터 1979년까지 문화이론가 스튜어트 홀 Stuart Hall이 책임자로 있었던 버밍엄 대학의 현대문화 연구소(1964)에서 문학·사회학·역사학(특히 19세기 이후 영국사)을 결합했다.[71] 미국에서는 미국학이 그랬듯이 문화 연구 운동도 문학을 가르치는 방식에 대한 불만에서 시작되었다. 여기에서 불만이란 기존 문학 교육이 흔히 고전이라 부르는 '위대한 저서'는 강조하면서 문학의 사회적 맥락과 대중문화, 여성 작가나 사회적 소수자 출신의 작가 등에는 관심을 두지 않았다는 것이었다.[72]

　아마도 대학들이 가장 많은 학문(인류학·고고학·건축학·경제학·지리학·역사학·문학·정치학·사회학)을 참여시킨 프로그램은 가난과 폭력 같은 중요한 도시 문제들을 해결하기 위해 만든 '도시 연구'일 것이다. 이 연구는 게오르크 지멜과 그의 제자 로버트 파크·패트릭 게데스와 그의 제자 루이스 멈퍼드·리처드 세넷 등 오랫동안 폴리매스들의 관심을 끌었고, 당연하게도 이들의 책은 건축학·사회학·역사학·철학에도 크게 기여 했다.

+ 학문 연구소와 폴리매스 +

예나 지금이나 연구소의 특징은 학문간 교류 혹은 협업이며 연구소 이름에는 '고등연구'라는 표현을 자주 사용한다. 프린스턴 대학의 고등연구소(1931)가 대표적이다. 초창기에는 알베르트 아인슈타인 Albert Einstein · 존 폰 노이만·미술사가 에르빈 파노프스키 Erwin Panofsky 등이 연구원으로 있었다. 대표적인 다른 연구소는 포드 재단의 후원으로 1954년에 캘리포니아 팰로앨토에 설립된 행동과학 고등연구소가 있다. 허버트 사이먼의 조언에 따라 이 연구소는 기존 학문 분류 체계를 따르지 않고 연구와 저술에 집중한다. 이 연구소는 다양한 분야에서 탁월한 사람들이 일반 체계 이론이라는 공통 관심사를 가지고 모인 곳이다. 신설 대학들처럼 1960년대 이후에 번성한 연구소는 아래와 같다.

대표적인 고등연구소 1923~2008

1923 프랑크푸르트 사회연구소	1931 프린스턴 고등연구소
1954 팰로앨토 행동과학 고등연구소	1962 파리 인문학 연구소
1963 빈 고등연구소	1968 빌레펠트 학제간 연구소
1969 에든버러 인문학 고등연구소	1970 바세나르 네덜란드 고등연구소
1970 슈타른베르크 막스플랑크 연구소	1972 캔버라 인문학 연구소
1980 베를린 지식연구소	1985 웁살라 스웨덴 고등연구소
1986 상파울루 고등연구소	1987 휴스턴 라이스 인문학 연구소
1992~2011 콜레기움 부다페스트	1992 오슬로 고등연구소
1994 런던 고등연구대학	1998 에르푸르트 막스베버 연구소
2006 더럼 고등연구소	2007 콘스탄츠 고등연구소
2007 파리 고등연구소	2008 프라이부르크 고등연구소

1963년에 설립된 빈 고등연구소처럼 어떤 연구소들은 팰로앨토 연구소를 거울삼아 사회과학으로 연구 분야를 한정했다. 에든버러나 캔버라

연구소처럼 인문학 전문 연구소도 있지만 연구 주제를 모든 분야로 확대한 연구소도 아직 있다. 파리 인문학 연구소나 빌레펠트 학제간 연구소처럼 융합 연구로 특화된 곳도 있다.[73]

✦ 인접 학문과의 지식 연계 ✦

지금부터는 역사에 초점을 맞추고 학자들이 어떻게 인접 학문에서 지식을 얻어왔는가를 살피기로 한다. 앞서 언급했듯이 카를 람프레히트는 친구였던 빌헬름 분트의 집단심리학에서 영감을 얻어 문화사를 연구했다. 그의 책은 대중에게 널리 읽혔으나 네덜란드 역사가 요한 하위징아를 제외한 동료 학자들 대부분은 외면했다.

하위징아도 폴리매스의 자격을 갖춘 사람이다. 그는 문헌학자로 경력을 시작했으나 빛과 소리를 지각하는 방법에 관한 논문을 유럽어로 썼다. 박사 과정 때는 문학으로 전향해서 고대 산스크리트어 희곡에 등장하는 익살꾼 연구로 학위를 받았다. 그는 역사가가 된 후에도 분야·시대·국가·주제 등으로 연구 범위를 한정하지 않았다.[74] 역작 《중세의 가을The Autumn of the Middle Ages》(1919)을 쓸 때는 사회인류학부터 불교까지 광범위한 독서가 큰 도움이 되었다. 하위징아는 문학 및 문화 비평가와 이론가로도 활약하면서 문화 속 유희적 요소를 분석한 책으로 유명한 《호모 루덴스》(1938)를 썼다.

1930년대에는 이미 경제사학자들이 직업적 자존심을 구기지 않으면서 경제 이론에 의존할 수 있었다. 그런 인물들로는 16세기 스페인의 가격 혁명price revolution을 연구했던 얼 해밀턴Earl Hamilton과 중상주의의 이론과 실제를 탐구했던 엘리 헤크셰르Eli Heckscher가 있었다. 당시에는 사회학이라는 신학문도 역사가들을 끌어들였다. 마르크 블로크Marc Bloch는 뒤르켐의 연구에서 지식을 얻었고 오토 힌체는 막스 베버의 이론들을, 루이스 네이미어Lewis Namier는 빌프레도 파레토의 아이디어를 이용했다.

네이미어는 프로이트에도 관심이 많았다. 그러나 피터 게이의《역사가를 위한 프로이트Freud for Historians》(1985)처럼 탁월한 전문 역사가들이 정신분석학의 아이디어를 이용하기 시작한 때는 20세기 후반부에 이르러서였다. 게이는 웨스턴 뉴잉글랜드 정신분석학 연구소에서 전문 교육을 받는 등 프로이트에 대한 관심을 이어갔다.

1960년대부터는 수많은 문화 역사가와 사회 역사가들이 문화인류학과 사회인류학에 빠졌다. 프랑스의 자크 르 고프Jacques Le Goff·영국의 키스 토머스Keith Thomas·이탈리아의 카를로 긴즈부르그 등이 그런 사람들이었다. 하위징아처럼 긴즈부르그도 폴리매스로 불릴 만하다. 그는 1970년대에 16세기 종교와 대중문화 연구로 명성을 얻었지만 이후에는 다양한 주제를 다룬 에세이집뿐만 아니라 문학과 미술사 관련 도서들을 출간했다.

프랑스의 소위 아날학파는 인접 학문에서 지식을 얻는 일에 열중했던 역사가 집단으로 지금도 활동한다. 이 학파, 더 나은 표현으로 이 운동은 제1차 세계 대전 후에 스트라스부르 대학에서 뤼시엥 페브르와 마르크 블로크가 만나면서 시작되었다. 스트라스부르는 1919년에 프랑스령이 되었으므로 프랑스 기준으로 스트라스부르 대학은 신설 대학이나

다름없었다. 초기에 이곳의 토요 세미나는 인문·사회과학 교수를 다수
끌어들였다.

페브르도 폴리매스로 불릴 만하다. 그는 백과사전을 편찬했고 지리학
과 언어학 분야에 저술을 남겼으며 심리학자와 인류학자들에게 영감을
얻어 16세기 사고방식을 연구했다. 페브르의 《아날Annales》지 창간은 역
사학과 사회과학을 구분하는 집단에 대한 일종의 선전포고로 그는 벽
이 너무 높아서 풍경을 자주 가린다고 했다. 편집위원회는 지리학자·
경제학자·사회학자·정치학자로 구성되었다.[75]

아날학파 2기를 이끈 페르낭 브로델은 지리학·경제학·사회학에 정통
했고, 인간의 모든 활동을 포함해서 총체적 역사를 연구하기 위해서 이
따금 다른 학문을 공부했다. 언젠가 그는 이렇게 썼다. "역사학과 지리학
혹은 역사학과 경제학을 짝지어 주려는 노력은 시간 낭비다. 모든 일을
한 번에 해야 한다. 문제들을 총체적으로 재정의해야 한다."[76]

2020년대에는 역사가들에게 새로운 파트너가 등장한다. 환경 위기 시
대에 관심이 커지고 있는 환경역사학은 지질학·식물학·기후학 등 자연
과학적 지식이 필요하다. 인간과 다른 동물들의 공진화共進化를 연구하
는 역사가들은 생물학을 공부하고 감성의 역사를 공부하던 역사가들은
신경과학을 발견했다.[77]

브로델처럼 모든 일을 한 번에 할 수 있는 역사가는 거의 없다. 지금까
지 설명한 모든 노력의 주된 결과물은 역사인류학·역사사회학·생명역
사 같은 효과적인 융합 학문의 확립이었다.

+ 지식 융합의 시대 +

이번 장을 시작할 때 나는 학제간 융합에 대한 의욕적인 접근법과 신중한 접근법을 구분했다. 지식 통합 운동부터 최근의 탈분과 학문 논의까지 의욕적 접근법은 수명이 짧았으며 라트로브 대학과 서식스 대학 같은 곳에서는 학제간 융합 교육과 관련된 실험들을 일부 폐지했다. 그와 달리 신중한 접근법은 어느 정도 성공을 거두었는데, 앞서 다룬 아날학파나 학제간 융합 성격의 일반 주제가 아닌 두려움과 신뢰 같은 특정 문제나 주제에 집중해서 살아남은 팀들이 증거다.[78]

오늘날은 집단과 개인 모두에게 상황이 복잡해졌다. 지금 우리는 분과 학문과 학제간 융합이 공존하는 시대, 혹은 단순한 실존보다 상호작용의 의미를 강조한 스페인어 단어를 사용해서 좀 더 정확히 표현해서 그 두 가지가 공동 생활하는 시대에 살고 있다. 구획이라는 말과 잘 어울리는 학과는 사라지지 않았지만 미국을 비롯한 여러 지역의 캠퍼스에서는 학과 옆에 수많은 학제간 융합 연구소가 세워졌다.[79]

개별 역사가들이 고대 세계나 중세 유럽, 근대 초기 유럽 등을 주제로 글을 쓸 때 베버·프로이트·푸코의 사상을 이용해도 더 이상 비난받지 않는다. 현재로서는 생명역사학·생명정치학·생명사회학 같은 분야에서 악명 높은 '두 문화'의 교류가 활발해질 전망이다. 실제로 제3의 위기라 할 수 있는 디지털 시대에는 이전보다 더욱 학제간 융합 연구가 필요하며 이 이야기는 마지막에 논의하기로 한다.

➤ 제3의 위기를 맞아 ➤

1990년에 월드와이드웹이 등장하면서 마침내 디지털 시대가 시작되었다. 어떤 저술가는 디지털 혁명을 말하고, 다른 이는 검색 엔진 사회(인터넷 익스플로러는 1995년, 파이어폭스와 야후는 2004년, 구글 크롬은 2008년, 빙은 2009년에 서비스를 시작했다)를 이야기한다.[1] 백과사전의 역사로 지식사의 최근 변화를 알 수 있다. 1911년에 발간된 《브리태니커 백과사전》의 집필자 1,507명과 제15판 집필자 4,000명은 오늘날 위키피디아의 정보 제공자 수(2018년 현재 약 3,400만 명)와 비교하면 아무것도 아니다.[2] 아마추어들의 기여에 의존하는 '시민 과학'의 전통은 '시민 지식'으로 이름만 바뀐 채 점점 확대되고 있다.

최근에는 대부분의 지식에 쉽게 접근할 수 있다는 장점이 있지만 모든 변화가 긍정적인 것은 아니다. 지금 우리는 제3의 지식 위기를 경험하는 것 같다. 확실히 오늘날 우리는 불안과 격동의 시대에 살고 있다. 적어도 구세대가 느끼는 불안 중 하나는 전자책의 등장으로 종이책 출판이 서서히 그리고 이따금 급격히 줄고 있다는 사실이다. 일례로 네덜란드에서는 수많은 대학 도서관이 장서의 대부분을 재생지 재료로 만들거나 처분하고 있다. 여기에는 책 한 권당 한 장이면 네덜란드 전체에 충분하다는 생각이 들어 있다. 이 정책을 둘러싼 논쟁은 당연히 책의 미래에 대한 좀 더 광범위한 논의의 일부다.[3]

종이책과 전자책의 경쟁은 이면에 두 가지 독서 스타일이 대립하고 있는데 비교적 최근에 나온 두 책에서 통찰력 있게 논했다. 매리언 울프Maryanne Wolf의 《책 읽는 뇌Proust and the Squid》(2007)는 책 읽는 뇌에 관한 이야기를 하기 위해 신경과학을 이용한다. 울프는 뇌의 가소성, 즉 지난 수천 년간 발명된 다양한 문자 체계를 이용하기 위해 뇌가 뉴런의 회로를 재사용하는 방식을 놀라워해야 한다고 말한다. 그러나 새로운 형태의 뉴런 재사용법에는 불안감을 표했다. 이 방식은 천천히 독서하는 대신 정보를 빠르게 대충 훑어보도록 부추기기 때문이다. 울프는 (혹시 아직 있는) 독자들에게 정보를 지식으로 변환하는 데 필요한 사색의 시간을 보내지 않고 정보를 해독하는 사회가 되었을 때의 위험성을 경고한다.[4]

니콜라스 카Nicholas Carr의 《생각하지 않는 사람들The Shallows》(2011)도 신경과학을 이용해서 인터넷 시대에 우리가 읽고 생각하고 기억하는 방식에 생긴 변화에 초점을 맞춘다. 이 책이 더욱 설득력 있는 이유는 저자가 인터넷의 적이 아닌 열렬한 지지자 혹은 적어도 과거에는 인터넷에 열광했던 사람이기 때문이다. 저자는 책이나 장문의 글에 담긴 내용에 집중할 수 없을 때 누군가 혹은 뭔가가 내 뇌를 만지작거리는 불편한 기분이 든다고 표현했다.[5] 처음에는 독서를 가능하게 했던 뇌의 가소성이 지금은 오히려 독서를 방해하고 있다.

정리하면 울프와 카 모두 인터넷이 문제라고 생각한다. 이것은 인류 역사에서 문제의 해법이 얼마 지나지 않아 문제 자체로 변했던 수많은 사례 중 하나다. 이 경우에 인터넷이 해결한 것처럼 보였던 문제는 정보 과부하 또는 과잉이었고, 다시 이 과부하 문제는 인류 역사상 세 번째로 개인과 사회 모두를 위협하고 있다. 인터넷이라는 새로운 소통 매체는 개인들에게 메시지 과잉 문제를 낳았다. 사회적으로는 새로운 정보의 양과 도달 속도가 정보의 요리, 즉 지식으로 변환하는 과정을 방해한다.

그러므로 정보 불안이라는 표현이 자주 들리는 것도 놀라운 일이 아니다.[6] 심지어 정보의 과잉, 홍수, 범람, 쓰나미 등을 다룬 책도 넘쳐나고 있다.[7]

늘 그렇듯 이런 혁명이 일어나기 전에도 높이뛰기 전 달리기처럼 점진적인 변화가 먼저 일어났다. 한 번 더 말하지만 신조어는 변화를 감지하는 단서가 된다. 《옥스퍼드 영어사전》에 따르면 정보 폭발이라는 영단어가 처음 사용된 때는 1964년이었고, 미국의 언론인 앨빈 토플러Alvin Toffle가 오늘날 널리 사용되는 정보 과부하라는 말을 처음 만든 때는 1970년이었다.[8]

통계에서도 변화가 포착됐다. 20세기 후반부에 출판된 신간 도서의 숫자를 보면 1960년에 33만 2,000권에서 1990년에는 84만 2,000권으로 대폭 증가했다.[9] 그런데 21세기에 디지털 데이터의 생성 속도는 훨씬 빨랐다. 추산컨대 2005년에 생성된 디지털 데이터는 150엑사바이트였지만 2010년에는 약 1,200엑사바이트가 생산되었다.[10] 지금은 그것도 모자라 새로운 단위인 제타바이트(1제타바이트=1,000엑사바이트)로 표시하고 있다. 2016년에 한 논문에 따르면 2013년에 전 세계에서 생성된 데이터량은 4.4제타바이트였다. 2020년에는 44제타바이트까지 급증할 전망이다.[11]

당연하지만 빅데이터를 다루는 기술도 발전한다. 다양한 검색 엔진 덕분에 각종 주제에 관한 정보를 찾는 과정이 날로 쉬워지고 빨라지고 있으며 기업·정부·학계 모두 이런 디지털 혁명의 혜택을 누리고 있다.[12] 그러나 여기에는 어두운 면도 있다. 보안 기관들의 경고에도 불구하고 9·11 테러 공격을 사전에 탐지하지 못했던 이유는 경고들이 데이터의 홍수 속에 떠밀렸기 때문이다. 전 미국 국무장관 콘돌리자 라이스가 지적했듯이 시스템 안에 너무 많은 말이 있었다.[13]

특정 제품의 판매를 늘리기 위함이든 인종주의를 포함한 특정 정치 의제를 지지하기 위함이든, 목적과 상관없이 검색 엔진의 편향 문제도 최근 많이 논의되는 주제다. 우리는 오랫동안 감시 국가에 익숙해 있었고 지금은 감시 자본주의에 익숙해져야 한다. 우리가 구글을 검색할 때 구글도 우리를 검색한다는 의미다.[14] 일명 빅 데이터가 일으키는 문제에는 개인 정보의 저장·분석·검증·침해 등이 포함된다.[15]

이 혼란한 상황에서 우리는 종이책과 신문에서 얻던 정보가 온라인 정보로 전환되었을 때 장기적으로 어떤 결과가 일어날지 가늠조차 하기 어렵다. 반복해서 단계적으로 주의 깊게 시도하는 느리게 읽기 혹은 꼼꼼히 읽기를 신속하게 훑는 방식이 대체한다고 두려워한 사람이 울프와 카만 있었던 것이 아니다. 한때는 완독에 익숙했던 학생들에게 속독법을 가르치던 시절이 있었다. 그러나 오늘날은 비판적 독서 강좌가 필수 과정이 되었다. 낙관론자들은 속독이 정독과 함께 오랫동안 공존했었다는 사실에서 위안을 얻는다.

또한 이런 혼란한 상황에서 우리는 지식 구조의 변화도 눈치채지 못한다. 지금은 '탈학문'의 시대라고 한다.[16] 그런데 이 시대는 어떤 모습일까? 한 번에 모든 것을 배울 수 없고 문제마다 해결책이 달라져야 하므로 지식은 계속 세분화할 것이다. 어쨌든 전문화 추세도 계속될 것이며 지식의 나무는 계속해서 새로운 가지를 만들어 나갈 것이다.

오늘날 가장 눈에 띄는 현상은 폴리매스의 맞춤 일자리가 사라진다는 점이다. 앞서 봤듯이 라이프니츠 같은 다방면에 뛰어난 학자들이 사서로 일하던 시절이 있었다. 오늘날은 사서에게 관리자의 역할을 기대한다. 박물관도 도서관과 비슷하게 학자 대신 관리자가 책임지는 시대로 이동하고 있다. 대학도 폴리매스에게 그리 매력적인 공간이 아니다. 늘어난 강의 시간과 잦은 회의 때문에 생각하고 연구할 시간이 줄고 있기 때문이다. 마이클 폴라니가 1948년에 맨체스터 대학에서 그랬듯 오늘날 화학 교수가 철학을 가르치고 싶다고 말하면 부총장이 어떻게 반응할지 궁금해진다.

또한 17세기 말부터 폴리매스에게 일자리를 제공했던 문화 잡지들은 판매량이 줄고 있다. 온라인 잡지는 살아남을지 모르지만 이런 방식은 신문과 달리 장문의 글들이 실리는 학술지와는 어울리지 않는다. 수십 년간 저명한 프리랜서 기자로 활약했던 사람들이 낯선 환경인 대학에 합류했다는 사실이 그리 놀랍지 않다. 《뉴 레프트 리뷰New Left Review》의 편집자이자 폴리매스인 페리 앤더슨Perry Anderson은 1980년대에 뉴스쿨 대학원의 교수가 되었다. 《스펙테이터》에서 외신 편집자를 역임했던 티모시 가튼 애쉬Timothy Garton Ash는 1989년에 옥스퍼드 세인트 안토니 칼리지에 합류했다. 프리랜서 작가 출신의 이안 부루마도 2003년에 바드 칼리지로 갔다.

이런 암울한 상황에서도 소수의 박학다식한 학자들은 살아남았다. 앞에서 논쟁적 인물로 언급했던 조지 스타이너·페터 슬로터다이크·슬라보예 지젝은 현존하는 폴리매스다. 프랑스 출신으로 덜 논쟁적인 인물인 브뤼노 라투르Bruno Latour는 학문의 경계를 의식하지 않고 놀랄 정도로 다양한 주제로 다작하는 작가라는 평을 듣는다. 그는 철학자·사회학자·인류학자이며 심지어 과학사회학이라는 학제간 융합 학문도 연구한다. 실제로 그의 연구 범위는 대단히 넓다. 2013년에 라투르가 홀베르그상을 받았을 때, 위원회가 밝힌 수상 이유는 과학사·미술사·역사학·철학·인류학·지리학·신학·문학·법학에 기여한 공로였다.[17] 라투르는 근대성 이론에 반대했고 과학사 연구에서 계산 센터의 중요성을 강조했다. 실험실과 법원(파리에 있는 행정법원)에서 현장 연구를 수행했으며 '행위자 네트워크 이론'이라는 것을 확립했다. 이 이론은 노르베르트 엘리아스의 형상적 사회학과 비슷하지만 사람들을 연결하는 네트워크 안에 생각과 물체도 포함했다는 점이 다르다.

내가 이 책을 쓰던 2019년 1월에는 현존 폴리매스 집단에 위르겐 하버마스도 있었다. 그는 이론의 여지 없이 '우리 시대의 아리스토텔레스'라 불리는 사람이었다. 그 외에 에세이스트 페리 앤더슨은 관심 분야가 역사학·철학·정치학·경제학·사회학에 이르고 판사 출신의 경제학

다시 등장하는 박식가들

357

자 겸 철학자 리처드 포스너는 터무니없는 정도로 광범위한 주제로 집필 활동을 한 사람이다. 이탈리아인인 조르조 아감벤은 철학·문학·법학·역사학 분야에 저술을 남겼다. 브라질 출신의 로베르토 망가베이라 웅거Roberto Mangabeira Unger는 고전 경제학을 비판했다. 정치학과 종교, 그리고 최근에는 우주론 분야에도 저술을 남겼을 뿐만 아니라 비판적 법률 연구 운동이 시작되는 데 일조했다.[18] 현재 활동 중인 여성 폴리매스의 수는 이전보다 훨씬 많아졌으며 알라이다 아스만, 미에케 발, 마거릿 보든, 주디스 버틀러, 엘렌 식수, 뤼스 이리가레, 줄리아 크리스테바, 줄리엣 미첼, 그리젤다 폴록, 가야트리 차크라보티 스피박 등 그들은 주로 군집적 폴리매스로 철학·문학·정신분석학·역사학과 학제간 융합 성격의 젠더 연구 분야에 몰려 있다.

자연과학 분야에서는 미국인 과학자 에드워드 윌슨이 현존하는 대표적인 폴리매스다. 게데스와 허버트 플뢰르처럼 윌슨도 안질환을 앓았고 그 때문에 포유류에 대한 관심을 접고 곤충, 특히 개미와 개미 사회를 밀착 연구하기 시작했다. 또한 인간과 사회를 진화의 산물로 보고 연구한다고 해서 윌슨 자신이 '사회생물학socio-biology'이라 명명한 분야는 게데스의 생명사회학을 떠올린다. 앞에서도 다뤘지만 그의 통섭 이론은 지식의 통합을 강조한다.[19]

오스트레일리아 출신의 로버트 메이도 폴리매스에 속한다. 메이는 공학을 공부했지만 이론물리학으로 박사 학위를 받았다. 수학을 가르치며 생물학과 생태학 분야의 연구를 수행했고 수학적 기법을 이용해서 동물 개체군을 연구하고 있다.

몇몇 폴리매스는 '두 문화' 사이에 다리를 놓고 있다. 영국의 니콜라스 로즈는 생물학을 공부했지만 사회학·심리학·철학·신경과학 등으로 관심 분야를 넓혔다. 미국인인 재러드 다이아몬드는 생리학자로 경력을 시작했으나 조류학과 생태학으로 방향을 틀었으며 평생 언어에 보인 관심은 말할 것도 없다. 세계사에 관련된《총, 균, 쇠Guns, Germs and Steel》(1997) 와《문명의 붕괴Collapse》(2005)는 베스트셀러가 되었다. 그의 저서는 종종 스페셜리스트들에게 비난받고 논쟁의 대상이 되기도 한다. 2006년에 미국 인류학회는《문명의 붕괴》를 주제로 심포지엄을 열었고 당시 인류학자뿐만 아니라 역사가와 고고학자들까지 그의 책을 논평했다.[20] 혹자는 다이아몬드의 답에 동의하든 그렇지 않든 이 아웃사이더가 자신이 떠나온 학문에 던진 질문만큼은 독창적이고 유익했다고 말할 것이며 이는 다른 순차적 폴리매스에게도 해당된다.

폴리매스는 앞으로도 계속 살아남을 수 있을까 아니면 사라지게 될까? 지금까지 언급한 인물들과 지금 떠오르는 학자들은 모두 디지털 혁명이 시작되기 전에 이미 중년이 되었다. 노엄 촘스키는 1928년생이다. 위르겐 하버마스·조지 스타이너·에드워드 윌슨은 1929년생이다. 뤼스 이리가레는 1930년생, 마거릿 보든과 로버트 메이는 1936년생, 엘렌 식수와 재러드 다이아몬드는 1937년생, 페리 앤더슨 1938년생, 찰스 젱크스와 리처드 포스너는 1939년생, 줄리엣 미첼은 1940년생, 줄리아 크리스테바는 1941년생, 가야트리 차크라보티 스피박과 조르조 아감벤은 1942년생, 리처드 세넷과 바츨라프 스밀은 1943년생, 레이먼드 탤리스는 1946년생, 알라이다 아스만, 브뤼노 라투르, 니콜라스 로즈, 페터 슬로터다이크, 로베르토 망가베이라 웅거는 1947년생, 자클린 로즈와 슬라보예 지젝은 1949년생, 주디스 버틀러는 1956년생, 대니얼 레비틴과 로버트 새폴스키는 1957년생이다. 1950년대부터는 폴리매스의 숫자판에 경고음이 울린다.

새로운 위협에는 새로운 대응이 필요하므로 낙관론자라면 디지털 세대에 희망을 걸어야 한다.[21] 어쨌든 폴리매스가 사라질 것이라는 우려는 시기상조다. 지금과 같이 지식 노동이 분업화된 시대에는 제너럴리스트가 더 필요하다. 라이프니츠가 언젠가 선언했듯이 우리에게 필요한 것은 만능인이다. 모든 것을 연결할 수 있는 한 사람이 열 명 이상의 몫을 할 수 있다.[22] 고도로 전문화된 시대에 그 어느 때보다 그런 사람들이 필요하다.

부록

서양의 폴리매스
500인

The
Polymath

15세기 초부터 서양에서 활약한 폴리매스의 명단은 어떤 표준을 만들고자 작성된 것이 아니다. 여기에 이름이 없는 이들 중에도 당연히 훌륭한 인물이 있을 것이다. 특히 잘 알지 못하는 언어권 출신이라면 더욱 그렇다.

한 사람의 지식에 의존해서 작성된 명단은 자의적일 수밖에 없다는 점을 분명히 하기 위해 선정 인원과 숫자도 임의적으로 선택했다. 이 500인의 업적이 똑같이 중요했다고는 말하기 어렵다. 예를 들어 라이프니츠는 키르허보다 지식 확산에 더 많은 기여를 했다. 현존하는 폴리매스는 본문에서는 이따금 언급했지만 이 목록에시는 제외했디.

폴리매스 500인은 한 가지 기준으로만 선정하지 않았다. 대부분은 조금이나마 학문에 독창적인 기여를 한 사람들이지만, 올더스 헉슬리와 호르헤 루이스 보르헤스처럼 학문에 직접적인 기여한 바는 없으나 여러 학문에 정통했던 소극적 폴리매스도 포함했다. 또한 알슈테트·디드로·뤼시엥 페브르 같은 백과사전 편찬자와 베이컨·콩트·듀이 같은 지식 분류자, 워런 위버 같은 지식 관리자, 로렌초 헤르바스 같은 여러 언어에 능통한 학자들도 이름을 넣었다.

001 필리포 브루넬레스키 1377-1446 | 이탈리아 | 건축가·공학자·수학자·발명가·예술가

002 마리아노 다 야코포 1382-1453? | 이탈리아 | 공증인·조각가·공학자·발명가

003 파올로 토스카넬리 1397-1482 | 이탈리아 | 수학·천문학·지리학

004 쿠사의 니콜라스 1401-1464 | 독일 | 주교·추기경. 철학·신학·법학·천문학·수학

005 레온 바티스타 알베르티 1404-1472 | 이탈리아 | 사제·인문주의자·건축가·수학자

006 니콜로 레오니체노 1428-1524 | 이탈리아 | 철학자·의학자·식물학자

007 프란체스코 디 조르조 마르티니 1439-1501 | 이탈리아 | 건축가·공학자

008 루돌프 아그리콜라 1443-1485 | 독일 | 인문주의자·철학자·미술가·음악가

009 도나토 브라만테 1444-1514 | 이탈리아 | 건축가·화가·시인·음악가

010 레오나르도 다빈치 1452-1519 | 이탈리아 | 미술가·공학자·발명가·수학과 박물학 공부

011 요하네스 트리테미우스 1462-1516 | 독일 | 베네딕트회 수도원장. 역사·철학·암호 해독

012 조반니 피코 델라 미란돌라 1463-1494 | 이탈리아 | 모든 학문에 정통하려 노력함

013 카산드라 페델레 1465?-1558 | 이탈리아 | 철학자·수학자·천문학자·교육자

014 데시데리위스 에라스뮈스 1466-1536 | 네덜란드 | 교구 사제. 문헌학·철학·신학

015 라우라 세레타 1469-1499 | 이탈리아 | 수사학자·철학자·수학자·천문학자

016 니콜라스 코페르니쿠스 1473-1543 | 폴란드 | 신부·의사·천문학자. 의학·법학·인문학

017 첼리오 칼카니니 1479-1541 | 이탈리아 | 신학·법학·의학·수사학·천문학

018 가르파로 콘타리니 1483-1542 | 이탈리아 | 추기경·주교. 신학·철학·천문학

019 하인리히 코르넬리우스 아그리파 1486-1535 | 독일 | 철학·의학·법학·연금술·신비학

020 세바스티안 뮌스터 1488-1552 | 독일 | 지도 제작·우주구조학·성경 연구·동양 언어·수학

021 후안 루이스 비베스 1493-1540 | 스페인 | 철학·의학·교육학

022 게오르크 아그리콜라 1494-1555 | 독일 | 의사. 의학·역사·지질학·광물학

023 프랑수아 라블레 1494?-1553 | 프랑스 | 수사에서 의사로 전업. 의학·법학·신학

024 필리프 멜란히톤 1497-1560 | 독일 | 루터교 신학자. 철학·천문학·점성술·해부학·수학

025 지롤라모 카르다노 1501-1576 | 이탈리아 | 의사. 의학·수학·점성술·음악·지질학

026 코시모 바르톨리 1503-1572 | 이탈리아 | 수학·미술·건축·문학·역사

027 페르낭 드 올리베이라 1507-1581 | 포르투갈 | 도미니크회 수사. 문법·역사·항해술

028 기욤 포스텔 1510-1581 | 프랑스 | 언어·역사·신학·지리학·정치학·점성술

029 미구엘 세르베토 1511?-1553 | 스페인 | 의사. 의학·해부학·점성술·천문학·지리학·신학

030 볼프강 라치우스 1514-1565 | 오스트리아 | 의사. 철학·의학·역사·지리학

031 페트뤼 라무스 1515-1572 | 프랑스 | 칼뱅주의자. 철학·수사학·수학

032 콘라트 게스너 1516-1565 | 스위스 | 의사. 의학·박물학·언어·서지학

033 울리세 알드로반디 1522-1605 | 이탈리아 | 의학·박물학·골동품

034 베니토 아리아스 몬타노 1527-1598 | 스페인 | 수사학·신학·골동품·동양학

035 존 디 1527-1608 | 영국 | 수학·지리학·점성술·연금술·골동품·마술

036 장 보댕 1530-1596 | 프랑스 | 자연철학·역사·정치학·정치경제

037 휴고 블로티우스 1533-1608 | 네덜란드 | 사서. 수사학·법학·서지학

038 대 테오도어 츠빙거 1533-1588 | 스위스 | 의사. 의학·동양 언어·철학

039 잠바티스타 델라 포르타 1535-1615 | 이탈리아 | 암호학·기억술·기상학·점성술·골상학·수학

040 조제프 스칼리제르 1540-1609 | 프랑스 | 언어학·연대학·동양학·천문학

041 요한 토마스 프리기우스 1543-1583 | 스위스 | 칼뱅주의자. 철학·법학·역사·수학·정치경제

042 튀코 브라헤 1546-1601 | 덴마크 | 천문학·점성술·연금술·의학

043 유스투스 립시우스 1547-1606 | 네덜란드 | 문헌학·철학·연대학

044 조르다노 브루노 1548-1600 | 이탈리아 | 도미니크회 수사. 철학·신학·우주론·기억술·수학

045 프란시스코 수아레스 1548-1617 | 스페인 | 예수회 수사. 철학·신학·법학

046 파올로 사르피 1552-1623 | 이탈리아 | 성모의 종 수사. 역사·법학·철학·신학·수학·해부학

047 월터 롤리 1554-1618 | 영국 | 궁정인. 역사학·화학

048 이작 카소봉 1559-1614 | 프랑스 | 칼뱅주의자. 문헌학·문학·역사·신학·지리학

049 제임스 크라이튼 1560-1585? | 스코틀랜드 | 신사 계급. 모든 학문에 정통하려 노력함

050 프랜시스 베이컨 1561-1626 | 영국 | 법학·역사·철학·자연철학

051 마리 드 구르네 1565-1645 | 프랑스 | 인문학·연금술·남녀평등에 관한 글을 씀

052 요하네스 부레우스 1568-1652 | 스웨덴 | 골동품·연금술·신비학

053 토마소 캄파넬라 1568-1639 | 이탈리아 | 도미니크회 수사. 철학·점성술·천문학·생리학·정치학

054 바르톨로메오스 케커만 1572?-1608 | 독일 | 철학·신학·정치학·법학·천문학·지리학·물리학

055 크리스토프 베졸트 1577-1638 | 독일 | 법학자. 가톨릭으로 개종. 법학·역사·신학·정치학

056 로버트 버턴 1577-1640 | 영국 | 성공회 사제·사서. 의학·철학·신학·점성술

057 헤라르트 요하네스 포시우스 1577-1649 | 네덜란드 | 신학·문헌학·문학·역사학

058 니콜라클로드 페이레스크 1580-1637 | 프랑스 | 골동품·박물학·해부학·천문학

059 휘호 흐로티위스 1583-1645 | 네덜란드 | 칼뱅주의자. 법학·역사·신학

060 존 셀던 1584-1654 | 영국 | 법학·역사·골동품·문헌학·동양학

061 페터 라우렌베르크 1585-1639 | 독일 | 프로테스탄트. 해부학·수학·식물학·문헌학

062 조지프 메데 1586-1638 | 영국 | 성공회 사제. 신학·철학·연대학·수학·박물학·해부학·이집트학

063 요한 하인리히 알슈테트 1588-1638 | 독일 | 칼뱅교 성직자·백과사전 편찬자

064 올레 보름 1588-1654 | 덴마크 | 의사. 의학·골동품·박물학

065 클로드 소메즈 1588-1653 | 프랑스 | 신교도. 고전·문헌학·골동품·동양학

066 프란시스쿠 유니우스 1591-1677 | 네덜란드 | 문헌학·골동품·문학

067 얀 아모스 코메니우스 1592-1670 | 체코 | 성직자. 철학·언어·교육학

068 피에르 가상디 1592-1655 | 프랑스 | 성직자. 철학·천문학·물리학

069 에마누엘레 테사우로 1592-1675 | 이탈리아 | 예수회 수사. 수사학·철학·역사

070 요하네스 마르쿠스 마시 1595-1667 | 체코 | 가톨릭 신자. 의학·광학·역학·수학·천문학

071 후안 에우제비우 니렘베르크 1595-1658 | 스페인 | 예수회 수사. 신학·철학·박물학·천문학

072 르네 데카르트 1596-1650 | 프랑스 | 철학·기하학·광학·천문학·음악·의학

073 루카스 홀스테니우스 1596-1661 | 독일 | 사서. 가톨릭으로 개종. 역사학·골동품·신학

074 콘스탄테인 하위헌스 1596-1687 | 네덜란드 | 신교도. 자연철학·해부학·의학·언어

075 잠바티스타 리치올리 1598-1671 | 이탈리아 | 예수회 수사. 천문학·지리학·연대학·신학·역학

076 **사무엘 보샤르** 1599-1667 | 프랑스 | 칼뱅교 성직자. 신학·지리학·문헌학·동양학

077 **새뮤얼 하틀리브** 1600?-1662 | 폴란드 | 정보 매개자

078 **바슈아 메이킨** 1600?-1681? | 영국 | 교육학·의학·언어

079 **가브리엘 노데** 1600-1653 | 프랑스 | 사서. 역사학·정치학·서지학

080 **아타나시우스 키르허** 1602-1680 | 독일 | 예수회 수사·발명가. 고고학·중국학·자기학·수학

081 **케넬름 디그비** 1603-1665 | 영국 | 가톨릭 신자. 모든 학문에 정통하려 노력

082 **존 존스톤** 1603-1675 | 스코틀랜드 | 의사. 의학·박물학·신학·골동품

083 **요한 하인리히 비스터펠트** 1605-1655 | 독일 | 칼뱅주의자. 철학·신학·수학·물리학

084 **토머스 브라운** 1605-1682 | 영국 | 의사. 의학·골동품·철학·박물학

085 **헤르만 콘링** 1606-1681 | 독일 | 루터교 신자·의사. 의학·법학·역사·정치학

086 **후안 카라무엘 이 롭코비츠** 1606-1682 | 스페인 | 시토회. 신학·철학·수학·역사학

087 **아나 마리아 판 스휘르만** 1607-1678 | 네덜란드 | 언어·철학·신학·교육학

088 **존 윌킨스** 1614-1672 | 영국 | 주교. 철학·신학·천문학·수학·언어·암호 해독

089 **대 토머스 바르톨린** 1616-1680 | 덴마크 | 의사. 의학·수학·신학·골동품

090 **니콜라스 안토니오** 1617-1684 | 스페인 | 법학·서지학

091 **엘리아스 애시몰** 1617-1692 | 영국 | 법학·점성술·연금술·마술·문장학·골동품

092 **엘리자베스, 팔츠 공주** 1618-1680 | 영국 | 수녀원장. 수학·철학·천문학·역사학

093 **이삭 포시우스** 1618-1689 | 네덜란드 | 문헌학·연대학·지리학·물리학·골동품·수학

094 **헨리 올덴부르크** 1619?-1677 | 독일 | 정보 매개자. 신학·자연철학

095 **프랑수아 베르니에** 1620-1688 | 프랑스 | 의학·동양학·철학

096 **존 에블린** 1620-1706 | 영국 | 해부학·화학·박물학·수학·역학

097 **요한 하인리히 호팅어** 1620-1667 | 스위스 | 동양학·신학·역사학

098 **마르쿠스 마이봄** 1621-1710 | 덴마크 | 골동품·문헌학·수학

099 **블레즈 파스칼** 1623-1662 | 프랑스 | 발명가. 수학·물리학·철학·신학

100 **윌리엄 페티** 1623-1687 | 영국 | 발명가. 의학·해부학·자연철학·수학·정치경제·인구통계학

101 마거릿 캐번디시 1624?-1674 | 영국 | 자연철학·연금술

102 히옵 루돌프 1624-1704 | 독일 | 언어

103 야노시 아팍자이 체레 1625-1659 | 헝가리 | 칼뱅주의자·수학자·백과사전 편찬자

104 에르하르트 바이겔 1625-1699 | 독일 | 건축가·발명가. 수학, 천문학, 신학

105 크리스티나 여왕 1626-1689 | 스웨덴 | 철학·신학·수학·연금술·천문학·점성술

106 프란체스코 레디 1626-1697 | 이탈리아 | 의학·자연철학·문학

107 로버트 보일 1627-1691 | 영국 | 철학·신학·물리학·생리학·의학·화학

108 페터 람베크 1628-1680 | 독일 | 가톨릭으로 개종. 사서·문학사학자

109 크리스티안 하위헌스 1629-1695 | 네덜란드 | 수학·천문학·물리학·역학

110 피에르다니엘 위에 1630-1721 | 프랑스 | 주교. 수학·천문학·해부학·박물학·화학·동양학

111 아이작 배로 1630-1677 | 영국 | 성공회 성직자. 수학·광학·신학·골동품

112 대 올로프 루드베크 1630-1702 | 스웨덴 | 해부학·언어·음악·식물학·조류학·골동품

113 요한 게오르크 그라비우스 1632-1703 | 독일 | 칼뱅주의자. 수사학·역사·고전·골동품

114 사무엘 푸펜도르프 1632-1694 | 독일 | 법학·정치학·역사·철학·신학·정치경제

115 크리스토퍼 렌 1632-1723 | 독일 | 건축·수학·천문학·광학·역학·의학·기상학

116 안토니오 말리야베키 1633-1714 | 이탈리아 | 사서·정보 매개자

117 요한 요아힘 베허 1635-1682 | 독일 | 광물학·연금술·박물학·교육학·철학·정치학·정치경제

118 로버트 훅 1635-1703 | 영국 | 발명가. 수학·물리학·천문학·화학·의학·생물학·지질학

119 로렌초 마갈로티 1637-1712 | 이탈리아 | 자연철학·지리학에 정통

120 니콜라스 스테노 1638-1686 | 덴마크 | 주교. 의학, 해부학·박물학·철학

121 다니엘 게오르크 모르호프 1639-1691 | 독일 | 사서. 역사학·연금술

122 소 올로프 루드베크 1660-1740 | 스웨덴 | 해부학·식물학·조류학·문헌학

123 니콜라스 빗선 1641-1717 | 네덜란드 | 지리학·민족지학·골동품·박물학

124 콘라트 사무엘 1641-1708 | 독일 | 사서·프로테스탄트. 수사학·역사·철학·법학·지리학

125 빈첸트 플라키우스 1642-1699 | 독일 | 법학·철학·신학·의학·서지학·역사학

126 길버트 버넷 1643-1715 | 스코틀랜드 | 주교. 역사학·신학·철학

127 아이작 뉴턴 1643-1727 | 영국 | 수학·물리학·연금술·연대학·신학

128 오토 멩케 1644-1707 | 독일 | 정보 매개자. 신학·철학

129 에우세비오 키노 1645-1711 | 이탈리아·오스트리아 | 예수회 수사. 언어·지리학·천문학·철학

130 카를로스 시구엔사 이 공고라 1645-1700 | 멕시코 | 수학·천문학·점성술·지리학·골동품

131 엘레나 코르나로 피스코피아 1646-1684 | 이탈리아 | 언어·신학·철학·수학·음악

132 고트프리트 라이프니츠 1646-1716 | 독일 | 철학·수학·역사·언어·법학·물리학·화학·박물학·의학

133 피에르 벨 1647-1706 | 프랑스 | 프로테스탄트 성직자. 역사·철학·자연철학·신학

134 후아나 이네스 데 라 크루스 1651-1695 | 멕시코 | 수녀. 신학·철학·자연철학·법학·음악 이론

135 앙리 바스나지 1656-1710 | 프랑스 | 프로테스탄트·사전 편찬자. 역사·신학·역학

136 베르나르 드 퐁트넬 1657-1757 | 프랑스 | 철학·역사학·자연과학

137 장 르클레르크 1657-1736 | 스위스 | 프로테스탄트 성직자. 철학·문헌학·신학·역사학·문학

138 루이지 마르실리 1658-1730 | 이탈리아 | 공학·지리학·수로학·천문학·박물학·역사학

139 야코프 폰 멜레 1659-1743 | 독일 | 사전 편찬자. 역사학·골동품·고생물학

140 한스 슬론 1660-1745 | 아일랜드 | 의학·해부학·화학·식물학·골동품

141 주세페 아베라니 1662-1739 | 이탈리아 | 법학·물리학·신학·천문학·수학

142 페드로 페랄타 이 바르누에보 1664-1743 | 페루 | 수학·천문학·자연철학·금속공학·법학·역사학

143 존 우드워드 1665?-1728 | 영국 | 박물학·골동품

144 헤르만 부르하버 1668-1738 | 네덜란드 | 철학·의학·식물학·화학

145 요한 알베르트 파브리치우스 1668-1736 | 독일 | 수사학·철학·신학·서지학. 학문의 역사

146 요한 페터 폰 루드비히 1668-1743 | 독일 | 역사학·법학·골동품

147 잠바티스타 비코 1668-1744 | 이탈리아 | 법학·수사학·역사학·철학·문헌학

148 부르카르트 고트헬프 스트루페 1671-1738 | 독일 | 철학·정치학·역사학·법학·연금술

149 요한 야코프 쇼이흐처 1672-1733 | 스위스 | 지질학·고생물학·기상학·지리학·골동품

150 요하네스 알렉산더 되데를라인 1675-1745 | 독일 | 역사학·골동품·문헌학·신학·동양어

151 **쉬피오네 마페이** 1675-1755 | 이탈리아 | 정치학·역사학·골동품

152 **베니토 헤로니모 페이주** 1676-1764 | 스페인 | 베네딕트회 수사. 문헌학·역사학·의학·박물학

153 **이프레임 체임버스** 1680?-1740 | 영국 | 백과사전 및 사전 편찬자

154 **르네 드 레오뮈르** 1683-1757 | 프랑스 | 수학·금속공학·기상학·박물학

155 **마티아스 벨** 1684-1749 | 헝가리·슬로바키아 | 역사학·지리학·문법·수사학·언어

156 **다니엘 고틀리프 메세르슈미트** 1684-1735 | 독일 | 박물학·골동품

157 **니콜라 프레레** 1688-1749 | 프랑스 | 역사학·연대학·지리학·종교학

158 **에마누엘 스베덴보리** 1688-1772 | 스웨덴 | 신학·철학·금속공학·화학·천문학·해부학·생리학

159 **몽테스키외** 1689-1755 | 프랑스 | 법학·역사·지리학·지질학

160 **카를로 로돌리** 1690-1761 | 이탈리아 | 프란체스코회 수사. 수학·건축학·물리학·철학·신학

161 **볼테르** 1694-1778 | 프랑스 | 역사·철학·박물학

162 **프랑수아 케네** 1694-1774 | 프랑스 | 정치경제·의학·정치학·기하학

163 **헤르만 사무엘 라이마루스** 1694-1768 | 독일 | 신학·철학·동양어·수학·역사·정치경제·박물학

164 **요한 안드레아스 파브리치우스** 1696-1769 | 독일 | 수사학·철학·문헌학·역사학

165 **헨리 홈, 케임스 경** 1696-1782 | 스코틀랜드 | 법학·철학·역사·문학 비평·정치경제

166 **루이 드 조쿠르** 1704-1779 | 프랑스 | 해부학·식물학·화학·생리학·병리학·역사

167 **샤틀레 후작 부인, 에밀리** 1706-1749 | 프랑스 | 물리학·수학·철학

168 **벤저민 프랭클린** 1706-1790 | 영국·미국 | 발명가. 물리학·기상학·정치학

169 **뷔퐁 백작** 1707-1799 | 프랑스 | 수학·지질학·생물학·고생물학·생리학

170 **레온하르트 오일러** 1707-1783 | 스위스 | 수학·광학·탄도학·음악

171 **카를 린네** 1707-1778 | 스웨덴 | 박물학·의학·정치경제·민족지학

172 **알브레히트 폰 할러** 1708-1777 | 스위스 | 해부학·생리학·식물학·서지학·신학

173 **요한 게오르크 그멜린** 1709-1755 | 독일 | 박물학·화학·의학

174 **새뮤얼 존슨** 1709-1784 | 영국 | 사전·문학 비평·역사학

175 **로저 보스코비치** 1711-1787 | 크로아티아 | 예수회 수사. 수학·천문학·물리학·지도 제작·고고학

176 데이비드 흄 1711-1776 | 스코틀랜드 | 철학·역사·정치경제

177 미하일 노모노소프 1711-1765 | 러시아 | 화학·수학·물리학·금속공학·역사·문헌학

178 드니 디드로 1713-1784 | 프랑스 | 《백과전서》 편찬

179 제임스 버넷, 몬보도 경 1714-1799 | 스코틀랜드 | 법학·언어·절학

180 장 달랑베르 1717-1783 | 프랑스 | 수학·물리학·철학·음악 이론·역사학

181 요한 다피트 미하엘리스 1717-1791 | 독일 | 신학·동양학·지리학·법학

182 마리아 가에타나 아녜시 1718-1799 | 이탈리아 | 수학·철학·신학

183 애덤 퍼거슨 1723-1816 | 스코틀랜드 | 프로테스탄트 성직자. 철학·역사·정치학

184 애덤 스미스 1723-1790 | 스코틀랜드 | 정치경제·철학·수사학·신학·법학

185 안 로베르 튀르고 1727-1781 | 프랑스 | 정치경제·철학·물리학·문헌학

186 크리스티안 고틀로프 헤이니 1729-1812 | 독일 | 문헌학·수사학·골동품

187 이래즈머스 다윈 1731-1802 | 영국 | 의학·생리학·박물학·철학

188 조지프 프리스틀리 1733-1804 | 영국 | 문헌학·교육학·수사학·역사학·신학·물리학·화학

189 로렌초 헤르바스 이 판드로 1735-1809 | 스페인 | 언어·고문서학·교육학

190 글래스고의 존 밀러 1735-1801 | 스코틀랜드 | 법학·역사·철학

191 아우구스트 폰 슐뢰처 1735-1809 | 독일 | 역사·언어, 민족학, 통계학

192 호세 안토니오 데 알사테 1737-1799 | 멕시코 | 박물학·천문학

193 니콜라 마송 드 모르빌리에 1740-1789 | 프랑스 | 사전 편찬자. 지리학

194 페터 지몬 팔라스 1741-1811 | 독일 | 박물학·지리학·언어

195 호세 마리아노 데 콘세이상 벨로주 1742-1811 | 브라질 | 박물학·화학·수학·언어학·정치경제

196 조지프 뱅크스 1743-1820 | 영국 | 박물학·언어·민족지학

197 토머스 제퍼슨 1743-1826 | 미국 | 발명가. 언어·박물학

198 앙투안 라부아지에 1743-1794 | 프랑스 | 화학·지질학·생리학·농업

199 니콜라 콩도르세 후작 1743-1794 | 프랑스 | 철학·수학·정치경제·정치학·역사학

200 요한 고트프리트 헤르더 1744-1803 | 독일 | 성직자. 철학·신학·역사·언어학·문학 비평

201 가스파르 멜초르 데 호베야노스 1746-1811 | 스페인 | 의학·언어·교육학·법학·역사지리·광업

202 윌리엄 존스 1746-1794 | 웨일스 | 법학·동양학·식물학

203 존 플레이페어 1748-1819 | 스코틀랜드 | 수학·지질학·천문학

204 요한 볼프강 폰 괴테 1749-1832 | 독일 | 해부학·물리학·화학·식물학·지질학

205 요한 고트프리트 아이크혼 1752-1827 | 독일 | 신학·동양학·역사·화폐학

206 스타니스와프 스타시치 1755-1826 | 폴란드 | 성직자. 역사·교육학·지질학

207 윌리엄 플레이페어 1759-1823 | 스코틀랜드 | 발명가. 공학·정치경제·통계학

208 얀 포토츠키 1761-1815 | 폴란드 | 공학·이집트학·언어·역사학

209 다니엘 앙콩트르 1762-1818 | 프랑스 | 성직자. 문학·수학·신학·철학

210 제르멘 드 스탈 1766-1817 | 스위스 | 정치학·문학·지리학

211 윌리엄 울러스턴 1766-1828 | 영국 | 생리학·광학·화학·지질학

212 빌헬름 폰 훔볼트 1767-1835 | 독일 | 철학·언어·역사·정치학·문학·의학

213 조르주 퀴비에 1769-1832 | 프랑스 | 프로테스탄트. 고생물학·박물학·비교해부학·과학사

214 알렉산더 폰 훔볼트 1769-1859 | 독일 | 지리학·박물학·해부학·정치학·고고학·인구통계학

215 도로테아 슐뢰처 1770-1825 | 독일 | 수학·식물학·동물학·광학·종교·광물학·미술사 공부

216 새뮤얼 테일러 콜리지 1772-1834 | 영국 | 문학 비평가·철학. 천문학·화학·지질학·역사·언어

217 프랜시스 제프리 1773-1850 | 스코틀랜드 | 문학 비평가. 역사·철학·법학·정치학·종교·지리학

218 토머스 영 1773-1829 | 영국 | 의학·생리학·물리학·언어·이집트학

219 헨리 피터 브로엄 1778-1868 | 스코틀랜드 | 언론인. 법학·물리학·교육학

220 메리 서머빌 1780-1872 | 스코틀랜드 | 수학·천문학·지리학

221 안드레스 베요 1781-1865 | 베네수엘라 | 법학·철학·문헌학

222 토머스 드퀸시 1785-1859 | 영국 | 철학·정치경제·역사·생리학

223 카를 구스타프 카루스 1789-1869 | 독일 | 의학·생리학·동물학·심리학·철학·문학

224 쥘 뒤몽 뒤르빌 1790-1842 | 프랑스 | 지도 제작·언어·식물학·곤충학

225 찰스 배비지 1791-1871 | 영국 | 발명가. 수학·물리학·신학

226 존 허셜 1792-1871 | 영국 | 천문학·수학·물리학·화학·식물학·지질학

227 윌리엄 휴얼 1794-1866 | 영국 | 성직자. 수학·역학·광물학·천문학·철학·과학사·신학

228 토머스 칼라일 1795-1881 | 스코틀랜드 | 철학·문학·역사·수학

229 오귀스트 콩트 1798-1857 | 프랑스 | 철학·사회학·과학사

230 토머스 매콜리 1800-1859 | 스코틀랜드 | 역사·에세이

231 윌리엄 폭스 탤벗 1800-1877 | 영국 | 발명가. 수학·물리학·식물학·천문학·화학·사진·아시리아학

232 카를로 카타네오 1801-1869 | 이탈리아 | 정치경제·역사·수학

233 앙투안 쿠르노 1801-1877 | 프랑스 | 역학·수학·정치경제

234 구스타프 페히너 1801-1887 | 독일 | 철학·물리학·실험심리학

235 조지 마스 1801-1882 | 미국 | 문헌학·고고학·지리학·생태학

236 구스타프 클렘 1802-1867 | 독일 | 고고학·민족학·역사학

237 해리엇 마티노 1802-1876 | 영국 | 신학·정치경제·교육학·역사학

238 샤를 생트뵈브 1804-1869 | 프랑스 | 문학 비평·철학·역사학

239 알렉시 드 토크빌 1805-1859 | 프랑스 | 정치학·역사·사회학·민족지학

240 프레데리크 르 플레 1806-1882 | 프랑스 | 공학·금속공학·경제학·사회학

241 존 스튜어트 밀 1806-1873 | 영국 | 철학·경제학·정치학·역사학

242 루이 아가시 1807-1873 | 스위스 | 식물학·지질학·동물학·해부학

243 해리엇 테일러 1807-1858 | 영국 | 남편 존 스튜어트 밀과 공동 저술 작업

244 찰스 다윈 1809-1882 | 영국 | 동물학·식물학·지질학·고생물학·철학

245 도밍고 사르미엔토 1811-1888 | 아르헨티나 | 교육학·철학·사회학·법학·정치학

246 마크 패티슨 1813-1884 | 영국 | 성공회 성직자. 역사·신학·철학·문학

247 조지 불 1815-1864 | 영국 | 수학·논리학·교육학·역사·심리학·민족지학

248 벤저민 조윗 1817-1893 | 영국 | 성공회 성직자. 고전·철학·신학

249 조지 헨리 루이스 1817-1878 | 영국 | 문학 비평·역사·철학·생물학·생리학·심리학

250 알프레드 모리 1817-1892 | 프랑스 | 의학·심리학·민속학·고고학·지리학·지질학

251 **야코프 부르크하르트** 1818-1897 | 스위스 | 역사·역사철학·미술사·미술비평

252 **카를 마르크스** 1818-1883 | 독일 | 철학·역사·경제학·사회학·정치학

253 **메리 앤 에번스(조지 엘리엇)** 1819-1880 | 영국 | 역사·철학·지질학·물리학·천문학·해부학

254 **존 러스킨** 1819-1900 | 영국 | 미술 비평·지질학·역사·경제학·철학

255 **허버트 스펜서** 1820-1903 | 영국 | 공학·철학·사회학·골상학·생물학·심리학

256 **헤르만 폰 헬름홀츠** 1821-1894 | 독일 | 의학·해부학·물리학·미술 이해·음악 이론

257 **루돌프 피르호** 1821-1902 | 독일 | 의학·해부학·자연인류학·민족학·선사시대·생물학

258 **매슈 아널드** 1822-1888 | 영국 | 교육학·문화 비평

259 **프랜시스 골턴** 1822-1911 | 영국 | 생물학·심리학·수학·통계학·자연인류학·기상학

260 **조지프 라이디** 1823-1891 | 미국 | 해부학·박물학·법의학·고생물학

261 **에르네스트 르낭** 1823-1892 | 프랑스 | 철학·문헌학·동양어·종교사·고고학

262 **폴 브로카** 1824-1880 | 프랑스 | 의학·해부학·자연인류학

263 **토머스 헨리 헉슬리** 1825-1895 | 영국 | 의학·생리학·해부학·동물학·지질학·고생물학

264 **페르디난트 라살레** 1825-1864 | 독일 | 철학·법학·경제학

265 **아돌프 바스티안** 1826-1905 | 독일 | 심리학·민족지학·지리학·역사학

266 **이폴리트 텐** 1828-1893 | 프랑스 | 철학·문학·역사·심리학

267 **로타 마이어** 1830-1895 | 독일 | 의학·생리학·화학·물리학

268 **파올로 만테가차** 1831-1910 | 이탈리아 | 의학·박물학·민족지학

269 **빌헬름 분트** 1832-1920 | 독일 | 생리학·심리학·철학

270 **에른스트 헤켈** 1834-1919 | 독일 | 해부학·동물학·자연인류학·생태학·과학철학

271 **존 러벅** 1834-1913 | 영국 | 고고학·인류학·박물학·선사시대

272 **레옹 빌라** 1834-1910 | 프랑스 | 수학·역학·경제학

273 **체사레 롬브로소** 1835-1909 | 이탈리아 | 법의학·정신의학·초심리학·범죄학·자연인류학

274 **제임스 브라이스** 1838-1922 | 아일랜드 | 법학·역사·정치학·식물학·정신과학 및 도덕학

275 **에른스트 마흐** 1838-1916 | 오스트리아 | 물리학·심리학·철학·과학사

276 프리드리히 알토프 1839-1908 | 독일 | 교육 및 과학 행정가

277 찰스 샌더스 퍼스 1839-1914 | 미국 | 철학·수학·화학·언어학·기호학·심리학·경제학

278 존 테오도어 메르츠 1840-1922 | 영국·독일 | 천문학·공학·철학·역사학

279 귀스타브 르 봉 1841-1931 | 프랑스 | 의학·인류학·심리학·지리학·사회학

280 주세페 피트레 1841-1916 | 이탈리아 | 의학·심리학·민속학

281 루돌프 좀 1841-1917 | 독일 | 법학·신학·역사·종교

282 레스터 프랭크 워드 1841-1913 | 미국 | 식물학·지질학·고생물학·사회학

283 윌리엄 제임스 1842-1910 | 미국 | 철학·심리학·종교·교육학

284 마누엘 살레스 이 페레 1843-1910 | 스페인 | 철학·법학·사회학·역사·지리학·고고학

285 가브리엘 타르드 1843-1904 | 프랑스 | 법학·인류학·심리학·철학·사회학

286 알프레드 에스피나스 1844-1922 | 프랑스 | 철학·교육학·동물학·심리학·사회학

287 앤드루 랭 1844-1912 | 스코틀랜드 | 역사·문학비평·민속학·인류학

288 프리드리히 라첼 1844-1904 | 독일 | 지리학·인류학·정치학

289 윌리엄 로버트슨 스미스 1846-1894 | 스코틀랜드 | 수학·물리학·신학·동양학·비교종교학

290 카를 뷔허 1847-1930 | 독일 | 경제학·역사·지리학·언론학

291 빌프레도 파레토 1848-1912 | 이탈리아 | 공학·경제학·사회학·정치학

292 프레더릭 윌리엄 메이틀런드 1850-1906 | 스코틀랜드 | 법학·역사·철학

293 토마시 마사리크 1850-1937 | 체코 | 사회학·철학·문헌학·국제관계학

294 멜빌 듀이 1851-1931 | 미국 | 서지학·지식 분류

295 빌헬름 오스트발트 1853-1932 | 독일 | 화학·철학·역사·에너지론

296 패트릭 게데스 1854-1932 | 스코틀랜드 | 식물학·생물학·사회학·도시학

297 제임스 프레이저 1854-1941 | 스코틀랜드 | 고전·비교종교학·인류학

298 앙리 푸앵카레 1854-1912 | 프랑스 | 수학·물리학·천문학·과학철학

299 프랭클린 기딩스 1855-1931 | 미국 | 사회학·경제학·정치학·문화사

300 알프레드 헤이든 1855-1940 | 영국 | 동물학·인류학·사회학

301 라파엘 살리야스 1855-1923 | 스페인 | 의학·법학·심리학·인류학·문헌학·역사학

302 카를 람프레히트 1856-1915 | 독일 | 역사·심리학

303 베네데토 크로체 1856-1952 | 이탈리아 | 철학·역사·문학 및 미술 비평

304 마르셀리노 메넨데스 펠라요 1856-1912 | 스페인 | 문헌학·문학 비평·역사학

305 지그문트 프로이트 1856-1939 | 오스트리아 | 의학·생리학·심리학

306 칼 피어슨 1857-1936 | 영국 | 수학·역사·철학·통계학·우생학

307 소스타인 베블런 1857-1929 | 미국 | 경제학·철학·사회학

308 프란츠 보아스 1858-1942 | 독일·미국 | 물리학·지리학·인류학

309 에밀 뒤르켐 1858-1917 | 프랑스 | 철학·심리학·정치경제·사회학·인류학

310 살로몽 레나크 1858-1932 | 프랑스 | 고전·미술사·고고학·인류학·종교학

311 게오르크 지멜 1858-1918 | 독일 | 철학·심리학·사회학

312 존 듀이 1859-1952 | 미국 | 철학·심리학·교육학·종교학

313 루드빅 크시비츠키 1859-1941 | 폴란드 | 경제학·사회학·정치학·역사·민족지학

314 테오도르 레나크 1860-1928 | 프랑스 | 법학·고전·수학·음악학·역사학

315 앙리 베르 1863-1954 | 프랑스 | 철학·역사·심리학

316 앙리알렉상드르 주노드 1863-1934 | 스위스 | 프로테스탄트 성직자. 의학·민족지학·식물학

317 로버트 파크 1864-1944 | 미국 | 철학·사회학·도시학

318 윌리엄 리버스 1864-1922 | 영국 | 의학·신경학·심리학·인류학

319 막스 베버 1864-1920 | 독일 | 역사·철학·법학·경제학·사회학

320 야콥 폰 윅스퀼 1864-1944 | 에스토니아 | 생리학·생물학·생태학·생물기호학

321 테미스토클레스 자미트 1864-1935 | 몰타 | 역사·고고학·화학·의학

322 에른스트 트뢸치 1865-1923 | 독일 | 성직자. 신학·철학·역사·사회학·종교학

323 아비 바르부르크 1866-1929 | 독일 | 도상의 역사·문화 연구

324 허버트 조지 웰스 1866-1946 | 영국 | 생물학·역사·미래학

325 카를 카밀로 슈나이더 1867-1943 | 오스트리아 | 동물학·해부학·동물심리·초심리학·미래학

326 블라디미르 베르나츠키 1867-1945 | 러시아 | 광물학·지구화학·지구 방사능·생화학·철학

327 폴 오틀레 1868-1944 | 벨기에 | 분류법

328 제임스 에인절 1869-1949 | 미국 | 철학·심리학·교육학

329 니콜라에 이오르가 1871-1940 | 루마니아 | 정치인·시인·극작가. 역사·철학·비평

330 요한 하위징아 1872-1945 | 네덜란드 | 동양학·역사·문화 비평

331 마르셀 모스 1872-1950 | 프랑스 | 사회학·인류학·문헌학·종교학

332 알렉산더 보그다노 1873-1928 | 러시아 | 의학·심리학·철학·경제학·공상 과학 소설 집필

333 아서 러브조이 1873-1962 | 미국 | 철학·문헌학·사상사

334 아벨 레이 1873-1940 | 프랑스 | 철학·과학사·사회학

335 카를 구스타프 융 1875-1961 | 스위스 | 의학·정신의학·정신분석학·종교학

336 허버트 존 플뢰르 1877-1969 | 영국령 건지섬 | 동물학·지질학·인류학·선사시대·민속학·지리학

337 로런스 헨더슨 1878-1942 | 미국 | 생리학·화학·생물학·철학·사회학

338 뤼시앵 페브르 1878-1956 | 프랑스 | 백과사전 편찬자. 역사·지리학

339 오트마 스판 1878-1950 | 오스트리아 | 철학·사회학·경제학

340 알프레드 지먼 1879-1957 | 영국 | 고전·역사·국제관계학

341 조지 엘튼 메이오 1880-1949 | 오스트레일리아 | 심리학·사회학·경영관리론

342 알프레트 베게너 1880-1930 | 독일 | 천문학·기상학·지구물리학

343 길버트 쉬나르 1881-1972 | 프랑스 | 문학·역사

344 페르난도 오르티스 1881-1969 | 쿠바 | 법학·민족지학·민속학·역사·문헌학·지리학·경제학

345 피에르 테야르 드 샤르댕 1881-1955 | 프랑스 | 수사. 지질학·고생물학·철학·신학

346 에우헤니오 도르스 1881-1954 | 스페인 | 미술·문학 등을 주제로 에세이 집필

347 파벨 플로렌스키 1882-1937 | 러시아 | 성직자. 수학·철학·신학·미술사·전기공학

348 오토 노이라트 1882-1945 | 오스트리아 | 백과사전 편찬자. 경제학·정치학·사회학·역사·문학

349 존 메이너드 케인스 1883-1946 | 영국 | 경제학·역사학

350 호세 오르테가 이 가세트 1883-1955 | 스페인 | 철학자·사회학자·역사학자

351 **필리프 프랑크** 1884-1966 | 오스트리아 | 물리학·수학·철학

352 **에드워드 사피어** 1884-1939 | 미국 | 언어학·인류학·심리학·철학

353 **죄르지 루카치** 1885-1971 | 헝가리 | 철학·문학 비평·역사·사회학

354 **칼 폴라니** 1886-1964 | 헝가리 | 경제학·역사학·인류학·사회학·철학

355 **줄리앙 케인** 1887-1974 | 프랑스 | 백과사전 편찬자. 역사학·미술사

356 **줄리언 헉슬리** 1887-1975 | 영국 | 동물학·생리학

357 **그레호리오 마라뇬** 1887-1960 | 스페인 | 의학·심리학·역사학·철학

358 **에르빈 슈뢰딩거** 1887-1961 | 오스트리아 | 물리학·실험심리학·생물학·철학

359 **에리히 로타커** 1888-1965 | 독일 | 철학·사회학·심리학·역사학

360 **로빈 조지 콜링우드** 1889-1943 | 영국 | 철학·고고학·역사학

361 **제럴드 허드** 1889-1971 | 영국 | 과학·종교·초심리학

362 **지그프리트 크라카워** 1889-1966 | 독일 | 미술사·철학·심리학·영화학

363 **찰스 오그던** 1889-1957 | 영국 | 심리학·언어·교육학

364 **알폰소 레예스** 1889-1959 | 멕시코 | 철학·문학

365 **아널드 토인비** 1889-1975 | 영국 | 고전·역사학·국제관계학

366 **버니바 부시** 1890-1974 | 미국 | 발명가. 공학·컴퓨터 과학

367 **빅토리아 오캄포** 1890-1979 | 아르헨티나 | 비평가·전기 작가

368 **마이클 폴라니** 1891-1976 | 헝가리 | 화학·경제학·철학

369 **발터 베냐민** 1892-1940 | 독일 | 철학·문학·역사학

370 **존 홀데인** 1892-1964 | 영국 | 유전학·생리학·생화학·생물측정학

371 **카를 만하임** 1893-1947 | 헝가리 | 사회학·역사학·철학

372 **헨리 머레이** 1893-1988 | 미국 | 생리학·생화학·심리학·문학

373 **아이버 리처즈** 1893-1979 | 영국 | 철학·문학·언어·심리학·교육학

374 **올더스 헉슬리** 1894-1963 | 영국 | 수필가

375 **해럴드 이니스** 1894-1952 | 캐나다 | 역사학·경제학·커뮤니케이션학

376 프리드리히 플록 1894-1970 | 독일 | 경제학·사회학

377 비어즐리 러믈 1894-1960 | 미국 | 통계학·경제학·사회과학

378 워런 위버 1894-1978 | 미국 | 공학·수학·농업·컴퓨터 과학

379 노버트 위너 1894-1964 | 미국 | 수학·철학·공학·사이버네틱스

380 조지프 헨리 우저 1894-1981 | 영국 | 동물학·철학·수학

381 미하일 바흐친 1895-1975 | 러시아 | 철학·문학 비평·언어·신학

382 리처드 버크민스터 풀러 1895-1983 | 미국 | 공학자·발명가·미래학자

383 막스 호르크하이머 1895-1973 | 독일 | 철학·사회학·역사학·심리학

384 에른스트 윙거 1895-1998 | 독일 | 곤충학·철학

385 루이스 멈퍼드 1895-1990 | 미국 | 비평·사회학·역사학·지리학·지질학·경제학·생물학·생태학

386 에드먼드 윌슨 1895-1972 | 미국 | 비평·역사학·사회학

387 로만 야콥슨 1896-1982 | 러시아 | 문헌학·문학·심리학·민속학

388 조르주 바타유 1897-1962 | 프랑스 | 사서. 철학·경제학·사회학·인류학

389 케네스 버크 1897-1993 | 미국 | 비평·수사학·철학·사회학

390 노르베르트 엘리아스 1897-1990 | 독일 | 철학·사회학·심리학·역사학

391 카롤리 케레니 1897-1973 | 헝가리 | 고전·철학·심리학

392 벤저민 리 워프 1897-1941 | 미국 | 공학·언어학·인류학

393 로제 바스티드 1898-1974 | 프랑스 | 철학·사회학·인류학·정신분석학

394 조르주 뒤메질 1898-1986 | 프랑스 | 문헌학·비교종교학

395 워런 매컬러 1898-1969 | 미국 | 수학·철학·심리학·신경과학·사이버네틱스

396 장 피아제 1896-1980 | 스위스 | 심리학·철학·식물학·생물학

397 레오 실라르드 1898-1964 | 헝가리 | 발명가. 공학·물리학·생물학

398 호르헤 루이스 보르헤스 1899-1986 | 아르헨티나 | 철학·언어·수학·역사학

399 프리드리히 폰 하이에크 1899-1992 | 오스트리아 | 경제학·정치학·심리학·과학철학

400 로버트 허친스 1899-1977 | 미국 | 법학·교육학

401 블라디미르 나보코프 1899-1977 | 러시아 | 비교문학·곤충학

402 니콜라스 라셰프스키 1899-1972 | 러시아 | 물리학·수리생물학

403 알프레드 슈츠 1899-1959 | 오스트리아 | 철학·사회학

404 지우베르투 프레이리 1900-1987 | 브라질 | 역사학·사회학·인류학

405 에리히 프롬 1900-1980 | 독일 | 심리학·역사학·철학·사회학

406 랠프 제라드 1900-1974 | 미국 | 의학·생물물리학·생화학·신경과학·일반 체계 이론

407 레오 로웬덜 1900-1993 | 독일 | 사회학·문학·철학·역사학

408 조지프 니덤 1900-1995 | 영국 | 생물학(발생학)·중국학·과학사

409 프란츠 레오폴트 노이만 1900-1954 | 독일 | 법학·정치학

410 존 버널 1901-1971 | 아일랜드 | 결정학·생물학·물리학·과학사·과학사회학

411 루트비히 폰 베르탈란피 1901-1972 | 오스트리아 | 철학·생물학·심리학·일반 체계 이론

412 폴 라자스펠드 1901-1976 | 오스트리아 | 수학·심리학·사회학

413 찰스 모리스 1901-1979 | 미국 | 공학·심리학·철학·기호학

414 라이너스 폴링 1901-1994 | 미국 | 물리화학·수리물리학·생물학·의학

415 모티머 애들러 1902-2001 | 미국 | 철학·법학·교육학·심리학·정치학

416 페르낭 브로델 1902-1985 | 프랑스 | 역사학·지리학·경제학·사회학

417 해럴드 라스웰 1902-1978 | 미국 | 정치학·심리학·법학·사회학

418 오스카 모르겐슈테른 1902-1977 | 독일 | 경제학·수학

419 테오도어 아도르노 1903-1969 | 독일 | 철학·사회학·심리학·음악학

420 윌리엄 로스 애시비 1903-1972 | 영국 | 의학·정신의학·신경과학·사이버네틱스

421 피터 부드버그(피오트르 알렉세예비치) 1903-1972 | 러시아 | 언어학자·중국학자

422 앙리 코르뱅 1903-1978 | 프랑스 | 심리학·신학·역사학·이슬람학

423 조지 에블린 허친슨 1903-1991 | 영국 | 동물학·생태학·미술사·고고학·정신분석학

424 콘라트 로렌츠 1903-1989 | 오스트리아 | 동물학·심리학·민족학·생태학

425 존 폰 노이만 1903-1957 | 헝가리·미국 | 수학·컴퓨터 과학·생물학·역사학

426 그레고리 베이트슨 1904-1980 | 영국 | 인류학·심리학·생물학

427 레몽 아롱 1905-1983 | 프랑스 | 철학·정치학·사회학·역사학

428 장폴 사르트르 1905-1980 | 프랑스 | 철학·비평·정치학

429 찰스 스노 1905-1980 | 영국 | 물리화학·교육학

430 에드워드 해스켈 1906-1986 | 미국 | 사회학·인류학·철학·통합과학

431 새뮤얼 하야카와 1906-1992 | 미국 | 언어학·심리학·철학·음악학

432 마리 야호다 1907-2001 | 오스트리아 | 심리학·사회학·메타과학

433 제이콥 브로노우스키 1908-1974 | 영국 | 수학·생물학·과학사·사상사

434 에르네스토 데 마르티노 1908-1965 | 이탈리아 | 민족학·철학·역사학, 고고학에 관심

435 페드로 라인 엔트랄고 1908-2001 | 스페인 | 의학·역사학·철학

436 이사야 벌린 1909-1997 | 영국 | 철학·역사학·러시아학

437 노르베르토 보비오 1909-2004 | 이탈리아 | 철학·법학·정치학

438 피터 드러커 1909-2005 | 오스트리아·미국 | 경제학·사회학·심리학·경영 관리 이론

439 에른스트 곰브리치 1909-2001 | 오스트리아·영국 | 역사학·미술사. 실험심리학·생물학 관심

440 데이비드 리스먼 1909-2002 | 미국 | 사회학·심리학·교육학·법학·정치학

441 조지프 잭슨 슈와브 1909-1988 | 미국 | 생물학·교육학

442 케네스 볼딩 1910-1993 | 영국 | 경제학자. 사회·지식·갈등·평화·생태·역사에 관해 저술 활동

443 마저리 그린 1910-2009 | 미국 | 철학·생물학·역사학·과학철학

444 조지 호만스 1910-1989 | 미국 | 사회학·역사학·인류학

445 폴 굿맨 1911-1972 | 미국 | 문학비평가·심리치료사·철학자·사회학자

446 루이 앙리 1911-1991 | 프랑스 | 인구통계학·역사학

447 마셜 매클루언 1911-1980 | 캐나다 | 문학·언론학

448 아나톨 래퍼포트 1911-2007 | 러시아 | 수학·생물학·심리학·일반 체계 이론

449 버나드 배럴슨 1912-1979 | 미국 | 문학·사회학·지식 관리

450 칼 도이치 1912-1992 | 체코 | 법학·국제관계학·정치학·사이버네틱스

451 **앨런 튜링** 1912-1954 │ 영국 │ 수학자·철학자·암호 해독자·공학자·생물학자

452 **카를 폰 바이체커** 1912-2007 │ 독일 │ 천문학·물리학·철학·사회학

453 **로제 카이와** 1913-1978 │ 프랑스 │ 문학·사회학

454 **배링턴 무어** 1913-2005 │ 미국 │ 사회학·정치학·역사학

455 **폴 리쾨르** 1913-2005 │ 프랑스 │ 철학·정신분석학·역사학·문학

456 **제베데이 바르부** 1914-1993 │ 루마니아 │ 철학·심리학·사회학·역사학

457 **대니얼 부어스틴** 1914-2004 │ 미국 │ 역사학·법학·사회학

458 **훌리오 카로 바로하** 1914-1995 │ 스페인 │ 역사학·인류학·언어학

459 **콘스탄티노스 독시아디스** 1914-1975 │ 그리스 │ 역사학·지리학·인류학·인간 거주 공학

460 **롤랑 바르트** 1915-1980 │ 프랑스 │ 비평·언어학·사회학·기호학

461 **앨버트 허시먼** 1915-2012 │ 독일·미국 │ 경제학·정치학·역사학·인류학

462 **도널드 캠벨** 1916-1996 │ 미국 │ 심리학·사회학·인류학·생물학·철학

463 **제임스 밀러** 1916-2002 │ 미국 │ 심리학·약리학·생물학·일반 체계 이론

464 **클로드 섀넌** 1916-2001 │ 미국 │ 발명가. 수학·공학·유전학·컴퓨터 과학

465 **허버트 사이먼** 1916-2001 │ 미국 │ 정치학·경제학·심리학·인공지능

466 **에드워드 로렌즈** 1917-2008 │ 미국 │ 수학·기상학

467 **레이 버드휘스텔** 1918-1994 │ 미국 │ 인류학·언어학·커뮤니케이션학·동작학

468 **리처드 파인만** 1918-1988 │ 미국 │ 물리학·생물학·천문학

469 **잭 구디** 1919-2015 │ 영국 │ 인류학·역사학·사회학

470 **한스 블루멘베르크** 1920-1996 │ 독일 │ 철학·사상사·신학·문학

471 **존 메이너드 스미스** 1920-2004 │ 영국 │ 공학·생물학·수학

472 **조지 밀러** 1920-2012 │ 미국 │ 언어학·심리학·인지과학

473 **토머스 세벅** 1920-2001 │ 헝가리·미국 │ 언어학·인류학·민속학·기호학·동물기호학

474 **에드먼드 카펜터** 1922-2011 │ 미국 │ 인류학·고고학·커뮤니케이션 연구

475 **유리 로트만** 1922-1993 │ 러시아 │ 문헌학·문학·역사학·기호학

476 다시 히베이루 1922-1997 | 브라질 | 인류학·사회학·역사학·교육학

477 르네 지라르 1923-2015 | 프랑스 | 역사학·철학·문학·폭력론

478 데이비드 로웬덜 1923-2018 | 미국 | 지리학·역사학·문화유산 연구

479 월터 피츠 1923-1969 | 미국 | 수학·철학·생물학·신경과학

480 야코프 타우베스 1923-1987 | 오스트리아 | 신학·철학·사회학

481 브누아 망델브로 1924-2010 | 프랑스 | 수학자. 기하학·물리학·지질학·경제학

482 미셸 드 세르토 1925-1986 | 프랑스 | 예수회 수사. 철학·신학·정신분석학·역사학·인류학

483 질 들뢰즈 1925-1995 | 프랑스 | 철학자. 문학·미술·영화 비평

484 에르네스트 겔너 1925-1995 | 체코·영국 | 철학·인류학·역사학·사회학

485 미셸 푸코 1926-1984 | 프랑스 | 철학·역사학·지리학·사회학·정치학

486 니클라스 루만 1927-1998 | 독일 | 사회학·법학·경제학·정치학·미술·종교학·생태학·심리학

487 마빈 민스키 1927-2016 | 미국 | 수학·심리학·공학·컴퓨터 과학

488 앨런 뉴얼 1927-1992 | 미국 | 수학·심리학·컴퓨터 과학

489 조르조 프로디 1928-1987 | 이탈리아 | 의학·생물학·철학·생명기호학

490 안드레 군더 프랑크 1929-2005 | 독일·미국 | 경제학·사회학·역사학·인류학

491 피에르 부르디외 1930-2002 | 프랑스 | 철학·인류학·사회학

492 자크 데리다 1930-2004 | 알제리·프랑스 | 철학·언어학·문학 비평

493 피에르펠릭스 가타리 1930-1992 | 프랑스 | 정신분석학·철학·기호학·생태철학

494 로널드 드워킨 1931-2013 | 미국 | 법학·철학·정치학

495 움베르토 에코 1932-2016 | 이탈리아 | 철학·문학·기호학

496 올리버 색스 1933-2015 | 영국 | 신경학·정신의학·식물학·생물학·과학사

497 수전 손택 1933-2004 | 미국 | 철학·비평·사진학

498 에드워드 사이드 1935-2003 | 미국 | 비평·철학·역사학·탈식민지론·음악학

499 트리스탄 토도로프 1939-2017 | 불가리아 | 철학·문학 비평·역사학·사회학·정치학

500 스티븐 굴드 1941-2002 | 미국 | 지질학·고생물학·생물학

미주

저자의 말

1. 특히 피터 버크의 'The Polymath: A Cultural and Social History of an Intellectual Species', in D. F. Smith and H. Philsoopn (eds), Explorations in Cultural History: Essays for Peter McCaffery (Aberdeen, 2010), 67-79를 보라.

들어가는 글 폴리매스란 무엇인가

1. Alexander Murray (ed.), Sir William Jones, 1746-1794 (Oxford, 1998), v.

2. Edward Dyker, Dumont Durville: Explorer and Polymath (Dunedin, 2014); D. Ben Rees, The Polymath: Reverend William Rees (Liverpool, 2002).

3. Edward Carr, 'The Last Days of the Polymath', Intelligent Life, Autumn 2009; Burke, 'The Polymath', in Smith and Phiosooph (eds.), Explorations in Cultural History, 67-79; Eric Monkman and Bobby Seagull, 'Polymathic Adventure', BBC Radio 4, 21 August 2017. 나보다 더 넓게 '폴리매스'를 정의한, 최근 연구서를 보려면 Waqas Akbar Ahmed, The Polymath: Unlocking the Power of Human Versatility (Chichester, 2019)를 보라. /와카스 아메드, 《폴리매스》(안드로메디안, 2020)

4. Woodruff D. Smith, Politics and the Sciences of Culture in Germany, 1840-1920 (New York, 1991), 138에서 인용.

5. www.dubage.com/API/ThePolymath.html, 2016년 7월 15일.

6. 친구 레너드 울프는 Richard Davenport-Hines, Universal Man: The Seven Lives of John Maynard Keynes (London, 2015), 7에서 인용. 케인스는 같은 책 137에서 인용.

7. '학문 형성'의 초기 단계를 비교 분석한 내용은 Geoffrey Lloyd, Disciplines in the Making (Oxford, 2009)를 보라.

8. Carr, 'The Last Days of the Polymath', 리처드 포스너 판사에 관한 내용. 유사한 예로 경제학과 철학 분야에서 활약한 아마르티아 센이 있다.

9. 'la prosopographie des savants… a toujours été une de mes passions' (피에르 벨이 형제인 야콥에게 한 말. Hubert Bost, Pierre Bayle [Paris, 2006], 387에서 인용). 다음 책에도 인물 연구가 있다. Christian Gottlieb Jöcher, Allgemeines Gelehrten-Lexicon (Leipzig, 1750).

10. Augustine, De vera religione, section 49.

11. Peter Burke, Exiles and Expatriates in the History of Knowledge, 1500-2000 (Waltham, MA, 2017).

12. Leo Rosten, 'Harold Lasswell: A Memoir', in Arnold A. Rogow (ed.), Politics, Personality and Social Science in the 20th Century (Chicago, 1969), 1-13, at 5.

13. 'Henry Holorenshaw', 'The Making of an Honorary Taoist', in MikulašTeich and

Robert Young (eds.), Changing Perspectives in the History of Science (London, 1973), 1-20, at 1.

14. Johann Heinrich Alsted, Encyclopaedia (1630), preface.

15. Isaiah Berlin, The Hedgehog and the Fox: An Essay on Tolstoy's View of History (London, 1953). Cf. Stephen J. Gould, The Hedgehog, the Fox and the Magister's Pox (London, 2003), a plea for 'a fruitful union of these seemingly polar opposites' (5).

16. Pamela H. Smith, The Business of Alchemy: Science and Culture in the Holy Roman Empire (Princeton, NJ, 1994), 14; MikulašTeich, 'Interdisciplinarity in J. J. Becher's Thought', in Gotthardt Fruhsorge and Gerhard F. Strasser (eds.), Johann Joachim Becher (Wiesbaden, 1993), 23-40.

17. Paula Findlen (ed.), The Last Man Who Knew Everything (London, 2004).

18. Andrew Robinson, Thomas Young: The Last Man Who Knew Everything (London, 2006); Leonard Warren, Joseph Leidy: The Last Man Who Knew Everything (New Haven, 1998); David Schwartz, The Last Man Who Knew Everything: The Life and Times of Enrico Fermi (New York, 2017), 365. 다음 웹사이트에 18명 이상의 사람들이 나와 있다. 'Last person to know everything', http://www.eoht.info/page/Last+person+to+know+everything.

19. Sandro Montalto (ed.), Umberto Eco: l'uomo che sapeva troppo (Pisa, 2007). Cf. Stephen Inwood, The Man Who Knew Too Much: The Strange and Inventive Life of Robert Hooke (London, 2002), and David Leavitt, The Man Who Knew Too Much: Alan Turing and the Invention of the Computer (London, 2006).

20. 크로체를 이렇게 묘사한 사람은 안토니오 그람시였다. 사이먼에 대한 묘사는 장하준, 《그들이 말하지 않는 23가지》(부키, 2023) 참고. 니덤에 대한 묘사는 다음을 보라. Maurice Goldsmith, Joseph Needham: Twentieth-Century Renaissance Man (Paris, 1995). 스타이너를 그렇게 묘사한 사람은 안토니아 바이엇이었고 플로렌스키는 다음을 보라. Avril Pyman, Pavel Florensky, a Quiet Genius: The Tragic and Extraordinary Life of Russia's Unknown Da Vinci (New York, 2010). 라스웰은 다음을 보라. Steven A. Peterson, 'Lasswell, Harold Dwight', in Glenn H. Utter and Charles Lockhart (eds.), American Political Scientist: A Dictionary (2nd edn, Westport, CT, 2002), 228-30, at 229, and by Bruce L. Smith, 'The Mystifying Intellectual History of Harold D. Lasswell', in Arnold A. Rogow (ed.), Politics, Personality and Social Science in the 20th Century (Chicago, 1969), 41.

21. N. J. Pearce, 'Janet Beat: A Renaissance Woman', Contemporary Music Review 11 (1994), 27; Melanie Davis, 'Sandra Risa Leiblum, Ph.D: Sexology's Renaissance Woman', American Journal of Sexuality Education 5 (2010), 97-101.

22. Robert K. Merton, 'The Matthew Effect in Science', Science 159 (1968), Issue 3810, 56-63와 비교하라. 이 글에서는 "구하는 자에게 주어지리라"는 마태복음의 내용을 비유로 들면서, 비주류 과학자들의 발견이 나중에 주류 과학자들의 공으로 돌아가는 모습을 논한다.

23. Burnet to Leibniz, 27 February 1699, Maria Rosa Antognazza, Leibniz: An Intellectual Biography (Cambridge, 2009), 559에서 인용.

1장 고대 동서양의 폴리매스

1. 이 단편이 지금까지 전하는 이유는 후대의 철학자 디오게네스 라에르티오스가 자신만의 원칙에 따라 기록해 두었기 때문이다. 어쨌든 '누스(noos)'는 '지성'보다 '감각 능력'으로 번역하는 편이 나을 것도 같다. 이 점을 지적해 준 조프리 로이드에게 고마움을 전한다.

2. Isaiah Berlin, The Hedgehog and the Fox: An Essay on Tolstoy's View of History (London, 1953) /이사야 벌린, 《고슴도치와 여우》(비전비엔피, 2007).

3. W. K. C. Guthrie, The Sophists (Cambridge, 1971), 280 - ; Patricia O'Grady, 'Hippias' in O'Grady (ed.), The Sophists (London, 2008), 556-70.

4. Maurice Manquat, Aristote naturaliste (Paris, 1932)와 Geoffrey Lloyd, Aristotle: The Growth and Structure of his Thought (Cambridge, 1968)을 포함해서 아리스토텔레스에 관한 2차 자료는 방대하다. G. E. L. Owens, D. M. Balme, Leonard G. WIlson, 'Aristotle', DSB 1, 250-81도 보라(아리스토텔레스가 자연과학 분야에서 이룬 업적을 평가하기 위해 이 세 전문가의 글을 소개한다).

5. Christian Jacob, 'Un athlete du savoir', in C. Jacob and F. de Polignac (eds.), Alexandrie (Paris, 1992), 113-7; Klaus Geus, Eratosthenes von Kyrene (Oberhaid, 2011, 32-4).

6. 이 주장은 플라톤의 《고르기아스》에서 여러 번 반복된다. 이 점을 지적해 준 조프리 로이드에게 다시 한 번 감사한다.

7. Quintilian, Institutio Oratoria, 12.xi.21-4.

8. Vitruvius, De Architectura, 1.i.1, 1.i.3.

9. Cicero, De Oratore, 3.xxxiii.135.

10. Quintilian, Institutio, 12.xi.24. Cf. D. J. Butterfi eld (ed.), Varro Varius: The Polymath of the Roman World (Cambridge, 2015).

11. Trevor Murphy, Pliny the Elder's Natural History: The Empire in the Encyclopaedia (Oxford, 2004), 13.

12. Howard L. Goodman, 'Chinese Polymaths 100 - 00 AD', Asia Major 18 (2005), 101-74, at 110.

13. John Chaffee, The Thorny Gates of Learning in Sung China: A Social History of Examinations (Cambridge, 1985); Benjamin A. Elman, A Cultural History of Civil Examinations in Late Imperial China (Berkeley, CA, 2000).

14. John Meskill(ed.), Wang An-shih: Practical Reformer? (Boston, MA, 1961), 8에서 인용.

15. Wang Yangming, Instructions for Practical Living (English translation, New York, 1963), 13, 62. Cf. Benjamin A. Elman, On Their Own Terms (Cambridge, MA, 2005), 4-7.

16. Hellmut Wilhelm, 'The Po-Hsueh Hung-ju Examination of 1679', Journal of the American Oriental Society 71 (1951), 60-6.

17. Geoff rey Lloyd, Disciplines in the Making (Oxford, 2009), 10, 45.

18. Zhuangxi, chapter 33, in Complete Works of Chuang Tzu (New York, 1968), 374, 377. Cf. Angus G. Graham, Disputers of the Tao (Chicago, 1989), 76-81, 174-83.

19. Joseph Needham and Wang Ling, Science and Civilization in China (Cambridge, 1965), vol.4, part 1, 446-65.

20. Needham and Wang Ling, Science and Civilization (Cambridge, 1954), vol.1, 135. 심괄의 중요성을 알게 해준 조프리 로이드에게 감사한다.

21. Joël Brenier et al., 'Shen Gua (1031-1095) et les sciences', Revue d'histoire des sciences 42, 333-50. 그의 '방대한' 지식에 관한 내용은 335쪽에 있다. Nathan Sivin, 'Shen Gua', Science in Ancient China: Researches and Reflections (Aldershot, 1995, vol. III, 1-53)에서는 심괄의 "무한한 호기심"을 언급하며 그를 라이프니츠와 로모노소프와 비교했는데 로모노소프와의 비교는 "중국과 소련의 사이가 좋았던 시절에"(11) 시도했다.

22. Daiwie Fu, 'A Contextual and Taxonomic Study of the "Divine Marvels" and "Strange Occurrences" in the Mengxi bitan', Chinese Science 11 (1993-4), 3-35.

23. Geoffrey Lloyd, The Ambitions of Curiosity: Understanding the World in Ancient Greece and China (Cambridge, 2002).

24. Sivin, 'Shen Gua', 53.

25. Tertullian, De praescriptione haereticorum, Book 7, ch. 14; Augustine, Confessiones, Book 12, ch. 14.

26. Richard Southern, The Making of the Middle Ages (London, 1953), 210.

27. 그 외 주요 인물로는 카시오도루스, 베데, 요크의 앨퀸이 있다.

28. Cassiodorus, Variarum Libri XII, ed. Å. J. Fridh (Turnhout, 1973), Book I, no.44.

29. Henry Chadwick, Boethius (Oxford, 1981); Lorenzo Minio-Paluello, 'Boethius', DSB 2 (New York, 1981), 228-36.

30. Isidore of Seville, Etymologies (English translation, Cambridge, 2006). 그에 관해서는 John Henderson, The Medieval World of Isidore of Seville (Cambridge, 2007)를 보라.

31. Pierre Riche, Gerbert d'Aurillac, le pape de l'an mil (Paris, 1987).

32. William of Malmesbury, Gesta Regum Anglorum, ed. and trans. R. A. B. Mynors (Oxford, 1998), Book II, sections 167-9, 172.

33. Tarif Khalidi, Images of Muhammad (New York, 2009), 104-5. 도움을 준 칼리디 교수에게 감사한다.

34. Robert Irwin, Ibn Khaldun: An Intellectual Biography (Princeton, NJ, 2018), 24에서 인용.

35. Geert Jan Van Gelder, 'Compleat Men, Women and Books', in Peter Binkley (ed.), Pre-Modern Encyclopaedic Texts (Leiden, 1997), 241-59, at 247; George Makdisi, The Rise of Humanism in Classical Islam and the Christian West (Edinburgh, 1990), 110.

36. Michael Chamberlain, Knowledge and Social Practice in Medieval Damascus (Cambridge, 1994), 86.

37. 다른 중요한 학자들로는 서양에 '지베르'로 알려진 Jabir ibn Hayyan (c.721-c.815), Ibn Bajja (c.1085-1138: 'Avempace'), Al-Farabi (872-950: 'Alpharabius'), Al-Biruni (973-c.1050), Ibn Hazm (994-1064) 등이 있다.

38. George N. Atiyeh, AL-Kindi: Philosopher of the Arabs (Rawalpindi, 1966), 9에서 인용.

39. Peter Adamson, Al-Kindī (Oxford, 2007), 7. Cf. Fritz W. Zimmerman, 'Al-Kindi', in M. J. L. Young, J. D. Latham and R. B. Serjeant (eds.), Religion, Learning and Science in the Abbasid Period (Cambridge, 2014), 364–9.

40. G. C. Anawati and Albert Z. Iskander, 'Ibn Sina', DSB Supplement 1, 495–501; Lenn E. Goodman, Avicenna (revised edn, Ithaca, NY, 2006); Robert Wisnovsky, 'Avicenna and the Avicennian Tradition', in Peter Adamson and Richard C. Taylor (eds.), The Cambridge Companion to Arabic Philosophy (Cambridge, 2006), 92–136.

41. Dominque Urvoy, Ibn Rushd (Averroes) (London, 1991).

42. Warren E. Gates, 'The Spread of Ibn Khaldun's Ideas on Climate and Culture', Journal of the History of Ideas 28 (1967), 415–22; Aziz al-Azmeh, Ibn Khaldun in Modern Scholarship: A Study in Orientalism (London, 1981); Robert Irwin, Ibn Khaldun: An Intellectual Biography (Princeton, NJ, 2018).

43. 토마스 아퀴나스는 신학과 철학에만 집중했기 때문에 제외했다.

44. 휴의 백과사전은 신학·역사학·'심리학'에 초점을 맞추고 있으며, 오늘날과 같은 지식 단편화의 징후가 많이 나타난다.

45. Serge Lusignan and Monique Paulmier-Foucart (eds.), Lector et compilator: Vincent de Beauvais (Grane, 1997).

46. Tom McLeish, 'In Conversation with a Medieval Natural Philosopher', Emmanuel College Magazine 100 (Cambridge, 2018), 147–62, at 147.

47. Alistair C. Crombie, Robert Grosseteste and the Origins of Experimental Science (Oxford, 1953); Richard W. Southern, Robert Grosseteste (Oxford, 1986); idem., 'Grosseteste, Robert', ODNB 24, 79–86.

48. Alistair C. Crombie and John North, 'Bacon, Roger', DSB 1 (New York, 1981), 377–5; G. Mollant, 'Bacon, Roger', ODNB 3, 176–81.

49. Giovanni da Pian del Carpine, Benedict of Poland and William of Rubruck. Bert Roest, Reading the Book of History: Intellectual Contexts and Educational Functions of Franciscan Historiography, 1226–c.1350 (Groningen, 1996), 114, 120을 보라.

50. Ulrich of Strasbourg, Irven M. Resnick (ed.), A Companion to Albert the Great (Leiden, 2013), 1에서 인용. 다음의 자료들과 비교하라. James A. Weisheipl (ed.), Albertus Magnus and the Sciences (Toronto, 1980); Gerbert Meyer and Albert Zimmermann (eds.), Albertus Magnus, Doctor Universalis 1280-1980 (Mainz, 1980). Gerbert Meyer and Albert Zimmermann의 책은 알베르투스가 의학·동물학·식물학에 남긴 업적을 여러 장에 걸쳐 소개한다.

51. Paolo Rossi, Clavis Universalis: arti mnemoniche e logica combinatorial da Lullo a Leibniz (Milan and Naples, 1960), esp. 61–4; Dominique Urvoy, Penser l'Islam. Les presupposes Islamiques de l'"art" de Lull (Paris, 1980); Umberto Eco, The Search for the Perfect Language (Oxford, 1995), 53–2, at 53; John N. Crossley, Raymond Llull's Contributions to Computer Science (Melbourne, 2005); Anthony Bonner, The Art and Logic of Ramon Llull: A User's Guide (Leiden, 2007).

2장 르네상스인의 시대

1. Agnes Heller, Renaissance Man (1982: English translation, London 1984); Dorothy Koenigsberger, Renaissance Man and Creative Thinking (Atlantic Highlands, NJ, 1979).

2. Jacob Burckhardt, The Civilisation of the Renaissance in Italy (1860: English translation, London 1878), ch.2, section 2.

3. Edgar Quinet, Révolutions d'Italie (Paris, 1849), 다음 책에 번역된 자료 인용. J. B. Bullen, The Myth of the Renaissance in Nineteenth-Century Writing (Oxford, 1994).

4. 조지 엘리엇, 《로몰라》(1863), Bullen, Myth, 218에서 인용.

5. William H. Woodward, Vittorino da Feltre and Other Humanist Educators (Cambridge, 1897), 1-92. 이 책은 바르톨로메오 플라티나가 비토리노의 삶을 다룬 책에 토대했다.

6. Matteo Palmieri, Vita Civile, ed. Gino Belloni (Florence, 1982), 43.

7. Eliza M. Butler, The Fortunes of Faust (Cambridge, 1952), ch. 1.

8. James J. Supple, Arms versus Letters: The Military and Literary Ideals in the Essais of Montaigne (Oxford, 1984).

9. Baldassare Castiglione, Il Cortegiano (1528: ed. Bruno Maier, Turin 1964), Book 1, sections 44-9.

10. Maximilian, Weisskunig, ed. H. T. Musper (Stuttfart, 1956), part 2. 그러나 Jan-Dirk Müller, Gedachtnus: Literatur und Hofgesellschaft um Maximilian I (Munich, 1982), 242에서는 해당 부분이 '르네상스인'의 내용이라고 해석하지 않는다.

11. François Rabelais, Pantagruel (c.1532), ch.8; Gargantua (1534), chs. 23-4. "지식의 심연"이라는 표현은 나중에 프랑스의 폴리매스 기욤 포스텔을 다룰 때에도 사용된다.

12. William Caxton, Chronicle (1520), Oxford English Dictionary under 'universal'에서 인용.

13. Thomas Elyot, The Book Named the Governor (1531: facsimile edn, Menston, 1980), ch.8.

14. Castiglione, Il Cortegiano, Book 2, section 39.

15. Werner Kaegi, Jacob Burckhardt: eine Biographie (6 vols., Basel, 1947-7); Hugh R. Trevor-Roper, 'Jacob Burckhardt', Proceedings of the British Academy 70 (1984), 359-78. Cf. J. B. Bullen, The Myth of the Renaissance in Nineteenth-Century Writing (Oxford, 1994).

16. Riccardo Fubini and Anna Nenci Gallorini, 'L'autobiografi a di Leon Battista Alberti', Rinascimento 12 (1972), 21-8, at 68; English translation in James B. Ross and Mary M. McLaughlin (eds.), The Portable Renaissance Reader (revised edn, Harmondsworth 1978), 480. Cf. Anthony Grafton, Leon Battista Alberti: Master Builder of the Italian Renaissance (London, 2001), 17-29.

17. Cristoforo Landino, Apologia di Dante, Joan Gadol, Leon Battista Alberti: Universal Man of the Early Renaissance (Chicago, 1969), 3에서 인용.

18. Werner Straube, 'Die Agricola-Biographie des Johannes von Plieningen', in Wilhelm Kuhlmann, Rudolf Agricola 1444-1485 (Bern, 1994), 11-48.

19. Stephen Greenblatt, Sir Walter Ralegh: The Renaissance Man and his Roles (New Haven, 1973); Mark Nicholls and Penry Williams, 'Raleigh, Walter', ODNB 45, 842–59; Nicholls and Williams, Sir Walter Raleigh in Life and Legend (London, 2011).

20. Aldo Manutio, Relatione de Iacomo di Crettone (Venice, 1581); James H. Burns, 'Crichton, James', ODNB 14, 183–6, at 184.

21. Paolo Rossi, Francis Bacon, from Magic to Science (1957; English translation, London 1968); J. Martin, Francis Bacon, the State, and the Reform of Natural Philosophy (Cambridge, 1992).

22. Andre Godin, 'Erasme: Pia/Impia curiositas', in Jean Ceard (ed.), La curiosite a la Renaissance (Paris, 1986), 25–36; Brian Cummings, 'Encyclopaedic Erasmus', Renaissance Studies 28 (2014), 183–204, at 183.

23. Dino Bellucci, 'Melanchthon et la defense de l'astrologie', Bibliotheque d'Humanisme et Renaissance 50 (1988), 587–622; Sachiko Kusukawa, The Transformation of Natural Philosophy: The Case of Philip Melanchthon (Cambridge, 1995).

24. Chaim Wirszubski, Pico della Mirandola's Encounter with Jewish Mysticism (Cambridge, MA, 1989), 121, 259.

25. Eugenio Garin, Giovanni Pico della Mirandola: vita e dottrina (Florence, 1937); Frances Yates, 'Pico della Mirandola and Cabalist Magic', in Giordano Bruno and the Hermetic Tradition (London, 1964), 84–116; William G. Craven, Giovanni Pico della Mirandola, Symbol of his Age (Geneva, 1981); Steve A. Farmer, Syncretism in the West: Pico's 900 Theses (Tempe, AZ, 1998).

26. W. Craven, Giovanni Pico della Mirandola (Geneva, 1981)는 피코가 중세 연구에서 남긴 업적은 강조하고 그의 논문이 모든 주제를 다뤘다는 사실은 부인한다.

27. Yates, 'Cornelius Agrippa's Survey of Renaissance Magic', in Giordano Bruno, 130–43; Charles G. Nauert Jr., Agrippa and the Crisis of Renaissance Thought (Urbana, IL, 1965); Rudolf Schmitz, 'Agrippa, Heinrich Cornelius', DSB 1, 79–81; Christoph I. Lehrich, The Language of Demons and Angels: Cornelius Agrippa's Occult Philosophy (Leiden, 2003).

28. Hugh R. Trevor-Roper, The European Witch-Craze of the 16th and 17th centuries (1969; Harmondsworth, 1978 edn), 47.

29. Beatrice Reynolds (ed. and trans.), Method for the Easy Comprehension of History (New York, 1945), 2 (the dedication), 79, 81. 보뎅의 법, 역사, 정치 연구는 Julian H. Franklin, Jean Bodin and the Sixteenth-Century Revolution in the Methodology of Law and History (New York, 1963)를 보라. Donald R. Kelley, 'The Development and Context of Bodin's Method' (1973: rpr. Julian H. Franklin [ed.], Jean Bodin [Aldershot, 2006], 123–50).

30. Denis P. O'Brien, 'Bodin's Analysis of Inflation' (2000: rpr. in Franklin [ed.], Jean Bodin, 209–92).

31. Marion Kuntz, 'Harmony and the Heptaplomeres of Jean Bodin', Journal of the History of Philosophy 12 (1974), 31–41; Noel Malcolm, 'Jean Bodin and the Authorship of the "Colloquium Heptaplomeres", Journal of the Warburg and Courtauld

Institutes 69 (2006), 95-150.

32. 스칼리제르의 '기억의 경이로운 방(Wundermannern des Gedachtnisses)'에 관한 것으로 Immanuel Kant, Gesammelte Schriften 7 (Berlin, 1907), 184를, '거인'에 관한 것은 Anthony Grafton, Joseph Scaliger: A Study in the History of Classical Scholarship, 2 vols. (Oxford, 1983-3), vol.2, 22를 보라.

33. Jakob Bernays, Joseph Justus Scaliger (Berlin, 1855); Grafton, Joseph Scaliger, vol.2.

34. Peter J. French, John Dee: The World of an Elizabethan Magus (London, 1972), 209; Nicholas H. Clulee, John Dee's Natural Philosophy (London, 1988); J. Roberts and A. Watson, John Dee's Library Catalogue (London, 1990); William H. Sherman, John Dee: The Politics of Reading and Writing in the English Renaissance (Amherst, MA: University of Massachusetts Press, 1995); R. Julian Roberts, 'Dee, John', ODNB 15, 667-5; Stephen Clucas (ed.), John Dee: Interdisciplinary Studies in English Renaissance Thought (Dordrecht, 2006).

35. Helmut Zedelmaier, Bibliotheca universalis und Bibliotheca selecta: das Problem der Ordnung des gelehrten Wissens in der fruhen Neuzeit (Cologne, 1992), 101, 297n.

36. Ann Blair, 'Humanism and Printing in the Work of Conrad Gessner', Renaissance Quarterly 70 (2017), 1-43, at 9.

37. Ibid., 14; cf. Alfredo Serrai, Conrad Gesner (Rome, 1990); Massimo Danzi, 'Conrad Gessner (1516-565: Universalgelehrter und Naturforscher der Renaissance', Bibliotheque d'Humanisme et Renaissance 78 (2016), 696-701; Urs B. Leu and Mylène Ruoss (eds.), Facetten eines Universums: Conrad Gessner, 1516-2016 (Zurich, 2016).

38. Christopher, Bellitto, Th omas M. Izbicki and Gerald Christianson (eds.), Introducing Nicholas of Cusa: A Guide to a Renaissance Man (New York, 2004).

39. Garin, Pico, 120n.

40. William J. Bouwsma, The Career and Th ought of Guillaume Postel (Cambridge, MA, 1957); Marion Kuntz, Guillaume Postel: Prophet of the Restitution of all Th ings (The Hague, 1981).

41. Franklin, Sixteenth-Century Revolution, 59; Kelley, 'Development', 145; Marion D. Kuntz, 'Harmony and the Heptaplomeres of Jean Bodin', Journal of the History of Philosophy 12 (1974), 31-41; Ann Blair, The Theater of Nature: Jean Bodin and Renaissance Science (Princeton, NJ, 1997), 7.

42. 계산이라는 단어의 출처는 다음과 같다. Ann Blair, 'Revisiting Renaissance Encyclopaedism', in Jason König and Greg Woolf (eds.), Encyclopaedism from Antiquity to the Renaissance (Cambridge, 2013), 379-97, at 385.

43. Erwin Panofsky, 'Artist, Scientist, Genius', in Wallace K. Ferguson (ed.), The Renaissance: Six Essays (New York, 1962), 121-82.

44. Helmut M. Wilsdorf, 'Agricola, Georgius', DSB 1, 77-9.

45. Eugenio Battisti, Filippo Brunelleschi (Florence, 1976); Bertrand Gille, 'Brunelleschi, Filippo', DSB 2, 534-5.

46. Bertrand Gille, The Renaissance Engineers (1964: English translation, Cambridge, MA, 1966), 81–7; Paul L. Rose, 'Taccola', DSB 13, 233–4.

47. Gille, The Renaissance Engineers, 101–15; Ladislao Reti, 'Martini, Francesco di Giorgio', DSB 9, 146–7.

48. Martin Warnke, The Court Artist (1985: English translation, Cambridge 1993), 177 에서 인용.

49. General studies of Leonardo include Vasilii Zubov, Leonardo da Vinci (1961: English translation, Cambridge, MA 1968); Martin Kemp, Leonardo da Vinci: The Marvellous Works of Nature and Man (London, 1981); Walter Isaacson, Leonardo: The Life (New York, 2017).

50. Emmanuel Winternitz, Leonardo da Vinci as a Musician (New Haven, 1982).

51. Raf aele Giacomelli, 'Leonardo da Vinci aerodinamico' and Luigi Tursini, 'La navigazione subacquea in Leonardo', in Atti del Convegno di Studi Vinciani (Firenze, 1953), 353–73 and 344–52; Mario Taddei and Edoardo Zanon, Le macchine di Leonardo (Milano, 2005).

52. Martin Kemp, Leonardo (Oxford, 2011), 45에서 인용.

53. Leonardo, 'Codice Atlantico', 119, a passage discussed in Kemp, Marvellous Works, 102–3.

54. Giorgio di Santillana, 'Leonard et ceux qu'il n'a pas lus', in Léonard de Vinci et l'expérience scientifique (Paris, 1953), 43–9.

55. Martin Clayton and Ron Philo, Leonardo Anatomist (London, 2012), 7.

56. Francesca Fiorani and Alessandro Nova (eds.), Leonardo da Vinci and Optics (Venezia, 2013).

57. Zubov, Leonardo, 188–9, 109; Mario Taddei and Edoardo Zanon (eds.), Leonardo, l'acqua e il Rinascimento (Milano, 2004).

58. F. Sherwood Taylor, 'Léonard de Vinci et la chimie de son temps', in Léonard de Vinci et l'expérience scientifique (Paris, 1953), 151–62.

59. Ann Pizzorusso, 'Leonardo's Geology', Leonardo 29 (1996), 197–200.

60. Annalisa Perissa Torrini, 'Leonardo e la botanica', in Perissa Torrini (ed.), Leonardo da Vinci uomo universale (Firenze, 2013), 99–07.

61. F. S. Bodenheimer, 'Leonard de Vinci, biologiste', in Léonard de Vinci et l'expérience, 171–88.

62. Roberto Almagià, 'Leonardo da Vinci geografo e cartografo', in Atti del Convegno di Studi Vinciani (Firenze, 1953), 451–66.

63. Fra Pietro da Novellara, Kenneth Clar, Leonardo da Vince (1936: new edn, Harmondsworth, 1958), 63에서 인용.

64. Kemp, Leonardo, 4.

65. Zubov, Leonardo, 65.

66. Edna E. Kramer, 'Hypatia', DSB 6, 615–6; Charlotte Booth, Hypatia: Mathematician, Philosopher, Myth (London, 2017).

67. Sabina Flanagan, Hildegard of Bingen, 1098-1179, a Visionary Life (London, 1989): Charles Burnett and Peter Dronke (eds.) Hildegard of Bingen: The Context of her Thought and Art (London, 1998), 특히 Burnett, Jacquart, Moulinier의 수필은 Heinrich Schipperges, The World of Hildegard of Bingen (Collegeville, MN, 1999).

68. Margaret Brabant (ed.), Politics, Gender, and Genre: The Political Th ought of Christine de Pizan (Boulder, CO, 1992): Kate Forhan, The Political Theory of Christine de Pizan (Aldershot, 2002).

69. Castiglione, Il Cortegiano, Book 3, section 9.

70. Margaret L. King, 'Book-Lined Cells: Women and Humanism in the Early Italian Renaissance', in Patricia H. Labalme (ed.), Beyond Their Sex: Learned Women of the European Past (New York, 1980), 66-90, at 81n. Cf. Paul O. Kristeller, 'Learned Women of Early Modern Italy', in Labalme, Beyond Their Sex, 91-116: Lisa Jardine, 'The Myth of the Learned Lady', Historical Journal 28 (1985), 799-819.

71. Lisa Jardine, 'Isotta Nogarola', History of Education 12 (1983), 231-44: Margaret King, 'Isotta Nogarola', in Ottavia Niccoli (ed.), Rinascimento al femminile (Rome and Bari, 1991), 3-34.

72. Albert Rabil Jr, Laura Cereta: Quattrocento Humanist (Binghamton, NY, 1981): M. Palma, 'Cereta, Laura', DBI 23, 729-30.

73. C. Cavazzana, 'Cassandra Fedele erudita veneziana del Rinascimento', Ateneo veneto, XXIX (1906), 74-91, 249-75, 361-97: Franco Pignatti, 'Fedele, Cassandra', DBI 45, 566-8.

74. Rabil, Laura Cereta, 25.

75. King, 'Book-Lined Cells', 69.

76. Georg Deichstetter (ed.), Caritas Pirckheimer, Ordensfrau und Humanistin (Cologne, 1982).

77. Almudena de Arteaga, Beatriz Galindo, La Latina, maestra de reinas (Madrid, 2007).

78. Retha M. Warnicke, 'Women and Humanism in the English Renaissance', in Albert Rabil Jr (ed.), Renaissance Humanism (Philadelphia, 1988), vol.2, 39-54.

79. Marjorie H. Ilsley, A Daughter of the Renaissance: Marie Le Jars de Gournay (The Hague, 1963): Eva Sartori, 'Marie de Gournay', Allegorica 9 (1987), 135-42: Michele Fogel, Marie de Gournay: itineraires d'une femme savante (Paris, 2004).

3장 박학다식한 괴물들의 시대

1. Hermann Boerhaave, Methodus studii medici (Amsterdam, 1751), 73. 《미들마치》에서 조지 엘리엇은 "박학다식한 영웅"이라는 표현을 선호했지만, 리처드 파인만의 자서전에서는 존 폰 노이만같은 "괴물 인간[monster minds]"이라는 표현을 쓴다.

2. Hans Blumenberg, Die Legitimität der Neuzeit (1966: English translation, The Legitimacy of the Modern Age, Cambridge, MA, 1983), 191-200. Neil Kenny는 베이컨이 자신의 책(Uses of Curiosity, 167)에서 "노골적으로" 호기심을 지지했다는 견해를 조심하라고 경고한다.

3.   Nicholas Jardine, The Birth of History and Philosophy of Science: Kepler's A Defence of Tycho against Ursus (Cambridge, 1984).

4.   Erwin Panofsky, Galileo as a Critic of the Arts (The Hague, 1954).

5.   Stephen Gaukroger, Descartes: An Intellectual Biography (Oxford, 1995).

6.   Meric Casaubon, Generall Learning: A Seventeenth-Century Treatise on the Formation of the General Scholar, ed. Richard Serjeantson (Cambridge, 1999), 149.

7.   Parentalia, or memoirs of the family of the Wrens (London, 1750), 343: https://books.google.co.uk/books?id=Tm1MAAAAcAAJ.

8.   Adrian Tinniswood, His Invention So Fertile: A life of Christopher Wren (London, 2001); Lisa Jardine, On a Grander Scale: The Outstanding Career of Sir Christopher Wren (London, 2002); Kerry Downes, 'Wren, Christopher', ODNB 60, 406-19.

9.   Betty J. T. Dobbs, The Foundations of Newton's Alchemy (Cambridge, 1975); Karin Figala, 'Newton's Alchemy', in I. Bernard Cohen and George E. Smith (eds.), Cambridge Companion to Newton (Cambridge, 2002), 370-86. Frank E. Manuel, Isaac Newton, Historian (Cambridge, 1963); idem., The Religion of Isaac Newton (Oxford, 1974); Rob Iliffe, Priest of Nature: The Religious Worlds of Isaac Newton (Oxford, 2017).

10. Yaël Naze, 'Astronomie et chronologie chez Newton', Archives Internationales d'Histoire des Sciences 62 (2012), 717-65; Jed. Z. Buchwald and Mordechai Feingold, Newton and the Origin of Civilization (Princeton, NJ, 2013), 244.

11. Jean R. Brink, 'Bathsua Makin: Educator and Linguist', in Brink (ed.), Female Scholars (Montreal, 1980), 86-100; Frances Teague, Bathsua Makin, Woman of Learning (Lewisburg, PA, 1998); Carol Pal, 'Bathsua Makin', in Republic of Women (Cambridge, 2012), 177-205.

12. Una Birch, Anna van Schurman (London, 1909); Mirjam de Baar et al. (eds.), Choosing the Better Part: Anna Maria van Schurman (Dordrecht, 1996); Joyce L. Irwin, 'Anna Maria van Schurman and her Intellectual Circle', in Anna Maria van Schurman, Whether a Christian Woman should be Educated (Chicago, 1998), 1-21; Pieta van Beek, The First Female University Student: A. M. van Schurman (Utrecht, 2010).

13. Pal, Republic of Women, 22-51.

14. Eileen O'Neill, Margaret Cavendish, Duchess of Newcastle, Observations upon Experimental Philosophy (Cambridge, 2001); Lisa Walters, Margaret Cavendish: Gender, Science and Politics (Cambridge, 2014); Richard Holmes, 'Margaret Cavendish', This Long Pursuit (London, 2016), 111-32.

15. 에블린에 관한 내용은 Holmes, Long Pursuit, 126에서 인용.

16. Sten Stolpe, Queen Christina (2 vols., 1960-1: abbreviated English translation, London, 1966); Sten G. Lindberg, 'Christina and the Scholars', in Christina, Queen of Sweden (Stockholm, 1966), 44-53; Susanna Akerman, Queen Christina of Sweden and her Circle (Leiden, 1991).

17. Åkerman, Queen Christina, 49.

18. R. Derosas, 'Corner, Elena Lucrezia', DBI 29, 174-9.

19. Ludwig Pfandl, Die Zehnte Muse von Mexico (1946); Octavio Paz, Sor Juana: Her Life and her World (1982: English translation, London 1988); Gerard Flynn, 'Sor Juana Ines de la Cruz', in Brink, Female Scholars, 119-36.

20. Helmut Zedelmaier, '"Polyhistor" und "Polyhistorie"' (2002: rpr. in Werkstatten des Wissens zwischen Renaissance und Aufklärung [Tübingen, 2015], 112).

21. 마이클 네안더의 Orbis terra(1583)는 Zedelmaier, Bibliotheca Universalis und Bibliotheca Selecta (Cologne, 1992, 297n에서 인용. Cf. Anthony Grafton, 'The World of the Polyhistors', Central European History 18 (1985), 31-47, rpr. in his Bring Out Your Dead (Cambridge, MA, 2001), 166-80.

22. 여기서부터 영어는 Oxford English Dictionary (1888: revised edn, online, 2000)을, 프랑스어는 Emile Littré, Dictionnaire de la langue française (1863: revised edn, 7 vols., Paris 1956-8)의 내용을 따른다.

23. Claudia Bareggi, Il mestiere di scrivere (Rome, 1988).

24. Oliver Impey and Arthur MacGregor (eds.), The Origins of Museums: The Cabinet of Curiosities in 16th-and 17th-Century Europe (Oxford, 1985); Krysztof Pomian, Collectors and Curiosities (1987: English translation, Cambridge 1990); Jaś Elsner and Roger Cardinal (eds.), The Cultures of Collecting (London, 1994); Arthur MacGregor, Curiosity and Enlightenment: Collectors and Collections from the Sixteenth to the Nineteenth Century (New Haven, CT, 2007).

25. Neil Kenny, The Uses of Curiosity in Early Modern France and Germany (Oxford, 2004), 52, 64, 69-70; Jean-Marc Chatelain, 'Philologie, pansophie, polymathie, encyclopedie', in Waquet, Morhof, 15-30.

26. Serjeantson (ed.), Generall Learning.

27. Johannes Wower, De polymathia (1603: Leipzig 1665 edn), 19. Cf. Luc Deitz, 'Johannes Wower of Hamburg, Philologist and Polymath', Journal of the Warburg and Courtauld Institutes 58 (1995), 132-51.

28. Marcus Boxhorn, De polymathia (Leiden, 1632); Jack Fellman, 'The First Historical Linguist', Linguistics 41 (1974), 31-4.

29. Pietro Rossi, Clavis Universalis: arti mnemoniche e logica combinatorial da Lullo a Leibniz (Milan-Naples, 1960), ix-xv, 178-200; Frances Yates, The Rosicrucian Enlightenment (London, 1972), a speculative reconstruction; Frank E. Manuel and Fritzie P. Manuel, 'Pansophia: A Dream of Science' in their Utopian Thought in the Western World (Oxford, 1979), 205-21; Chatelain, 'Philologie, pansophie'; Howard Hotson, 'Outsiders, Dissenters, and Competing Visions of Reform', in Ulinka Rublack (ed.), Oxford Handbook of the Protestant Reformations (Oxford, 2017), 301-28.

30. Howard Hotson, Johann Henrich Alsted, 1588-1638: Between Renaissance, Reformation and Universal Reform (Oxford, 2000); idem., 'The Ramist Roots of Comenian Pansophia', in Ramus, Pedagogy and the Liberal Arts: Ramism in Britain and the Wider World, eds. Steven John Reid and Emma Annette Wilson (Farnham, 2011),

227-2; idem., 'Outsiders', 306-9.

31. Imre Ban, Apaczai Csere Janos (Budapest, 1958), 563-85.

32. Johann Heinrich Alsted, Encyclopaedia septem tomis distincta (Herborn, 1630); Hotson, Alsted, 144-81, 163-72; idem., 'Ramist Roots', 233n.

33. Jan Amos Comenius, Via Lucis (1668). Cf. Umberto Eco, The Search for the Perfect Language (Oxford, 1995), 214-16, at 215.

34. Jan Amos Comenius, Pansophiae Praeludium (1637), rpr. in Works 15/2 (Prague, 1989), 13-53, at 32, 41. 그의 업적에 관해서는 Milada Blekastad, Comenius. Versuch eines Umrisses von Leben, Werk und Schicksal des Jan Amos Komenský (Oslo, 1969)를 보라.

35. Robert F. Young, Comenius in England (Oxford, 1932), 32-3.

36. Jan Amos Comenius, Prodromus, ed. and trans. Herbert Hornstein (Dusseldorf, 1963), 12; Samuel Hartlib (trans.), A Reformation of Schools (London, 1642); Comenius, Pansophiae Diatyposis (1643; English translation, London, 1651).

37. Jan Amos Comenius, Conatum Pansophicorum Dilucidatio (1638), rpr. in Works 15/2, 59-79, at 63.

38. Jan Amos Comenius, De rerum humanarum emendatio, rpr. in Works 19/1 (Prague, 2014), 589-; cf. Blekastad, Comenius, 688-700.

39. H. D. Schepelern, Museum Wormianum (Aarhus, 1971); idem., 'Worm, Ole', Dansk Biografi sk Leksikon 16 (1984), 45-51; Glyn Daniel, 'Worm, Ole', DSB 14, 505.

40. James Delbourgo, Collecting the World: The Life and Curiosity of Hans Sloane (London, 2017).

41. 1628년에 루벤스가 피에르 뒤푸이에게 한 말. Peter N. Miller, Periresc's Mediterranean World (Cambridge, MA, 2015), 1, 449에서 인용 및 번역. 오랫동안 무시되었던 페이레스크는 밀러가 만든 지적 지도에 자리를 얻었다.

42. 페이레스크의 편지 중 상당수가 출판되었다. emloportal.bodleian.ox.ac.uk/collections/?catalogue=nicolas……peiresc를 참고하라. 페이레스크에 관한 내용은 다음 자료들을 보라. Peter N. Miller, Peiresc's Europe: Learning and Virtue in the Seventeenth Century (New Haven, CT, 2000); idem., Peiresc's History of Provence: Antiquarianism and the Discovery of a Medieval Mediterranean (Philadelphia, 2011); idem., Periresc's Orient (Franham, 2012). 그의 이집트 연구에 관해서는 Sydney Aufrère, La momie et la tempête (Avignon, 1990)를 보라.

43. Arnaldo Momigliano, The Classical Foundations of Modern Historiography (Berkeley, 1990), 54.

44. Miller, Peiresc's Mediterranean World, 334-7; idem., 'Peiresc in Africa', in Marc Fumaroli (ed.), Les premiers siecles de la république européenne des lettres (Paris, 2005), 493-525.

45. Miller, Peiresc's Mediterranean World, 108-11.

46. 자연과학에 대한 그의 관심은 Harcourt Brown, 'Peiresc', DSB X, 488-92를 보라. 해부학에 관해서는 Miller, Periresc's Mediterranean World, 241-6을 보라.

47. Miller, Peiresc's Mediterranean World, 18, 65, 266-8, 347.

48. Jacopo Antonio Tadisi, Memorie della Vita di Monsignore Giovanni Caramuel di Lobkowitz (Venice, 1760), v; Alfredo Serra, Phoenix Europae: Juan Caramuel y Lobkowicz in prospettiva bibliografica (Milano, 2005).

49. 이 표현은 문헌학자 조제프 스칼리제르, 후아나 수녀, 아타나시우스 키르허 등에게도 붙여졌다.

50. Bianca Garavelli (ed.), Caramuel: vescovo eclettico (Bergamo, 2016), 38-9, 105-7.

51. Dino Pastine, Juan Caramuel: probabilismo ed enciclopedia (Firenze, 1975); Augusto De Ferrari and Werner Oechslin, 'Caramuel Lobkowicz, Juan', DBI 19, 621-6; Paolo Pissavino (ed.), Le meraviglie del probabile: Juan Caramuel (Vigevano, 1990); Julia Fleming, Defending Probabilism: The Moral Theology of Juan Caramuel (Washington DC, 2006); Petr Dvořk and Jacob Schmutz (eds.), Juan Caramuel Lobkowitz, the Last Scholastic Polymath (Prague, 2008); Bianca Garavelli, Caramuel, Vescovo Eclettico (Bergamo, 2016).

52. Cesare Vasoli, 'Introduzione' to Pissavino, Le meraviglie del probabile, 13-17; Maria Elisa Navarro, 'The Narrative of the Architectural Orders', in Dvořk and Schmutz, Caramuel, 257-72, at 257.

53. Rudbecksstudier (Uppsala, 1930); Sten Lindroth, Svensk Lärdomshistoria, vol.4, Stormaktstiden (Stockholm, 1975), 414-32, translated in Lindroth, Les chemins du savoir en Suède (Dordrecht, 1888), 57-70; idem., 'Rudbeck, Olaus', DSB XI, 586-8.

54. Lindroth, Stormaktstiden, 284-96, translated in Les Chemins, 71-82; Gunnar Eriksson, The Atlantic Vision: Olaus Rudbeck and Baroque Science (Canton, MA, 1994), 45, 50, 54-5, 100-12.

55. Kurt Johannesson, The Renaissance of the Goths in Sixteenth-Century Sweden (Berkeley, CA, 1991).

56. Håkan Håkansson, 'Alchemy of the Ancient Goths: Johannes Bureus's Search for the Lost Wisdom of Scandinavia', Early Science and Medicine 17 (2012), 500-22.

57. Ole Klindt-Jensen, A History of Scandinavian Archaeology (English translation, London, 1975), 30.

58. Paula Findlen (ed.), Athanasius Kircher: The Last Man Who Knew Everything (London, 2003); Joscelyn Godwin, Athanasius Kircher: A Renaissance Man and the Quest for Lost Knowledge (London, 1979), 5.

59. Daniel Stolzenberg, Egyptian Oedipus: Athanasius Kircher and the Secrets of Antiquity (Chicago, 2013).

60. Malcolm, 'Private and Public Knowledge', 297.

61. John T. Waterman (ed. and trans.), Leibniz and Ludolf on Things Linguistic (Berkeley, CA, 1977), 51, 53.

62. 이 전통에 관해서는 Erik Iversen, The Myth of Egypt and its Hieroglyphs in European Tradition (1961: 2nd edn, Princeton, NJ, 1993)을 보라.

63. 페이레스크는 키르허를 "너무 잘 속는" 사람으로 묘사했고, 당시 로마를 방문했던 한 영국

인(훗날 왕립학회장이 되는 로버트 사우스웰)도 키르허가 "잘 속는 사람으로 유명하다"라고 썼다. Findlen, Last Man, 141, 384.

64. Thomas Leinkauf, Mundus Combinatus: Studien zur Struktur der barocken Universalwissenschaft am Beispiel Athanasius Kirchers SJ (1602-680) (Berlin, 1993), 75 and passim.

65. Pierre Bayle, Oeuvres Diverses (The Hague, 1737), vol.1, 75.

66. Elisabeth Labrousse, Pierre Bayle (The Hague, 1963-4); eadem, Bayle (Oxford, 1983); Helena H. M. van Lieshout, The Making of Pierre Bayle's Dictionnaire historique et critique (Amsterdam, 2001); Wiep van Bunge, 'Pierre Bayle et l'animal-machine', in Hans Bots (ed.), Critique, savoir et erudition au siècle des lumières (Amsterdam-Maarssen, 1998), 375-88, at 386.

67. bayle-correspondance.univ-st-etienne.fr/. Cf Miranda Lewis, 'At the centre of the networked early modern world: Pierre Bayle', www.culturesofknowledge.org/?p=7326.

68. Marc Fumaroli, 'Nicolas Claude Fabri de Peiresc, prince de la republique des lettres' (1996: rpr. Fumaroli, La République des Lettres [Paris, 2015], 56-90).

69. Nicholas Jolley (ed.), The Cambridge Companion to Leibniz (Cambridge, 1995), 이 책은 철학 교수 12명이 썼다. 이런 편견을 바로잡고 싶다면, Maria Rosa Antognazza, Leibniz: An Intellectual Biography (Cambridge, 2007)을 보라.

70. Sigrid von der Schulenberg, Leibniz als Sprachforscher (Frankfurt, 1973), 68-114; Daniel Droixhe, 'Leibniz et le fi nno-ougrien', in Tullio De Mauro and Lia Formigari (eds.), Leibniz, Humboldt and the Origins of Comparativism (Amsterdam and Philadelphia, 1990), 3-29; Shane Hawkins, ' "Selig wer auch Zeichen gibt": Leibniz as historical linguist', The European Legacy 23 (2018), 510-21.

71. Louis Daville, Leibniz historien (Paris, 1909); Carl J. Friedrich, 'Philosophical Refl ections of Leibniz on Law, Politics and the State', Natural Law Forum 11 (1966), 79-91; Patrick Riley (ed.), The Political Writings of Leibniz (Cambridge, 1972); Franklin Perkins, Leibniz and China (Cambridge, 2004).

72. Miller, Peiresc's Mediterranean World, 394.

73. Maria Rosa Antognazza, Leibniz: An Intellectual Biography (Cambridge, 2009), 2, 206.

74. Delia K. Bowden, Leibniz as Librarian (1969); Hans G. Schulte-Albert, 'Gottfried Wilhelm Leibniz and Library Classifi cation', Journal of Library History 6 (1971), 133-25; Margherita Palumbo, Leibniz e la res bibliothecaria (Rome, 1993); Antognazza, Leibniz: An Intellectual Biography, 195-280.

75. Anna Rosa Antognazza, Leibniz: A Very Short Introduction (Oxford, 2016), 6.

76. Antognazza, Leibniz: An Intellectual Biography, 559.

77. Ibid, 1.

78. Christian Gottlieb Jocher, 1733, quoted in Wellmon, Organizing Enlightenment, 49; Emil Du Bois-Reymond, Reden, quoted in Lorraine Daston, 'The Academies and the Unity of Knowledge: The Disciplining of the Disciplines', Differences 10 (1998), 67-86, at 76.

79. Schulte-Albert, 'Gottfried Wilhelm Leibniz'; Palumbo, Leibniz.

80. Antognazza, Leibniz: An Intellectual Biography, 236, 244.

81. Istvan Hont, 'Samuel Pufendorf and the Theoretical Foundations of the Four-Stage Theory' (1986: rpr. in his Jealousy of Trade, Cambridge, MA, 2005, 159–4); Detlef Doring, 'Biographisches zu Samuel von Pufendorf', in Bodo Geyer and Helmut Goerlich (eds.), Samuel Pufendorf und seine Wirkungen bis auf die heutige Zeit, Baden-Baden 1996, 23–38; Mordechai Feingold (ed.), Before Newton: The Life and Times of Isaac Barrow (Cambridge, 1990); idem., 'Barrow, Isaac', ODNB 4, 98–102, at 102; Françoise Waquet (ed.), Mapping the World of Learning: The Polyhistor of Daniel Georg Morhof (Wiesbaden, 2000).

82. Pierre-Daniel Huet, Commentarius (The Hague, 1718); Charles Sainte-Beuve, Causeries de Lundi, 15 vols. (Paris, 1851–62).

83. Christopher Ligota, 'Der apologetischen Rahmen der Mythendeutung im Frankreich des 17. Jahrhunderts (P. D. Huet)', in Walter Killy (ed.), Mythographie der fruhen Neuzeit (Wiesbaden, 1984), 149–62, at 151.

84. Alphonse Dupront, Pierre-Daniel Huet et l'exégèse comparatiste au XVII siècle (Paris, 1930); Alain Niderst, 'Comparatisme et syncretisme religieux de Huet', in Suzanne Guellouz (ed.), Pierre-Daniel Huet (Tübingen, 1994), 75–82; Elena Rapetti, Pierre-Daniel Huet: erudizione, filosofi a, apologetica (Milano, 1999); April G. Shelford, Transforming the Republic of Letters: Pierre-Daniel Huet and European Intellectual Life, 1650–1720 (Rochester, NY, 2007).

85. Fabienne Gegou (ed.), Traité sur l'origine des romans (Paris, 1971), introduction.

86. Leon Tolmer, Pierre-Daniel Huet: humaniste, physicien (Bayeux, 1949), 189–90, 215–18; M. de Pontville, 'Pierre-Daniel Huet, homme des sciences', in Guellouz, Huet, 29–42.

87. David S. Berkowitz, John Selden's Formative Years (Washington DC, 1988), 296에서 인용.

88. Harold D. Hazeltine, 'Selden as Legal Historian', Festschrift H. Brunner (Weimar, 1910), 579–630; Paul Christianson, 'Selden, John', ODNB 49, 694–705; Gerald J. Toomer, John Selden: A Life in Scholarship, 2 vols. (Oxford 2009); Timothy Brook, Mr Selden's Map of China (London, 2015).

89. John Stoye, Marsigli's Europe (New Haven, CT, 1994); Giuseppe Gullino and Cesare Preti, 'Marsili, Luigi Fernando', DBI 70, 771–81.

90. Igor Wladimiroff, De kaart van een verzwegen vriendschap. Nicolaes Witsen en Andrej Winius en de Nederlandse cartografi e van Rusland (Groningen, 2008), 148–9.

91. Brun Naarden, 'Witsen's Studies of Inner Eurasia', in Siegfried Huigen, Jan L. de Jong and Elmer Kotfin (eds.), The Dutch Trading Companies as Knowledge Networks (Leiden 2010), 211–39.

92. Marion Peters, De wijze koopman. Het wereldwijde onderzoek van Nicolaes Witsen (1641–1717), burgemeester en VOC-bewindhebber van Amsterdam (Amsterdam, 2010).

93. Prager and Scaglia, Brunelleschi, 111, 129, 144.

94. Richard S. Westfall, Never at Rest: A Biography of Isaac Newton (Cambridge, 1980), 714-15, 727; Thomas Sonar, Die Geschichte des Prioritatsstreits zwischen Leibniz und Newton (Heidelberg, 2016).

95. 'Altissimum planetam tergeminum observavi'.

96. 'anulo cingitur, tenui, plano, nusquam cohaerente, ad eclipticam inclinato'.

97. 'ut tensio, sic vis'.

98. Jacob Thomasius, De plagio literario (1673); Theodor Jansson van Almeloveen, 'Plagiorum syllabus', in his Opuscula (1686); Johannes Fabri, Decas decadum, sive plagiariorum centuria (1689); Jacques Salier, Cacocephalus, sive de plagiis (1693).

99. Wolfgang Behringer, 'Communications Revolutions', German History 24 (2006), 333-74.

100. Philippe Tamizey de Larroque (ed.), Lettres de Peiresc, 7 vols. (Paris 1888-98).

101. Elisabeth Labrousse et al. (eds.), Correspondance de Pierre Bayle, 14 vols. (Oxford, 1999-2017). Cf. emlo-portal.bodleian.ox.ac.uk/collections/?catalogue=pierre-bayle

102. 키르허의 편지는 온라인에서 볼 수 있다. http://web.standford.edu/group/kircher/cgi-bin/site/?page_id=303. 자기 편차에 관한 내용은 다음 자료를 보라. Michael John Gorman, 'The Angel and the Compass: Athanasius Kircher's Magnetic Geography', in Paula Findlen (ed.), The Last Man Who Knew Everything (New York, 2003), 229-51, at 245.

103. Marie Boas Hall, Henry Oldenburg (Oxford, 2002).

104. M. Albanese, 'Magliabechi, Antonio', DBI 67, 422-7.

105. Mordechai Feingold, 'The Humanities', in Nicholas Tyacke (ed.), History of the University of Oxford, vol.4 (Oxford, 1997), 211-357, at 218.

106. Paul Hazard, The Crisis of the European Mind, 1680-1715 (1934: English translation, New York 2013), Hugh R. Trevor-Roper, 'The General Crisis of the Seventeenth Century', Past&Present 16 (1959), 31-64.

107. Malcolm Gladwell, The Tipping Point: How Little Things Can Make a Big Difference (London, 2000).

108. Eduard J. Dijksterhuis, The Mechanization of the World Picture (English translation, Oxford, 1961).

109. Richard H. Popkin, The History of Scepticism from Erasmus to Spinoza (1960: revised edn, Berkeley, CA, 1979).

110. Elisabeth Labrousse, Bayle (Oxford, 1983), 12, 22, 51.

111. Ann M. Blair, Too Much to Know: Managing Scholarly Information before the Modern Age (New Haven, CT, 2010).

112. Andrew Pettegree, 'The Renaissance Library and the Challenge of Print', in Alice Crawford (ed.), The Meaning of the Library: A Cultural History (Princeton, NJ, 2015), 72-90, at 75, 84.

113. Peter Burke, 'Gutenberg Bewältigen. Die Informationsexplosion im frühneuzeitli-chen Europa', Jahrbuch für Europäische Geschichte 2 (2001), 237–48. Cf. the spe-cial issue of the Journal of the History of Ideas 64 (2003), no.1; Blair, Too Much to Know.

114. Robert Burton, Anatomy of Melancholy (1621), Book 1, section 10/ 로버트 버턴, 《우울증의 해부》(태학사, 2004); Adrein Baillet, Jugements des sçavans (Paris, 1685), Blair, Too Much to Know, 59에서 번역 및 인용.

115. Adrien Baillet, Jugements des Savants sur les principaux ouvrages des anciens, 4 vols (Paris, 1685–6), preface; Gottfried Wilhelm Leibniz, Philosophische Schriften, 7 vols. (Berlin, 1875–90), vol.7, 160.

116. Blair, Too Much to Know, 93–6.

117. David Gledhill, The Names of Plants (4th edn, Cambridge, 2008), 7.

118. Richard S. Wurman, Information Anxiety (New York, 1989).

119. Johannes Wower, De polymathia (1603); Daniel Georg Morhof, Polyhistor (Lübeck, 1688). Cf. Luc Deitz, 'Joannes Wower', Journal of the Warburg and Courtauld Insti-tutes 58 (1995), 132–51; Françoise Waquet (ed.), Mapping the World of Learning: The Polyhistor of Daniel Georg Morhof (Wiesbaden, 2000).

120. Morhof, Polyhistor, 2.

121. Jan Amos Comenius, Pansophia Praeludium (1637), rpr. in Works 15/2 (Prague, 1989), 22.

122. Daniel Murphy, Comenius: A Critical Introduction to his Life and Work (Dublin, 1995), 20에서 인용 및 번역.

123. John Donne, An Anatomy of the World (written in 1611). 이 시는 전통적인 방식으로 "부패한 세상"을 논하지만, 이 구절은 특별히 신선하다.

124. John Selden, Titles of Honour (London, 1614), dedication.

125. Richard Baxter, Holy Commonwealth (London, 1659), 493; 그의 인용문은 다음의 글인 것 같다. Comenius, 'uno intuitu OMNIA……exhibens' (Consultatio Catholica, Prague 1966, 28).

126. Thomas Fuller, The Holy State (London, 1642), Book 2, ch.7.

127. Isaac Barrow, Sermons and Expository Treatises (Edinburgh, 1839), 492.

128. Morhof, Polyhistor (1688; expanded edn, Lübeck, 1747), 4.

129. Casaubon, Generall Learning, 88, 146.

130. Burnet에 관한 내용은 다음의 글들에서 인용되었다. Antognazza, Leibniz: An Intel-lectual Biography, 559; John Cockburn, A Specimen of Some Free and Impartial Remarks occasion'd by Dr Burnet's History of His Own Times (London, 1724), 27–8, quoted in Helen C. Foxcroft (ed.), Supplement to Burnet's History of His Own Time (Oxford, 1902), 456n.

131. Lisa Jardine, The Curious Life of Robert Hooke (London, 2003), 6에서 인용.

132. Walter E. Houghton, 'The English Virtuoso in the Seventeenth Century', Journal

of the History of Ideas 3 (1942), 51-73; on fashions, Krzysztof Pomian, 'Médailles/ coquilles=érudition/philosophie', Transactions of the IVth International Congress on the Enlightenment 4 (1976), 1677-1705; Delbourgo, Collecting the World, 164. The phrase 'master of only scraps' was used by a contemporary critic of Sloane, the lawyer William King.

133. Pamela H. Smith, The Business of Alchemy: Science and Culture in the Holy Roman Empire (Princeton, NJ, 1994), 14.

134. John Fletcher (ed.), Athanasius Kircher und seine Beziehungen zum gelehrten Europa seiner Zeit (Wiesbaden, 1988), 111.

135. Antognazza, Leibniz: An Intellectual Biography, 232 (cf. 325).

136. Ibid., 171, 321.

137. Jardine, Curious Life, 3, 22.

138. Tinniswood, His Invention So Fertile, 246; Derek T. Whiteside, 'Wren the Mathematician', Notes and Records of the Royal Society of London 15 (1960), 107-11, at 107.

139. David Brading, The First America (Cambridge, 1991), 393; John Stoye, Marsigli's Europe (New Haven, CT, 1994), viii, 25.

4장 지식인의 시대

1. Pierre-Daniel Huet, Huetiana (Paris, 1722), 1-2.

2. Giambattista Vico, letter to the French Jesuit Édouard de Vitry, in Opere, ed. Roberto Parenti, 2 vols. (Naples, 1972), vol.1, 452, 454.

3. Louis Davillé, Leibniz historien (Paris, 1909), 407, 522-3.

4. 동시대 비평가에는 Johan Hadorph, Claudius Örnhielm, Johann Scheffer가 있다.

5. Peter Miller, 'Copts and Scholars', in Findlen, Last Man, 135, 141.

6. Findlen, Last Man, 5-6.

7. Eric Jorink and Dirk van Miert (eds.), Isaac Vossius (Leiden, 2012), 211에서 인용.

8. Dijksterhuis, De Mechanisering; Marjorie H. Nicolson, The Breaking of the Circle: Studies in the Eff ect of the 'New Science' upon Seventeenth-Century Poetry (Evanston, IL, 1950), 108.

9. Conrad Wiedemann, 'Polyhistors Glück und Ende: Von D. G. Morhof zum jungen Lessing', Festschrift Gottfried Weber (Bad Homburg, 1967), 215-35; Helmut Zedelmaier, '"Polyhistor" und "Polyhistorie"' (2002: rpr. in Werkstätten des Wissens zwischen Renaissance und Aufklärung [Tübingen, 2015], 109, 115).

10. Jan. C. Westerhoff, 'A World of Signs:Baroque Pansemioticism, the Polyhistor and Early Modern Wunderkammer', Journal of the History of Ideas 62 (2001), 633-50, at 641에서 인용 및 번역.

11. Gunter E. Grimme, Literatur und Gelehrtentum in Deutschland (Tübingen, 1983), 346. 다음 자료와 비교하라. Wilhelm Kühlmann, Gelehrtenrepublik und Fürstenstaat (Tübingen, 1982), 286-454. 그는 현학성에 관한 내용이 빠져 있는 것을 안타까워한다

(287, note2).

12. Paul Raabe, 'Lessing und die Gelehrsamkeit', in Edward P. Harris and Richard E. Schade (eds.), Lessing in heutiger Sicht (Bremen, 1977), 65-88; Wilfred Barner, 'Lessing zwischen Bürgerlichkeit und Gelehrtheit', in Rudolf Vierhaus (ed.), Bürger und Bürgerlichkeit (Heidelberg, 1981), 165-204.

13. 어셔의 말은 John Evelyn, Diary, ed. E. S. de Beer, 6 vols. (Oxford 1955), vol.3, 156 에 기록되어 있다. 렌의 말은 Steven Shapin and Simon Schaffer, Leviathan and the Air-Pump: Hobbes, Boyle and the Experimental Life (Princeton, NJ, 1985), 31에서 인용했다. 데카르트처럼 영국의 신사 계급이었던 로버트 페인은 키르허를 예수회 신자들과 비교하며 "사기꾼은 지긋지긋하다"라고 말했다. (Noel Malcolm, 'Private and Public Knowledge: Kircher, Esotericism and the Republic of Letters', in Findlen, Last Man, 300에서 인용).

14. 'Le Jesuite a qjantité de farfanteries: il est plus charlatan que sçavant' : René Descartes to Constantijn Huygens, 14 Januray 1643, in Martin Mersenne, Correspondence (Paris, 1972), vol.2, no.1160. Johann Burckhardt Mencke, De Charlataneria Eruditorum (1715), English translation The Charlatanry of the Learned (New York, 1937), 85-6에서도 키르허를 협잡꾼이 아닌, 쉽게 속고 시대착오적인 것을 숭배하는 사람으로 소개한다.

15. Marian Füssel, '"The Charlatanry of the Learned": On the Moral Economy of the Republic of Letters in Eighteenth-Century Germany', Cultural and Social History 3 (2006), 287-00.

16. Jacques Roger, Buffon: A Life in Natural History (1989: English translation, Ithaca, NY, 1997), 434.

17. Samuel Johnson, The Rambler (1750-2: ed. W. J. Bate and Albrecht B. Strauss, New Haven, CT, 1969), nos. 180, 121.

18. Richard Yeo, Encyclopaedic Visions: Scientific Dictionaries and Enlightenment Culture (Cambridge, 2001), xi에서 인용.

19. Bibliothèque Françoise 6권 서문, Jean Sgard (ed.), Dictionnaire des Journaux, 1600-1789, 2 vols. (Paris 1991), vol.1, 162에서 인용. 저자 번역.

20. Maria Luisa Altieri Biagi, Lingua e cultura di Francesco Redi, medico (Firenze, 1968); Gabriele Bucchi and Lorella Mangani, 'Redi, Francesco', DBI 86, 708-12; Georges Güntert, Un poeta scienziato del Seicento (Firenze, 1966); L. Matt, 'Magalotti, Lorenzo', DBI 67, 300-5.

21. Steven Shapin, 'The Man of Science', in Lorraine Daston and Katharine Park (eds.), Early Modern Science (Cambridge History of Science, vol.3, Cambridge, 2006), 179-91; Londa Schiebinger, 'Women of Natural Knowledge', ibid., 192-205.

22. Dena Goodman, 'Enlightenment Salons: The Convergence of Female and Philosophic Ambitions', Eighteenth-Century Studies 22 (1989), 329-50. Cf. Antoine Lilti, Le monde des salons: sociabilite et mondanite a Paris au XVIIIe siècle (Paris, 2005).

23. Sylvia H. Myers, The Bluestocking Circle (Oxford, 1990).

24. Isobel Grundy, 'Montagu, Lady Mary Wortley', ODNB 38, 754-9.

25. Robert Shackleton, Montesquieu, an Intellectual and Critical Biography (Oxford, 1961), vii.

26. Judith N. Shklar, Montesquieu (Oxford, 1987), 10; Muriel Dodds, Les récits de voyages: sources de L'Esprit des lois de Montesquieu (Paris, 1929).

27. Theodore Besterman, Voltaire (London, 1969).

28. John Henry Brumfitt, Voltaire historian (Oxford, 1958).

29. Besterman, Voltaire, 124, 525.

30. Esther Ehman, Madame du Châtelet (Leamington, 1986); Judith P. Zinsser and Julie C. Hayes (eds.), Émilie du Châtelet: Rewriting Enlightenment Philosophy and Science (Oxford, 2006); Judith P. Zinsser, Émilie du Châtelet: Daring Genius of the Enlightenment (New York, 2007).

31. Th omas Hankins, Jean d'Alembert, Scientist and Philosopher (Ithaca, NY, 1964); J. Morton Briggs, 'Alembert, Jean Le Rond d', DSB 1, 110–17.

32. Rene Pomeau, Diderot (Paris, 1967); Charles C. Gillespie, 'Diderot, Denis', DSB 4, 84–90.

33. Jacques Roger, Buffon: A Life in Natural History (1989: English translation, Ithaca, NY, 1997).

34. Keith M. Baker, Condorcet: From Natural Philosophy to Social Mathematics (Chicago, IL, 1975), ix. Cf. Gilles Granger, 'Condorcet, Marie-Jean-Antoine-Nicolas Caritat, Marquis de', DSB 3, 383–8.

35. J. B. Gough, 'Réaumur, René-Antoine Ferchault de', DSB 11, 327–35; Jean Torlais, Un esprit encyclopédique en dehors de l'Encyclopédie: Réaumur (Paris, 1961); Henry Guerlac, 'Lavoisier, Antoine-Laurent', DSB 8, 66–91; Arthur Donovan, Antoine Lavoisier (Cambridge, 1993); Rhoda Rappoport, 'Turgot, Anne-Robert-Jacques', DSB 13, 494–7; Anthony Brewer, 'Turgot: Founder of Classical Economics', Economica 54 (1987), 417–28.

36. Peter Loewenberg, 'The Creation of a Scientific Community', in Fantasy and Reality in History (New York, 1995), 46–89; Martin Mulsow and Marcelo Stamm (eds.), Konstellationsforschung (Frankfurt, 2005).

37. Ernest C. Mossner, The Life of David Hume, 2nd edn (Oxford, 1980), 3. Cf. James A. Harris, Hume: An Intellectual Biography (Cambridge, 2015), 14–24.

38. Nicholas Philippson, Adam Smith: An Enlightened Life (London, 2010), 214에서 인용.

39. Ian S. Ross, The Life of Adam Smith, 2nd edn (Oxford, 2010), 241.

40. Alastair J. Durie and Stuart Handley, 'Home, Henry, Lord Kames', ODNB 27, 879–81; Iain Maxwell Hammett, 'Burnett, James, Lord Monboddo', ODNB 8, 941–3.

41. Fania Oz-Salzberger, 'Ferguson, Adam', ODNB 19, 341–7.

42. Robert DeMaria, Jr., The Life of Samuel Johnson (Oxford, 1993), 45, 97.

43. J. P. Hardy, Samuel Johnson: A Critical Study (London, 1979), 28에서 인용.

44. James Boswell, Life of Samuel Johnson (1791: ed. A. Napier, 2 vols., London 1884), vol.2, 365. 그 사촌의 이름은 코넬리우스 퍼드였다.

45. Richard Cumberland, Memoirs (London, 1807), 77.

46. DeMaria, Johnson's Dictionary and the Language of Learning (Oxford, 1986).

47. Vincenzo Ferrone, 'The Man of Science', in Michel Vovelle (ed.), Enlightenment Portraits (1995: English translation, Chicago, IL, 1997), 190–225, at 211.

48. Robert E. Schofield, The Enlightenment of Joseph Priestley (University Park, PA, 1997), ix.

49. Robert E. Schofield, The Enlightened Joseph Priestley (University Park PA, 2004); idem., 'Priestley, Joseph', ODNB 45, 351–9.

50. Jenny Uglow, The Lunar Men (London, 2003).

51. Richard Gombrich in Alexander Murray (ed.), Sir William Jones, 1746–94: A Commemoration (Oxford, 1998), 3. Cf. Michael J. Franklin, Oriental Jones: Sir William Jones, Poet, Lawyer and Linguist, 1746–1794 (Oxford, 2011).

52. Marisa González Montero de Espinosa, Lorenzo Hervás y Panduro, el gran olvidado de la ilustración española (Madrid, 1994); Antonio Astorgano Abajo, Lorenzo Hervás y Panduro (1735–1809) (Toledo, 2010).

53. Javier Varela, Jovellanos (Madrid, 1988); AA.VV., Jovellanos: el hombre que soñó España (Madrid, 2012).

54. 교회의 승인을 받은 페이주의 《일반 연극 비평》에서 인용. Gregorio Marañón, Las ideas biológicas del Padre Feijoo (1933: 2nd edn, Madrid, 1941), 15.

55. Ivy L. McClelland, Benito Jerónimo Feijoo (New York, 1969); Inmaculada Urzainqui and Rodrigo Olay Valdés (eds.), Con la razón y la experiencia: Feijoo 250 años después (Oviedo, 2016).

56. Edna E. Kramer, 'Agnesi, Maria Gaetana', DSB 1, 75–7; M. Gliozzi and G. F. Orlandelli, 'Agnesi, Maria Gaetana', DBI 1, 441–3.

57. Peter Burke, Vico (Oxford, 1985); Joseph Mali, The Rehabilitation of Myth: Vico's New Science (Cambridge, 1992); Mark Lilla, G. B. Vico: The Making of an Anti-Modern (Cambridge, MA, 1993); H. S. Stone, Vico's Cultural History (Leiden, 1997).

58. Lisbet Koerner, Linnaeus: Nature and Nation (Cambridge, MA, 1999).

59. Ernst Benz, Emanuel Swedenborg: Visionary Savant in the Age of Reason (1948: English Translation, West Chester, PA, 2002).

60. B. M. Kedrov, 'Lomonosov, Mikhail Vasilievich', DSB 8, 467–72; Galina Pavlova and Alexander Fyodorov, Mikhail Lomonosov, Life and Work (Moscow, 1984); Ludmilla Schulze, 'The Russifi cation of the St Petersburg Academy of Sciences', British Journal for the History of Science 18 (1985), 305–35.

61. Elizabeth Hill, 'Roger Boscovich', in Lancelot L. Whyte (ed.), Roger Joseph Boscovich (London, 1961), 17–201; Piers Bursill-Hall (ed.), R. J. Boscovich (Rome, 1993).

62. Irving A. Leonard, 'Pedro de Peralta: Peruvian Polygraph', Revista Hispanica Moderna 34 (1968), 690–9, at 698. Cf. David Brading, The First America (Cambridge, 1991), 391–9; Mark Thurner, History's Peru: The Poetics of Colonial and Post-Colonial Historiography (Gainesville, FL, 2011), 58–81.

63. P. Ford, The Many-Sided Franklin (1899); Carl Van Doren, Benjamin Franklin (New York, 1938); Alfred O. Aldridge, Benjamin Franklin, Philosopher and Man (Philadelphia, PA, 1965); I. Bernard Cohen, 'Franklin, Benjamin', DSB 5, 129–39.

64. Karl Lehmann, Thomas Jefferson, American Humanist (1947: Charlottesville, VA, 1985).

65. Catherine E. Ross, '"Trying all things": Romantic Polymaths, Social Factors and the Legacies of a Rhetorical Education', Texas Studies in Literature and Language 53 (2011), 401–30, at 406.

66. Richard Holmes, Coleridge: Early Visions (1989: new edn, London 1998), 130. Cf. Trevor H. Levere, 'Coleridge and the Sciences', in Andrew Cunningham and Nicholas Jardine (eds.), Romanticism and the Sciences (Cambridge, 1990), 295–306.

67. Josephine McDonagh, De Quincey's Disciplines (Oxford, 1994). Cf. Grevel Lindof, 'Quincey, Thomas Penson de', ODNB 45, 700–6.

68. Alexander Wood, Thomas Young, Natural Philosopher (Cambridge, 1954), 256–71, 286.

69. Wood, Thomas Young, 227–55; Edgar W. Morse, 'Young, Thomas', DSB 14, 562–72; Andrew Robinson, The Last Man Who Knew Everything: Thomas Young, the anonymous polymath who proved Newton wrong, explained how we see, cured the sick and deciphered the Rosetta Stone, among other feats of genius (New York, 2005).

70. David S. Evans, 'Herschel, John', DSB 6, 323–8, at 327. Cf. Gunter Buttmann, The Shadow of the Telescope: A Biography of John Herschel (1965: English translation, New York, 1970); Michael J. Crowe, 'Herschel, John Frederick William', ODNB 26, 825–31; Richard Holmes, The Age of Wonder: How the Romantic Generation Discovered the Beauty and Terror of Science (2008: new edn, London, 2009), 387–411; James A. Secord, 'The Conduct of Everyday Life: John Herschel's Preliminary Discourse on the Study of Natural Philosophy', in his Visions of Science (Oxford, 2014), 80–106.

71. Laura J. Snyder, The Philosophical Breakfast Club: Four Remarkable Friends who Transformed Knowledge and Changed the World (New York, 2011).

72. Robert E. Butts, 'Whewell, William', DSB 14, 292–5; Richard Yeo, Defining Science: William Whewell, Natural Knowledge, and Public Debate in Early Victorian Britain (Cambridge, 1993); idem., 'Whewell, William', ODNB 58, 463–70.

73. John Herschel, Proceedings of the Royal Society 16 (1867–), liii.

74. Yeo, Defining Science, 57; J. M. F. Wright, Alma Mater (London, 1827).

75. R. A. Hyman, Charles Babbage (London, 1982); Doron Swade, The Cogwheel Brain: Charles Babbage and the Quest to Build the First Computer (London, 2000); idem., 'Babbage, Charles', ODNB 3, 68–74; James A. Secord, 'The Economy of Intelligence: Charles Babbage's Reflections on the Decline of Science in England', in his Visions of Science (Oxford, 2014), 52–79.

76. Isaiah Berlin, 'Herder and the Enlightenment', in Vico and Herder (London, 1976), 145–216; Jürgen Trabant, 'Herder and Language', in Hans Adler and Wolf Koepke (eds.), Companion to the Works of Johann Gottfried Herder (Rochester, NY, 2009),

117–39.

77. Walter H. Bruford, Culture and Society in Classical Weimar, 1775–1806 (Cambridge, 1962), 174–235; Peter H. Reill, 'Herder's Historical Practice and the Discourse of Late Enlightenment Science', in Wulf Koepke (ed.), Johann Gottfried Herder, Academic Disciplines and the Pursuit of Knowledge (Columbia, SC, 1996), 13–21; Elías Palti, 'The "Metaphor of Life": Herder's Philosophy of History and Uneven Developments in Late Eighteenth- Century Natural Sciences', History and Theory 38 (1999), 322–47; Dalia Nassar, 'Understanding as Explanation: The Signifi cance of Herder's and Goethe's Science of Describing', in Anik Waldow and Nigel DeSouza (eds.), Herder: Philosophy and Anthropology (Oxford, 2017), 106–25.

78. Nicholas Boyle, Goethe: The Poet and the Age, 2 vols. (Oxford 1991–2000).

79. Katharina Mommsen, Goethe and the Poets of Arabia (1988: English translation, Rochester, NY, 2014).

80. Hugh A. Nisbet, Goethe and the Scientific Tradition (1972); George A. Wells, Goethe and the Development of Science (Alphen, 1978); F. Amrine et al., Goethe and the Sciences (Dordrecht, 1987).

81. Paul R. Sweet, Wilhelm von Humboldt: A Biography, 2 vols. (Columbus, OH, 1978–80); Tilman Borsche, Wilhelm von Humboldt (Munich, 1990); Peter H. Reill, 'Science and the Construction of the Cultural Sciences in Late Enlightenment Germany: The Case of Wilhelm von Humboldt', History and Theory 33 (1994), 345–66; K. Muller-Vollmer, 'Wilhelm von Humboldt', Stanford Encyclopaedia of Philosophy, https://plato.stanford.edu/entries/wilhelm-humboldt.

82. Ole Hansen-Love, La revolution copernicienne du langage dans l'oevre de Wilhelm von Humboldt (Paris, 1972).

83. Ralph W. Emerson, Works, 17 vols. (London 1904–), vol.XI, 458.

84. Kurt-R. Biermann and Ingo Schwarz (1997) 'Der polyglotte Alexander von Humboldt', Mitteilungen der Alexander von Humboldt-Stiftung H69, 39–44.

85. Bettina Hey'l, Das Ganze der Natur und die Diff erenzierung des Wissens: Alexander von Humboldt als Schriftsteller (Berlin, 2007), 7–10, 386–94 and passim.

86. Die letzte Universalgelehrte: Claudia Schulke, https://www.welt.de>Wissenschaft (2009년 5월 4일).

87. Auguste Comte, 'Preface personnelle', Cours de Philosophie Positive, 6 vols. (1830–42, rpr. Brussels, 1969), vol.6, v–xxviii. Cf. Mary Pickering, Auguste Comte: An Intellectual Biography, 3 vols. (Cambridge, 1993–2009).

88. Comte, Cours, vol.1, 1–115. Cf. Johan Heilbron, 'Auguste Comte and Modern Epistemology', Sociological Theory 8 (1990), 153–62; Pickering, Auguste Comte, vol.1, 445, 561–604.

89. Sydney Elsen, 'Herbert Spencer and the Spectre of Comte', Journal of British Studies 7 (1967), 48–67.

90. John D. Y. Peel, Herbert Spencer: The Evolution of a Sociologist (London, 1971);

Greta Jones and Robert Peel, Herbert Spencer: The Intellectual Legacy (London, 2004); José Harris, 'Spencer, Herbert', ODNB 51, 851-61.

91. 마르크스와 그의 업적에 관한 일반 연구서는 Isaiah Berlin, Karl Marx (London, 1939) 부터 Gareth Stedman Jones, Karl Marx: Greatness and Illusion (London, 2016)까지 다양하다.

92. Lawrence Krader (ed.), The Ethnological Notebooks of Karl Marx (Assen, 1972).

93. Eric Hobsbawm 'Marx, Karl', ODNB 37, 57-66, at 60에서 인용.

94. Jones, Karl Marx, 434, 593.

95. René Wellek, A History of Modern Criticism 1750-1950, 4 vols. (Cambridge 1955-65), vol.3, 34-72; Wolf Lepenies, Sainte-Beuve: Auf der Schwelle zur Moderne (Munich, 1997).

96. François Furet, Françoise Melonio, 'introduction' to Tocqueville, Oeuvres, vol.1 (Paris, 2004); Raymond Aron, Main Currents in Sociological Thought, 2 vols. (Harmondsworth, 1968-70), vol.1, 183-232; Melvin Richter, 'Tocqueville on Algeria', The Review of Politics 25 (1963), 362-98.

97. Jean-Louis Benoit, Tocqueville (Paris, 2005), xii.

98. Richard Swedberg, Tocqueville's Political Economy (Princeton, NJ, 2009), 73.

99. H. W. Wardman, Ernest Renan: A Critical Biography (London, 1964), 211. Cf. Jean-Pierre Van Deth, Renan (Paris, 2012); Henry Laurens (ed.), Ernest Renan (Paris, 2013).

100. 역사가 Gabriel Monod, Laurens, Renan, 10에서 인용.

101. Leo Weinstein, Hippolyte Taine (New York, 1972); Regina Pozzi, Hippolyte Taine: scienze umane e politica nel 'Ottocento (Venezia, 1993); Nathalie Richard, Hippolyte Taine: histoire, psychologie, littérature (Paris, 2013).

102. Pozzi, Hippolyte Taine, 24.

103. Richard, Hippolyte Taine, 81.

104. Weinstein, Hippolyte Taine, 26에서 인용.

105. Ann P. Robson, 'Mill, Harriet', ODNB 38, 143-6; Dale E. Miller, 'Harriet Taylor Mill', in Edward N. Zalta (ed.), The Stanford Encyclopaedia of Philosophy (Stanford, CA, 2015): https://plato.stanford.edu/archives/win2015/entries/harriet-mill

106. Nicholas Capaldi, John Stuart Mill: A Biography (Cambridge, 2004); Jose Harris, 'Mill, John Stuart', ODNB 38, 155-75.

107. Timothy Hilton, John Ruskin, 2 vols. (New Haven CT, 1985-000); Robert Hewison, 'Ruskin, John', ODNB 48, 173-92.

108. Peter Stansky, William Morris (Oxford, 1983), 1에서 인용.

109. E. P. Thompson, William Morris, Romantic to Revolutionary (London, 1955); Fiona McCarthy, William Morris (London, 1994).

110. Stefan Collini, Matthew Arnold: A Critical Portrait (Oxford, 1994), 54; idem., 'Arnold, Matthew', ODNB 2, 487-94. Cf. Wellek, Modern Criticism, vol.4, 155-80.

111. William E. Buckler, '"On the Study of Celtic Literature": A Critical Reconsideration',

Victorian Poetry 27 (1989), 61–76, at 62; S. Nagarajan, 'Arnold and the Bhagavad Gita', Comparative Literature 12 (1960), 335–47.

112. Maria Fairweather, Madame de Staël (London, 2004); Michel Winock, Madame de Staël (Paris, 2010); Richard Holmes, This Long Pursuit (London, 2016), 153–68.

113. Barbel Kern and Horst Kern, Madame Doctorin Schlozer: ein Frauenleben in den Widersprüchen der Aufklärung (Munich, 1988), 52ff.

114. Robert K. Webb, 'Martineau, Harriet', ODNB 37, 13–19.

115. Gordon S. Haight, George Eliot: A Biography (1968); Sally Shuttleworth, George Eliot and 19th-Century Science (Cambridge, 1984); Beryl Gray, 'George Eliot and the "Westminster Review"', Victorian Periodicals Review 33 (2000) 212–24; Diana Postlethwaite, 'George Eliot and Science', in George Levine (ed.), The Cambridge Companion to George Eliot (Cambridge, 2001), 98–118; Rosemary Ashton, 'Evans, Marian', ODNB 18, 730–43.

116. Valerie A. Dodd, George Eliot: An Intellectual Life (1990), 284.

117. Rosemary Ashton, George Henry Lewes (London, 1991); eadem., 'Lewes, George Henry', ODNB 33, 563–8.

118. Gillian Beer, Darwin's Plots (London, 1983), 149, 154.

119. Haight, George Eliot, 344–50.

120. Kathryn A. Neeley, Mary Somerville: Science, Illumination and the Female Mind (Cambridge, 2001), 2.

121. Mary Somerville, Personal Recollections (London, 1873), 140.

122. Elizabeth C. Patterson, 'Somerville, Mary', DSB 12, 521–5; idem., Mary Patterson and the Cultivation of Science, 1815–1840 (The Hague, 1984); Mary R. S. Creese, 'Somerville, Mary', ODNB 51, 617–9; James A. Secord, 'General Introduction' to Mary Somerville, Scientific Papers and Reviews (London, 2004), xv–xxxix; idem., 'Mathematics for the Million? Mary Somerville's On the Connexion of the Physical Sciences, in Visions of Science (Oxford, 2014), 107–37; Richard Holmes, This Long Pursuit: Reflections of a Romantic Biographer (London, 2016), 197–216.

123. Sydney Ross, '"Scientist": The Story of a Word', Annals of Science 18 (1962), 65–85.

124. G. Granger, 'Cournot, Antoine-Augustin', DSB 3, 450–4; Franck Bourdier, 'Cuvier, Georges', DSB 3, 521–8; idem., 'Geoffroy Saint-Hilaire, Étienne', DSB 5, 355–8.

125. Ian F. McNeely, 'Medicine on a Grand Scale': Rudolf Virchow, Liberalism and the Public Health (London, 2002), 5에서 인용.

126. McNeely, 'Medicine on a Grand Scale', 7.

127. Guenther B. Risse, 'Virchow, Rudolf ', DSB 14, 39–45; T. James, 'Rudolf Virchow and Heinrich Schliemann', South African Medical Journal 56 (1979), 111–14.

128. Lorenz Krüger (ed.), Universalgenie Helmholtz (Berlin, 1994).

129. R. Steven Turner, 'Helmholtz, Hermann von', DSB 6, 241–53, at 253.

130. Michel Meulden, Helmholtz: From Enlightenment to Neuroscience (2001: English

translation, Cambridge, MA, 2010).

131. Wilhelm Bölsche, Haeckel: His Life and Work (English translation, London, 1906, 173); Georg Uschmann, 'Haeckel, E. H. P.', DSB 6, 6–11; Andrea Wulf, The Invention of Nature: The Adventures of Alexander von Humboldt, the Lost Hero of Science (London, 2016), 298–314; David Lowenthal, G. P. Marsh: Prophet of Conservation (Seattle, WA, 2000).

132. 그의 친구인 식물학자 조셉 후커에게 보낸 편지, Peter Brent, Charles Darwin: A 'man of enlarge curiosity' (London, 1981), 98에서 인용.

133. Ibid., 174.

134. Gillian Beer, Darwin's Plots (London, 1983).

135. Gavin de Beer, 'Darwin, Charles Robert', DSB 3, 565–77; Janet Browne, Charles Darwin, 2 vols. (London, 1995–2002); Adrian Desmond, Janet Browne and James Moore, 'Darwin, Charles Robert', ODNB 15, 177–202; Oliver Sacks, 'Darwin and the Meaning of Flowers', in The River of Consciousness (2017), 3–26.

136. Wesley C. Williams, 'Huxley, Thomas Henry', DSB 6, 589–97; Adrian Desmond, T. H. Huxley, 2 vols. (1994–); idem., 'Huxley, Thomas Henry' ODNB 29, 99–111.

137. Norman T. Gridgeman, 'Galton, Francis', DSB 5, 265–7; Ruth S. Cowan, 'Galton, Francis', ODNB 21, 346–9; Nicholas W. Gillham, A Life of Sir Francis Galton (Oxford, 2001); Michael Bulmer, Francis Galton (Baltimore, MD, 2003).

138. H. J. P. Arnold, William Henry Fox Talbot: Pioneer of Photography and Man of Science (London, 1977); Larry J. Schaff, 'Talbot, William Henry Fox', ODNB 53, 730–3. 2012년 케임브리지에서 그의 업적을 기리는 전시회가 열렸다. 전시회 제목은 "Talbot Beyond Photography".

139. 디드로, 1748년 12월 16일자 편지.

140. Adam Smith, Lectures on Jurisprudence (1763); idem., Wealth of Nations (1776), 18. Cf. Jerry A. Jacobs, In Defense of Disciplines: Interdisciplinarity and Specialization in the Research University (Chicago, IL, 2013), 55–60.

141. Immanuel Kant, Goundwork for the Metaphysics of Morals (1785: English translation, ed.) Alan Wood, New Haven, CT, 2002), 서문.

142. Charles Babbage, On the Economy of Machinery and Manufactures (2nd edn, London, 1832), 131–63.

143. Herbert Spencer, 'Progress: Its Law and Cause' (1857), in Essays, media.bloomsbury.com/.../primary-source-131-herbert-spencer-progress-its-law-and-cause.pdf, 2.

144. Ross, 'Scientist', 71에서 인용.

145. Crosbie Smith and William Agar (eds.), Making Space for Science (Basingstoke 1998), 184에서 인용.

146. Jean-Pierre Chaline, Sociabilité et erudition: les sociétés savantes en France, XIXe–XXe siècles (Paris, 1995). 챌린은 특례로 the 'Société polymathique de Morbihan' (1826)를 인용한다.

147. Holmes, The Age of Wonder, 393.

5장 전문화의 시대

1. Schiller, Andrea Wulf, The Invention of Nature (London, 2016), 33에서 인용.

2. 스미스는 다음에서 인용했다. Richard Yeo, Encyclopaedic Visions (Cambridge, 2001), 249; William Hazlitt, 'Samuel Taylor Coleridge', The Spirit of the Age (London, 1825), 61-79, at 61.

3. Alexander Wood, Thomas Young (Cambridge, 1954), 230, 237.

4. Dubois-Reymond, Paul Bishop (ed.), Companion to Goethe's Faust (Woodbridge, 2006), 195에서 인용. 다음 책의 특히 서론과 비교하라. Richard Hibbitt, Dilettanism and its Values (London, 2006).

5. Frédéric Barbier (ed.), Les trois révolutions du livre (Geneva, 2001); Simon Eliot, 'From Few and Expensive to Many and Cheap: The British Book Market, 1800-1890', in Eliot and Jonathan Rose (eds.), A Companion to the History of the Book (Oxford, 2007), 291-302; Aileen Fyfe, Steam-Powered Knowledge: William Chambers and the Business of Publishing, 1820-1860 (Chicago, IL, 2012), 1-11.

6. Bernard Lightman, Vioctorian Popularizers of Science: Designing Nature for New Audiences (Chicago, IL, 2007), 66. 독일에 관한 내용은 Andrea W. Daum, Wissenschafispopularisierung in 19 Jht: bürgerliche Kultur, naturwissenschaftliche Bildung und die deutsche Offentlichkeit, 1848-1914 (Munich, 1998)를 보라.

7. Thomas De Quincey, Suspiria de profundis (London, 1845), ch.1.

8. Emma C. Spary, 'L'invention de "l'expedition scientifique"', in Marie-Noëlle Bourguet et al. (eds.), L'invention scientifique de la Méditerranee (Paris, 1998), 119-38.

9. Oliver MacDonagh, 'The Nineteenth-Century Revolution in Government: A Reappraisal', Historical Journal 1 (1958), 52-67; Martin Bulmer (ed.), The Social Survey in Historical Perspective (Cambridge, 1991); Edward Higgs, The Information State in England (Basingstoke, 2004).

10. Ian Hacking, The Taming of Chance (Cambridge, 1990), 3. Cf. Alain Desrosières, The Politics of Large Numbers (1993: English translation, Cambridge, MA, 1998).

11. 이 주제를 다룬 연구서는 대단히 많다. 다음 책들이 대표적이다. Chris A. Bayly, Empire and Information: Intelligence Gathering and Social Communication in India, 1780-1870 (Cambridge, 1996); Bernard S. Cohn, Colonialism and its Forms of Knowledge (Princeton, NJ, 1996); Emmanuelle Sibeud, Une science impériale pour l'Afrique? La construction des savoirs africanistes en France, 1878-1930 (Paris, 2002).

12. Haia Shpayer-Makov, The Ascent of the Detective (Oxford, 2011), 125.

13. JoAnne Yates, 'Business Use of Information and Technology during the Industrial Age', in Alfred D. Chandler Jr. and James W. Cortada (eds.), A Nation Transformed by Information (New York, 2003), 107-36.

14. Jacques-Bernard Durey de Noinville, Table alphabetique des dictionnaires (Paris, 1758). Cf. Peter Burke with Joseph McDermott, 'The Proliferation of Reference Books, 1450-1850', in McDermott and Burke (eds.), The Book Worlds of East Asia and Europe, 1450-1850: Connections and Comparisons (Hong Kong, 2015), 283-320.

15. Mark S. Phillips, Society and Sentiment: Genres of Historical Writing in Britain, 1740-1820 (Princeton, NJ, 2000), 294에서 인용.

16. Nick Jardine in Marina Frasca-Spada와 Nick Jardine (eds.), Books and the Sciences in History (Cambridge, 2000), 402에서 인용.

17. 학술지 Modern Business in 1908, OED에서 인용.

18. John Higham, 'The Matrix of Specialization', in Alexandra Oleson and John Voss, The Organization of Knowledge in Modern America, 1860–1920 (Baltimore, MD, 1979), 3–18, at 9.

19. 콩트는 이런 글도 썼다. 'l'esprit de spécialité, l'âge de spécialité, le régime de spécialité: Cours de Philosophie Positive (6 vols., 1830-42: rpr. Brussels, 1969), vol. 1, 31: vol. 6, 15, 293, 304, 341.

20. Fritz Ringer, Fields of Knowledge: French Academic Culture in Comparative Perspective, 1890-1920 (Cambridge, 1992), 303.

21. Émile Durkheim, La division du travail social (1893); cf. Marcel Fournier, Émile Durkheim (2007: English translation, Cambridge 2013), 427–9, 432.

22. Ruth Kinna, 'William Morris: Art, Work and Leisure', JHI 61 (2000), 493-512, at 499, 503-4에서 인용.

23. Max Weber, 'Science as a Vocation', in Hans H. Gerth and C. Wright Mills (eds.), From Max Weber (New York, 1946), 129–56.

24. George Rosen, The Specialization of Medicine with Particular Reference to Ophthalmology (New York, 1944).

25. George E. Davie, The Democratic Intellect: Scotland and her Universities in the Nineteenth Century (1961: 3rd edn, Edinburgh, 2013).

26. Chad Wellmon, Organizing Enlightenment: Information Overload and the Invention of the Modern Research University (Baltimore, MD, 2015) 4–5, 10–11, 40, 122 and passim.

27. James Hart, German Universities (1874), 264.

28. Basil Gildersleeve, Axtell, Wisdom's Workshop: The Rise of the Modern University (Princeton, NJ, 2016), 248에서 인용.

29. Durkheim, Fournier, Émile Durkheim, 67에서 인용.

30. Sheldon Pollock, 'Introduction' to World Philology, ed. Pollock et al. (Cambridge, MA, 2015), 1–24.

31. Michael G. Brock and M. C. Curthoys (eds.), History of the University of Oxford (Oxford, 2000), vol.7, part 2, 361–84, 397–428.

32. Davie, The Democratic Intellect, 6–7, 65–6, 79; idem., The Crisis of the Democratic Intellect: The Problem of Generalism and Specialization in Twentieth-Century Scotland (New York, 1987).

33. Tony Becher and Paul R. Trowler, Academic Tribes and Territories: Intellectual Inquiry and the Cultures of Disciplines (1989: second edn, Buckingham, 2001). 이것은 20세기 말을 다룬 연구서다. 로버트 아드리의 The Territorial Imperative: A Personal

Enquiry into the Animal Origins of Property and Nations (London, 1972)는 동물학부터 사회학까지 범위를 넓혀 쓴 책이다. 지리학자의 관점을 보려면 Robert David Sack, Human Territoriality: Its Theory and History (Cambridge, 1985)을 보라.

34. Mary O. Furner and Barry Supple (eds.), The State and Economic Knowledge (Cambridge, 1990), 303에서 인용.

35. lfred N. Whitehead, Science and the Modern World (Cambridge, 1926).

36. Charles E. McClelland, State, Society and University in Germany, 1700–1914 (Cambridge, 1980), 281, 285.

37. Marie B. Hall, All Scientists Now: The Royal Society in the Nineteenth Century (Cambridge, 1984), 216–17.

38. 이 자료에 도움을 준 마이클 헌터에게 감사한다.

39. Eckhardt Fuchs, 'The Politics of the Republic of Learning: International Scientific Congresses in Europe, the Pacific Rim and Latin America', in Fuchs and Benedikt Stuchtey (eds.), Across Cultural Borders (Lanham, MD, 2002), 205–44; Wolf Feuerhahn (ed.), La fabrique internationale de la science: les congrès internationales de 1865 à 1945 (Paris, 2010).

40. Denis Pernot, 'Brunetière', in Dominique Kalifa et al. (eds.), La civilisation du journal: histoire culturelle et litteraire de la presse francaise au XIXe siècle (Paris, 2011), 1, 261–5.

41. Lorraine Daston, 'The Academies and the Unity of Knowledge', Differences 10 (1998), 67–86, at 73.

42. C. P. Snow, The Two Cultures (1959: ed. Stefan Collini, Cambridge, 2001), 2, 14–15.

43. Helmut Kreuzer (ed.), Die zwei Kulturen (Munich, 1987); W. W. Mijnhardt and B. Theunissen (eds.) De Twee Culturen (Amsterdam, 1988); Giorgio Olcese (ed.), Cultura scientifica e cultura umanistica: contrasto o integrazione? (Genoa, 2004); Emma Eldelin, "De två kulturerna" flyttar hemifrån: C. P. Snows begrepp i svensk idédebatt, 1959–2005 (Stockholm, 2006); Jost Halfmann and Johannes Rohbeck (eds.), Zwei Kulturen Der Wissenschaft, Revisited (Göttingen, 2007).

44. Benedict Anderson, Imagined Communities: Reflections on the Origin and Spread of Nationalism (1983: revised edn, London, 1991).

45. Frank Horner, The French Reconnaissance: Baudin in Australia, 1801–1803 (Melbourne, 1987), 72.

46. Peter E. Carels and Dan Flory, 'J. H. Zedler's Universal Lexicon', in Frank A. Kafker (ed.), Notable Encyclopaedias of the Seventeenth and Eighteenth Centuries (Oxford, 1981), 165–95; Frank A. Kafker, The Encyclopaedists as Individuals (Oxford, 2006).

47. Herman Kogan, The Great EB: The Story of the Encyclopaedia Britannica (Chicago, IL, 1958), 168; Gabriele Turi, Il mecenate, il fi losofo e il gesuita: l' Enciclopedia Italiana, specchio della nazione (Bologna, 2002), 50, 57.

48. Steven Shapin, The Scientific Life: A Moral History of a Late Modern Vocation (Chi-

cago, IL, 2008), 169–78; Jeffrey A. Johnson, The Kaiser's Chemists: Science and Modernization in Imperial Germany (Chapel Hill, NC, 1990), 34; Daniel P. Todes, Pavlov's Physiological Factory (Baltimore, MD, 2002), 88.

49. Laurent Mucchielli, La découverte du social: naissance de la sociologie en France, 1870–1914 (Paris, 1998), 213; Marcel Fournier, Emile Durkheim (2007: English translation, Cambridge, 2013), 66.

50. John Ruscio, Becher and Trowler, Academic Tribes and Territories, 66에서 인용.

51. Rudolf Stichweh, 'Differenzierung der Wissenschaft', in Wissenschaft, Universität, Professionen (Frankfurt, 1994).

52. Ian McNeely with Lisa Wolverton, Reinventing Knowledge from Alexandria to the Internet (New York, 2008), xix, 163. Cf. Immanuel Wallerstein et al., Open the Social Sciences (Stanford, CA, 1996).

53. George Weisz, The Emergence of Modern Universities in France, 1863–1914 (Princeton, NJ, 1983), 225–69.

54. Bernhard vom Brocke, 'Friedrich Althoff : A Great Figure in Higher Education Policy in Germany', Minerva 29 (1991), 269–93, at 272.

55. Axtell, Wisdom's Workshop, 263.

56. Fournier, Émile Durkheim, 91, 411.

57. Wallerstein, Open the Social Sciences, 34.

58. Pierre Bourdieu, Distinction (1979: English translation, London 1984); idem., Homo Academicus (1984: English translation, Cambridge 1988).

59. P. Boardman, The Worlds of Patrick Geddes: Biologist, Town Planner, Re-Educator, Peace-Warrior (London, 1978), 1; Israel Zangwill, 'Introduction' to Amelia Defries, The Interpreter: Geddes, the Man and his Gospel (London, 1927), 10.

60. 그 지인은 도시 계획 설계자였던 패트릭 아버크롬비였다. Paddy Kitchen, A Most Unsettling Person: An Introduction to the Ideas and Life of Patrick Geddes (London, 1975), 237.

61. Lewis Mumford, Sketches from Life: The Autobiography of Lewis Mumford (New York, 1982), 153.

62. Davie, The Democratic Intellect, ix에서 인용.

63. Helen Meller, Patrick Geddes: Social Evolutionist and City Planner (London, 1990); idem., 'Geddes, Patrick', ODNB 21, 701–6.

64. Francoise Levie, L'homme qui veut classer le monde (Brussels, 2006); Alex Wright, Cataloguing the World: Paul Otlet and the Birth of the Information Age (Oxford, 2014).

65. Marie Neurath and Robert S. Cohen (eds.), Otto Neurath: Empiricism and Sociology (Dordrecht, 1973), 14, 46.

66. Neurath and Cohen, Otto Neurath, 4에서 인용. 노이라트는 1만 3,000권으로 예측했다. 그의 아내 마리는 같은 책 59쪽에 인용되어 있다.

67. Jordi Cat, Nancy Cartwright and Hasok Chang, 'Otto Neurath: Politics and the Unity of Science', in Peter Galison and David J. Stump (eds.), The Disunity of Science (Stanford, CA, 1996), 347-69. 한 사람의 지식 통합론을 세 명이 논한다는 사실이 모순처럼 느껴지지만, 이 논문이 바로 노이라트가 중요하게 생각했던 국제 협력을 보여주는 예다.

68. Nader Vossoughian, 'The Language of the World Museum: Otto Neurath, Paul Otlet, Le Corbusier', Associations Transnationales (2003), 82-93.

69. Otto Neurath, 'Unifi ed Science as Encyclopaedic Integration', in Otto Neurath, Rudolf Carnap and Charles Morris (eds.), International Encyclopaedia of Unifi ed Science, vol.1 (Chicago, IL, 1955), 1-27.

70. Guy V. Beckwith, 'The Generalist and the Disciplines: The Case of Lewis Mumford', Issues in Integrative Studies 14 (1996), 7-28. 멈퍼드는 점점 게데스를 비판적으로 바라보기 시작했고, 다음의 논문에 그런 입장이 명확히 드러난다. 'The Disciple's Rebellion', Encounter (September, 1966), 11-20.

71. Donald L. Miller, Lewis Mumford: A Life (New York, 1989), 163에서 인용.

72. Ibid., 427, 멈퍼드 논문에서 인용. Lewis Mumford, The Myth of the Machine (1966), 16-17.

73. Ibid., 16.

74. Allen Davis, 'Lewis Mumford: Man of Letters and Urban Historian', Journal of Urban History 19 (1993), 123-31, at 123. Cf. Th omas P. Hughes and Agatha Hughes (eds.), Lewis Mumford: Public Intellectual (New York, 1990).

75. Norman and Jean Mackenzie, The Time Traveller: The Life of H. G. Wells (London, 1973), 41, 402-3.

76. Nicholas Murray, Aldous Huxley: A Biography (London, 2003), 171.

77. Ibid., 127, 161.

78. Stefan Collini, Absent Minds: Intellectuals in Britain (Oxford, 2008), 458.

79. 보르헤스와의 인터뷰. Jaime Alazraki, Borges and the Kabbalah (Cambridge, 1988), 5에서 인용.

80. 이 부분의 초안을 읽고 의견을 준 내 친구 스티븐 볼디에게 감사한다. 그의 다음 책과 비교해보라. Companion to Jorge Luis Borges (Woodbridge, 2009).

81. Borges, 'An Autobiographical Essay', in The Aleph and Other Stories (London, 1971), 203-60, at 245.

82. Iván Almeida, 'Borges and Peirce, on Abduction and Maps', Semiotica 140 (2002), 113-31, 22, and, more generally, Alfonso de Toro (ed.), Jorge Luis Borges: Ciencia y Filosofía (Hildesheim, 2007), and Guillermo Martínez, Borges and Mathematics (West Lafayette, IN, 2012).

83. Mark Krupnick, 'George Steiner's Literary Journalism', New England Review 15 (1993), 157-67, at 157.

84. 스타이너를 "르네상스인"으로 부른 사람은 소설가 겸 비평가인 안토니아 바이엇이었다. 스타이너를 박식한 "괴물"로 표현한 부분을 보려면 다음 글을 보라. Guido Almansi, 'The Triumph of the Hedgehog', in Nathan A. Scott Jr. and Ronald A. Shart (eds.), Reading George Steiner (Baltimore, MD, 1994), 58-73, at 60.

85. Robert Boyers, 'Steiner as Cultural Critic', in Scott and Sharp, Reading George Steiner, 14-42.

86. George Steiner, Errata: An Examined Life (New Haven, CT, 1997), 278.

87. Daniel Schreiber, Susan Sontag: A Biography (2007: English translation, Evanston, IL, 2014), 196, 153에서 인용.

88. Ibid., 15.

89. Susan Sontag, Against Interpretation (New York, 1966), 11, 88, 93ff , 299.

90. 그래도 손택은 사진을 논할 때 자주 문학을 이용했다. 그녀의 에세이 《America, Seen Through Photographs, Darkly》는 월트 휘트먼으로 시작해서 말라르메, 폴 발레리, 하트 크레인, 허먼 멜빌, 마르셀 프루스트, 토마스 만, J. G. 발라드, 토마스 하디, 윌리엄 카를로스 윌리엄스, D. H. 로런스를 다룬다.

91. Schreiber, Susan Sontag, 111-12.

92. Donald T. Campbell, 'Ethnocentrism of Disciplines and the Fish-Scale Model of Omniscience', in Muzafa Sherif and Carolyn W. Sherif (eds.), Interdisciplinary Relationships in the Social Sciences (Boston, MA, 1969), 328-48.

93. Max Weber to Robert Liefmann (1920), Guenther Roth and Wolfgang Schluchter, Max Weber's Vision of History (Berkeley, CA, 1984), 120에서 인용.

94. Peter Ghosh, Max Weber and the Protestant Ethic: Twin Histories (Oxford, 2014), 35.

95. Cynthia Kerman, Creative Tension: The Life and Th ought of Kenneth Boulding (Ann Arbor, MI, 1974), quotations at 6, 8, 43; Deborah Hammond, The Science of Synthesis (Boulder, CO, 2003), 197-241.

96. Leo Rosten, 'Harold Lasswell: A Memoir', in Arnold A. Rogow (ed.), Politics, Personality and Social Science in the 20th Century (Chicago, IL, 1969), 1-13.

97. Steven A. Peterson, 'Lasswell, Harold Dwight', in Glenn H. Utter and Charles Lockhart (eds.), American Political Scientist: A Dictionary (2nd edn, Westport, CT, 2002), 228-30에서 인용.

98. 푸코에 관한 방대한 2차 문헌을 보려면 다음을 참고하라. Didier Eribon, Michel Foucault (1989: English translation, Cambridge, MA, 1991); Alan Megill, 'The Reception of Foucault by Historians', Journal of the History of Ideas 48 (1987), 117-41; Moya Lloyd and Andrew Tucker (eds.), The Impact of Michel Foucault on the Social Sciences and Humanities (Basingstoke, 1997); Jeremy W. Crampton and Stuart Elden (eds.), Space, Knowledge and Power: Foucault and Geography (Basingstoke, 2007); Ben Golder and Peter Fitzpatrick (eds.), Foucault and Law (Farnham, 2010).

99. Egon S. Pearson, Karl Pearson: An Appreciation of Some Aspects of his Life and Work (Cambridge, 1938); Churchill Eisenhart, 'Pearson, Karl', DSB 10, 447-73; Joanne Woiak, 'Pearson, Karl', ODNB 43, 331-5.

100. Nathan Reingold, 'Weaver, Warren', ANB 22, 838-41; Robert E. Kohler, Partners in Science: Foundations and Natural Scientists, 1900-1945 (Chicago, IL, 1991), 265-302.

101. Giuseppe Armocida and Gaetana S. Rigo, 'Mantegazza, Paolo', DBI 69, 172-5.

102. Fabio Dei, 'Pitré, Giuseppe', DBI 84, 293−7.

103. Giuseppe Armocida, 'Lombroso, Cesare', DBI 65, 548−53; Mary Gibson, Born to Crime (Westport, CT, 2002).

104. Fiorenzo Monati, 'Pareto, Vilfredo', DBI 81, 341−7. G. Eisermann, Vilfredo Pareto (Tübingen, 1987); Bernard Valade, Pareto: la naissance d'une autre sociologie (Paris, 1990).

105. Paul Lazarsfeld, 'Notes on the History of Quantifi cation in Sociology', Isis 52 (1961), 277−333; Kevin Donnelly, Adolphe Quetelet, Social Physics and the Average Men of Science (Pittsburgh, PA, 2015).

106. 현재 타르드는 뒤르켐 때문에 오랫동안 실추되었던 명예를 회복하고 있다. Elihu Katz, 'Rediscovering Gabriel Tarde', Political Communication 23 (2006), 263−70을 보라.

107. 이 의견은 지멜이 하이델베크르 대학 철학과에서 교수 임용 심사를 받을 때 나온 말이었다. 그러나 그는 임용되지 못했다. David Frisby, Georg Simmel (1984: revised edn, London, 2002), 31.

108. Clifford H. Scott, Lester Frank Ward (Boston, MA, 1976); Laurel N. Tanner, 'Ward, Lester Frank', ANB 22, 641−3.

109. ALfred Blucksmann, 'Norbert Elias on his Eightieth Birthday', prefaced to Peter Gleichmann, Johan Gouldsblom and Hermann Korte (eds.), Human Figurations: Essays for/Aufsätze für Norbert Elias (Amsterdam, 1977). 이 자료에 대해 스테판 메넬에게 고마움을 전한다.

110. Norbert Elias, 'Scientific Establishments'(1982, rpr. in his Collected Works, vol.14, Dublin, 2009), 107−60. Cf. Stephen Mennell, Norbert Elias (Oxford, 1989); Dennis Smith, Norbert Elias and Modern Social Theory (Cambridge, 2001); Florence Delmotte, Norbert Elias, la civilisation et l'Etat: enjeux épistémologiques et politiques d'une sociologie historique (Brussels, 2007); Marc Joly, Devenir Norbert Elias (Paris, 2012).

111. Woodruff Smith, 'Wilhelm Wundt: Völkerpsychologie and Experimental Pyschology', in Politics and the Sciences of Culture (New York, 1991), 120−8.

112. James, Horst Gundlach, 'William James and the Heidelberg Fiasco', Journal of Psychology and Cognition (2017), 58에서 인용. 다음과 비교하라. Gerald E. Myers, William James (New Haven, CT, 1986).

113. Robert A. Nye, The Origins of Crowd Psychology: Gustave Le Bon and the Crisis of Mass Democracy in the Third Republic (Beverly Hills, CA, 1975); Benoît Marpeau, Gustave Le Bon: parcours d'un intellectuel, 1841−1931 (Paris, 2000).

114. Peter Amacher, 'Freud, Sigmund', DSB 5, 171−83, at 173; Oliver Sachs, 'The Other Road: Freud as Neurologist', The River of Consciousness (London, 2017), 79−100, at 79.

115. Frank J. Sulloway, Freud, Biologist of the Mind (1979, 2nd edn, Cambridge, MA 1992); Joel Whitebook, Freud: An Intellectual Biography (Cambridge, 2017).

116. Marcel Fournier, Marcel Mauss (1994: English translation, Princeton, NJ, 2006), 92.

117. Douglas Cole, Franz Boas: The Early Years, 1858−1906 (Seattle, WA, 1999); Ned

Blackhawk and Isaiah L. Wilner (eds.), Indigenous Visions: Rediscovering the World of Franz Boas (New Haven, CT, 2018).

118. Herbert J. Fleure, 'Haddon, Alfred', ODNB 24, 411-12.

119. Michael Bevan and Jeremy MacClancy, 'Rivers, William Halse Rivers', ODNB 47, 48-9.

120. Robert Ackerman, J. G. Frazer: His Life and Work (Cambridge, 1987); idem., 'Frazer, Sir James George', ODNB 20, 892-3.

121. George Gordon, Andrew Lang (Oxford, 1928), 11.

122. George Gordon, 'Lang, Andrew', DNB 1912-21, 319-23; A. De Cocq, Andrew Lang (Tilburg, 1968); William Donaldson, 'Lang, Andrew', ODNB 32, 453-6.

123. Bernhard Maier, William Robertson Smith (Tübingen, 2009), 5, 243.

124. Th omas O. Beidelman, W. Robertson Smith and the Sociological Study of Religion (Chicago, IL, 1974); Henry R. Sefton, 'Smith, William Robertson', ODNB 51, 385-6.

125. Norbert Wiener, Ex-Prodigy (1953: new edn, Cambridge, MA 1964), and I Am a Mathematician (1956: new edn, Cambridge, MA, 1964); Leone Montagnini, Le armonie del disordine: Norbert Wiener matematico-fi losofo del '900 (Venezia, 2005).

126. Leon Harmon, Pamela McCorduck, Machines Who Think: A Personal Enquiry into the History and Prospects of Artificial Intelligence (Natick, MA, 2004), 67에서 인용.

127. William Aspray, John von Neumann and the Origins of Modern Computing (Cambridge, MA, 1990), 1.

128. Norman Macrae, John von Neumann: The Scientific Genius who Pioneered the Modern Computer, Game Theory, Nuclear Deterrence and Much More (New York, 1992); Giorgio Israel and Ana Millan Gasca, The World as a Mathematical Game: John von Neumann and 20th-Century Science (Basel, 2000).

129. Jimmy Soni and Rob Goodman, A Mind at Play: How Claude Shannon Invented the Information Age (New York, 2017).

130. Andrew Hodges, Alan Turing: The Enigma (London, 1983); David Leavitt, The Man Who Knew Too Much: Alan Turing and the Invention of the Computer (London, 2006); George Dyson, Turing's Cathedral: The Origins of the Digital Universe (London, 2012).

131. 이 대단한 사람을 제대로 다룬 전기는 없다. 그에 관해 간략하게나마 알고 싶다면 다음을 보라. John Parascandola, 'Henderson, Lawrence Joseph', DSB 6, 260-2.

132. Mark Davidson, Uncommon Sense: The Life and Thought of Ludwig Von Bertalanffy (Los Angeles, CA, 1983); cf. Hammond, The Science of Synthesis.

133. Hammond, The Science of Synthesis, 157에서 인용.

134. Davidson, Uncommon Sense, 18에서 인용.

135. Beverley Kent, Charles S. Peirce: Logic and the Classification of the Sciences (Montreal, 1987); Paul J. Croce, 'Peirce, Charles Sanders', ANB 17, 252-4; Christopher Hookway, 'Peirce, Charles Sanders', in Edward Craig (ed.), Routledge Encyclopedia of Philosophy, 7, 269-84.

136. . Daniel Armstrong and C. H. van Schooneveld (eds.), Roman Jakobson: Echoes of his Scholarship (Lisse, 1977), v, 1.

137. Roman Jakobson, 'Preface' to Selected Writings, vol.4 (The Hague, 1966).

138. Roman Jakobson and Petr Bogatyrev, 'Folklore as a Special Form of Creation' (1929: repr. in Selected Writings, vol.4, 1–15).

139. Elmar Holenstein, 'Jakobson's Philosophical Background', in Krystina Pomorska et al. (eds.), Language, Poetry and Politics (Amsterdam, 1987), 15–31.

140. José Marcos-Ortega, 'Roman Jakobson precursor de la neuropsicología cognitiva', in Monica Mansour and Julieta Haidar (eds.), La imaginación y la inteligencia en el lenguaje: Homenaje a Roman Jakobson (Mexico City, 1996), 161–76.

141. Roman Jakobson, 'Two Aspects of Language and Two Aspects of Aphasic Disturbances' (1956: repr. in Roman Jakobson, Selected Writings, vol.2 (The Hague, 1971), 239–59.

142. Richard Bradford, Roman Jakobson: Life, Language, Art (London, 1994), 129–42.

143. Edmund Leach, 'Roman Jakobson and Social Anthropology', in the collective volume A Tribute to Roman Jakobson (Berlin, 1983), 10–16; Holenstein, 'Philosophical Background', 17.

144. Roland Barthes, Système de la Mode (Paris, 1967); idem., L'empire des signes (Paris, 1970). 그에 관해서는 Louis-Jean Calvet, Roland Barthes: A Biography (1990: English translation, Bloomington, IN, 1994)를 보라.

145. Sandro Montalto (ed.), Umberto Eco: l'uomo che sapeva troppo (Pisa, 2005), 215에서 인용. 사실 에코는 정보를 위한 정보 수집에는 반대했지만, 알프레드 히치콕의 영화 제목, 〈너무 많이 알았던 남자The Man Knew Too Much〉(국내 개봉 제목: 나는 비밀을 알고 있다)에 담긴 암시는 당연히 좋아했다.

146. Peter Bondanella, Umberto Eco and the Open Text (Cambridge, 1997); Michael Caesar, Umberto Eco: Philosophy, Semiotics and the Work of Fiction (Cambridge, 1999).

147. Avril Pyman, Pavel Florensky, a Quiet Genius: The Tragic and Extraordinary Life of Russia's Leonardo da Vindi (New York, 2010). 수년 전에 내게 플로렌스키의 저술을 알려준 로빈 밀너 걸랜드에게 감사한다.

148. William T. Scott and Martin X. Moleski, Michael Polanyi: Scientist and Philosopher (Oxford, 2005): Mary Jo Nye, Michael Polanyi and his Generation (Chicago, IL, 2011).

149. Maurice Goldsmith, Joseph Needham: 20th-Century Renaissance Man (Paris, 1995).

150. 니덤의 공동 연구자 Wang Ling, Goldsmith, Joseph Needham, 136에서 인용. 다음과 비교하라. Simon Winchester, Bomb, Book and Compass: Joseph Needham and the Great Secrets of China (London, 2008).

151. 골드스미스가 니덤과 한 인터뷰, Joseph Needham, 55, 45에서 인용. '니덤 질문'에 관해서는 다음을 보라. Nathan Sivin, 'Why the Scientific Revolution Did Not Take Place in China – or Didn't It?', Chinese Science 5 (1982), 45–66.

152. David Lipset, Gregory Bateson: Legacy of a Scientist (Boston, MA, 1980), 115. Cf.

Peter Harries-Jones, A Recursive Vision: Ecological Understanding and Gregory Bateson (Toronto, 1995).

153. Robert W. Rieber (ed.), The Individual, Communication and Society: Essays in Memory of Gregory Bateson (Cambridge, 1989), 2.

154. Lipset, Gregory Bateson, 184-238.

155. Ibid., 180. 메이시 학술회의에 관한 내용은 8장을 보라.

156. Harries-Jones, Recursive Vision, 9.

157. 지그문트 코흐에게 보낸 편지, Hunter Crowther-Heyck, Herbert A. Simon: The Bounds of Reason in Modern America (Baltimore, MD, 2006), 312에서 인용.

158. Ha-Joon Chang, 23 Things They Don't Tell You About Capitalism (London, 2011), 173. / 장하준, 《그들이 말하지 않는 23가지》(부키, 2014).

159. Herbert Simon, Models of My Life (New York, 1991), 189.

160. Michel de Certeau: La prise de parole: pour une nouvelle culture (Paris, 1968); idem., with Jacques Revel and Dominique Julia, Une politique de la langue: la Revolution Francaise et les patois (Paris, 1975).

161. Richard Creath, 'The Unity of Science: Carnap, Neurath and Beyond', in Peter Galison and David J. Stump, The Disunity of Science (Stanford, CA, 1996), 158-69, at 161.

162. Fournier, Émile Durkheim, 188, 206, 208.

163. Cynthia Kernan, Creative Tension: The Life and Thought of Kenneth Boulding (Ann Arbor, MI, 1974), 22.

164. Berlin, Mary Jo Nye, Michael Polanyi and His Generation (Chicage, IL, 2011), 304에서 인용.

165. Andrew Hodges, Alan Turing, the Enigma (1983: new edn, London, 2012), 411.

166. Miller, Lewis Mumford, 532.

167. Reported by Carlo Ginzburg in Maria Lucia G. Pallares-Burke, The New History: Confessions and Comparisons (Cambridge, 2002), 209.

168. www.critical-theory.com/noam-chomsky-calls-jacques-lacan-a-charlatan,accessed 3 August 2017.

169. Michael Moran, The Metaphysical Imagination (Peterborough, 2018), 660-1에서 인용.

170. Blake Morrison, 'Too Clever by Half: George Steiner', Independent (1994년 10월 15일); Jeet Heer, 'George Steiner's Phony Learning', sans everything (2009년 5월 16일); https://www.wsws.org/en/articles/2010/11/zize-n12.html (2017년 8월 3일).

171. Stuart Elden, Sloterdijk Now (Cambridge, 2012), 3.

172. Stuart Elden (ed.), Sloterdijk Now (Cambridge, 2011); Jamil Khader and Molly Anne Rothenberg (eds.), Žižek Now (Cambridge, 2013).

173. Rebecca Mead, 'The Marx Brother: How a Philosopher from Slovenia Became an International Star', New Yorker (2005년 5월 5일).

174. George S. Gordon, 'Lang, Andrew', DNB 1912-21, 319-23, at 322; idem., Andrew Lang (Osford, 1928), 10. 같은 인류학자였던 로버트 R. 머렛은 랭을 위대한 인류학자라고

불렀다(The Raw Material of Religion, Oxford, 1929, 3).

175. Max Weber, The Protestant Ethic and the Spirit of Capitalism (1904: English trans-lation, London, 1930), 32.

6장 폴리매스는 특별한 사람인가

1. Josh Clark, 'How Curiosity Works', https://science.howstuffworks.com〉Science〉Life-Science〉Evolution.

2. Peter Miller, 'Peiresc in Africa', in Marc Fumaroli (ed.), Les premiers siècles de la république européenne des lettres (Paris, 2005), 493-525, at 501.

3. Pierre-Daniel Huet, Commentarius (The Hague, 1718), 15; Huetiana (Paris, 1722), Elena Rapetti, Pierre-Daniel Huet: erudizione, filosopfia, apologetica (Milan, 1999), 5n에서 인용.

4. Richard S. Westfall, Never at Rest: A Biography of Isaac Newton (Cambridge, 1980), 103.

5. Benjamin Franklin, Autobiography, ed. J. A. Leo Lemay and P. M. Zall (New York, 1986), 9.

6. Alexander von Humboldt, Cosmos (English translation, New York, 1858), preface; Jean-Louis Benoît, Tocqueville (Paris, 2005), vol.1, p.818.

7. Hippolyte Taine, Correspondance, 4 vols. (Paris, 1902-6), vol.1, 56.

8. Peter Gay, Freud: A Life for Our Time (London, 1988), 13-14, 25. /피터 게이, 《프로이트》(교양인, 2011)

9. Bertrand Russell, Autobiography, 3 vols. (London, 1967-9), vol.1, 13.

10. Fernando Ortiz, La africanía de la música folklorica de Cuba (Havana, 1950), xiii.

11. Anna Rosa Antognazza, Leibniz: A Very Short Introduction (Oxford, 2016), 6.

12. Edmund Hector, Robert DeMaria Jr., The Life of Samuel Johnson (Oxford, 1993), 8 에서 인용.

13. Lewis Mumford, The Condition of Man (1944), 383.

14. George Dyson, Turing's Cathedral (London, 2012), 44.

15. Gareth Dale, Karl Polanyi: A Life on the Left (New York, 2016), 8에서 인용.

16. Lewis M. Dabney, Edmund Wilson: A Life (New York, 2005), xii.

17. Didier Eribon, Michel Foucault (1989: English translation, Cambidge, MA 1991), 9 에서 인용.

18. 'l'intérêt passioné······ qu'il porte à toutes choses': François Dosse, Michel de Cer-teau: Le marcheur blessé (Paris, 2002), 176에서 인용.

19. Daniel Horowitz, 'David Riesman: From Law to Social Criticism', Buffalo Law Review 58 (2010), 1,005-29, at 1,012.

20. Klári von Neumann, Dyson, Turing's Cathedral, 54에서 인용.

21. Klari von Neumann, quoted in Dyson, Turing's Cathedral, 54.

22. Mary Somerville, Personal Recollections (London, 1873), 164.

23. Andrew Clark, The Life and Times of Anthony Wood, 3 vols. (Oxford, 1891–4), vol.1, 282.

24. John Aubrey, Brief Lives, ed. Oliver L. Dick (London, 1960), 20.

25. Westfall, Never at Rest, 103, 191.

26. Robert Shackleton, Montesquieu: A Critical Biography (Oxford, 1961), 77–8.

27. Pierre Boutroux and Etienne Toulouse, Jeremy Grey, Henri Poincaré: A Scientific Biography (Princeton, NJ, 2013), 25에서 인용.

28. Dale, Karl Polanyi, 216–17.

29. Hector, DeMaria, The Life of Samuel Johnson, 8에서 인용.

30. Julie de Lespinasse, Keith M. Baker, Condorcet: From Natural Philosophy to Social Mathematics (Chicago, IL., 1975), 25에서 인용.

31. Sarah Lee, Memoirs of Baron Cuvier (London, 1833), 9, 11.

32. George O Trevelyan, Life and Letters of Lord Macaulay (1876: rpr. Oxford, 1978), vol. 1, 48, and vol. 2, 142-3, 매컬리의 친구이자 편집자이자 폴리매스였던 프랜시스 제프리의 말 인용.

33. Ferdinand Denis, Lehmann, Sainte-Beuve (Oxford, 1962), 233에서 인용.

34. Dyson, Turing's Cathedral, 41과 Pamela McCorduck (인터뷰 진행자) in Machines Who Think (San Francisco, CA 1979), 67에서 인용.

35. Maurice Goldsmith, Joseph Needham: Twentieth-Century Renaissance Man (Paris, 1995), 3, 137.

36. Foxcroft, Supplement, 456.

37. 프랑스 지질학자 Jules Marcou, Edwad Lurie, Louis Agassiz: A Life in Science (Chicago, IL, 1960), 18에서 인용.

38. Trevelyan, Life and Letters, vol.1, 48, 50.

39. James Bryce, Bernhard Maier, William Robertson Smith (Tübingen, 2009), 202에서 인용. 볼딩은 Deborah Hammond, The Science of Synthesis (Boulder, CO, 2003), 154에서 인용.

40. Steve J. Heims, The Cybernetic Group (Cambridge, MA, 1991), 44.

41. Wang Ling in Goldsmith, Joseph Needham, 141.

42. Thomas Hager, Force of Nature: A Life of Linus Pauling (New York, 1995), 53에서 인용.

43. Nancy G. Slack, G. Evelyn Hutchinson and the Invention of Modern Ecology (New Haven, CT, 2010), 320–33.

44. McCorduck, Machines Who Think, 86.

45. Peter Brent, Charles Darwin (1981: new edn, London, 1983), 300; McCorduck, Machines Who Think, 154에서 인용.

46. Nathan Sivin, 'Shen Gua', Science in Ancient China: Researches and Reflections (Aldershot, 1995), vol.III, 53.

47. Johann Gottfried Herder, 'Vom Erkennen und Empfi nden der menschlichen Seele',

in Werke, eds. Jürgen Brummack and Martin Bollacher (Frankfurt, 1985-2000), vol.4, 330; Max Black, Models and Metaphors (Ithaca, NY, 1962); Mary B. Hesse, Models and Analogies in Science (London, 1963).

48. C. Scott Littleton, The Comparative Indo-European Mythology of Georges Dumezil (Bloomington, IN, 1964).

49. Donald A. Schön, Displacement of Concepts (London, 1963).

50. Cosimo Bartoli, Giordano Bruno, Celio Calcagnini, Erasmus Darwin, Kenelm Digby, Tommaso Campanella, Hugo Grotius, Albert von Haller, Constantijn Huygens, Samuel Johnson, William Jones, Gaspar Melchor de Jovellanos, Mikhail Lomonosov, Lorenzo Magalotti, Pedro Peralta, Francesco Redi, Carlos de Siguenza y Gongora, Rudjer Bošović

51. Andrés Bello, Jorge Luis Borges, Aldous and Julian Huxley, Kenneth Boulding, Jacob Bronowski, Kenneth Burke, Roman Jakobson, Andrew Lang and Georges Bataille.

52. 그 외에 소설을 출판한 사람들은 다음과 같다. 알브레히트 폰 할러, 제르맨 드 스탈, 조지 헨리 루이스, 칼 피어슨, 지그프리트 크라카워, 케네스 버크, 루드비크 폰 베르탈란피, 지우베르투 프레이리, 로제 카이와, 다시 히베이루, 수전 손택.

53. William Lloyd, 존 윌킨스 장례식 추모 연설, Barbara J. Shapiro, John Wilkins (Berleley, CA, 1969), 214, 312에서 인용.

54. 바스나지, Hubert Bost, Pierre Bayle (Parris, 2006), 518에서 인용.

55. Foxcroft, Supplement, 455.

56. Jacques Roger, Buffon: A Life in Natural History (1989: English translation, Ithaca, NY, 1997), 24, 28.

57. Paul R. Sweet, Wilhelm von Humboldt: A Biography, 2 vols. (Columbus, OH, 1978-80), vol.1, 160.

58. Karl Lehmann, Thomas Jefferson, American Humanist (Chicago, IL, 1947), 13; Lurie, Louis Agassiz, 24.

59. Fiona MacCarthy, William Morris (London, 1994), 499, 523에서 인용.

60. McCorduck, Machines Who Think, 131.

61. Bruce L. Smith, 'The Mystifying Intellectual History of Harold D. Lasswell', in Arnold A. Rogow (ed.), Politics, Personality and Social Science in the 20th Century (Chicago, IL, 1969), 41-105, at 44.

62. 베르의 친구 뤼시엥 페브르, Agnès Biard, Dominique Bourel and Eric Brian (eds.), Henri Berr et la culture du XXe siècle (Parks, 1997), 11에서 인용.

63. Mumford, Condition of Man, 383.

64. Mark Elvin, 조지프 니덤의 작품을 주제로 한 토론회 '발제문', Past and Present 87 (1980), 17-20, at 18; Christopher Cullen, in Needham, Science and Civilization in China, vol. 7, part 2, xvi.

65. 데이비드 리프, Daniel Schreiber, Susan Sontag (2007:English translation, Evanston, IL, 2014), 55에서 인용. / 다니엘 슈라이버, 《수전 손택: 영혼과 매혹》(글항아리, 2020)에서 인용.

66. Roger, Buffon, 28.

67. MacCarthy, William Morris, 262, 562.

68. Wang Ling in Goldsmith, Joseph Needham, 135; Marie Neurath and Robert S. Cohen (eds.), Otto Neurath, Empiricism and Sociology (Dordrecht, 1973), 13, 28, 52, 59, 64.

69. Hager, Force of Nature, 139.

70. Pamela H. Smith, The Business of Alchemy: Science and Culture in the Holy Roman Empire (Princeton, NJ, 1994), 14.

71. MacCarthy, William Morris, 230에서 인용.

72. Umberto Eco, 'In Memory of Giorgio Prodi', in Leda G. Jaworksi (ed.) Lo studio Bolognese (Stony Brook, NY, 1994), 77. 에코의 행동 속도에 대해서는 내가 직접 증언할 수 있다. 전에 나는 이탈리아에서 열린 한 학회에 에코와 함께 패널로 참여했었다. 그는 논문 발표 시간에 딱 맞게 도착해서, 다른 패널들과 악수를 한 다음, 바로 논문을 발표했고, 발표가 끝나자 다시 악수를 청한 뒤 학회장을 떠났다.

73. To Hugh O'Neill, Scott and Moleski, Polanyi, 193에서 인용.

74. Robert Olby, 'Huxley, Julian S.', ODNB 29, 92-5, 93에서 인용.

75. Robert W. Rieber, 'In Search of the Impertinent Question: An Overview of Bateson's Theory of Communication', in Rieber (ed.), The Individual, Communication and Society: Essays in Memory of Gregory Bateson (Cambridge, 1989), 1–28, at 2.

76. George Steiner, Errata: An Examined Life (New Haven, CT, 1997), 276.

77. Edward Said, Out of Place: A Memoir (London, 1999). /에드워드 사이드, 《에드워드 사이드 자서전》(살림, 2001)

78. Herbert Simon, Models of My Life (1991; 2nd edn, Cambridge, MA, 1996), ix.

79. George C. Homans, Coming to My Senses: The Autobiography of a Sociologist (New Brunswick, 1984), 164.

80. Johann Georg Graevius, Junius, De pictura (Rotterdam, 1694) 서문.

81. 노이만의 딸 마리나, Dyson, Turing's Cathedral, 55에서 인용.

82. Linda Gardiner, 'Women in Science', in Samia I. Spencer (ed.), French Women and the Age of Enlightenment (Bloomington, IN, 184), 181–93, at 189; Judith P. Zinsser, Émilie du Châtelet: Daring Genius of the Enlightenment (New York, 2007).

83. Laurel N. Tanner, 'Ward, Lester Frank', ANB 22, 641–3.

84. Leonard Warren, Joseph Leidy: The Last Man Who Knew Everything (New Haven, CT, 1998), 5.

85. E. S. Pearson, Karl Perason (London, 1938), 2에서 인용.

86. Russell, Autobiography, vol.1, 71. /버트런드 러셀, 《인생은 뜨겁게-버트런드 러셀 자서전》(사회평론, 2014)

87. Simon, Models, 112, 200, 238.

88. Hager, Force of Nature, 55에서 인용.

89. Klára von Neumann, preface to John von Neumann, The Computer and the Brain (New Haven, CT, 1958).

90. Wang Ling in Goldsmith, Joseph Needham, 134, 137, 143.

91. Eribon, Foucault, 13, 325; Stuart Elden, Foucault's Last Decade (Cambridge, 2016), 1.

92. Th omas O. Beidelman, W. Robertson Smith and the Sociological Study of Religion (Chicago, IL, 1974), 11.

93. Wilhelm Ostwald, The Autobiography (1926: English translation, n.p., 2017), 202.

94. Frederick W. Maitland, Life and Letters of Leslie Stephen (London, 1906), 374, Alan Bell, 'Stephen, Leslie', ODNB 52, 447-57, 454에서 인용.

95. H. S. Jones, Intellect and Character in Victorian England: Mark Pattison and the Invention of the Don (Cambridge, 2007), 150.

96. Anthony D. Nuttall, Dead from the Waist Down: Scholars and Scholarship in Literature and the Popular Imagination (New Haven, CT, 2003), 142.

97. R. H. Robbins, 'Browne, Thomas', ODNB 8, 215.

98. Westfall, Never at Rest, 192.

99. Sweet, Wilhelm von Humboldt, vol.2, 372에서 인용.

100. Günter Buttmann, The Shadow of the Telescope: A Biography of John Herschel (1965: English translation, New York, 1970), 14에서 인용.

101. 찰스 다윈, 누이 수전에게 보낸 편지, 1836, in Life and Letters of Charles Darwin, 2 vols. (London, 1887), 266

102. Brent, Charles Darwin, 209에서 인용.

103. Annette Vowinckel, '"Ich fürchte mich vor den Organisationslustigen": Ein Dialog zwischen Hans Blumenberg und Reinhart Koselleck', Merkur 68 no.6, 546-50, at 548.

104. Joachim Radkau, Max Weber (2005: English translation, Cambridge 2009), 122-4, 145.

105. Mackenzie, Time Traveller, 46, 329, 338.

106. 몽테스키외는 Shackleton, Montesquieu, 234에서 인용. 영은 구르네, 42에서 인용. 듀이는 Wayne Wiegand, Irrepressible Reformer, 192에서 인용.

107. Gerald Toomer, John Selden (2 vols., Oxford 2009), 490.

108. Edmund Hector, John Hawkins, Life of Samuel Johnson, 7에서 인용.

109. Simon, Models, 110; Homans, Coming to My Senses, 57.

110. Norbert Elias, Über Sich Selbst (Frankfurt, 1990), 138.

111. 영, 구르네에게 보낸 편지, Robinson, 183에서 인용.

112. 'Henry Holorenshaw', 'The Making of an Honorary Taoist', in MikulášTeich and Robert Young (eds.) Changing Perspectives in the History of Science (London, 1973), 1-20, at 12.

113. Maria Lúcia G. Pallares-Burke, The New History: Confessions and Comparisons (Cambridge, 2002), 186.

114. Heims, The Cybernetic, 37, 45.

115. McCorduck, Machines Who Think, 121.

116. 이사야 벌린, 《고슴도치와 여우》(비전비엔피, 2007). 다음과 비교하라. 스티븐 굴드, The Hedgehog, the Fox and the Magister's Pox (London, 2003).

117. Rieber, 'In Search of the Impertinent Question', 3.

118. Constantin Fasolt, 'Hermann Conring and the Republic of Letters', in Herbert Jaumann (ed.), Die Europäische Gelehrtenrepublik im Zeitalter des Konfessionalismus (Wiesbaden, 2001), 141–53, at 150; cf. Michael Stolleis, Die Einheit der Wissenschaften – zum 300. Todestag von Hermann Conring (Helmstedt, 1982).

119. Pyman, Pavel Florensky, 40, 27; Steven Cassedy, 'P. A. Florensky and the Celebration of Matter', in Judith D. Kornblatt and Richard F. Gustafson (eds.), Russian Religious Thought (Madison, WI, 1996), 95–111, at 97.

120. Teich and Young, 'Holorenshaw', 'Honorary Taoist', 2, 19–20.

121. 사이먼, Hunter Crowther-Heyck, Herbert A. Simon: The Bounds of Reason in Modern America (Baltimore, MD, 2005), 316에서 인용.

122. 브로노우스키의 미출간 자서전 개요, Sheets-Pyenson, 'Bronowski', 834에서 인용.

123. Marie Jahoda, 'PFL: Hedgehog or Fox?', in Robert Merton, James Coleman and Peter Rossi (eds.), Qualitative and Quantitative Social Research (Glencoe, IL, 1979), 3–9, at 3.

124. Guido Almansi, 'The Triumph of the Hedgehog', in Nathan A. Scott Jr. and Ronald A. Sharp (eds.), Reading George Steiner (Baltimore, MD, 1994), 58–73.

125. 긴즈부르그, Pallares-Burke, The New History, 194에서 인용.

126. Vasilii Zubov, Leonardo da Vinci (1961: English translation, Cambridge, MA, 1968), 65; Martin Kemp, Leonardo (Oxford, 2011), 4.

127. Kurt-R. Biermann, 'Humboldt, F. W. H. A. von', DSB 6, 551.

128. François Dosse, Michel de Certeau: le marcheur blesse (Paris, 2002).

129. Michelle Perrot, 'Mille manieres de braconner', Le Débat 49 (1988), 117–21.

130. Peter Burke, 'The Art of Re-Interpretation: Michel de Certeau', Theoria 100 (2002), 27–37.

131. Michael Hunter, 'Hooke the Natural Philosopher', in Jim Bennet et al., London's Leonardo (Oxford, 2003), 105–62, at 151.

132. George Peacock, Life of Thomas Young (London, 1855), 397.

133. 에릭 홉스봄, ''Marx, Karl', ODNB 37, 57-66, at 60에서 인용.

134. 게이, Freud, from Earnest Jones, Sigmund Freud: Life and Work, vol. 1 (London 1954), 50에서 인용.

135. Helen Meller, 'Geddes, Patrick', ODNB 21, 706.

136. Richard Creath, 'The Unity of Science: Carnap, Neurath and Beyond', in Peter Galison and David J. Stump (eds.), The Disunity of Science: Boundaries, Contexts and Power (Stanford, CA, 1996), 158–69, at 161.

137. Scott and Moleski, Polanyi, 208.

138. Dosse, Michel de Certeau, 176.

7장 폴리매스는 어떻게 길러졌을까

1. 비코가 이븐 할둔의 사상을 얼마나 알고 있었는지를 가늠하려면 다음을 보라. Warren E. Gates, 'The Spread of Ibn Khaldun's Ideas on Climate and Culture', Journal of the History of Ideas 28 (1967), 415-22.

2. Sue Prideaux, Strindberg: A Life (New Haven, CT, 2012).

3. Egil Johansson, 'Literacy Studies in Sweden', in Johansson (ed.), Literacy and Society in a Historical Perspective (Umeå, 1973), 41-65.

4. Bruno Latour, 'Centres of Calculation', Science in Action (Cambridge, MA, 1987) 215-57; Christian Jacob (ed.), Lieux de Savoir, 2 vols. (Paris 2007-1); on the Dutch, see Graham Gibbs, 'The Role of the Dutch Republic as the Intellectual Entrepôt of Europe in the 17th and 18th Centuries', Bijdragen en Mededelingen betreff ende de geschiedenis der Nederlanden 86 (1971), 323-49; Karel Davids, 'Amsterdam as a Centre of Learning in the Dutch Golden Age', in Patrick O'Brien et al. (eds.), Urban Achievement in Early Modern Europe (Cambridge, 2001), 305-25.

5. 그 6명은 다음과 같다. 보버, 홀스테니우스, 람베크, 플라키우스, 파브리치우스, 라이마루스. 다음과 비교하라. Johann Otto Thiess, Versuch einer Gelehrtengeschichte von Hamburg (Hamburg, 1783).

6. 연령순으로, 시구엔사 이 공고라, 후아나 수녀, 페랄타, 알사테, 콘세이상 벨로주, 베요, 사르미엔토, 오르티스, 레예스, 보르헤스, 프레이리, 히베이루.

7. Enrico Mario Santi, Fernando Ortiz: contrapunteo y transculturacion (Madrid, 2012); Peter Burke and Maria Lúcia G. Pallares-Burke, Gilberto Freyre: Social Theory in the Tropics (Oxford, 2008).

8. Robert K. Merton, 'Science, Technology and Society in Seventeenth-Century England', Osiris 4 (1938), 360-620; Reijer Hooykaas, 'Science and Reformation', Cahiers d'Histoire Moderne 3 (1956), 109-38.

9. 부록에 소개한 폴리매스 중 예수회 신자 9명은 다음과 같다. 수아레스, 테사우로 니렘베르크, 리치올리, 키르허, 키노, 보스코비치, 테야르, 세르토. 에코에 관해서는 Claudio Paolucci, Umberto Eco (Milan, 2016), 40-1을 보라.

10. 나머지 사람들은 다음과 같다. 이작 카소봉, 요한 하인리히 비스터펠트, 헤르만 콘링, 헤라르트 포시우스, 사무엘 푸펜도르프, 콘라트 슐츠플라이쉬, 요한 요아힘 베허, 글래스고의 존 밀러, 존·윌리엄 플레이페어, 다니엘 앙콩트르, 구스타프 페히너, 마크 패티슨, 윌리엄 로버트슨 스미스, 프랭클린 기딩스, 빌헬름 분트, 제임스 밀러, 에드워드 해스켈.

11. Friedrich Nietzsche, Der Antichrist (1895), chapter 10.

12. Stefan Muller-Doohm, Habermas: A Biography (2014: English translation, Cambridge, 2016), 13.

13. 러셀, 《인생은 뜨겁게-버트런드 러셀 자서전》(사회평론, 2014)

14. Thorstein Veblen, 'The Intellectual Pre-Eminence of Jews in Modern Europe', Political Science Quarterly 34 (1919), 33-42.

15. Norbert Wiener, Ex-Prodigy (New York, 1953), 120.

16. Peter Burke, Exiles and Expatriates in the History of Knowledge (Waltham, MA,

2017).

17. 위너, Ex-Prodigy, 63; idem., I am a Mathematician (London, 1956), 20; Gerard, Deborah Hammond, The Science of Synthesis (Boulder, CO, 2003), 147에서 인용.

18. Cynthia E. Kerman, Creative Tension: The Life and Th ought of Kenneth Boulding (Ann Arbor, MI, 1974).

19. Andrew Hodges, Andrew Turing: The Enigma (1983: 2nd edn, London, 2014), 43; Herbert Simon, Models of My Life (New York, 1991), 9, 40.

20. Hans Rudoolf Velten, 'Die Autodidakten', in Jutta Held (ed.), Intellektuelle in der Fruhe Neuzeit (Munich, 2002), 55–81, at 66.

21. Alexander Wood, Thomas Young, Natural Philosopher (Cambridge, 1954), 11.

22. Ibid., 5.

23. Norman and Jeanne Mackenzie, The Life of H. G. Wells: The Time Traveller (London, 1987), 47.

24. George C. Homans, Coming to My Senses: The Autobiography of a Sociologist (New Brunswick, NJ, 1984), 46.

25. Jorge Luis Borges, 'Autobiographical Essay', in The Aleph (London, 1971), 203–60, at 209.

26. Wiener, Ex-Prodigy, 62–3; Otto Neurath, Empiricism and Sociology, eds. Marie Neurath and Robert S. Cohen (Dordrecht, 1973), 4, 14, 46.

27. Cassandra Fedele, Laura Cereta, Marie de Gournay, Bathsua Makin, Anna Maria van Schurman, Elisabeth Princess Palatine, Margaret Cavendish, Queen Christina, Elena Cornaro, Sor Juana, Émilie du Châtelet, Maria Agnesi.

28. 이들 대부분은 다행히 아직 살아 있기 때문에 부록의 명단에서는 제외했다.

29. Michael John Gorman, 'The Angel and the Compass: Athanasius Kircher's Magnetic Geography', in Paula Findlen (ed.), The Last Man Who Knew Everything (New York, 2003), 229–51, at 245.

30. Charles Darwin, notebook, July 1838, ms in Cambridge University Library, https://www.darwinproject.ac.uk/tags/about-darwin/family-life/darwin-marriage.

31. Ernst Gombrich, Aby Warburg: An Intellectual Biography (Oxford, 1986), 22.

32. Homans, Coming to My Senses, 295.

33. John Aubrey, Brief Lives, ed. Oliver L. Dick (London, 1960), 254.

34. Peter Brent, Charles Darwin: A Man of Enlarged Curiosity (London, 1981), 137에서 인용.

35. Gerald Toomer, John Selden: A Life in Scholarship, 2 vols. (Oxford, 2009), 332, 447.

36. Detlef Doring, 'Biographisches zu Samuel von Pufendorf', in Bodo Geyer and Helmut Goerlich (eds.), Samuel Pufendorf und seine Wirkungen bis auf die heutige Zeit (Baden-Baden, 1996), 23–38, at 27.

37. 러셀, 《인생은 뜨겁게-버트런드 러셀 자서전》(사회평론, 2014)

38. Peter F. Drucker, Adventures of a Bystander (London, 1978), 126; 세실에 관해서는 Gareth Dale, Karl Polanyi: The Limits of the Market (Cambridge, 2010), 15를 보라.

39. J. W. Scott, 'Ogden, Charles Kay', ODNB 41, 558-9; Richard Storer, 'Richards, Ivor Armstrong', ODNB 46, 778-81.

40. Michel Surya, Georges Bataille: An Intellectual Biography (1992: English translation, London, 2002); Alain Bosquet, Roger Caillois (Paris, 1971).

41. 스승과 제자에 관한 내용은 다음을 보라. George Steiner, Lessons of the Masters (Cambridge, 2003), and Françoise Waquet, Les enfants de Socrate: filiation intellectuelle et transmission du savoir, XVIIe-XXie siècle (Paris, 2008).

42. 루이스 멈퍼드와의 인터뷰, www.patrickgeddestrust.co.uk/LM%20on%20PG%20BBC%201969.htm, accessed 6 February 2017. 다음과 비교하라. Mumford, 'The Disciple's Rebellion', Frank G. Novak Jr. (ed.), Lewis Mumford and Patrick Geddes: The Correspondence (London, 1995)에서 인용.

43. Harriet Wanklyn, Friedrich Ratzel: A Biographical Memoir and Bibliography (Cambridge, 1961), 7.

44. Mark Davidson, Uncommon Sense: The Life and Work of Ludwig von Bertalanffy (Los Angeles, CA, 1983), 191.

45. Sten Lindroth, Svensk lärdomshistoria, vol.1 (Stockholm, 1975), 152-61, 237-49; Håkan Håkansson, 'Alchemy of the Ancient Goths: Johannes Bureus's Search for the Lost Wisdom of Scandinavia', Early Science and Medicine 17 (2012), 500-22.

46. John Fletcher (ed.), Athanasius Kircher und seine Beziehungen zum gelehrten Europa seiner Zeit (Wiesbaden, 1988), 3, 111.

47. Maria Rosa Antognazza, Leibniz: An Intellectual Biography (Cambridge, 2009), 324; Andrea Wulf, The Invention of Nature: The Adventures of Alexander von Humboldt, the Lost Hero of Science (London, 2015), 240.

48. Wilhelm Adolf Scribonius는 마르부르크 대학에서 콜바흐에 있는 김나지움으로 옮겼다. 콘라트 슐츠플라이쉬도도 콜바흐에서 가르쳤다. 함부르크의 요하네움에서 교사로 있었던 사람들은 페터 람베크, 빈첸트 플라키우스, 요한 알베르트 파브리치우스, 헤르만 사무엘 라이마루스 등이다.

49. Daniel J. Wilson, Arthur O. Lovejoy and the Quest for Intelligibility (Chapel Hill, NC, 1980), 186-7.

50. Wanklyn, Friedrich Ratzel, 3.

51. Michael Stolleis, 'Die Einheit der Wissenschaften: Hermann Conring', in Stolleis, ed., Conring (Berlin, 1983), 11-34. Cf. Alberto Jori, Hermann Conring (1606-1681): Der Begrunder der deutschen Rechtsgeschichte (Tübingen, 2006).

52. Benoît Marpeau, Gustave Le Bon: parcours d'un intellectuel, 1841-931 (Paris, 2000); G. Armocida and G. S. Rigo, 'Mantegazza, Paolo', DBI 69, 172-.

53. 이탈자와 관련된 내용은 다음을 보라. Peter Burke, 'Turn or Return? The Cultural History of Cultural Studies, 1500-2000, in Mihaela Irimia and Dragos Ivana (eds.), Literary into Cultural History (Bucharest, 2009), 11-29.

54. Bayle, 1681년 저술, Helena H. M. van Lieshour, 'The Library of Pierre Bayle', in Eugenio Canone (ed.), Bibliothecae Selectae da Cusano a Leopardi (Florence, 1993),

281-97, at 281에서 인용.

55. 이들 외에 사서 출신 폴리매스는 다음과 같다. 요하네스 부레우스와 이삭 포시우스는 스톡홀름에서, 마르쿠스 마이봄은 스톡홀름과 코펜하겐에서, 로버트 버턴은 옥스퍼드 크라이스트처치에서, 다니엘 모르호프는 킬 대학에서, 루카스 홀스테니우스는 프랑스와 로마에서, 페터 람베크는 빈에서, 빈첸트 플라키우스는 파두아에서, 콘라트 슐츠플라이쉬는 바이마르에서, 조르주 바타유는 파리에서, 대니얼 부어스틴은 워싱턴에서 일했다.

56. Gordon Stevenson and Judith Kramer-Greene (eds.), Melvil Dewey: The Man and the Classifi cation (Albany, NY, 1983); Françoise Levie, L'Homme qui voulait classer le monde: Paul Otlet et le mundaneum (Brussels, 2006); Alex Wright, Cataloging the World: Paul Otlet and the Birth of the Information Age (New York, 2014).

57. Franck Bourdier, 'Cuvier, Georges', DSB 3, 521-8, at 524.

58. Samuel Johnson, Dictionary of the English Language (London, 1755), preface.

59. John Clive, Macaulay: The Shaping of the Historian (London, 1973), 100.

60. L. Kellner, Alexander von Humboldt and the Organization of International Collaboration in Geophysical Research', Contemporary Physics 1 (1959), 35-48; Kurt-R. Biermann, 'Alexander von Humboldt als Initiator und Organisator internationaler Zusammenarbeit auf geophysikalischen Gebiet', in E. G. Forbes (ed.), Human Implications of Scientific Advance (Edinburgh, 1978), 126-38; Frank Holl (ed.), Alexander von Humboldt: Netzwerke des Wissens (Ostfi ldern, 2009); Otmar Ette, Alexander von Humboldt und die Globalisierung (Frankfurt, 2009), 20.

61. 라자스펠드는 마리 야호다(그의 첫 아내), 엘리후 카츠, 로버트 머튼과 협업했다. 니덤의 조수들로는 우 그웨이 젠(두 번째 아내), 왕 링, 그레고리 블루, 프란체스카 프레이, 토시오 쿠사미츠 등이 있고, 일부는 학계에 자리 잡고 싶어 했다.

62. Simon, Models, 64.

63. Stuart Elden, Foucault's Last Decade (Cambridge, 2016), 8.

8장 분야를 넘나드는 지식 융합의 시대

1. 전반적인 내용은 Robert Frodeman (ed.), The Oxford Handbook of Interdisciplinarity (Oxfod, 2010)을 보라. 역사 관련 내용은 Harvey J. Graff, Undisciplining Knowledge: Interdisciplinarity in the Twentieth Century (Baltimore, MD, 2015)를 보라.

2. Roberta Frank, 'Interdisciplinary: The First Half-Century', in E. G. Stanley and T. F. Hoad (eds.), Words (Cambridge, 1988), 91-101.

3. Leonard S. Reich, The Making of American Industrial Research (Cambridge, 1985).

4. Herbert Simon, Models of My Life (Cambridge, MA, 1991), 170.

5. Manchester Guardian (1901년 1월 1일).

6. Beardley Ruml, 'Recent Trends in Social Science', in Leonard D. White (ed.), The New Social Science (Chicago, IL, 1930); Martin Bulmer and Joan Bulmer, 'Philanthropy and Social Science in the 1920s', Minerva 19 (1981), 347-407, at 358.

7. James R. Angell, 'Yale's Institute of Human Relations', Religious Education 24 (1929),

583-8, at 585; cf. J. G. Morawski, 'Organizing Knowledge and Behavior at Yale's Institute of Human Relations', Isis 77 (1986), 219-42, at 219.

8. Guy V. Beckwith, 'The Generalist and the Disciplines: The Case of Lewis Mumford', Issues in Integrative Studies 14 (1996), 7-28, at 15; Norbert Elias, 'Scientifi c Establishments', in Elias, Herminio Martins and Richard Whitely (eds.), Scientific Establishments and Hierarchies (Dordrecht, 1982), 3-69; Simon, Models of My Life, 173.

9. José Ortega y Gasset, Misión de la universidad (1930, rpr, in his Obras, vol.4, 4th edn, Madrid, 1957, 313-53); Antón Donoso, 'The University Graduate as Learned Ignoramus according to Ortega', in Ortega y Gasset Centennial (Madrid, 1985), 7-18.

10. Donald T. Campbell, 'Ethnocentrism of Disciplines and the Fish-Scale Model of Omniscience', in Muztafa Sherif and Carolyn W. Sherif (eds.), Interdisciplinary Relationships in the Social Sciences (Boston, MA, 1969), 328-48.

11. Andreas Gelz, Tertulia: Literatur und Soziabilitat im Spanien des 18. Und 19. Jahrhunderts (Frankfurt, 2006); William Clark, 'The Research Seminar', in Academic Charisma and the Origins of the Research University (Chicago, IL, 2006), 141-82.

12. Marshall Waingrow (ed.), The Correspondence and other Papers of James Boswell (2nd edn, New Haven, CT, 2000), 331.

13. Bernhard Maier, William Robertson Smith (Tübingen, 2009).

14. Solomon Diamond, 'Wundt, Wilhelm', DSB 14, 526-9에서는 그를 단순히 실험심리학자로 본다. Woodruff Smith, 'Wilhelm Wundt: Völkerpsychologie and Experimental Psychology', in Politics and the Sciences of Culture (New York, 1991), 120-8과 비교해보라.

15. Roger Chickering, Karl Lamprecht: A German Academic Life (1856-1915) (Atlantic Highlands, NJ, 1993).

16. Johannes Steinmetzler, Die Anthropogeographie Friedrich Ratzels und lhre Ideengeschichtlich Würzeln (Bonn, 1956); Wanklyn, Friedrich Ratzel.

17. Wilhelm Ostwald, The Autobiography (1926: English translation, n.p., 2017, 191-206; Woodruff D. Smith, 'The Leipzig Circle', in Politics and the Sciences of Culture in Germany, 1840-1920 (New York, 1991), 204-9.

18. Hubert Treiber, 'Der Eranos: Das Glanzstück im Heidelberger Mythenkranz', in W. Schluchter and F. W. Graf (eds.), Asketischer Protestantismus und der „Geist" des modernen Kapitalismus (Tübingen, 2005), 75-153.

19. Mary Gluck, 'The Sunday Circle', in Georg Lukács and his Generation, 1900-1918 (Cambridge, MA, 1985), 13-42; Eva Káradi and Erzsebet Vezér (eds.), Georg Lukács, Karl Mannheim und der Sonntagskreis (Frankfurt, 1985); Lee Congdon, Exile and Social Thought: Hungarian Intellectuals in Germany and Austria, 1919-33 (Princeton, NJ, 1991), 10-11, 52ff .

20. Otto Neurath, Empiricism and Sociology, eds. Marie Neurath and Robert S. Cohen (Dordrecht, 1973), 304.

21. Charlotte Ashby, Tag Gronberg and Simon Shaw-Miller (eds.), The Viennese Café and Fin-de-Siecle Culture (New York, 2013).

22. Dorothy Stimson, 'The History of Ideas Club', in George Boas et al., Studies in Intellectual History (Baltimore, MD, 1953), 174-96; Irmeline Veit-Brause, 'The Interdisciplinarity of History of Concepts: A Bridge Between Disciplines', History of Concepts Newsletter 6 (2003), 8-13.

23. Barbara Heyl, 'The Harvard "Pareto Circle"', Journal of the History of the Behavioral Sciences 4 (1968), 316-34; George Homans, Coming to My Senses: The Autobiography of a Sociologist (New Brunswick, NJ, 1984), 105.

24. Philip Husbands and Owen Holland, 'The Ratio Club' in Husbands, Holland and Michael Wheeler (eds.), The Mechanical Mind in History (Cambridge, MA, 2008), 91-148.

25. Kenneth Collins, 'Joseph Schorstein: R. D. Laing's "rabbi"', History of Psychiatry 19 (2008), 185-201, at 195-7.

26. 바르부 외에도 서식스 그룹에는 문학자(John Cruickshank, Cecil Jenkins, Gabriel Josipovici, Tony Nuttall), 철학자(Bernard Harrison, István Mészaros), 역사가(나를 포함해서 Peter Hennock, John Rosselli) 등이 참여했다. 이 모임에서 다룬 문헌들로는 흄의《흄의 자연종교에 관한 대화 입문Dialogues on the Natural History of Religion》(서광사, 2022), 마르틴 부버의《나와 너》(문예출판사, 2001), 카프카 단편, 클로드 레비스트로스의 Anthropologie Structurale, 고대 인도의 서사시《마하바라타》등이 있다. 모임에 대한 추억을 공유해 준 가브리엘 조시포비치에게 고마움을 전한다.

27. Scott Page, The Difference (Princeton, NJ, 2007); Michael P. Farrell, Collaborative Circles (Chicago, IL, 2001).

28. Jordi Cat, 'The Unity of Science', in Edward N. Zalta (ed.), The Stanford Encyclopedia of Philosophy (Spring 2017 Edition), URL=https://plato.stanford.edu/archives/spr2017/entries/scientifi c-unity; David Lowenthal, Quest for the Unity of Knowledge (London, 2019).

29. Georg A. Reisch, 'Planning Science: Otto Neurath and the "International Encyclopedia of Unified Science"', British Journal for the History of Science 27 (1994), 153-75; Jordi Cat, Nancy Cartwright and Hasok Chang, 'Otto Neurath: Politics and the Unity of Science', in Peter Galison and David J. Stump (eds.), The Disunity of Science (Stanford, CA, 1996), 347-69.

30. Carnap, Neurath, Empiricism and Sociology, 43; Otto Neurath, 'Zur Theorie der Sozialwissenschaften', rpr. in his Schriften (1981)에서 인용. John Symons, Olga Pombo and Juan Manuel Torres (eds.), Otto Neurath and the Unity of Science (Dordrecht, 2004)와 비교해보라.

31. Neurath, 'Politics and the Unity of Science'; Richard Creath, 'The Unity of Science: Carnap, Neurath and Beyond', in Galison and Stump, The Disunity of Science, 158-69, at 161.

32. Deborah Hammon, The Science of Synthesis (Boulder, CO, 2003), 157에서 인용.

33. Edward O. Wilson, Consilience: The Unity of Knowledge (New York, 1999), 3, 8, 298.

34. Martin Jay, The Dialectical Imagination: A History of the Frankfurt School and the Institute for Social Research 1923–1950 (Boston, MA, 1973); Stuart Jeffries, Grand Hotel Abyss: The Lives of the Frankfurt School (London, 2016).

35. Max Horkheimer, 'The Present State of Social Philosophy and the Tasks of an Institute for Social Research' (1931: English translation in Horkheimer, Between Philosophy and Social Science, Cambridge, MA, 1993, 1–14), at 9.

36. Stefan Muller-Doohm, Adorno: A Biography (Cambridge, 2005).

37. Stefan Muller-Doohm, Habermas: A Biography (Cambridge, 2016).

38. Ruml, 'Recent Trends in Social Science', 99–111, at 104.

39. Howard Spiro and Priscilla W. Norton, 'Dean Milton C. Winternitz at Yale', Perspectives in Biology and Medicine 46 (2003), 403–12; Mary Ann Dzuback, Robert M. Hutchins: Portrait of an Educator (Chicago, IL, 1991), 43–66.

40. 당시 학회록은 다음의 책으로 묶여 출판되었다. Leonard D. White (ed.), The New Social Science (Chicago, Il,, 1930).

41. Dzuback, Hutchins, 111.

42. Nils Gilman, Mandarins of the Future: Modernization Theory in Cold War America (Baltimore, MD, 2003), 72–112; Joel Isaac, Working Knowledge: Making the Human Sciences from Parsons to Kuhn (Cambridge, MA, 2012), 174–9.

43. Dzuback, Hutchins, 214–5; Hammond, The Science of Synthesis, 143–96; Philippe Fontaine, 'Walking the Tightrope: The Committee on the Behavioral Sciences and Academic Cultures at the University of Chicago, 1949–1955', Journal of the History of the Behavioral Sciences 52 (2016), 349–70.

44. Roy Pascal, 'Bildung and the Division of Labour', German Studies presented to W. H. Bruford (Cambridge, 1962), 14–28

45. Gilbert Allardyce, 'The Rise and Fall of the Western Civilization Course', American Historical Review 87 (1982), 695–725, at 703, 707.

46. Andy Beckett, 'PPE: The Oxford Degree that Runs Britain', Guardian (2017년 2월 23일), https://www.theguardian.com/.../2017/.../ppe-oxford-university-degree-that-rules-brita (2018년 4월 4일).

47. George E. Davie, The Crisis of the Democratic Intellect: The Problem of Generalism and Specialisation in Twentieth-century Scotland (Edinburgh, 1986), 11–26, 46–7, 158.

48. Robert M. Hutchins, The Higher Learning in America (New Haven, CT, 1936), 60, 78, 81; idem., review of Ortega, Annals of the American Academy of Political and Social Science 239 (1945), 217–20. Cf. Dzuback, Hutchins, 88–108, 101–24; Donoso, 'The University Graduate', 12.

49. https://college.uchicago.edu/academics/college-core-curriculum.

50. Stuart W. Leslie, The Cold War and American Science (New York, 1993); Erin C. Moore, 'Transdisciplinary Eff orts at Public Science Agencies', in Frodeman, Oxford Handbook, 337–8.

51. Gilman, Mandarins, 155–202.

52. Richard D. Lambert, 'Blurring the Disciplinary Boundaries: Area Studies in the United States', in David Easton and Corinne S. Schelling (eds.), Divided Knowledge (Thousand Oaks, CA, 1991), 171–94; Alan Tansman, 'Japanese Studies: The Intangible Act of Translation', in David L. Szanton (ed.), The Politics of Knowledge: Area Studies and the Disciplines (Berkeley, CA, 2002), 184–216, at 186.

53. Robin W. Winks, Cloak and Gown: Scholars in America's Secret War (London, 1987), 81; Bundy quoted in Sigmund Diamond, Compromised Campus: The Collaboration of Universities with the Intelligence Community, 1945–55 (New York, 1992), 10.

54. David C. Engerman, Know Your Enemy: The Rise and Fall of America's Soviet Experts (Oxford, 2009), 48.

55. Clyde Kluckhohn, 'Russian Research at Harvard', World Politics 1 (1949), 266–71.

56. Timothy Mitchell (2004) 'The Middle East in the Past and Future of Social Science', in Szanton, Politics of Knowledge, 74–118.

57. Benedict Anderson, The Spectre of Comparisons: Nationalism, Southeast Asia and the World (London, 1998), 8–12.

58. Brigitte Mazon, Aux origines de l'EHESS. Le role du mécenat américain (1920–60) (Paris, 1988).

59. Engerman, Know Your Enemy, 70, 75, 255, 259; Simon, Models, 173.

60. Peter Burke, A Social History of Knowledge, vol.2, From the Encyclopedie to Wikipedia (Cambridge, 2012), 239–3.

61. Barend van Heusden, 'Jakob von Uexküll and Ernst Cassirer', Semiotica 134 (2001), 275–92; Frederik Stjernfelt, 'Simple Animals and Complex Biology: The Double von Uexküll Inspiration in Cassirer's Philosophy', Synthese 179 (2009), 169–86.

62. W. B. Gallie, A New University: A. D. Lindsay and the Keele Experiment (London, 1960).

63. David Daiches (ed.), The Idea of a New University: An Experiment at Sussex (London, 1964), 67.

64. 이 합동 세미나에 대한 생생한 묘사는 다음의 책을 보라. Laurence Lerner, Wandering Professor (London, 1999), 146-57.

65. Daiches, The Idea of a New University: personal knowledge(나는 유럽학부에서 가르쳤다, 1962-78).

66. https://www.uni-bielefeld.de/(en)/Universitaet/Serviceangebot/.../leitbild.html.

67. https://ruc.dk/en.

68. Annette Vowinckel, '"Ich fürchte mich vor den Organisationslustigen": Ein Dialog zwischen Hans Blumenberg und Reinhart Koselleck', Merkur 68, no.6 (2014), 546–50.

69. Frederic Cheyette, 'Beyond Western Civilization', The History Teacher 10 (1977), 533–8; Allardyce, 'Rise and Fall', 720–4.

70. Lewis R. Gordon and Jane A. Gordon (eds.), A Companion to African-American Studies (Oxford, 2006).

71. 이 연구소는 문화연구과의 중심이었으나 2002년에 갑자기 폐쇄되었다.

72. Toby Miller (ed.), A Companion to Cultural Studies (Oxford, 2006). 독일의 '문화학'에 서는 다소 다른 접근법을 사용한다. Heide Appelsmeyer and Elfriede Billmann-Mahecha (eds.), Kulturwissenschaft (Göttingen, 2001)를 보라.

73. Jürgen Kocka, 'Realität und Ideologie der Interdisciplinaritat: Erfahrung am ZiF Bielefeld', in Einheit der Wissenschaften (Berlin, 1991), 127-44; Wolf Lepenies, 'Interdisciplinarität und Institutes for Advanced Study', in ibid., 145-61.

74. Johan Huizinga, 'My Path to History' (1943: English translation in Huizinga, Dutch Civilization in the 17th Century and Other Essays, London, 1968, 244-75), at 273-4.

75. Peter Schöttler, 'Die frühen Annales als interdisziplinare Projekt', in Matthias Middell (ed.), Frankreich und Deutschland im Vergleich (Leipzig, 1992), 112-86; Peter Burke, The French Historical Revolution: The Annales School, 1929-2014 (2nd edn, Cambridge, 2015).

76. Pierre Daix, Braudel (Paris, 1995)에서 인용. 저자 번역.

77. Edmund Russell, 'Coevolutionary History', American Historical Review 119 (2014) 1,514-28.

78. Jan Plamper and Benjamin Lazier (eds.), Fear Across the Disciplines (Pittsburgh, PA, 2012); Diego Gambetta (ed.), Trust: Making and Breaking Cooperative Relations (Oxford, 1988).

79. 오늘날의 상황을 알고 싶다면 다음의 책을 보라. Frodeman, Oxford Handbook, and Graff, Undiscipling Knowledge.

나가는 글 제3의 위기를 맞아

1. Alexander Halavais, Search Engine Society (Cambridge, 2009).

2. https://en.wikipedia.org/wiki/Wikipedia:Wikipedians.

3. Rudolf Dekker, The Road to Ruin: Dutch Universities, Past, Present and Future (Amsterdam, 2015), 144; Angus Phillips, 'Does the Book Have a Future?', in Simon Eliot and Jonathan Rose (eds.), A Companion to the History of the Book (Oxford, 2007), 547-59.

4. Maryanne Wolf, Proust and the Squid: The Story and Science of the Reading Brain (London, 2008), 226. /매리언 울프,《책 읽는 뇌》(살림, 2009)

5. Nicholas Carr, The Shallows: How the Internet is Changing the Way we Think, Read and Remember (New York, 2011). /니콜라스 카,《생각하지 않는 사람들》(청림 출판사, 2020)

6. Richard S. Wurman, Information Anxiety (2nd edn, New York, 2000).

7. Alex Wright, Glut: Mastering Information through the Ages (Washington DC, 2007). Cf. David W. Shenk, Data Smog: Surviving the Information Glut (London, 1997).

8. Alvin Toffler, Future Shock (1970, rpr. London, 1971), 11-12, 317-23. /앨빈 토플러,《미 래 쇼크》(한국경제신문, 1989)/ 다음 자료와 비교하라. William van Winkle, 'Information

Overload', www.gdrc.rg/icts/i-overload/infoload.html, accessed 19 July 2012.

9. 유네스코 통계연보, Michael Gibbons et al., The New Production of Knowledge (London, 1994), 94에서 인용.

10. 'Data Deluge', The Economist, 25 February 2010. 엑사바이트는 10억 기가바이트 혹은 100경 바이트에 해당한다.

11. Mikal Khoso, 'How Much Data is Produced Every Day?' (2016년 5월 13일), www.northeastern.edu>Home>Authors>Posts by Mikal Khoso.

12. Jo Guldi and David Armitage, The History Manifesto (Cambridge, 2014). /조 굴디·데이비드 아미티지, 《역사학 선언》(한울, 2018).

13. Jeffreys Jones, The FBI: A History (New Haven, CT, 2007), 232. /제프리스 존스, 《FBI 시크릿》(휴먼앤북스, 2008).

14. 'How Google's Search Algorithm Spreads False Information with a Rightwing Bias', Guardian (2016년 12월 12일), https://www.theguardian.com (2017년 7월 18일). 웹에 대한 일반적인 편견은 Halavais, Search Engine Society, 55-60, 64-5를 보라. Cf. Shoshana Zubov, The Age of Surveillance Capitalism (London, 2019).

15. Wikipedia, 'Big Data' (2017년 7월 18일 검색).

16. 2013년에 뇌샤텔 대학에서 '탈분과학문 시대의 관광Tourism in a Post-Disciplinary Era' 이라는 제목으로 학술회의가 열렸다.

17. Gerard De Vries, Bruno Latour (Cambridge, 2016), 3 and passim.

18. Stefan Müller-Doohm, Habermas: A Biography (Cambridge, 2016): Martin Jay가 아리스토텔레스에 비유한 표현은 책의 뒷표지에 나온다. 앤더슨에 관해서는 다음을 보라. Stefan Collini, Absent Minds (Oxford, 2006), 469. 포스너에 관해서는 다음을 보라. James Ryerson, 'The Outrageous Pragmatism of Judge Richard Posner', Lingua Franca 10 (2000), 26-34: Roberto M. Unger and Lee Smolin, The Singular Universe and the Reality of Time (Cambridge, 2014).

19. Edward O. Wilson, Sociobiology: The New Synthesis (1975); idem., Consilience: The Unity of Knowledge (New York, 1998).

20. Patricia A. McAnany and Norman Yoff ee (eds.), Questioning Collapse (Cambridge, 2010).

21. John Palfrey and Urs Gasser, Born Digital: Understanding the First Generation of Digital Natives (New York, 2008).

22. Maria Rosa Antognazza, Leibniz: An Intellectual Biography (Cambridge, 2009), 210 에서 인용. 번역은 저자 수정.

찾아보기

더 읽을거리

폴리매스에 관한 일반 연구서는 드물다. 최근 도서로는 와카스 아메드의 《폴리매스》(안드
로메디안, 2020)가 있으며, 이 책은 주로 현존하는 폴리매스와 나눈 인터뷰 내용에 근거
했다. 폴리매스들이 저항하는 전문화 심화 현상은 피터 버크의 《지식의 사회사 2》(민음사,
2017)의 제6장 '지식을 나누다'를 보면 좋다. 학제성에 관해서는 로버트 프로드맨과 줄리
클라인의 《옥스퍼드 학제 간 핸드북》(2010)를 권한다. 폴리매스 중에는 자서전을 쓴 사람
들도 있으며, 그 목록은 아래와 같다.

Charles Darwin, 《Autobiography》 (c.1876-82: reprinted London, 1958)

Benjamin Franklin, 《Autobiography》 (1793: reprinted, London 1936)

Wilhelm Ostwald, 《Autobiography》 (1926: English translation, Cham, 2017)

Bertrand Russell 《Autobiography》 (1931:3 vols., London, 1967-9)

Giambattista Vico, 《Autobiography》 (1728: English translation, Ithaca, NY, 1975)

Norbert Wiener, 《Ex-Prodigy》 (New York, 1953)

　아래는 특정 폴리매스에 관한 전기 목록이다. 순서는 전기를 쓴 사람이 아닌 주인공 이
름의 알파벳순이다.

David Lipset, 《Gregory Bateson》 (1982)

Howrd Eiland, Michael W. Jennings, 《Walter Benjamin: A Critical Life》(2014)

Jacques Roger, 《Buffon: A life in Natural History》(1989)

Lisa Walters, 《Margaret Cavendish: Gender, Science and Politics》(1989)

François Dosse, 《Le marcheur blessé: Michel de Certeau》(2002)

Judith P. Zinsser, 《Emile du Châtelet, Daring Genius of the Enlightenment》(2007)

Susanna Åkerman, 《Queen Christina of Sweden》(1991)

Richard Holmes, 《Coleridge》(1989-99)

Adrian Desmond, James Moore, 《Darwin》(1991)

Claudio Paolucci, 《Umberto Eco tra Ordine e Avventura》(2016)

Rosemary Ashton, 《George Eliot》(1983)

Avril Pyman, 《Pavel Florensky, a Quiet Genius》(2010)

Didier Eribon, 《Michel Foucault》(1991)

Paddy Kitchen, 《A Most Unsettling Person: An Introduction to the Ideas and Life of Parick Geddes》(1975)

Nicholas Boyle, 《Goethe》(1991-9)

Andrea Wulf, 《The Invention of Nature: The Adventure of Alexander von Humboldt》(2015)

James A. Harris, 《Hume: An Intellectual Biography》(2015)

Nicholas Murray, 《Aldous Huxley》(2003)

Octavio Paz, 《Sor Juana Inés de la Cruz》(1983)

Michael J. Franklin, 《Orientalist Jone: Sir William Jones, Poet, Lawyer and Linguist》(2011)

Paula Findlen, 《Athanasius Kircher: The Last Man Who Knew Everything》(2004)

Maria Rosa Antognazza, 《Leibniz》(2008)

Leonard Warren, 《Joseph Leidy: The Last Man Who Knew Everything》(1998)

Martin Kemp, 《Leonardo》(2006)

Robert Shackleton, 《Montesquieu: A Critical Biography》(1961)

Fiona McCarthy, 《William Morris》(1994)

Donald L. Miller, 《Lewis Mumford》(1989)

Maurice Goldsmith, 《Joseph Needham: A 20th-Century Renaissance Man》(1995)

Norman Macrae, 《John von Neumann》(1992)

Alex Wright, 《Cataloging the World: Paul Otlet and the Birth of the Information Age》(2014)

Peter N. Miller, 《Peiresc's Mediterranean World》(2015)

Gareth Dale, 《Karl Polanyi: A Life on the Left》(2006)

Mary Jo Nye, 《Michael Polanyi and his Generation》(2010)

Gunnar Eriksson, 《The Atlantic Vision: Olof Rudbeck and Baroque Science》(1994)

Hunter Crowther-Heyck, 《Herbert A. Simon: The Bounds of Reason on Modern America》(2005)

Ian S. Ross, 《The Life of Adam Smith》(2010)

Kathryn A. Neeley, 《Mary Somerville》(2001)

Daniel Schreiber, 《Susan Sontag: A Biography》(2014)

Michel Winock, 《Madame de Staël》(2010)

Andrew Robinson, 《The Last Man Who Knew Everything: Thomas Young》(2006)

폴리매스
세상을 바꾼 천재 지식인의 역사

초판 1쇄 인쇄 2023년 9월 25일
초판 1쇄 발행 2023년 10월 10일

지은이 피터 버크
옮긴이 최이현
펴낸이 정용수

편집장 김민정
디자인 김민지
영업·마케팅 김상연 정경민
제작 김동명 **관리** 윤지연

펴낸곳 ㈜예문아카이브
출판등록 2016년 8월 8일 제2016-000240호
주소 서울시 마포구 동교로18길 10 2층
문의전화 02-2038-3372 **주문전화** 031-955-0550 **팩스** 031-955-0660
이메일 archive.rights@gmail.com **홈페이지** ymarchive.com
인스타그램 yeamoon.arv

피터 버크 ⓒ 2023
ISBN 979-11-6386-223-9 (03900)

㈜예문아카이브는 도서출판 예문사의 단행본 전문 출판 자회사입니다.
널리 이롭고 가치 있는 지식을 기록하겠습니다.
저작권법에 의하여 한국 내에서 보호를 받는 저작물이므로 무단 전재 및 복제를 금합니다.
이 책 내용의 전부 또는 일부를 이용하려면 반드시 저작권자와 ㈜예문아카이브의 서면 동의를 받아야 합니다.

◦ 책값은 뒤표지에 있습니다. 잘못 만들어진 책은 구입하신 곳에서 바꿔드립니다.